北大版普通高等教育"十三五"规划教材

丛 书 主 编　石长顺
丛书副主编　郭　可　支庭荣

全国高校网络与新媒体专业规划教材

网络媒体实务

				张合斌	主　　编
			康初莹	黄俊华	副 主 编
张合斌	康初莹	许俊义	黄俊华	毛　文	参　　编
	关　杨	乔贵春	孙晓韵	董　岩	

北京大学出版社
PEKING UNIVERSITY PRESS

图书在版编目(CIP)数据

网络媒体实务 / 张合斌主编. —北京：北京大学出版社，2015.4
（全国高校网络与新媒体专业规划教材）
ISBN 978-7-301-24904-8

Ⅰ.①网… Ⅱ.①张… Ⅲ.①计算机网络-传播媒介-高等学校-教材 Ⅳ.① G206.2

中国版本图书馆 CIP 数据核字(2014) 第 225090 号

书　　　名	网络媒体实务 WANGLUO MEITI SHIWU
著作责任者	张合斌　主编
丛书主持	李淑方
责任编辑	唐知涵
标准书号	ISBN 978-7-301-24904-8
出版发行	北京大学出版社
地　　　址	北京市海淀区成府路 205 号　100871
网　　　址	http://www.pup.cn　　新浪微博：@北京大学出版社
电子信箱	zyl@pup.pku.edu.cn
电　　　话	邮购部 010-62752015　发行部 010-62750672　编辑部 010-62767346
印　刷　者	大厂回族自治县彩虹印刷有限公司
经　销　者	新华书店 787 毫米 ×1092 毫米　16 开本　21.5 印张　600 千字 2015 年 4 月第 1 版　2020 年 8 月第 2 次印刷
定　　　价	46.00 元

未经许可，不得以任何方式复制或抄袭本书之部分或全部内容。
版权所有，侵权必究
举报电话：010-62752024　电子信箱：fd@pup.pku.edu.cn
图书如有印装质量问题，请与出版部联系，电话：010-62756370

全国高校网络与新媒体专业规划教材

编委会

总 主 编 石长顺

副 主 编 郭可　支庭荣

主编单位 华中科技大学
　　　　　　上海外国语大学
　　　　　　暨南大学
　　　　　　华南理工大学
　　　　　　武汉理工大学
　　　　　　河南工业大学
　　　　　　沈阳体育学院
　　　　　　广州大学

编委会成员（按英文字母顺序排序）

陈冠兰	陈沛芹	陈少华	单文盛	郭　可
韩　锋	何志武	黄少华	惠悲荷	季爱娟
李　芳	李　军	李文明	李秀芳	梁冬梅
鲁佑文	尚恒志	石长顺	唐东堰	王　艺
肖赞军	杨　娟	杨　溟	尹章池	于晓光
余　林	张合斌	张晋升	张　萍	郑传洋
郑勇华	支庭荣	周建青	邹　英	

总　序

　　国家教育部在 2012 年公布的本科专业目录中,首次在新闻传播学学科中列入特设专业"网络与新媒体",这是自 1998 年以来为适应社会发展需要,该学科新增的两个专业(其中包括数字出版专业)之一。实际上,早在 1998 年,华中科技大学就面对互联网新媒体的迅速崛起和新闻传播业界对网络新媒体人才的急迫需求,率先在全国开办了网络新闻专业(方向)。当时,该校新闻与信息传播学院在新闻学本科专业中采取"2＋2"方式,开办了一个网络新闻专业(方向)班,即面向华中科技大学理工科招考二年级学生,然后在新闻学院继续学习两年新闻学专业课程。首届学生毕业时受到了业界的特别青睐,并成为新华社等媒体报道的新闻。

　　2013 年,在教育部新颁布《普通高等学校本科专业目录(2012)》之后,全国首次有 28 所高校申办了"网络与新媒体"专业并获得教育部批准,继而开始正式对外招生。招生学校涵盖"985"高校、"211"高校和省属高校、独立学院四个层次。这 28 所高校的网络与新媒体专业,不包括同期批复的 45 个相关专业"数字媒体艺术"和此前全国高校业已存在的 31 个基本偏向网络新闻方向的传播学专业。2014 年,教育部又公布了第二批确定的普通高等学校"网络与新媒体"专业,计有 20 所高校。

　　过去的一年正是现代互联网诞生 30 周年的年份。30 年的发展,网络与新媒体已成为当代人们生活的一部分,并逐渐走向 21 世纪的商业和文化中心。数字化媒体不但改变了世界,改变了人们的通讯手段和习惯,也改变了媒介传播生态,推动着基于网络与新媒体的新闻传播学教育改革与发展,成为当代社会与高等教育研究的重要领域。尼葛洛庞蒂于《数字化生存》一书中提出的"数字化将决定我们的生存"的著名预言(1995 年),在网络与新媒体的快速发展中得到应验。

　　据中国互联网络信息中心(2014 年 7 月)在京发布的第 34 次《中国互联网络发展状况统计报告》显示,截至 2014 年 6 月,我国网民规模达 6.32 亿,互联网普及率为 46.9%(见图 1),与 10 年前的 8700 万网民[①]规模相比,增长了近 7.3 倍,成为中国互联网发展的一大亮点。

　　网络与新媒体技术正处在一个不断变化的流动状态,其低门槛的进入使人与人之间的交往变得更为便捷,世界已从"地球村"走向了"小木屋",时空概念的消解正在打破国家与跨地域之间的界限。加上我国手机网民数量持续增长,手机网民规模目前首次超越传统 PC 网民规模,达到 5.27 亿用户,网民中使用手机上网的人群比例也由 2013 年的 81.0%提升至 83.4%,这是否标志着移动互联网时

[①] 2004 年 7 月 20 日,中国互联网络信息中心(CNNIC)在京发布的"第十四次中国互联网络发展状况统计报告"。

代的到来,让"人人都是记者"成为现实呢?

网络与新媒体的发展重新定义了新媒体形态。新媒体作为一个相对的概念,已从早期的广播与电视转向互联网。随着数字技术的发展,新媒体更新的速度与形态的变化时间越来越短(见图2)。当代新媒体的内涵与外延已从单一的互联网发展到网络广播电视、手机电视、博客、微信、互联网电视等。在网络环境下,一种新的媒体格局正在出现。

图1　中国互联网发展规模图

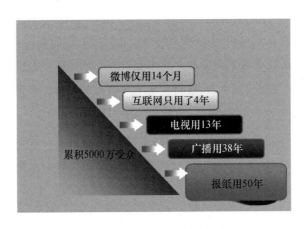

图2　各类媒体形成"规模"的标志时间

基于网络与新媒体的全媒体转型也正在迅速推行,并在四个方面改变着新闻业,即改变着新闻内容、改变着记者的工作方式、改变着新闻编辑室和新闻业的结构、改变着新闻机构与公众和政府之间的关系。① 相应地也改变着新闻和大众传播教育,包括新闻和大众传播教育的结构、教育者的工作方式和新闻传播学专业讲授的内容。

为使新设的"网络与新媒体"专业从一开始就走向规范化、科学化的发展建设之路,加强和完善课程体系建设,探索新专业人才培养模式,促进学界之间的教学交流,共同推进"网络与新媒体"专业教育,由华中科技大学广播电视与新媒体研究院及华中科技大学武昌分校主办,北京大学出版社承办的"全国高校网络与新媒体专业学科建设"研讨会,于2013年5月25—26日在华中科技大学举办。参加会议的70多名高校代表就议题"网络与新媒体"专业培养模式、"网络与新媒体"专业主干课程体系等展开了研讨,通过全国高校之间的学习对话,在网络与新媒体专业主干课和专业选修课的设置方面初步达成一致意见,形成了"网络与新媒体"专业新建课程体系。

"网络与新媒体"主干课程共14门:网络与新媒体(传播)概论、网络与新媒体发展史、网络与新媒体研究方法、网络与新媒体技术、网页设计与制作、网络与新媒体编辑、全媒体新闻采写、视听新媒体节目制作教程、融合新闻学、网络与新媒体运营与管理、网络与新媒体用户分析、网络与新媒体广告策划、网络法规与伦理、新媒体与社会。

选修课程初定8门:西方网络与新媒体理论、网络与新媒体舆情监测、网络与新媒体经典案例、网络与新媒体文学、动画设计、数字出版、数据新闻挖掘与报道、网络媒介数据分析与应用。

这些课程的设计是基于全国28所高校"网络与新媒体"新专业申报目录、网络与新媒体专业的社会调查,以及长期相关教学研究的经验讨论而形成的,也算是这次首届会议的一大收获。新专业建设应教材先行,因此,在这次会议上应各高校的要求,组建了全国高校"网络与新媒体"专业"十二五"规划教材编辑委员会,全国参会的26所高校中有50多位学者申报参编教材。在北京大学出版社及李淑方编辑的大力支持下,经过个人申报、会议集体审议,初步确立了30种教材编写计划,并现场与北京大学出版社签订了教材编写合同,这套网络与新媒体专业"十二五"规划系列教材,计划近三年内完成。出版教材包括:

《网络与新媒体概论》《西方网络与新媒体理论》《新媒体研究方法》《融合新闻学》《网页设计与制作》《全媒体新闻采写》《网络与新媒体编辑》《网络与新媒体评论》《新媒体视听节目制作》《网络与新媒体技术应用》《网络与新媒体经营》《网络与新媒体广告》《网络与新媒体用户分析》《网络法规与伦理》《新媒体与社会》《数字媒体导论》《数字出版导论》《网络与新媒体游戏导论》《网络媒体实务》《网络舆情监测与分析》《网络与新媒体经典案例评析》《网络媒介数据分析与应用》《网络播音主持》《网络与新媒体文学》《网络与新媒体营销传播》《网络与新媒体实验教学》《网络文化教程》《全媒体动画设计赏析》《突发新闻报道》《文化产业概论》。

---

① [美]约翰·V.帕夫利克.新闻业与新媒介[M].张军芳,译.北京:新华出版社,2005:5。

这套教材是我国高校新闻教育工作者探索"网络与新媒体"专业建设规范化的初步尝试，它将在网络与新媒体的高等教育中不断创新实践，不断修订完善。希望广大师生、学者、业界人士不吝赐教，以便这套教材更加符合网络与新媒体的发展规律和教学改革理念。

石长顺

2014年7月

（作者系华中科技大学广播电视与新媒体研究院院长、教授）

前　言

2014年是互联网进入中国的第二十个年头!

当今世界,信息技术革命日新月异,对国际政治、经济、文化、社会、军事等领域发展产生了深刻影响。信息化和经济全球化相互促进,互联网已经融入社会生活方方面面,深刻改变了人们的生产和生活方式。目前,互联网技术与理念从 Web 1.0 跃升至 Web 3.0,在 Web 3.0 影响下的传播技术与理念日益体现出多元化与融合化。传统新闻媒体和广告媒体,甚至因"网"而生而盛的纯粹意义上的网络媒体等,均致力依托 Web 技术理念拓展生存与发展空间,无论是在内容表达还是传播形式上都有日新月异之感。

在此大背景下,中央网络安全和信息化领导小组 2014 年 2 月 27 日在北京宣告成立,中共中央总书记、国家主席、中央军委主席习近平亲自担任组长,李克强、刘云山任副组长。习近平指出网络安全和信息化是事关国家安全和国家发展、事关广大人民群众工作生活的重大战略问题,要从国际国内大势出发,总体布局,统筹各方,创新发展,努力把我国建设成为网络强国。

中国互联网络信息中心(CNNIC)发布的相关互联网络发展状况统计报告显示,截至 2008 年 6 月底,我国网民数量达到了 2.53 亿,首次大幅度超过美国,跃居世界第一位。截至 2013 年 12 月 31 日,我国网民数量规模达到 6.18 亿人,普及率达到全球平均水平 45.8%;手机网民规模达 5 亿,较 2012 年年底增加 8009 万人,网民中使用手机上网的人群占比由 2012 年年底的 74.5% 提升至 81%,手机网民规模继续保持稳定增长。同时,近年来网络跻身主流媒体行列,在促进公民获取信息、拓展人际交往、鼓励社会参与、提供实际生活便利等方面发挥的积极作用较为突出,得到了国家领导人的认可与赞誉。对中国乃至全球而言,一个普遍意义上的网络媒体时代已经到来!

2013 年 10 月在徐州召开的 2013-2017 年新闻传播学类专业教学指导委员会第二次全体会议透露,目前全国高校新闻传播学类专业布点 1080 个,在校本科生 23 万,其中 307 所高校设有新闻学专业,225 所高校设广播电视学专业,365 所高校设广告学专业,55 所高校设传播学专业,80 所高校设编辑出版专业,43 所高校设网络与新媒体专业(含 2010 年度及 2011 年度教育部批复的"新媒体与信息网络"专业 10 所高校、2012 年教育部首次批准增设"网络与新媒体"专业 28 所院校、自行设定的网络新闻或网络传播或新媒体等专业方向若干高校),5 所高校设数字出版专业。在网络的深远影响下,当前的新闻传播教育如何把网络媒体最新技术与理念系统传授给广大新闻学子,是值得学界深入探讨的具有较强现实意义的课题。

目前,从高校的培养来看,新闻传播教育主要有行业实习、融合到相关课程中、单列课程讲授等实现形式,但往往缺乏整体和系统性。从业界相关情况来看,传统媒体在实施新媒体化战略的进程中,急需学界对其人员进行网络媒体相关业务的培训来进行助推,而相关支持比较薄弱。鉴于此,立足于新闻传播教育之需要的网络媒体教材的编写尤为重要。

当前全国高校的新闻院系中均开设与网络媒体相关的课程,该课程是新闻传播类主干课程,也是经管营销类专业主要选修课程。综观目前国内出版的网络媒体类教材,由于网络技术的迅速发展以及网络媒体形式与经营管理也相应发生较快的变化,相关教材均没有较新版本出现,无法把网络新媒体学界、业界、互联网技术领域最新研究成果以教材内容的形式呈现给学生,影响到新闻传媒类专业学生网络新媒体素质的培养。

2014年3月22日,教育部副部长鲁昕在中国发展高层论坛上表示,我国即将出台方案,实现学术、技术两种类型高考模式。与之相应的是高校人才培养模式的转变与适应,对虽不是职业类高校但属于省属高校新闻院系人才培养提出了更新的要求,即既区别于重点大学又高于职业学院的培养思路与模式。与全国著名新闻院系着力培养研究型人才之不同,近几年新设(省属)高校新闻院系则以培养应用型人才为主,课程教材必须服务于人才培养定位之需要,必须满足于业界渴求业务型传媒人才之需要。教材编写与课程讲授中均应围绕网络媒体相关核心理论掌握,使学生对媒体理念进行全新构建,同时着重培养其对网络媒体业务层次上的驾驭能力。因此,本书内容力求既能立足互联网技术理念的新变化,又能覆盖网络媒体相关岗位的工作要求,因此比较具体安排了网络媒体技术概述、网站设计制作实务、网络信息组织实务、网络新闻实务、网络广告实务、网络媒体经营实务、网络出版实务、网络调查实务、网络播音主持实务等九大章。

基于将网络媒体新变化、新需求融入专业教育的考量,我们编写了《网络媒体实务》一书,随后几年将努力尝试编写一系列的面向应用型本科院校的新闻传播类专业网络新媒体系列教材。参与编写本书的人员都是在高校专门从事网络新媒体教学研究的一线教师,有着多年的网络媒体业务实践或与之相关的教学及研究经验。

本书策划设计组织、编写提纲审定、前言由张合斌(河南工业大学)完成,第一章由毛文撰写(河南工业大学),第二章由乔贵春撰写(南阳师范学院),第三章由张合斌撰写(河南工业大学),第四章由黄俊华撰写(河南工业大学),第五章由许俊义撰写(河南工业大学),第六章由康初莹撰写(河南工业大学),第七章由董岩撰写(河南财经政法大学),第八章由孙晓韵撰写(河南工业大学),第九章由关杨撰写(河南工业大学)。张合斌、黄俊华、康初莹共同拟定了本书的编写提纲并完成本书的审稿统稿工作。河南工业大学教务处处长祝玉华教授和新闻传播学院院长尚恒志教授对本书的编写提供了不懈的指导与帮助。

本书是探路之作,在编写过程中,编者借鉴了国内外新闻传播学者和各级各类网络媒体网站近几年出版或登载的关于互联网或网络媒介传播的研究成果,在此一并表示衷心感谢。

由于时间仓促,水平有限,书中不足和错误之处在所难免,敬请读者批评指正。衷心期待本书能对读者有所帮助,期待着有更多更精彩的网络媒体实务的著述问世。

张合斌

2014年5月

目 录

第一章　网络媒体技术概述 ··· 1
　　第一节　互联网的发展历程 ··· 1
　　第二节　传统互联网的媒体技术 ····································· 6
　　第三节　移动互联网的媒体技术 ···································· 17

第二章　网站设计制作实务 ·· 25
　　第一节　网站建设基础 ·· 25
　　第二节　网站建设的规划 ·· 30
　　第三节　静态网站设计制作 ·· 38
　　第四节　动态网站设计制作 ·· 65
　　第五节　网站设计制作优化 ·· 70

第三章　网络信息组织实务 ·· 79
　　第一节　网络信息组织概述 ·· 79
　　第二节　网络信息资源概述 ·· 80
　　第三节　Web 1.0 时期网络信息组织 ································ 84
　　第四节　Web 2.0 时期网络信息组织 ································ 97
　　第五节　Web 3.0 时期网络信息组织 ······························· 104
　　第六节　WAP 时期的网络信息组织 ································ 110

第四章　网络新闻实务 ··· 124
　　第一节　网络新闻采访 ··· 124
　　第二节　网络新闻写作 ··· 128
　　第三节　网络新闻编辑 ··· 133
　　第四节　网络新闻评论 ··· 143

第五章　网络广告实务 ··· 150
　　第一节　网络广告的策划 ··· 150
　　第二节　网络广告的设计 ··· 161
　　第三节　网络广告的制作 ··· 175
　　第四节　网络广告的发布 ··· 179
　　第五节　网络广告的效果分析 ····································· 183

第六章 网络媒体经营实务 ... 191
第一节 网络媒体经营与管理概述 ... 191
第二节 网络媒体营利策略 ... 205
第三节 网络游戏的运营与管理 ... 213
第四节 网络视频运营与管理 ... 217
第五节 网络广告运营与管理 ... 219
第六节 企业微博运营与管理 ... 223
第七节 企业微信运营与管理 ... 229

第七章 网络出版实务 ... 234
第一节 网络出版选题策划 ... 234
第二节 电子书设计与制作 ... 237
第三节 网络杂志设计与制作 ... 249
第四节 手机报(杂志)设计与制作 ... 264

第八章 网络调查实务 ... 275
第一节 大众传播的定量研究方法概述 ... 275
第二节 新媒介催生传播学研究方法的方向性调整 ... 278
第三节 新媒体催生的定量研究方法新变化 ... 280
第四节 大数据助力传播学研究 ... 286
第五节 著名网络调查机构 ... 289
第六节 网络调查组织与实施 ... 292
第七节 网络调查数据分析与处理 ... 296

第九章 网络播音主持实务 ... 302
第一节 网络播音与主持业务概述 ... 303
第二节 网络播音与主持语言能力训练 ... 310
第三节 网络节目的主持 ... 318

第一章　网络媒体技术概述

学习目标

1. 掌握互联网、计算机网络、移动互联网的发展历史及其在中国的发展情况。
2. 全面了解互联网及移动互联网的应用领域及未来发展趋势。
3. 熟悉互联网及移动互联网关键技术。

19世纪是铁路的世纪，20世纪是高速公路的世纪，21世纪是网络的世纪。当前，互联网已经成为社会的重要应用，更是一个国家对外传播软实力的集中体现之一。互联网从诞生之日起一直不断地革新着媒体传播手段与理念，移动互联网更是使媒体传播进入更为便捷的移动互联之境地，发展与创新是网络媒体技术领域永久不变的主题。本章将详细介绍网络媒体技术的过去与现在。

第一节　互联网的发展历程

一、互联网在全球的发展

（一）基于军事需求的萌芽阶段

1959年10月，苏联发射了人类历史上第一颗名为"斯普尼克"的人造卫星。这一科技史上的伟大进步震惊了美国政界，一些人担心苏联将会以此来称霸地球，美国的国防安全也将会受到威胁。苏联的这一成就使美国第二次世界大战后不断高涨的自信和乐观受到了沉重的打击，一种无形的压力笼罩着美国人的心理。于是，当时的美国总统怀特·艾森豪威尔做出了成立高级研究计划署（Advanced Research Project Adminstration，ARPA）的决策，ARPA的主要任务是向美国总统和国防部长提供快速反应信息服务，以确保美国人民在高科技领域不再陷入类似的恐慌。同时ARPA也可以有效地遏制军事部门各势力间为争夺研究项目所产生的激烈摩擦。

ARPA在成立之初获得了5.2亿美元的拨款和20万美元的预算基金，研究项目主要集中于太空计划和先进的战略导弹研究方面。不久，美国国家航空航天管理局（NASA）成立，这些计划移交到了NASA和其他部门，ARPA的预算资金减至1.5亿美元。为了维持自己的存在价值，ARPA将自己的工作重点转向"基础研究"，吸收了国内最优秀大学和实验室的一批科技精英[①]。

从某种意义上，Internet可以说是美苏冷战的产物。由于美国联邦经费的刺激和公众恐惧心理的影响，"实验室冷战"也开始了。人们认为，能否保持科学技术上的领先地位，将决定战争的胜负。而科学技术的进步依赖于电脑领域的发展。计算机方面的研究开始进入ARPA。美国国防部担心如果仅有一个集中的军事指挥中心，那么在这个中心被苏联的核武器摧毁时，全国的军事指挥将处于瘫痪状态，其后果将不堪设想。因此有必要设计一个由点组成的分散指挥系统，当部分指挥点被摧毁后其

---

① [美]凯蒂·哈靴纳，马修·利昂.术士们熬夜的地方[M].呼和浩特:内蒙古人民出版社,1997.

他点仍能正常工作,而这些分散的点又能通过某种形式的通信网取得联系。1967年ARPA计算机联网选定了4个网点,洛杉矶加州大学、犹他大学、斯坦福研究院和圣巴巴拉加州大学,1969年这4个节点的网络实验取得初步成功。

1969年,美国国防部高级研究计划管理局建立了一个命名为ARPAnet的网络,把美国的几个军事及研究用电脑主机连接起来。从军事要求上是置于美国国防部高级机密的保护之下。该项目基于网络必须能够经受住故障的考验而维持正常工作,一旦发生战争,当网络的某一部分因遭受攻击而失去工作能力时,网络的其他部分应能够维持正常通信的主导思想。ARPAnet的实现采用了几种主要的计算机技术:分布式控制技术、采用分组交换技术、使用通信控制处理机、分层的网络通信协议等。

20世纪60年代末,主要的联邦基金研究中心,包括纯商业性组织、大学都有了由美国新兴电脑工业提供的最新技术装备的电脑设备,电脑中心互联以共享资源的思想得到了迅速发展。

(二)在科研领域中应用与完善

1972年,许多大学和研究机构相继加入这个网络,网络上的节点已达40多个。在同年的首届计算机后台通信国际会议上ARPAnet首次与公众见面。

1974年,文顿·瑟夫(Vint Cerf)和鲍勃·坎(Bob Khan)提出了TCP协议(Transmission Control Protocol)和IP协议(Internet Protocol)。所谓计算机协议就是计算机通信时所遵循的规则,入网的计算机只有遵循这个协议才能与网内的其他计算机通信,实现信息交换,不同的网络间只有采用同一协议才能互通互连。

1980年,ARPA投资把TCP/IP加进UNIX(BSD4.1版本)的内核中,在BSD4.2版本以后,TCP/IP协议成为UNIX操作系统的标准通信模块。TCP/IP协议的开发和使用是ARPAnet在技术上的重大贡献。

1983年,由于ARPAnet较好地解决了异种机网络互联的一系列理论和技术问题,连入的计算机已达三百多台,供美国各研究机构和政府部门使用。1983年1月,ARPA把TCP/IP协议作为ARPAnet的标准协议,为所有网络采用,此时美国全国性的互联网才真正建立起来。随着冷战的解冻,ARPAnet也慢慢开放给民间使用。但是美国基于军事安全上的考虑,另外成立了国家科学基金会(National Science Foundation),建立NSFnet,专门负责民间的网络交流。

1984年,美国国防部将ARPAnet分解成两个网络,一个网络仍称为ARPAnet,是民用科研网,另一个网络是军用计算机网络MILnet。民用部分划归美国国家科学基金会(NSF)管理。

1986年,NSF建立起了六大超级计算机中心,为了使全国的科学家、工程师能够共享这些超级计算机设施,NSF建立了自己的基于TCP/IP协议的计算机网络NSFnet。

随着人类社会从工业社会向信息社会过渡的趋势越来越明显,人们对信息的意识,对开发和使用信息资源的重视越来越加强,这些都强烈刺激了ARPAnet和以后发展成的NSFnet的发展,使连入这两个网络的主机和用户数目急剧增加。1988年,由NSFnet连接的计算机数就猛增到56000台,此后每年更以2到3倍的惊人速度向前发展。

NSF在全国建立了按地区划分的计算机广域网,并将这些地区网络和超级计算机中心相连,最后将各超级计算中心互连起来。地区网的构成一般是由一批在地理上局限于某一地域,在管理上隶属于某一机构,或在经济上有共同利益的用户的计算机互连而成,连接各地区网上主通信结点计算机的高速数据专线构成了NSFnet的主干网。这样,当一个用户的计算机与某一地区相连以后,它除了可以使用任一超级计算中心的设施,可以同网上任一用户通信,还可以获得网络提供的大量信息和数据。这一成功使得NSFnet于1990年6月彻底取代了ARPAnet而成为Internet的主干网。后来,

NSFnet 接管了 ARPAnet 并将网络改名为 Internet。在英语中"Inter"的含义是"交互的","net"是指"网络"。简单地讲,Internet 是一个计算机交互网络,又称网间网。随着各类学术团体及中小网络的不断加入,Internet 开始以惊人的速度扩展。

（三）20 世纪 90 年代后的商业化发展

随着计算机技术的进步以及越来越多的学术团体、企业、研究机构等进入 Internet,用户在使用中发现,Internet 不但可以共享 NSF 的巨型计算机,而且相互间可以进行通信。于是,Internet 逐步被当做一种交流与通信的工具,从而迎来了 Internet 历史上的第二次飞跃,即 Internet 的商业化发展。

1990 年到 1991 年间,粒子物理科学家蒂姆·伯纳斯·李(Tim Berners-Lee)提出了万维网(Word Wide Web,WWW)的设想,WWW 的主要思想是,利用互联网传送超文本信息,即包括文字、图像、视频、动画、音频等在内的多媒体信息,通过超链接将网络中的信息组织起来,所有的操作通过一种图形化的界面实现。这就意味着,在网络中采用非线性信息组织形式,信息呈现形式多样化且使用方便。由于当时 Internet 的容量满足不了需要,于是美国政府决定将 Internet 主干网转交给私人公司来经营,分别经营着 CERFnet、PSInet 和 Alternet 网络的 General Atomics、Performance Systems International、UUnet Technologies 的三家公司共同组建了商用 Internet 协会(Commercial Internet Exchange Association)。协会宣布用户可以利用他们的 Internet 子网开展商业用途。Internet 在通信、资料检索、客户服务等方面的突出优越性,吸引了世界各地的无数企业和个人用户,随后 Internet 协会开始对接入 Internet 单位收费。

1992 年 2 月美国总统发表的国情咨文中提出,计划用 20 年时间,耗资 2000~4000 亿美元,以建设美国国家信息基础结构(NII),作为美国发展政策的重点和产业发展的基础。倡议者认为,它将永远改变人们的生活、工作和相互沟通的方式,产生比工业革命更为深刻的影响。而将 NII 寓意于信息高速公路(ISHW),更令人联想到 19 世纪前期欧美国家兴起的高速公路的建设,在振兴经济中的巨大作用和战略意义。虽然美国政府拥有 Internet 的很多权限,但是为了科技的发展,美国本身并没有对网络上的任何行为收取大量的权利金(因为国际互联网是美国政府出钱研究开发的),所以很多的研究机构得以以很低的成本加入 Internet 技术与服务的研究开发,Internet 也因此得以发展成全世界最广的网络。

1993 年,在读的大学生马克·安德尔森(Marc Andeerseen)和埃里克·比纳(Eric Bina)根据 WWW 思想编写了网络浏览器"马赛克"。马克·安德尔森在毕业后与人合作开办了 Netscape 公司,"马赛克"发展为 Netscape 浏览器。Netscape 浏览器加快了互联网的普及速度,马克·安德尔森也因此成为百万富翁。WWW 技术的应用降低了互联网应用的门槛,使上网不再是技术高手的专利。互联网逐步成为深受人们欢迎的通信与信息交流的工具。

1997 年年底,Internet 已遍布全世界 150 个国家和地区,连接了 3 万多个子网,320 多万台计算机主机,直接的用户超过 8500 万,成为世界最大的计算机网络。

20 世纪 90 年代初,克林顿政府提出的"信息高速公路"计划,进一步推动了互联网商业化的进程。所谓"信息高速公路"是指建立贯通美国各大学、研究机构、企业以至普通美国人家庭的全国性信息网络,它是以信息交流为目的的基础设施。信息高速公路的主要目标是:在企业、研究机构和大学之间进行计算机信息交换;通过药品的通信销售和 X 光照片图像的传送,提高以医疗诊断为代表的医疗服务水平;使在第一线的研究人员的讲演和学校里的授课发展成为计算机辅助教学;广泛提供地震、火灾等的灾害信息;实现电子出版、电子图书馆、家庭影院、在家购物等;带动信息产业的发展,产生巨大的经济效应,增强国际实力,提高综合国力。

美国推行的"信息高速公路",引起了全球的关注,而"信息高速公路"的基础正是互联网。能在未来的信息平台上获取有利的地位是在新一轮全球信息化浪潮中取得优势的关键。"信息高速公路"计划使大批企业看到了互联网发展的前景。风险投资的注入使互联网得到了商业化的开发。互联网的潜在价值正在被开发,网络作为媒体的价值也被传媒界日益关注。

互联网之所以能够以如此惊人的速度发展主要得益于它提供的大量服务,这些服务为人们的信息交流带来了极大的便利,其应用范围非常广泛,互联网提供的主要信息服务包括远程登录服务 Telnet、文件传送服务 FTP、电子邮件服务 E-mail、电子公告板系统(BBS)、万维网 WWW(World Wide Web)等。

(四) 21世纪初互联网的新发展

2003 年之后,Web 2.0 成为互联网的热门概念之一。对于什么是 Web 2.0 目前没有很严格的定义,一般来说 Web 2.0(也有人称之为互联网 2.0)是相对 Web 1.0 的新的一类互联网应用的统称。Web 1.0 的主要特点在于用户通过浏览器获取信息,Web 2.0 则更注重用户的交互作用,用户既是网站内容的消费者(浏览者),也是网站内容的制造者。Blogger Don 在他的《Web 2.0 概念诠释》一文中提到"Web 2.0 是以 Flickr、Craigslist、Linkedin、Tribes、Ryze、Friendster、Del.icio.us、43Things.com 等网站为代表,以 Blog、TAG、SNS、RSS、Wiki 等社会软件的应用为核心,依据六度分隔、xml、ajax 等新理论和技术实现的互联网新一代模式。"[1]Web 2.0 主要技术应用包括:博客(Blog)、RSS、百科全书(Wiki)、网摘、社会网络(SNS)、P2P、即时信息(IM)等。

互联网的更新换代是一个渐进的过程。虽然目前学术界对于下一代互联网还没有统一定义,但对其主要特征已达成如下共识:采用 IPV6 协议,使下一代互联网具有非常巨大的地址空间,网络规模将更大,接入网络的终端种类和数量更多,网络应用更广泛;100M 字节/秒以上的端到端高性能通信;可进行网络对象识别、身份认证和访问授权,具有数据加密和完整性,实现一个可信任的网络;提供组播服务,进行服务质量控制,可开发大规模实时交互应用;无处不在的移动和无线通信应用;有序的管理、有效的运营、及时的维护;有盈利模式,可创造巨大社会效益和经济效益。

新一代互联网,将会朝着"更快、更大、更安全、更及时、更方便"的方向发展。所谓"更快",就是其速度比现有的 Internet 快 100 至 1000 倍,其高速度不仅仅依靠于光纤作为传输介质,更主要在于能有效提高速度的整体网络体系结构,它允许大容量的媒体传输,使人们能突破目前 Internet 的带宽瓶颈,几乎无障碍地从网上获取多媒体信息;如果新 Internet 普及,今天的每一个网站都可以变成电视台,用户利用计算机网络可以流畅地收看全球的每一个电视台的高质量视频节目。可以想象,新 Internet 将会是提供全屏幕交互式视频图像传输并快速下载数据的互联网络。所谓"更大",就是比现在的互联网络的发展空间更大,拥有比现在的互联网络地址多得多的地址,大得几乎可以为世界上每一粒沙子分配一个 IP 地址,实现无处不在的连接。所谓"更安全",就是拥有广泛的安全网络传输机制和网络用户认证机制。所谓"更及时",就是基于新 lnternet 网络传播满足数据、语音和视频等各种不同业务的实时传输需求。所谓"更方便",就是用户使用网络各种服务要像现在使用电话机和电视机一样的方便。

二、互联网在中国的发展

中国是第 71 个通过国际专线接入互联网的国家。

1986 年,钱天白教授促成了北京计算机应用技术研究所和德国卡尔斯鲁厄大学合作,启动了名为中国学术网(CANET)的国际联网项目。1987 年 9 月,北京计算机应用技术研究所建成中国第一个

---

[1] 祝玉华.网络传播实务[M].郑州:河南人民出版社,2012.

互联网电子邮件系统,使我国正式成为互联网大家庭的一员。从此,我国开始了互联网研究与应用。

1987年9月20日22时55分,钱天白等七人联合署名发出我国第一封电子邮件"越过长城,通向世界",揭开了中国人使用互联网的序幕。当时发出的这封电子邮件是通过意大利公用分组网设在北京的计算机,经由意大利和德国的分组网,实现了和德国卡尔斯鲁厄大学(KARLSRUHE)的连接,通信速率为300bps。同年,钱天白教授参加了国际互联网交流会,这是中国人的身影第一次出在类似的国际会议中。

20世纪80年代中后期,在国家科委的支持下,CANET开始向我国的科研、学术、教育界提供Internet电子邮件服务,并于1990年10月,正式向Internet网管中心登记注册了我国的最高级域名"CN",从而开通了使用中国自己域名的Internet电子邮件。继CANET之后,国内其他一些大学和研究所也相继开通了Internet电子邮件服务。

1990年10月,钱天白教授代表中国正式在国际互联网络信息中心(INTERNIC)的前身DDN-NIC注册登记了我国的顶级域名CN,并且从此开通了使用中国顶级域名CN的国际电子邮件服务。由于当时中国尚未正式连入Internet,所以委托德国卡尔斯鲁厄大学运行CN域名服务器。

1994年4月20日,中国科学院、北京大学、清华大学共同实施的NCFC项目通过美国Sprint公司连入Internet的64K国际专线开通,实现了与Internet的全功能连接。从此我国被国际上正式承认为有Internet的国家。此事被我国新闻界评为1994年中国十大科技新闻之一,被国家统计公报列为中国1994年重大科技成就之一。

1994年5月21日,在钱天白教授和德国卡尔斯鲁厄大学的协助下,中国科学院计算机网络信息中心完成了中国国家顶级域名(CN)服务器的设置,改变了中国的CN顶级域名服务器一直放在国外的历史。

1994年9月,中国电信与美国商务部布朗部长签订中美双方关于国际互联网的协议,协议中规定中国电信将通过美国Sprint公司开通2条64K专线(一条在北京,另一条在上海)。中国公用计算机互联网(CHINANET)的建设开始启动。

1996年1月,中国公用计算机互联网(CHINANET)全国骨干网建成并正式开通,全国范围的公用计算机互联网络开始提供服务。

1996年12月,中国公众多媒体通信网(169网)开始全面启动,广东视聆通、天府热线、上海热线作为首批站点正式开通。

1997年6月3日,受国务院信息办的委托,中国科学院在中国科学院计算机网络信息中心组建了中国互联网络信息中心(NNIC),行使国家互联网络信息中心的职责。钱天白教授被国务院信息办聘任为CNNIC工作委员会副主任委员。1997年11月,中国互联网络信息中心(CNNIC)发布了第一次《中国Internet发展状况统计报告》。截止到1997年10月31日,我国共有上网计算机29.9万台,上网用户62万人,CN下注册的域名4066个,WWW站点1500个,国际出口带宽18.64Mbps。1999年和2000年电子商务应用在我国得到了迅猛的发展,并吸引了大量的国外风险投资。

我国对互联网技术的应用是非常重视的,1999年被定为"政府上网年",2000年定为"企业上网年"。互联网技术在我国的发展速度也是十分惊人的,根据CNNIC的统计,到2000年7月底,我国上网计算机为650万台,上网用户为1690万,CN下注册域名数为99734个,WWW站点数约27289个,国际出口带宽1234Mbps。

随着我国科技教育事业与国际交流的进一步发展和人们对Internet认识的提高,20世纪90年代开始,我国先后建立起中国科学院互联网(NCFC)、国家教委互联网(CERNET)、中国公用计算机互联网(CHINANET)和电子部互联网(CHINAGBN)四大骨干网,实现了与Internet的全功能联结

Internet在我国作为新事物开始日益为企业界和公众个人所接受,在全社会形成了一股"上网"的热潮。网民常用的功能有信息的获取与发布、电子邮件(E-mail)、网上交际、电子商务、网络电话、远程教育、网上事务处理等。

近年来,手机上网(WAP)在我国初露端倪,目前我国已经支持手机上网(WAP)应用,用手机上网时只需拨打 WAP 网关号码调出网络菜单,用户就可以非常方便地查询信息、收发电子邮件。与此类似的另一个重要应用是"手机银行"。

第二节 传统互联网的媒体技术

一、计算机网络及其发展

(一) 什么是计算机网络

关于计算机网络的最简单定义是:一些相互连接的、以共享资源为目的的、自治的计算机的集合。最简单的计算机网络就是只有两台计算机和连接它们的一条链路,即两个节点和一条链路。因为没有第三台计算机,因此不存在交换的问题。最庞大的计算机网络就是因特网。它由非常多的计算机网络通过许多路由器互连而成。因此因特网也称为"网络的网络"。另外,从网络媒介的角度来看,计算机网络可以看做是由多台计算机通过特定的设备与软件连接起来的一种新的传播媒介。计算机网络由承担通信的通信子网和承担数据处理、存储的资源子网组成。通信子网的主要任务是完成数据的传输、转发和通信的控制。而资源子网负责全网的数据处理和计算,向网络用户提供数据的处理、存储、管理、输入、输出等功能,提供各种网络资源和网络服务,以最大限度共享全网络资源。

(二) 计算机网络的功能

计算机网络的主要功能有四个方面,最基本的功能是资源共享和实现数据通信,另外还有均衡负荷与分布处理,以及综合信息服务。

资源共享是人们建立计算机网络的主要目的。计算机资源包括硬件资源、软件资源和数据资源。硬件资源的共享可以提高设备的利用率,避免设备的重复投资,如利用计算机网络建立网络打印机。软件资源和数据资源的共享可以充分利用已有的信息资源,减少软件开发过程中的劳动,避免大型数据库的重复设置。

数据通信是指利用计算机网络实现不同地理位置的计算机之间的数据传送,如人们通过电子邮件、传真等实现远程数据交流。

均衡负荷与分布处理是指当计算机网络中的某个计算机系统负荷过重时,可以将其处理的任务传送到网络中的其他计算机系统中,以提高整个系统的利用率。对于大型的综合性的科学计算和信息处理,可通过适当的算法,将任务分散到网络中不同的计算机系统上进行分布式的处理。

综合信息服务是指在当今的信息化社会中,各行各业每时每刻都会产生大量的信息,需要及时处理,而计算机网络在其中起着十分重要的作用。

(三) 计算机网络分类

计算机网络通俗地讲就是由多台计算机(或其他计算机网络设备)通过传输介质和软件物理(或逻辑)连接在一起组成的。总的来说计算机网络的组成基本上包括:计算机、网络操作系统、传输介质(可以是有形的,也可以是无形的,如无线网络的传输介质就是空气)以及相应的应用软件四部分。

第一,根据网络的覆盖范围可分为局域网、城域网、广域网、国际互联网。第二,按网络的拓扑结构可分为总线型网络、星形网络、环型网络、树状网络、混合型网络。第三,按传输介质可分为有线网、无线网。第四,按网络的使用性质可分为公用网、专用网。

虽然网络类型的划分标准各种各样,但是从地理范围划分是一种大家都认可的通用网络划分标准。按这种标准可以把各种网络类型划分为局域网、城域网、广域网和互联网四种。局域网一般来说只能是在一个较小区域内,城域网是不同地区的网络互联,不过在此要说明的一点就是这里的网络划分并没有严格意义上地理范围的区分,只能是一个定性的概念。下面简要介绍这几种计算机网络。

1. 局域网

局域网(Local Area Network,LAN)是我们最常见、应用最广的一种网络。现在局域网随着整个计算机网络技术的发展和提高得到充分的应用和普及,几乎每个单位都有自己的局域网,甚至有的家庭中都有自己的小型局域网。很明显,所谓局域网就是在局部地区范围内的网络,它所覆盖的地区范围较小。局域网在计算机数量配置上没有太多的限制,少的可以只有两台,多的可达几百台。一般来说在企业局域网中,工作站的数量在几十到两百台次左右。在网络所涉及的地理距离上一般来说可以是几米至10公里以内。局域网一般位于一个建筑物或一个单位内,不存在寻径问题,不包括网络层的应用。

这种网络的特点就是:连接范围窄、用户数少、配置容易、连接速率高。目前局域网最快的速率要算现今的10G以太网了。IEEE的802标准委员会定义了多种主要的LAN网:以太网(Ethernet)、令牌环网(TokenRing)、光纤分布式接口网络(FDDI)、异步传输模式网(ATM)以及最新的无线局域网(WLAN)。

虽然目前我们所能看到的局域网主要是以双绞线为代表传输介质的以太网,那只不过是因为我们所看到的基本上都是企、事业单位的局域网,在网络发展的早期或在其他各行各业中,因其行业特点所采用的局域网也不一定都是以太网。

(1) 以太网

以太网(EtherNet)最早是由Xerox(施乐)公司创建的,在1980年由DEC、Intel和Xerox三家公司联合开发为一个标准。以太网是应用最为广泛的局域网,包括标准以太网(10Mbps)、快速以太网(100Mbps)、千兆以太网(1000Mbps)和10G以太网,它们都符合IEEE802.3系列标准规范。

① 标准以太网:最开始以太网只有10Mbps的吞吐量,它所使用的是CSMA/CD(带有冲突检测的载波侦听多路访问)的访问控制方法,通常把这种最早期的10Mbps以太网称为标准以太网。以太网主要有两种传输介质,那就是双绞线和同轴电缆。所有的以太网都遵循IEEE802.3标准,下面列出IEEE802.3的一些以太网络标准,在这些标准中前面的数字表示传输速度,单位是"Mbps",最后的一个数字表示单段网线长度(基准单位是100m),Base表示"基带",Broad代表"宽带"。

② 快速以太网(FastEthernet):随着网络的发展,传统标准的以太网技术已难以满足日益增长的网络数据流量速度需求。在1993年10月以前,对要求10Mbps以上数据流量的LAN应用,只有光纤分布式数据接口(FDDI)可供选择,但它是一种价格非常昂贵的、基于100Mpbs光缆的LAN。1993年10月,Grand Junction公司推出了世界上第一台快速以太网集线器FastSwitch10/100和网络接口卡FastNIC100,快速以太网技术正式得以应用。随后Intel、SynOptics、3COM、BayNetworks等公司亦相继推出自己的快速以太网装置。与此同时,IEEE802工程组亦对100Mbps以太网的各种标准,如100BASE-TX、100BASE-T4、MII、中继器、全双工等标准进行了研究。

快速以太网与原来在100Mbps带宽下工作的FDDI相比具有许多优点,最主要体现在快速以太网技术可以有效保障用户在布线基础实施上的投资,它支持3、4、5类双绞线以及光纤的连接,能有效利用现有的设施。

快速以太网的不足其实也是以太网技术的不足,那就是快速以太网仍是基于载波侦听多路访问和冲突检测(CSMA/CD)技术,当网络负载较重时,会造成效率的降低,当然这可以使用交换技术来弥补。

③ 千兆以太网(GBEthernet):随着以太网技术的深入应用和发展,企业用户对网络连接速度的要求越来越高,1995年11月,IEEE802.3工作组委任了一个高速研究组(Higher Speed Study Group),研究将快速以太网速度增至更高。该研究组研究了将快速以太网速度增至1000Mbps的可行性和方法。1996年6月,IEEE标准委员会批准了千兆位以太网方案授权申请(Gigabit Ethernet Project Authorization Request)。随后IEEE 802.3工作组成立了802.3工作委员会。IEEE 802.3委员会的目的是建立千兆位以太网标准:包括在1000Mbps通信速率的情况下的全双工和半双工操作、802.3以太网帧格式、载波侦听多路访问和冲突检测(CSMA/CD)技术、在一个冲突域中支持一个中继器(Repeater)、10BASE-T和100BASE-T向下兼容技术千兆位以太网具有以太网的易移植、易管理特性。千兆以太网在处理新应用和新数据类型方面具有灵活性,它是在赢得了巨大成功的10Mbps和100Mbps IEEE 802.3以太网标准的基础上的延伸,提供了1000Mbps的数据带宽。这使得千兆位以太网成为高速、宽带网络应用的战略性选择。

④ 10G以太网:现在10Gbps的以太网标准已经由IEEE802.3工作组于2000年正式制定,10G以太网仍使用与以往10Mbps和100Mbps以太网相同的形式,它允许直接升级到高速网络。同样使用IEEE802.3标准的帧格式、全双工业务和流量控制方式。在半双工方式下,10G以太网使用基本的CSMA/CD访问方式来解决共享介质的冲突问题。此外,10G以太网使用由IEEE802.3小组定义了和以太网相同的管理对象。总之,10G以太网仍然是以太网,只不过更快。

(2) 令牌环网

令牌环网是IBM公司于20世纪70年代发展的,现在这种网络比较少见。在老式的令牌环网中,数据传输速度为4Mbps或16Mbps,新型的快速令牌环网速度可达100Mbps。令牌环网的传输方法在物理上采用了星形拓扑结构,但逻辑上仍是环形拓扑结构。结点间采用多站访问部件(Multistation Access Unit,MAU)连接在一起。MAU是一种专业化集线器,它是用来围绕工作站计算机的环路进行传输的。由于数据包看起来像在环中传输,所以在工作站和MAU中没有终结器。

在这种网络中,有一种专门的帧称为"令牌",在环路上持续地传输来确定一个结点何时可以发送包。令牌为24位长,有3个8位的域,分别是首定界符(Start Delimiter,SD)、访问控制(Access Control,AC)和终定界符(End Delimiter,ED)。首定界符是一种与众不同的信号模式,作为一种非数据信号表现出来,用途是防止它被解释成其他东西。这种独特的8位组合只能被识别为帧首标识符(SOF)。由于目前以太网技术发展迅速,令牌网存在固有缺点,令牌在整个计算机局域网已不多见,原来提供令牌网设备的厂商多数也退出了市场,所以在目前局域网市场中令牌网可以说是"明日黄花"了。

(3) FDDI网

FDDI的英文全称为"Fiber Distributed Data Interface",中文名为"光纤分布式数据接口",它是于20世纪80年代中期发展起来的一项局域网技术,它提供的高速数据通信能力要高于当时的以太网(10Mbps)和令牌网(4Mbps或16Mbps)的能力。FDDI标准由ANSIX 3T9.5标准委员会制订,为繁忙网络上的高容量输入输出提供了一种访问方法。FDDI技术同IBM的TokenRing技术相似,并具有LAN和TokenRing所缺乏的管理、控制和可靠性措施,FDDI支持长达2km的多模光纤。FDDI网络的主要缺点是价格同前面所介绍的"快速以太网"相比贵许多,且因为它只支持光缆和5类电缆,所以使用环境受到限制,从以太网升级更是面临大量移植问题。

当数据以100Mbps的速度输入输出时,在当时FDDI与10Mbps的以太网和令牌环网相比性能有相当大的改进。但是随着快速以太网和千兆以太网技术的发展,用 FDDI 的人就越来越少了。因为 FDDI 使用的通信介质是光纤,这一点它比快速以太网及现在的 100Mbps 令牌网传输介质要贵许多,然而 FDDI 最常见的应用只是提供对网络服务器的快速访问,所以在目前 FDDI 技术并没有得到充分的认可和广泛的应用。

FDDI 的访问方法与令牌环网的访问方法类似,在网络通信中均采用"令牌"传递。它与标准的令牌环又有所不同,主要在于 FDDI 使用定时的令牌访问方法。FDDI 令牌沿网络环路从一个结点向另一个结点移动,如果某结点不需要传输数据,FDDI 将获取令牌并将其发送到下一个结点中。如果处理令牌的结点需要传输,那么在指定的称为"目标令牌循环时间"(Target Token Rotation Time, TTRT)的时间内,它可以按照用户的需求来发送尽可能多的帧。

FDDI 可以发送两种类型的包:同步的和异步的。同步通信用于要求连续进行且对时间敏感的传输(如音频、视频和多媒体通信);异步通信用于不要求连续脉冲串的普通的数据传输。在给定的网络中,TTRT 等于某结点同步传输需要的总时间加上最大的帧在网络上沿环路进行传输的时间。FDDI 使用两条环路,所以当其中一条出现故障时,数据可以从另一条环路上到达目的地。连接到 FDDI 的结点主要有两类,即 A 类和 B 类。A 类结点与两个环路都有连接,由网络设备如集线器等组成,并具备重新配置环路结构以在网络崩溃时使用单个环路的能力;B 类结点通过 A 类结点的设备连接在 FDDI 网络上,B 类结点包括服务器或工作站等。

(4) ATM 网

ATM 的英文全称为"Asynchronous Transfer Mode",中文名为"异步传输模式",它的开发始于 20 世纪 70 年代后期。ATM 是一种较新型的单元交换技术,同以太网、令牌环网、FDDI 网络等使用可变长度包技术不同,ATM 使用 53 字节固定长度的单元进行交换。它是一种交换技术,它没有共享介质或包传递带来的延时,非常适合音频和视频数据的传输。ATM 主要具有以下优点:ATM 使用相同的数据单元,可实现广域网和局域网的无缝连接;ATM 支持 VLAN(虚拟局域网)功能,可以对网络进行灵活的管理和配置;ATM 具有不同的速率,分别为 25Mbps、51Mbps、155Mbps、622Mbps,从而为不同的应用提供不同的速率。

(5) 无线局域网

无线局域网(Wireless Local Area Network, WLAN)是目前最新,也是最为热门的一种局域网,特别是自 Intel 推出首款自带无线网络模块的迅驰笔记本处理器以来。无线局域网与传统的局域网主要不同之处就是传输介质不同,传统局域网都是通过有形的传输介质进行连接的,如同轴电缆、双绞线和光纤等,而无线局域网则是采用空气作为传输介质的。正因为它摆脱了有形传输介质的束缚,所以这种局域网的最大特点就是自由,只要在网络的覆盖范围内,可以在任何一个地方与服务器及其他工作站连接,而不需要重新铺设电缆。这一特点非常适合那些移动办公一族,有时在机场、宾馆、酒店等(通常称为"热点"),只要无线网络能够覆盖到,它都可以随时随地连接上无线网络,甚至 Internet。

2. 城域网

城域网一般来说是在一个城市,但不在同一地理小区范围内的计算机互连。这种网络的连接距离可以在 10100 公里范围内,它采用的是 IEEE802.6 标准。MAN 与 LAN 相比扩展的距离更长,连接的计算机数量更多,在地理范围上可以说是 LAN 网络的延伸。在一个大型城市或都市地区,一个 MAN 网络通常连接着多个 LAN 网。如连接政府机构的 LAN、医院的 LAN、电信的 LAN、公司企业的 LAN 等。由于光纤连接的引入,MAN 中高速的 LAN 互连成为可能。

城域网多采用 ATM 技术做骨干网。ATM 是一个用于数据、语音、视频以及多媒体应用程序的高速网络传输方法。ATM 包括一个接口和一个协议,该协议能够在一个常规的传输信道上,在比特率不变及变化的通信量之间进行切换。ATM 也包括硬件、软件以及与 ATM 协议标准一致的介质。ATM 提供一个可伸缩的主干基础设施，以便能够适应不同规模、速度以及寻址技术的网络。ATM 的最大缺点就是成本太高，所以一般在政府城域网中应用，如邮政、银行、医院等。

3．广域网

广域网(Wide Area Network)也称为远程网，所覆盖的范围比城域网(MAN)更广，它一般是在不同城市之间的 LAN 或者 MAN 网络互连，地理范围可从几百公里到几千公里。因为距离较远，信息衰减比较严重，所以这种网络一般是要租用专线，通过 IMP(接口信息处理)协议和线路连接起来，构成网状结构，解决循径问题。

4．互联网

互联网(Internet)又因其英文单词"Internet"的谐音，也称为"因特网"。在互联网应用如此发展的今天，它已是我们每天都要打交道的一种网络，无论从地理范围，还是从网络规模来讲它都是最大的一种网络。从地理范围来说，它可以是全球计算机的互联，这种网络的最大特点就是不定性，整个网络的计算机每时每刻随着人们网络的接入在不变的变化。当用户连到互联网上的时候，其计算机可以算是互联网的一部分，但一旦当用户断开互联网的连接时，其计算机就不属于互联网了。互联网的优点也是非常明显的，就是信息量大，传播广，无论你身处何地，只要连上互联网就可以对任何联网用户发出信函和广告。

5．无线网

随着笔记本电脑(Notebook Computer)和个人数字助理 PDA(Personal Digital Assistant)等便携式计算机的日益普及和发展，人们经常要在路途中接听电话、发送传真和电子邮件、阅读网上信息以及登录到远程机器等。然而在汽车或飞机上是不可能通过有线介质与单位的网络相连接的，这时候便要用到无线网了。无线网特别是无线局域网有很多优点，如易于安装和使用。但无线局域网也有许多不足之处：如它的数据传输率一般比较低，远低于有线局域网；另外无线局域网的误码率也比较高，而且站点之间相互干扰比较厉害。

（四）计算机网络发展的历程及趋势

计算机网络技术的发展速度与应用的广泛程度是惊人的。纵观计算机网络的形成与发展历史，大致可以划分为以下四个阶段。

第一阶段可以追溯到 20 世纪 50 年代。那时，人们将彼此独立发展的计算机技术与通信技术结合起来，完成数据通信技术与计算机通信网络的研究，为计算机网络的产生做好技术准备，并且奠定了理论基础。

第二阶段应该从 20 世纪 60 年代美国的 ARPAnet 与分组交换技术开始。ARPAnet 是计算机网络技术发展中的一个里程碑，它的研究成果对促进网络技术发展和理论体系的研究产生重要作用，并为互联网的形成奠定了基础。

第三阶段可以追溯到 20 世纪 70 年代中期。那时，国际上各种广域网、局域网与公用分组交换网发展十分迅速，各个计算机生产商纷纷发展各自的计算机网络系统，随之而来的是网络体系结构与网络协议的标准化问题。国际标准化组织(International Organization for Standardization，ISO)在推动开放系统参考模型与网络协议的研究方面做了大量的工作，对网络理论体系的形成与网络技术的发展起到重要的作用，但它同时也面临着 TCP/IP 的严峻挑战。

第四阶段要从 20 世纪 90 年代开始。这个阶段最有挑战性的话题是互联网、高速通信网络、无线网络与网络安全技术。互联网作为国际性的网际网与大型信息系统，正在当今经济、文化、科研、教育与社会生活等方面发挥越来越重要的作用。更高性能的下一代互联网正在发展中。宽带网络技术的发展为社会信息化提供了技术基础,网络安全技术为网络应用提供了重要安全保障。

基于光纤通信技术的宽带城域网与无线网技术,以及移动网络计算、网络多媒体计算、网络并行计算、网格计算与存储区域网络等,正在成为网络应用与研究的热点问题。

二、网络体系结构

要想让两台计算机进行通信,必须使它们采用相同的信息交换规则。我们把在计算机网络中用于规定信息的格式以及如何发送和接收信息的一套规则称为网络协议(Network Protocol)或通信协议(Communication Protocol)。

为了减少网络协议设计的复杂性,网络设计者并不是设计一个单一、巨大的协议来为所有形式的通信规定完整的细节,而是采用把通信问题划分为许多个小问题,然后为每个小问题设计一个单独的协议的方法。这样做使得每个协议的设计、分析、编码和测试都比较容易。分层模型(Layering Model)是一种用于开发网络协议的设计方法。本质上,分层模型描述了把通信问题分为几个小问题(称为层次)的方法,每个小问题对应于一层,如图1-1。

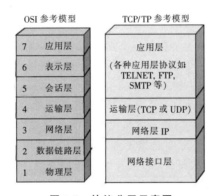

图1-1 协议分层示意图

为了减少网络设计的复杂性,绝大多数网络采用分层设计方法。所谓分层设计方法,就是按照信息的流动过程将网络的整体功能分解为一个个的功能层,不同机器上的同等功能层之间采用相同的协议,同一机器上的相邻功能层之间通过接口进行信息传递。

三、网络设备

(一)服务器

从广义上讲,服务器是指网络中能对其他机器提供某些服务的计算机系统、软件或者设备(如果一个 PC 对外提供 FTP 服务,也可以叫服务器)。打印服务器就是专门为网络上共享打印机而提供的设备,文件服务器是专门为共享文件而提供的一台 PC 机,数据库服务器就是专门共享数据库而提供的。DNS(域名服务器)就是负责把互联网址翻译成 IP 地址,这也是一种服务。我们发送电子邮件靠的就是邮件服务器。从狭义上来讲,服务器是专指某些高性能计算机,安装不同的服务软件,能够通过网络对外提供服务。按照不同的分类标准,服务器分为许多种。

1. 按网络规模划分,服务器分为工作组级服务器、部门级服务器、企业级服务器

工作组级服务器用于联网计算机在几十台左右或者对处理速度和系统可靠性要求不高的小型网络,其硬件配置相对比较低,可靠性不是很高。

部门级服务器用于联网计算机在百台左右或者对处理速度和系统可靠性要求中等的中型网络,

其硬件配置相对较高,其可靠性居于中等水平。

企业级服务器用于联网计算机在数百台以上或者对处理速度和数据安全要求最高的大型网络,硬件配置最高,系统可靠性要求最高。

需要注意的是,这三种服务器之间的界限并不是绝对的,而是比较模糊的,比如工作组级服务器和部门级服务器的区别就不是太明显,有的干脆统称为"工作组/部门级"服务器。

2. 按照服务器的结构,可以分为 CISC 架构的服务器和 RISC 架构的服务器

CISC 架构主要指的是采用英特尔架构技术的服务器,即我们常说的"PC 服务器";RISC 架构的服务器指采用非英特尔架构技术的服务器,如采用 PowerPC、Alpha、PA-RISC、Sparc 等 RISC CPU 的服务器。

RISC 架构服务器的性能和价格比 CISC 架构的服务器高得多。近几年来,随着 PC 技术的迅速发展,IA 架构服务器与 RISC 架构的服务器之间的技术差距已经大大缩小,用户基本上倾向于选择 IA 架构服务器,但是 RISC 架构服务器在大型、关键的应用领域中仍然居于非常重要的地位。

3. 按照使用的用途,服务器又可以分为通用型服务器和专用型(或称"功能型")服务器

通用型服务器是没有为某种特殊服务专门设计的可以提供各种服务功能的服务器,当前大多数服务器是通用型服务器。

专用型(或称"功能型")服务器是专门为某一种或某几种功能专门设计的服务器,在某些方面与通用型服务器有所不同。如光盘镜像服务器是用来存放光盘镜像的,就需要配备大容量、高速的硬盘以及光盘镜像软件。

4. 按照服务器的外观,可以分为机架式服务器(如图 1-2、图 1-3)和台式服务器(如图 1-4)

台式服务器有的采用大小与立式 PC 台式机大致相当的机箱,有的采用大容量的机箱,像一个硕大的柜子一样。机架式服务器的外形看起来不像计算机,而是像交换机,有 1U(1U=1.75 英寸)、2U、4U 等规格,图 1-2 为 1U 机架式服务器。机架式服务器安装在标准的 19 英寸机柜里面。如果网络是由几十台电脑构成的小型网络,用户不会在短时间内大量访问服务器,选购 1~2 万元或 2~3 万元的服务器就可以胜任了。如果网络由几百台甚至上千台电脑构成,用户需要经常访问服务器,就需要购买价格在 3~5 万元甚至 6~8 万元左右的部门级甚至更昂贵的企业级服务器。

图 1-2　机架式服务器内部

图 1-3　机架式服务器外部

图 1-4　戴尔台式服务器

(二) 路由器

路由器是一种多端口设备,它可以连接不同传输速率并运行于各种环境的局域网和广域网,也可以采用不同的协议。路由器属于 OSI 模型的第三层。网络层指导从一个网段到另一个网段的数据传输,也能指导从一种网络向另一种网络的数据传输。过去,由于过多地注意第三层或更高层的数据,如协议或逻辑地址,路由器曾经比交换机和网桥的速度慢。因此,不像网桥和第二层交换机,路由器是依赖于协议的。在它们使用某种协议转发数据前,它们必须要被设计或配置成能识别该协议。

传统的独立式局域网路由器正慢慢地被支持路由功能的第三层交换机所替代。但路由器这个概

念还是非常重要的。独立式路由器仍然是使用广域网技术连接远程用户的一种选择。

(三) 网桥

网桥这种设备看上去有点像中继器。它具有单个的输入端口和输出端口。它与中继器的不同之处就在于它能够解析它收发的数据。网桥属于OSI模型的数据链路层；数据链路层能够进行流控制、纠错处理以及地址分配。网桥能够解析它所接受的帧，并能指导如何把数据传送到目的地。特别是它能够读取目标地址信息（MAC），并决定是否向网络的其他段转发（重发）数据包，而且，如果数据包的目标地址与源地址位于同一段，就可以把它过滤掉。当节点通过网桥传输数据时，网桥就会根据已知的MAC地址和它们在网络中的位置建立过滤数据库。网桥利用过滤数据库来决定是转发数据包还是把它过滤掉。

(四) 网关

网关不能完全归为一种网络硬件。用概括性的术语来讲，它们应该是能够连接不同网络的软件和硬件的结合产品。特别地，它们可以使用不同的格式、通信协议或结构连接起两个系统。和本章前面讨论的不一样，网关实际上通过重新封装信息以使它们能被另一个系统读取。为了完成这项任务，网关必须能运行在OSI模型的几个层上。网关必须同应用通信、建立和管理会话、传输已经编码的数据，并解析逻辑和物理地址数据。

网关可以设在服务器、电脑或大型机上。由于网关具有强大的功能并且大多数时候都和应用有关，它们比路由器的价格要贵一些。另外，由于网关的传输更复杂，它们传输数据的速度要比网桥或路由器低一些。正是由于网关较慢，它们有造成网络堵塞的可能。然而，在某些场合，只有网关能胜任工作。常见的网关主要有以下几种。

(1) 电子邮件网关：通过这种网关可以从一种类型的系统向另一种类型的系统传输数据。例如，电子邮件网关可以允许使用Eudora电子邮件的人与使用GroupWise电子邮件的人相互通信。

(2) IBM主机网关：通过这种网关，可以将一台个人计算机与IBM大型机之间建立和管理通信。

(3) 因特网网关：这种网关允许并管理局域网和因特网间的接入。因特网网关可以限制某些局域网用户访问因特网，反之亦然。

四、协议 IP 网址域名

(一) TCP/IP 协议

TCP/IP协议（Transfer Control Protocol/Internet Protocol）叫做传输控制/网际协议，又叫网络通信协议，它包括上百个各种功能的协议，如远程登录、文件传输和电子邮件等，而TCP协议和IP协议是保证数据完整传输的两个基本的重要协议。通常说TCP/IP是Internet协议族，而不单单是TCP和IP。

TCP/IP协议的基本传输单位是数据包（Datagram）。TCP协议负责把数据分成若干个数据包，并给每个数据包加上包头；IP协议在每个包头上再加上接收端主机地址，这样数据找到自己要去的地方。如果传输过程中出现数据丢失、数据失真等情况，TCP协议会自动要求数据重新传输，并重新组包。总之，IP协议保证数据的传输，TCP协议保证数据传输的质量。

TCP/IP协议数据的传输基于TCP/IP协议的四层结构：应用层、传输层、网络层、接口层，数据在传输时每通过一层就要在数据上加个包头，其中的数据供接收端同一层协议使用，而在接收端，每经过一层要把用过的包头去掉，这样来保证传输数据的格式完全一致。

(二) IP 地址

1. IP 地址基本概念

Internet 依靠 TCP/IP 协议,在全球范围内实现不同硬件结构、不同操作系统、不同网络系统的互联。在 Internet 上,每一个节点都依靠唯一的 IP 地址互相区分和相互联系。IP 地址是一个 32 位二进制数的地址,由 4 个 8 位字段组成,每个字段之间用点号隔开,用于标识 TCP/IP 宿主机。

每个 IP 地址都包含两部分:网络 ID 和主机 ID。网络 ID 标识在同一个物理网络上的所有宿主机,主机 ID 标识该物理网络上的每一个宿主机,于是整个 Internet 上的每个计算机都依靠各自唯一的 IP 地址来标识。

IP 地址构成了整个 Internet 的基础,它是如此重要,每一台联网的计算机无权自行设定 IP 地址,有一个统一的机构——IANA 负责对申请的组织分配唯一的网络 ID,而该组织可以对自己的网络中的每一个主机分配一个唯一的主机 ID,正如一个单位无权决定自己在所属城市的街道名称和门牌号,但可以自主决定本单位内部的各个办公室编号一样。

2. 静态 IP 与动态 IP

IP 地址是一个 32 位二进制数的地址,理论上讲,有大约 40 亿(2 的 32 次方)个可能的地址组合,这似乎是一个很大的地址空间。实际上,根据网络 ID 和主机 ID 的不同位数规则,可以将 IP 地址分为 A(7 位网络 ID 和 24 位主机 ID)、B(14 位网络 ID 和 16 位主机 ID)、C(21 位网络 ID 和 8 位主机 ID)三类,由于历史原因和技术发展的差异,A 类地址和 B 类地址几乎分配殆尽,目前能够供全球各国各组织分配的只有 C 类地址。所以说 IP 地址是一种非常重要的网络资源。

对于一个设立了因特网服务的组织机构,由于其主机对外开放了诸如 WWW、FTP、E-mail 等访问服务,通常要对外公布一个固定的 IP 地址,以方便用户访问。当然,数字 IP 不便记忆和识别,人们更习惯于通过域名来访问主机,而域名实际上仍然需要被域名服务器(DNS)翻译为 IP 地址。例如,你的主页地址是 www.myhost.com,用户可以方便地记忆,而对于大多数拨号上网的用户,由于其上网时间和空间的离散性,为每个用户分配一个固定的 IP 地址(静态 IP)是非常不可取的,这将造成 IP 地址资源的极大浪费。因此这些用户通常会在每次拨通 ISP 的主机后,自动获得一个动态的 IP 地址,该地址当然不是任意的,而是该 ISP 申请的网络 ID 和主机 ID 的合法区间中的某个地址。拨号用户任意两次连接时的 IP 地址很可能不同,但是在每次连接时间内 IP 地址不变。

(三) 域名

IP 地址是数字形式的,要记住那么多枯燥的数字串显然是非常困难的,为此,Internet 提供了域名(Domain Name),采用域名系统来管理名字和 IP 的对应关系。域名系统与 IP 地址有映射关系,它实行层次型管理,一个域名对应一个 IP 地址,但并不是每个 IP 地址只有一个域名和它对应,一个 IP 地址可以对应几个域名。根据公司名、行业特征等制定合适、易记的域名,大大方便了人们的访问。对于普通用户而言,他们只需要记住域名就可以浏览到网页。例如,去网易的主页,我们只要记住它的域名地址 www.163.com,而不用管它具体的 IP 地址。

(四) 网址

网址及统一资源定位器(Uniform Resource Locator,URL),是用来描述网址的地址的,它可以完整地描述 Internet 中任意一页网页的地址。它是用来指出某一项信息所在位置及存取方式的。比如我们要上网访问某个网站,在 IE 或其他浏览器的地址一栏中所输入的就是 URL。URL 是 Internet 用来指定一个位置(Site)或某一个网页(Web Page)的标准方式。它的书写格式为:

协议名称://主机地址/路径和文件名

例如:http://www.microsoft.com:23/exploring/exploring.html. 其中,http:为协议名称;www.

microsoft.com:为主机名称;23 为端口地址;Exploring 为存放目录;exploring.html 为文件名称。

在 URL 语法格式中,除了协议名称及主机名称是必须有的外,其余像端口地址、存放目录等都可以不要。

此外,IP 地址、域名与网址的关系可以作如下的比喻:

IP 地址可以比喻为单位的门牌号码。例如,门牌号码是:人民路 18 号,网站的 IP 地址是:221.211.63.73。

域名可以比喻为单位的名称。例如:单位名称是:"加格达奇区地方税务局",网站的域名是:www.jgdqds.gov.cn。

网址可以比喻为通过何种方式访问哪个单位,例如:坐公共汽车到加格达奇区地方税务局,通过"http 协议"来访问加格达奇区地方税务局,即 http://www.jgdqds.gov.cn。

五、Internet 提供的主要服务

Internet 为网络用户提供的服务主要有以下三类:信息发布与查询、信息交流和资源共享。信息查询与发布主要是指 WWW 服务等;信息交流主要是指电子邮件 E-mail 服务、网络新闻、电子公告板 BBS、电子商务和视频会议及网上聊天等;资源共享主要是指远程登 Telnet 服务和文件传输 FTP 服务等。

(一)信息发布与查询

1. 信息发布

WWW 的英文是"Word Wide Web"缩写,中文名为"万维网",简称"3W"。它是目前网上最主要的信息服务类型,为用户提供 Internet 的信息查询和浏览服务。

WWW 是建立在客户机语言和服务器模型之上,以 HTML 语言和 HTTP 协议为基础,能够提供面向各种 Internet 服务、统一的用户界面的信息浏览系统。

它是由欧洲粒子物理实验室(CERN)研制的,将位于全世界互联网上不同地点的相关数据信息有机地编织在一起。WWW 提供友好的信息查询接口,用户仅需要提出查询要求,而到什么地方查询及如何查询则由 WWW 自动完成。因此,WWW 为用户带来的是世界范围的超级文本服务:只要操纵电脑的鼠标,用户就可以通过 Internet 从全世界任何地方调来所希望得到的文本、图像(包括活动影像)和声音等信息。另外,WWW 还可为提供"传统的"Internet 服务:Telnet、FTP、Gopher 和 Usenet News(Internet 的电子公告牌服务)。通过使用 WWW,一个不熟悉网络使用的人也可以很快成为 Internet 行家。

WWW 与传统的 Internet 信息查询工具 Gopher、WAIS 最大的区别是它展示给用户的是一篇篇文章,而不是那种令人时常费解的菜单说明。因此,用它查询信息具有很强的直观性。

WWW 的成功在于它制定了一套标准的、易为人们掌握的超文本开发语言 HTML、信息资源的统一定位格式 URL 和超文本传送通信协议 HTTP。

从当前正在阅读的文档跳至相关的新文档,这种查询方式称作超文本查询方式。在超文本中,被连接的信息以结点为单位,一个点对应着一个信息块,这些信息块可以是文本、动画、图像、声音、视频影像等,或是它们的结合体。WWW 就是一个基于超文本方式的信息查询工具,它的服务采用了超文本技术,以 Web 信息页的形式提供服务,当客户端与 WWW 服务器建立连接后,用户浏览的是一张张网页的信息。

超文本标记语言(Hyper Text Mark-up Language,HTML)是 WWW 的描述语言,由 Tim Berners-lee 提出。设计 HTML 语言的目的是为了能把存放在一台电脑中的文本或图形与另一台电脑中

的文本或图形方便地联系在一起,形成有机的整体,人们不用考虑具体信息是在当前电脑上还是在网络的其他电脑上。这样只要使用鼠标在某一文档中点取一个图标,Internet 就会马上转到与此图标相关的内容上去,而这些信息可能存放在网络的另一台电脑中。HTML 文本是由 HTML 命令组成的描述性文本,HTML 命令可以说明文字、图形、动画、声音、表格、链接等。HTML 的结构包括头部(Head)、主体(Body)两大部分。头部描述浏览器所需的信息,主体包含所要说明的具体内容。

2. 信息查询

在 Internet 上查找信息的途径有以下几种。

(1) 偶然发现。这是在 Internet 中发现信息的原始方法。当用户在 Internet 上遨游之时,也许会意外发现一些很有用的信息。由于这种方法的不可预见性,所以它也很有乐趣,但也许会一无所获。

(2) 浏览(Browsing)。浏览就如同走进图书馆的书库,然后在书架上直接翻看一样。目前 Internet 上提供的 Gopher 服务就是这种方法的电子等价物。WWW 提供的超文本方式可以看做是浏览的一种特殊形式。

(3) 搜索(Searching)。搜索就像通过索引或分类卡片来帮助查找一样。在 Internet 中有许多不同类型的搜索工具,如 WAIS、Archie、Veronia、Jughead 等都有各自不同的搜索目的。还有许多网点则提供给用户一种组合式的搜索界面。

(4) 通过资源指南(Resource Guide)来查找相应的信息。目前 Internet 上有许多资源指南。如 http://www.rpi.edu/Internet/Guides/decemj/icmc/toc3.html 就是一个资源指南,它搜索了关于 Internet 各种技术、文化、组织、应用等大量的信息指针。用户可利用这些指针进行资源引导。但是应注意 Internet 上的信息变化极快,几乎每六个月就需对这些信息进行更新,参照的资源指南可能已经过时。

(二) 信息交流

随着计算机的普及和网络技术的飞速发展,利用 Internet 的功能,人们可以不限地域地以一种全新的方式进行交流。目前有以下几种常见的信息交流方式:电子邮件 E-mail、电子公告牌 BBS、博客 Blog、网络新闻 Usenet、电子商务等。

1. 电子邮件

电子邮件最初是作为两个人之间进行通信的一种机制来设计的,但目前的电子邮件已扩展到可以与一组用户或与一个计算机程序进行通信。由于计算机能够自动响应电子邮件,任何一台连接 Internet 的计算机都能够通过 E-mail 访问 Internet 服务,并且,一般的 E-mail 软件在设计时就考虑到如何访问 Internet 的服务,使得电子邮件成为 Internet 上使用最为广泛的服务之一。

2. 电子公告牌

电子公告牌 BBS 是 Internet 的一种电子信息服务系统。它提供一种类似公共场所的公告牌,供人们进行信息交流。这种信息交流方式公开、轻松、没有保密性,参与 BBS 的人可以平等地与他人进行任何问题的讨论。

3. 网络新闻

网络新闻 Usenet 是用户的网络,是一群有共同爱好的 Internet 用户为了相互传递、交换信息组成的一种无形的用户交流网。这些信息实际上就是网络使用者相互交换的新闻(News),这就是为什么 Usenet 常被称为 Netnews(网络新闻)的原因。Usenet 是一个涉及面很广的讨论组的集合,并不是现实意义上所说的新闻,跟"新闻"没有关系。

在网络新闻中,用户可在一组名为"新闻组"(Newsgroup)的专题下组织讨论。每一则信息称为一篇文章,每一篇文章采用电子邮件方式发给网络新闻组,一则新闻很像一个电子邮件,由一个台头

(Head)和一个主体(Body)组成,新闻主体是信息的文本部分,台头则提供文章作者、主题、摘要和一些索引关键字等信息。每篇发往网络的新闻文章被放在一个或几个新闻组中,用户可以在客户端利用新闻阅读程序以有序的方式组织这些文章,选择并阅读感兴趣的条目。

4. 电子商务

电子商务顾名思义是指在网上进行商务活动,其主要功能包括网上的广告、订货、付款、客户服务和货物递交等销售、售前和售后服务,以及市场调查分析、财务核算及生产安排等多项商业活动。

(三) 资源共享

1. 文件传输

文件传输(File Transfer Protocol,FTP),是 Internet 上使用非常广泛的一种通信协议。它是由支持 Internet 文件传输的各种规则所组成的集合,这些规则使 Internet 用户可以把文件从一个主机复制到另一个主机上,为用户提供了极大的方便。FTP 通常也表示用户执行这个协议所使用的应用程序。FTP 和其他 Internet 服务一样,也是采用客户机—服务器方式。FTP 的使用方法很简单,即启动 FTP 客户端程序与远程主机建立连接,然后向远程主机发出传输命令,远程主机在收到命令后就会给予响应,并执行正确的命令。在 FTP 的使用中,用户经常遇到两个概念:"下载"(Download)和"上传"(Upload)。"下载"文件就是从远程主机复制文件至自己的计算机上;"上传"文件就是将文件从自己的计算机中复制至远程主机上。用 Internet 语言来说,用户可通过客户机程序向(从)远程主机上传(下载)文件。

目前 Windows 操作系统环境中常用的 FTP 软件有很多。但 FTP 有一个根本的限制,那就是如果用户未被某一 FTP 主机授权,就不能访问该主机。也就是说,如果用户在某个主机上没有注册获得授权,没有用户名和口令,就不能与该主机进行文件的传输,而 AnonymousFTP(匿名 FTP)则没有这种限制。

2. 远程登录

Internet 用户的远程登录 Telnet,是一个在网络通信协议 Telnet 的支持下使自己的计算机暂时成为计算机终端的过程,然后在它上面运行程序,或者使用它的软件和硬件资源。使用 Telnet 协议进行远程登录时需要满足以下条件:在本地计算机上必须装有包含 Telnet 协议的客户程序;必须知道远程主机的 IP 地址或域名;必须知道登录标识与口令。

Telnet 远程登录服务分为以下四个过程:①本地与远程主机建立连接。该过程实际上是建立一个 TCP 连接,用户必须知道远程主机的 IP 地址或域名。②将本地终端上输入的用户名和口令及以后输入的任何命令或字符以 NVT(Net Virtual Terminal)格式传送到远程主机。该过程实际上是从本地主机向远程主机发送一个 IP 数据包。③将远程主机输出的 NVT 格式的数据转化为本地所接受的格式送回本地终端,包括输入命令回显和命令执行结果。④最后,本地终端对远程主机进行撤销连接,该过程是撤销一个 TCP 连接。

第三节 移动互联网的媒体技术

移动互联网就是将移动通信和互联网二者结合起来,成为一体。移动通信和互联网成为当今世界发展最快、市场潜力最大、前景最诱人的两大业务,它们的增长速度都是任何预测家未曾预料到的,所以移动互联网可以预见将会创造经济神话。

一、移动互联网基本特点及应用

(一) 移动互联网的特点

什么是移动互联网?移动互联网虽然和互联网有很大的亲缘关系,甚至带着互联网的基因,流着互联网的血,但是,它不是互联网,它是一个有着新生命的孩子,它必将超越互联网,超越那些已经成为定势的思维和模式。

移动互联网具有一些传统互联网的基因,但是它也具有自己的特点。

1. 相对封闭的网络体系

移动互联网的网络不是自由开放的平台,它是一个相对封闭的网络体系。基于移动互联网的平台是有管控能力的。一个简单的例子,在互联网上,用户收到垃圾邮件除了删除,只能隐忍。但在移动互联网上,用户收到垃圾短信,是需要运营商进行管理的。

2. 庞大的自下而上的用户群

互联网时代的用户群是从上而下,最早的用户群是有知识的人、有钱人,年龄也相对较大。移动互联网的用户群是不同的用户群,最早使用移动互联网,有非常高传染性和粘着度的是三低人——低学历、低年龄、低收入人群。

3. 广域的泛在网

在社会生活的任何一个地方,都有一个双向交流的网络存在,从前不可想象,同时也创造了巨大机会。即使是互联网的时代,随时随地、如影随形这件事也是不可想象的,广域的泛在网就让随时随地、如影随形成为可能。这也让大量即时业务和通信成为可能。今天几乎每一个新闻事件都可能被马上发到微博上,每一个事件都可以在第一时间传播,这就是广域泛在网的作用。

4. 强制性

我们被强制携带了手机,我们被强制接收信息。今天,手机远不是一个通信工具,它已经从通信工具,转变为我们社会关系的全部。手机带着我们的体温,已经成为我们身体的一个器官,成为我们身体的组成部分。每时每刻必须携带的手机,我们依赖它,同时我们也对它越来越敏感,越来越挑剔。互联网时代我们能容忍屏幕上的广告,屏幕大,对于我们的干扰度低,我们不开电脑,广告并不会影响我们的正常生活。智能手机的时代,我们被强制携带了手机,只要铃声一响,我们必须要看手机,提醒度很高,强制力也很强。

5. 永远在线

智能手机已经做到了可以24小时在线。以前的服务,除了电话和短信可以做到永远在线,没有一个互联网的服务可以做到永远在线,永远不关电脑,这件事不可能做到。永远不关手机,这已经成为一种可能。即时通信,再好的互联网即时工具不能做到,移动互联网时代,永远在线正在悄悄改变这一格局。

6. 病毒性信息传播

曾经信息的传播是一点到多点,二次传播是一件非常难的事,所以很容易进行舆论控制。互联网时代信息已经是病毒性的传播,即从一点传播,很快进行多点发散。移动互联网时代,手机是被强制携带,信息是被强制提醒,网络是泛在的网络,手机是永远在线的。信息更容易像病毒一样高速、广泛地、大范围地传播。信息的传播很多是依据社会关系,比如自己的好友、同事、同学、朋友、电话号码簿中的成员,很大程度上,受众更相信信息的可靠性。

7. 安全性更加复杂

在互联网时代,电脑还是一个科研和办公的工具,它和个人生活紧密相连的程度远没有智能手机高。智能手机已经成为人生活的一个组成部分,而它又是随时随地被携带着,是永远在线的,更容易暴露人们的隐私,也更容易成为一个安全的隐患。智能手机可以轻易地泄露用户的电话号码,可以方便地泄露短信信息,可以泄露存在手机中的图片和视频。这些很容易构成安全的威胁。更为复杂的是,智能手机的GPS很容易地定位功能,可以很方便地对用户进行实时跟踪,这其中的信息全面而复杂。而智能手机中正在形成的电子支付能力,远程支付的密码泄露,近场支付安全隐患,使智能手机不但只是一个方便的工具,它也正在成为手雷,给社会生活的安全带来巨大的问题。

8. 占用用户时间碎片

传统的信息传播是一点对多点的传播。电视时代,使用的时间非常集中,黄金时间、普通时间、垃圾时间,用户时间成为电视争夺的最核心的资源。移动互联网时代的用户随地随地携带着智能手机,也可以随地随地使用手机。移动互联网的使用时间呈现出碎片化的倾向,在任何时间几乎都可以看到用户在使用,用户的闲暇时间被占满了。

9. 身份识别系统

和电脑相比,手机更有私密性,也和个人的身份息息相关。智能手机中电话号码就是一种身份识别,若广泛采用实名制,它也可能成为信用体系的一部分,在很多银行和支付系统中,手机的识别已经成为一个重要识别标志。这意味着智能手机时代的信息传播可以更精准,更有指向性,同时也具有更高的骚扰性,更容易引起用户的反感。

10. 定位系统

随时移动的智能手机,GPS/北斗等的卫星定位,以及通过基站进行定位,手机第一次具有了随时随地的定位功用,这些功能使信息可以携带位置信息。无论是微博、微信这样的应用,还是手机拍摄的照片,都携带了位置信息。这些位置信息使传播的信息更加精准,同时也产生了众多基于位置信息的服务。

11. 业务管理与计费平台

和传统的互联网相比,移动互联网一直是一个云管端整合的平台,它具有业务的管理与计费能力,这些能力的整合,可以让移动互联网的业务从传播更多走向服务,成为一个服务体系。计费无论是对于媒体还是服务,都是一个复杂的大问题,传统的互联网发展中,就是因为无法形成计费体系,一开始的商业模式就是广告。这也造成了很多互联网公司很长时间找不到商业模式。移动互联网因为实现了身份识别、可以永远在线,同时无论是远程支付和近场支付的技术已经成熟,业务管理和计费已经不再是大问题。

12. 智能感应的平台

移动互联网的基本终端是智能手机,智能手机不仅具有计算、存储、通信能力,同时还具有越来越强大的智能感应能力,这些智能感应让移动互联网不仅联网,而且可以感知世界,形成新的业务。传统的互联网是用PC去上网,PC虽然功能强大,但是它的移动能力差,也不可能把众多的智能感应器内置其中,形成业务与应用。但是移动互联网的终端以智能手机为核心,这样一个智能手机,已不再是科学研究和办公的工具,而是生活助理,所以它的定位完全不同于传统的PC。

(二)移动互联网的业务模式

移动互联网是互联网发展的最新阶段,互联网与移动的结合不仅是业务模式的简单移植,更将衍生出新的商业模式,促进互联网业务更好、更快、更安全和更规范地发展。两者之间的融合将拉开互联网发展的新篇章。

1. 移动社交将成为客户数字化生存的平台

在移动网络的虚拟世界里面,服务社区化将成为焦点。社区可以延伸出不同的用户体验,提高用户对企业的黏性。宽带的增加将促使移动互联网的服务创新,用户的许多需求将在手机上得到满足。而手机具有随时随地沟通的特点,从而使 SNS 在移动领域发展具有一定的先天优势。以个人空间(相册/日记)、多元化沟通平台、群组及关系为核心的移动 SNS 手机社交将发展迅猛。

2. 移动广告将是移动互联网的主要盈利来源

手机广告是一项具有前瞻性的业务形态,可能成为下一代移动互联网繁荣发展的动力因素。在 Mobile Web 2.0 浪潮的推动下,互联网业务正在向移动互联网过渡,而作为互联网繁荣的根本盈利模式,广告无疑将掀起移动互联网商业模式的全新变革,带领移动互联网业务走向繁荣。

3. 手机游戏将成为娱乐化先锋

信息社会之后将是娱乐社会。PC 游戏带动个人计算机的热买,网络游戏可以说拯救了中国的互联网产业,手机游戏将引爆下一场移动互联网的商战。

随着产业技术的进步,移动设备终端上会发生一些革命性的质变,带来用户体验的跳跃:加强游戏触觉反馈技术,通过操纵杆真实地感受到屏幕上爆炸、冲撞和射击等场面,把游戏里面的微妙信息传递给用户,让手机玩游戏的感觉更棒。可以预见,手机游戏作为移动互联网的杀手级盈利模式,无疑将掀起移动互联网商业模式的全新变革。

4. 手机电视将成为时尚人士新宠

手机电视用户主要集中在积极尝试新事物、个性化需求较高的年轻群体,这个群体在未来将逐渐扩大。随着手机电视业务进一步规模化,广告主也将积极参与其中。市场的进一步细分将刺激和满足不同年龄层次的用户需求,有效促进手机电视产业的发展。2008 年北京奥运会是手机电视发展的契机,带宽的增加增强了用户体验,手机电视的视频点播、观众参与、随时随地收看的优势将逐渐凸显。

5. 移动电子阅读填补狭缝时间

因为手机功能扩展、屏幕更大更清晰、容量提升、用户身份易于确认、付款方便等诸多优势,移动电子阅读正在成为一种潮流迅速传播开来。

内容数字化使电子阅读内容丰富,结合手机多媒体的互动优势,不但增加了音乐、动画、视频等新的阅读感受,还可将这种感受随时带在身边,移动电子阅读市场的繁荣是可以预见的。

6. 移动定位服务提供个性化信息

随着随身电子产品日益普及,人们的移动性在日益增强,对位置信息的需求也日益高涨,市场对移动定位服务的需求将快速增加。

随着社会网络渗入现实世界,未来移动定位功能将更加注重个性化信息服务。手机可提醒用户附近有哪些朋友,来自亲朋好友甚至陌生人的消息会与物理位置联系起来。父母能够利用相同的技术追踪他们的孩子。随着移动定位市场认知、内容开发、终端支持、产业合作、隐私保护等方面的加强,移动定位业务存在着巨大的商机,只要把握住市场的方向,将获得很高的回报。

7. 手机搜索将成为移动互联网发展的助推器

手机搜索引擎整合搜索、智能搜索、语义互联网等概念,综合了多种搜索方法,可以提供范围更宽广的垂直和水平搜索体验,更加注重提升用户的使用体验。

手机搜索给用户提供方便快捷的移动内容搜索,搜索结果更具相关性,用户可以定制自己的搜索引擎和互联网内容,这给用户相当程度的自由和灵活性,让用户对条理清晰的手机搜索服务沉迷不已。对运营商来说,应加大对搜索领域的投入与积极参与,加速手机搜索引擎和移动增值业务的融合,帮助搜索引擎向信息化产品集成平台转变。

8. 手机内容共享服务将成为客户的黏合剂

手机图片、音频、视频共享被认为是3G手机业务的重要应用。在未来,需要时数字化内容进行存储、加工等,允许用户对图片、音频、视频剪辑与朋友分享的服务将快速增长。随着终端、内容、网络这三个方面制约因素的解决,手机共享服务将快速发展,用户利用这种新服务可以上传自己的图片、视频至博客空间,还可以用它备份文件、与好友共享文件,或者公开发布。开发共享服务,可以把移动互联网的互动性发挥到极致,内容是聚揽人气、吸引客户的基础。

9. 移动支付蕴藏巨大商机

支付手段的电子化和移动化是不可避免的必然趋势,移动支付业务发展预示着移动行业与金融行业融合的深入。如今消费者可用具有支付、认证功能的手机来购买车票和电影票、打开大门、借书、充当会员卡,可以实现移动通信与金融服务的结合以及有线通信和无线通信的结合。

支付工具的创新将带来新的商业模式和渠道创新,移动支付业务具有垄断竞争性质,先入者能够获得明显的先发优势,筑起较高的竞争壁垒,从而确保自身的长期获益。

10. 移动电子商务的春天即将到来

移动电子商务可以为用户随时随地提供所需的服务、应用、信息和娱乐,利用手机终端可以方便便捷地选择及购买商品和服务。移动电子商务处在信息、个性化与商务的交汇点,是传统商务信息化的结果,承载于信息服务又为信息服务提供商务动力。

(三)移动互联网的应用领域

随着移动通信技术的成熟,移动网络的普及完善以及移动互联网应用领域的不断拓宽,一场新的互联网革命——移动互联网革命正在爆发。强大的移动接入技术和广大的移动用户群成为移动互联网领域拥有的两大新式武器,吸引着移动互联网产业链中越来越多的厂商参与进来,移动互联网应用领域的竞争日趋激烈。

移动互联网核心应用主要体现在以下三个主要方面。

1. 手机浏览

浏览器被视为网络世界的入口,面对庞大的手机用户群,手机浏览器的重要性不言而喻。3G的普及与发展带来了手机浏览器厂商的集体爆发。全球移动浏览器厂商 Opera 正式发布了 Opera Mini-i5 和 Opera Mobile10 两款手机浏览器的第二个测试版本。与此同时,中国领先的移动互联网软件技术及应用服务提供商 UC 在北京推出了新版本。

而云计算时代的到来,将使手机浏览器从传递内容的载体升级为一个手机应用平台,手机浏览器势必会成为3G的杀手级核心应用。预计未来几年各手机浏览器厂商将会加大研发力度,促进产品升级,增强用户体验,争取在移动互联网爆发之前占据应用的核心地位。

2. 即时搜索

即时搜索(Instant Search Engine)又称当前事件搜索,是指以 RSS/ATOM、TAG 等技术为基础,专注于中文世界里频繁更新的博客网站和新闻网站,能够给用户提供接近实时效果的搜索结果。在美国随着 Twitter 正式推出即时搜索功能,即时搜索成为美国当前最为流行的话题。Google 和微软"Bing"都分别与 Twitter、Facebook、MySpace 等社交网站进行合作,获取实时信息,提供实时搜索功能。

社交网络成为整个中国互联网市场发展的新亮点,SNS 网站数量迅速增加,开心网、校内网、51.com 等占据了中国 SNS 市场的主导地位;同时各大运营商也纷纷涉足 SNS 领域,为中国即时搜索的发展提供了广阔的平台。预计未来中国几大主要搜索引擎以及 SNS 服务商将会更加重视即时搜索功能的研发,即时搜索将成为移动互联网应用领域的新热点。

3. 移动电子商务

移动电子商务就是利用手机、PDA 及掌上电脑等无线终端进行的 B2B、B2C 或 C2C 的电子商务。目前移动终端已经超越了移动通信工具的范畴,向多功能应用发展。国家移动电子商务研发中心成功地自主研发了 RFID 与 SIM 结合替代 NFC 的技术,避免了将数亿部传统手机更换到 NFC 手机才能享用移动支付的高额投入,将移动终端作为移动 POS 机、移动 ATM 机的理念正在逐步变为现实。用户可在任何时间、任何地点进行电子商务交易和办理银行业务。移动终端的灵活性为人们的日常生活带来极大方便。

庞大的终端用户群、有利的政策导向、电信基础设施的升级、移动互联网的蓬勃发展,促使包括电信运营商、软件服务商、终端厂商、银行等产业链上众多成员开始涉足移动电子商务领域,产业链各环节纷纷布局,已经形成移动电子商务加快普及应用的良好态势。预计移动电子商务将成为中国移动互联网应用领域广泛的商业模式。

(四) 移动终端的主要特点与局限

移动终端或者叫移动通信终端是指可以在移动中使用的计算机设备,广义上讲包括手机、笔记本、平板电脑、POS 机甚至包括车载电脑。但是大部分情况下是指手机或者具有多种应用功能的智能手机以及平板电脑。随着网络和技术朝着越来越宽带化的方向发展,移动通信产业将走向真正的移动信息时代。另一方面,随着集成电路技术的飞速发展,移动终端的处理能力已经拥有了强大的处理能力,移动终端正在从简单的通话工具变为一个综合信息处理平台。这也给移动终端增加了更加宽广的发展空间。

1. 移动终端的主要特点

"小巧轻便"及"通信便捷"两个特点,决定了移动互联网与 PC 互联网的根本不同、发展趋势及相关联之处。

(1) 高便携性:除了睡眠时间,移动设备一般都以远高于 PC 的使用时间伴随在其主人身边。这个特点决定了使用移动设备上网,可以带来 PC 上网无可比拟的优越性,即沟通与资讯的获取远比 PC 设备方便。

(2) 隐私性:移动设备用户的隐私性远高于 PC 端用户的要求。不需要考虑通讯运营商与设备商在技术上如何实现它,高隐私性决定了移动互联网终端应用的特点——数据共享时即保障认证客户的有效性,也要保证信息的安全性。这就不同于互联网公开、透明、开放的特点。在互联网下,PC 端系统的用户信息是可以被搜集的。而移动通信用户上网显然是不需要自己设备上的信息给他人知道甚至共享。

(3) 应用轻便:移动设备通信的基本功能体现了移动设备方便、快捷的特点。而延续这一特点及设备制造的特点,移动通信用户不会接受在移动设备上采取复杂的类似 PC 输入端的操作——用户的手指情愿用"指手画脚"式的肢体语言去控制设备,也不愿意在巴掌方寸大小的设备上去输入 26 个英文字母长时间去沟通,或者打一篇千字以上的文章。

2. 移动终端的局限性

(1) 屏幕太小:这使得它很难或根本不可能看到依赖于标准尺寸的台式电脑屏幕上的文字和图形。

(2) 缺乏窗口:桌上型电脑,能够打开多个窗口并且在时间允许进行多重任务和轻松恢复到以前的页面。在移动网络中,只有一个网页在同一时间上进行显示。

(3) 导航灵活性差:绝大多数移动设备不使用类似鼠标的指针,而是单纯的向上和向下滚动功能与触摸设备,从而限制了灵活性的导航。

(4)缺乏 Javascript 和 Cookie:多数设备不支持客户端脚本和存储的 Cookies(智能手机和 iPhone 除外)——已广泛应用于大多数网站,提高用户体验,促进验证数据输入、提高网页访客交互体验等的关键 Web 应用,然而多数移动设备的 Web 端并不支持。

(5)成本高:带宽的接入和收费的手机网络,其开销远高于那些固定线路的互联网接入服务。我国的移动互联网由中国电信、中国移动与中国联通在3G牌照发照后开展,在业务试运行与商用初期,费用成本成为用户发展的最大瓶颈之一。

二、移动互联网发展趋势

人民网研究院发布的2013年中国《移动互联网蓝皮书》认为,移动互联网在短短几年时间里,已渗透到社会生活的方方面面,产生了巨大影响,但它仍处在发展的早期,"变化"仍是它的主要特征,革新是它的主要趋势。未来其发展趋势为以下六点。

1. 移动互联网超越 PC 互联网,引领发展新潮流

有线互联网(又称 PC 互联网、桌面互联网、传统互联网)是互联网的早期形态,移动互联网(无线互联网)是互联网的未来。PC 机只是互联网的终端之一,智能手机、平板电脑、电子阅读器(电纸书)已经成为重要终端,电视机、车载设备正在成为终端,冰箱、微波炉、吸油烟机、照相机,甚至眼镜、手表等穿戴之物,都可能成为泛终端。

2. 移动互联网和传统行业融合,催生新的应用模式

在移动互联网、云计算、物联网等新技术的推动下,传统行业与互联网的融合正在呈现出新的特点,平台和模式都发生了改变。这一方面可以作为业务推广的一种手段,如食品、餐饮、娱乐、航空、汽车、金融、家电等传统行业的 APP 和企业推广平台,另一方面也重构了移动端的业务模式,如医疗、教育、旅游、交通、传媒等领域的业务改造。

3. 不同终端的用户体验更受重视,助力移动业务普及扎根

2011年,主流的智能手机屏幕是3.5~4.3英寸,2012年发展到4.7~5.0英寸,而平板电脑却以 mini 型为时髦。但是,不同大小屏幕的移动终端,其用户体验是不一样的,适应小屏幕的智能手机的网页应该轻便、轻质化,它承载的广告也必须适应这一要求。目前,大量互联网业务迁移到手机上,为适应平板电脑、智能手机及不同操作系统,开发了不同的 APP,HTML5 的自适应较好地解决了阅读体验问题,但是,还远未实现轻便、轻质、人性化,缺乏良好的用户体验。

4. 移动互联网商业模式多样化,细分市场继续发力

随着移动互联网发展进入快车道,网络、终端、用户等方面已经打好了坚实的基础,不盈利的情况已开始改变,移动互联网已融入主流生活与商业社会,货币化浪潮即将到来。移动游戏、移动广告、移动电子商务、移动视频等业务模式流量变现能力快速提升。

5. 用户期盼跨平台互通互联,HTML5 技术让人充满期待

目前形成的 iOS、Android、Windows Phone 三大系统各自独立,相对封闭、割裂,应用服务开发者需要进行多个平台的适配开发,这种隔绝有违互联网互通互联的精神。不同品牌的智能手机,甚至不同品牌、类型的移动终端都能互联互通,是用户的期待,也是发展的趋势。

6. 大数据挖掘成蓝海,精准营销潜力凸显

随着移动带宽技术的迅速提升,更多的传感设备、移动终端随时随地接入网络,加之云计算、物联网等技术的带动,中国移动互联网也逐渐步入"大数据"时代。目前的移动互联网领域,仍然是以位置的精准营销为主,但未来随着大数据相关技术的发展,人们对数据挖掘的不断深入,针对用户个性化

定制的应用服务和营销方式将成为发展趋势,它将是移动互联网的另一片蓝海。

本章小结

Internet是指一个由计算机构成的交互网络,它采用客户机—服务器的工作方式,把资源放在服务器上,用户通过客户机访问服务器,从而获取资源。计算机网络是将分散的并具有独立功能的多个计算机系统,通过通信线路、设备有机地结合在一起,以功能完善的网络软件实现相互通信、资源共享的综合系统。网站是一种通信工具,就像布告栏一样,人们可以通过网站来发布自己想要公开的资讯,或者利用网站来提供相关的网络服务。移动互联网的浪潮正在席卷到社会的方方面面,新闻阅读、视频节目、电商购物、公交出行等热门应用都出现在移动终端上。

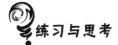
练习与思考

1. Internet为用户提供的服务主要有哪些?
2. 简要叙述什么是TCP/IP协议、IP地址、域名、网址。
3. 计算机网络是怎样分类的?
4. 移动互联网的应用领域有哪些?
5. 移动互联网的发展趋势是什么?

参 考 文 献

[1] 崔柏.我国互联网发展现状及趋势研究[J].信息与电脑(理论版),2010(11).
[2] 韦乐平.下一代互联网的发展战略和策略思考[J].电信科学,2010(6).
[3] 邬贺铨.互联网发展面临可扩展性挑战[J].世界电信,2010(8).
[4] 杨晓白.美国互联网发展现状与展望报告[J].青年记者,2009(7).
[5] 马持节.十四年,中国互联网发展风雨路[J].中国传媒科技,2009(2).
[6] 汪斌强,邬江兴.下一代互联网的发展趋势及相应对策分析[J].信息工程大学学报,2009(1).
[7] 冯海燕.中国互联网发展现状分析[J].经营管理者,2009(16).
[8] 欧莉.互联网的发展趋势[J].技术与市场,2010(1).
[9] 柴雪芳.国外移动互联网的发展及对国内运营商的启示[J].移动通信,2010(6).
[10] 陈圣举.移动互联网商业模式浅析[J].移动通信,2010(6).
[11] 何廷润.试论移动互联网发展中面临的挑战[J].移动通信,2010(9).
[12] 王明会.移动互联网技术及应用热点浅析[J].信息通信技术,2010(4).
[13] 胡世良.移动互联网发展的八大特征[J].信息网络,2010(8).
[14] 沈晶歆.移动互联网关键技术及典型业务产品研究[J].电信科学,2010(10).
[15] 秦蓁,张立.移动互联网时代的终端产业发展趋势[J].邮电设计技术,2010(9).
[16] 方春晖.移动互联网业务运营思考与建议[J].信息网络,2010(8).
[17] 向文杰.移动互联网发展的回顾与展望[J].电信技术,2009(1).

第二章　网站设计制作实务

学习目标

1. 掌握网站制作的基础知识。
2. 了解网站的规划流程。
3. 了解动态网站和静态网站的区别。
4. 熟悉 Dreamweaver CS6 操作。
5. 掌握静态、动态网站的制作过程。

随着信息技术的飞速发展,Internet 遍及全球各个角落。网络已经成为人们获取和交换信息的最有效的途径。无论是政府、企业还是学校、个人,无不通过网络进行自我宣传、开展业务。这样就产生了一些新的职业:网站设计者(Website Designer)、网站管理者(Website Master)等。如何设计和制作出一个优秀的网站,吸引更多人来访问,是值得我们深入研究和思考的问题。本章可使学习者了解网站制作的基础知识及制作流程,并根据需要独立制作静态和动态网站。

第一节　网站建设基础

一、网站的概述

(一) 基本概念

1. WWW 与 HTTP

WWW 是 World Wide Web 的缩写,也可以简写为 W3、3W、Web 等,称为国际互联网(Internet),又称万维网,它是基于超文本的信息查询和信息发布的系统。使用 WWW 的服务不仅可以提供文本信息,还可以包括声音、图形、图像以及动画等多媒体信息,它为用户提供了图形化的信息传播界面——网页。

WWW 网站中包含有许多网页(又称 Web 页)。网页是用超文本标记语言 HTML(Hyper Text Markup Language)编写的,并在超文本传输协议(HTTP)支持下运行。每一个 Web 页都用一个唯一的地址(URL)来表示。

HTTP 协议是用于从 WWW 服务器传输超文本到本地浏览器的传输协议。HTTP 协议基于请求/响应模式(Request/Response)。客户与服务器建立连接后,按照协议规定格式,发送请求到服务器,服务器得到请求后,返回响应信息给客户。HTTP 使用的端口通常为 80。

2. C/S 结构和 B/S 结构

C/S(Client/Server)即客户机/服务器。客户机和服务器常常分别处在相距很远的两台计算机上,客户机程序的任务是将用户的要求提交给服务器程序,再将服务器程序返回的结果以特定的形式显示给用户;服务器程序的任务是接收客户程序提出的服务请求,进行相应的处理,再将结果返回给客户程序。例如我们使用的 QQ 聊天程序就属于 C/S 结构。

B/S 结构(Browser/Server)即浏览器/服务器模式,是 WEB 兴起后的一种网络结构模式,WEB 浏览器是客户端最主要的应用软件。这种模式统一了客户端,将系统功能实现的核心部分集中到服务器上,简化了系统的开发、维护和使用。客户机上只要安装一个浏览器(Browser),如 Netscape Navigator 或 Internet Explorer,即可浏览网站内容。

在 B/S 体系结构中,通常人们将"浏览器"和"服务器"理解为网络两端的计算机。但事实上,"浏览器"和"服务器"在概念上更多的是指软件。浏览器软件和服务器软件可以安装在相距遥远的两台计算机上,也可以安装在同一台计算机中。在网页制作过程中,常常采用第二种方式,这样可以很方便地调试和测试自己的网页。

标准的 Web 网络传输协议是超文本传输协议 HTTP。基于 HTTP 协议的客户机/服务器模式的信息交换分 4 个过程:建立连接、发送请求信息、发送响应信息以及关闭连接,如图 2-1 所示。

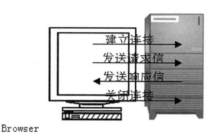

图 2-1　B/S 模式的信息交换过程

用户启动客户端浏览器,在浏览器地址栏输入想要访问网页的 URL,浏览器软件通过 HTTP 协议向 URL 地址所在的 Web 服务器发出服务请求。服务器根据浏览器软件送来的请求,把 URL 地址转化成页面所在服务器上的文件路径,找出相应的网页文件。当网页中仅包含 HTML 文档,服务器直接使用 HTTP 协议将该文档发送到客户端;如果 HTML 文档中还包含有 JavaScript 或 VBScript 脚本程序代码,这些代码也将随同 HTML 文档一起下载;如果网页中还嵌套有 CGI 或 ASP 程序,这些程序将由服务器执行,并将运行结果发送给客户端。浏览器解释 HTML 文档,并将结果在客户端浏览器上显示。

(二)网站与网页

网站(Website)开始是指在因特网上,根据一定的规则,使用 HTML(标准通用标记语言下的一个应用)等工具制作的用于展示特定内容的相关网页的集合。简单地说,网站是一种通信工具,人们可以通过网站来发布自己想要公开的资讯,或者利用网站来提供相关的网络服务。人们可以通过网页浏览器来访问网站,获取自己需要的资讯或者享受网络服务。衡量一个网站的性能通常从网站空间大小、网站位置、网站连接速度(俗称"网速")、网站软件配置、网站提供服务等几方面考虑,最直接的衡量标准是这个网站的真实流量。

在因特网的早期,网站还只能保存单纯的文本。经过几年的发展,图像、声音、动画、视频甚至 3D 技术可以通过因特网得到呈现。通过动态网页技术,用户也可以与其他用户或者网站管理者进行交流,也有一些网站提供电子邮件服务或在线交流服务。

网页是构成网站的基本元素,是承载各种网站应用的平台。通俗地说,网站就是由网页组成的,如果只有域名和虚拟主机而没有制作任何网页的话,客户仍旧无法访问您的网站。网页要通过网页浏览器来阅读。

1. 网站的分类

(1) 根据网站所用编程语言分类:分为静态网站和动态网站。

静态网站是指全部由 HTML 代码格式页面组成的网站,所有的内容包含在网页文件中。网页上也可以出现各种视觉动态效果,如 GIF 动画、Flash 动画、滚动字幕等,而网站主要是由静态化的页面和代码组成,一般文件名均以 htm、html、shtml 等为后缀。

动态网站并不是指具有动画功能的网站,而是指网站内容可根据不同情况动态变更,一般情况下动态网站通过数据库进行架构。动态网站除了要设计网页外,还要通过数据库和编程序来使网站具有更多自动的和高级的功能。动态网站体现在网页一般是以 asp、jsp、php、aspx 等结束,而静态网页一般是 html 结尾。

(2) 根据网站的用途分类:可分为门户网站(综合网站)、行业网站、娱乐网站等。门户网站主要提供新闻、搜索引擎、网络接入、聊天室、电子公告牌、免费邮箱、影音资讯、电子商务、网络社区、网络游戏、免费网页空间等。在我国,典型的门户网站有腾讯网、新浪网、网易和搜狐网以及地方门户网站如联盟城市中国等。行业网站即所谓行业门户,可以理解为"门+户+路"三者的集合体,即包含为更多行业企业设计服务的大门、丰富的资讯信息,以及强大的搜索引擎。"门",即为更多的行业及企业提供服务的大门。娱乐网站是指专门提供电影、电视、音乐、明星八卦、娱乐新闻等娱乐资讯的网站。

(3) 根据网站的持有者分类:可分为个人网站、商业网站、政府网站、教育网站等。

(4) 根据网站的商业目的分类:可分为营利性网站(行业网站、论坛)、非营利性网站(企业网站、政府网站、教育网站)。

2. 网页浏览器

上网浏览网页需要使用浏览器。网页浏览器是个显示网页服务器或档案系统内的文件,并使用户与这些文件互动的一种软件。它用来显示在万维网或局域网内的文字、影像及其他资讯。这些文字或影像,可以是连接其他网址的超链接,用户可迅速及轻易地浏览各种资讯。网页一般是超文本标记语言(标准通用标记语言下的一个应用)的格式。有些网页是需使用特定的浏览器才能正确显示。

网页浏览器主要通过 HTTP 协议与网页服务器交互并获取网页,这些网页由 URL 指定,文件格式通常为 HTML,并由 MIME 在 HTTP 协议中指明。一个网页中可以包括多个文档,每个文档都是分别从服务器获取的。大部分的浏览器本身支持除了 HTML 之外的广泛的格式,例如 JPEG、PNG、GIF 等图像格式,并且能够扩展支持众多的插件(plug-ins)。另外,许多浏览器还支持其他的 URL 类型及其相应的协议,如 FTP、Gopher、HTTPS(HTTP 协议的加密版本)。HTTP 内容类型和 URL 协议规范允许网页设计者在网页中嵌入图像、动画、视频、声音、流媒体等。个人电脑上常见的网页浏览器包括微软的 Internet Explorer、Mozilla 的 Firefox、Apple 的 Safari、Opera、Google Chrome、GreenBrowser 浏览器、360 安全浏览器、搜狗高速浏览器、腾讯 TT、傲游浏览器、百度浏览器、腾讯 QQ 浏览器等,浏览器是最经常使用到的客户端程序。

(1) 网址(URL)

URL 用来描述 Web 页的地址和访问它时所用的协议。

URL 的格式为:协议://IP 地址或域名/路径/文件名。

其中:协议是服务方式或获取数据的方法,如 http、ftp 等。

IP 地址或域名是指存放该资源的主机的 IP 地址或域名。

路径和文件名是用路径的形式表示 Web 页在主机中的具体位置(如文件夹、文件名等)。

将 URL 地址输入浏览器的地址栏中,就可以定位到指定的 Web 页。这里所说的网址实际上指两个内涵,即 IP 地址和域名地址。

在网络世界中,为了准确地找到目的计算机,每一台计算机都必须标有唯一的一个地址。就像打电话必须知道对方的电话号码,这一号码也必须是唯一的一样。通常,这一地址用四个十进制数表示,中间用小数点隔开,称为 IP 地址,IP 是网际协议(Internet Protocol)的缩写。

然而,对人来说,用数字表示的计算机网址难以记忆,何况因特网上有几千万个 IP 地址。为了解决这一问题,便采用人善于识记的名字来表示计算机。为了确保网上计算机标识的唯一性,一种方案可以采用集中命名和管理的办法,整个因特网上只有一个机构来负责此项工作,很显然这种方案是不现实的。所以因特网规定了一套命名机制,称为域名系统。采用域名系统命名的网址,即为域名地址。域名地址以层次化表示,中国为 cn,最左边是服务器类别,www 表示这台计算机是一台 Web 服务器。

例如,我们登录百度通常是输入域名 http://www.baidu.com。百度服务器的 IP 地址是 202.108.22.5,二者对应的是一台服务器,如图 2-2 所示。所以也可以输入 IP 地址登录百度 http://202.108.22.5/。只是较后者而言,前者更容易记忆。这就是 IP 和域名的区别。

图 2-2　利用 IP 地址访问百度

(2)主页

主页(Home Page),亦称首页,是用户打开浏览器时自动打开的一个或多个网页。首页也可以指一个网站的入口网页,即打开网站后看到的第一个页面,大多数作为首页的文件名是 index、default、main 或 portal 加上扩展名。

网站的首页是一个文档,当一个网站服务器收到一台电脑上网络浏览器的消息连接请求时,便会向这台电脑发送这个文档。当在浏览器的地址栏输入域名,而未指向特定目录或文件时,通常浏览器会打开网站的首页。网站首页往往会被编辑得易于了解该网站提供的信息,并引导互联网用户浏览网站其他部分的内容。这部分内容一般被认为是一个目录性质的内容。

当我们打开浏览器时,主页会出现 about:blank,即空白页。为了快速找到自己需要的网站,而不用去记住各类网站的网址,这时我们需要对浏览器主页进行设置。

在常规情况下可以这样设置主页:

(1)打开浏览器菜单→工具→INTERNET 选项→常规→主页(框里输入要设为主页的网址)分别点击应用,确定。关掉浏览器,打开就是你要设为主页的网址了。

(2)如果电脑上安装有 360 安全卫士,以上方法修改将不成功,可能是 360 把主页给锁定了,这时你需要进入:360 安全卫士→系统修复→IE 常用设置→修改主页(在框里输入要设为主页的网址)点击立即应用即可。

打开浏览器,就可以了。这样每次打开浏览器,就会第一个呈现出我们设置的主页。

(三)认识网页的组成元素

1. 文本

网页信息主要以文本为主,这里指的文本是纯文字,而非图片中的文字。在网页中可以通过字体、大小、颜色、底纹、框等选项来设置文本的属性。中文文字常用宋体、9磅或12像素大小、黑色即可,颜色不要太杂乱。大段文本文字的排列,建议参考一些优秀的杂志或报纸。

2. 图像

网页的丰富多彩主要是因为图像的缘故。网页支持的图像格式包括JPG、GIF和PNG等。常用图像包括如下:

(1) Logo图标,代表网站形象或栏目内容的标志性图片,一般在网页左上角。

(2) Banner广告,用于宣传站内某个栏目或者活动的广告,一般以GIF动画形式为主。

(3) 图标,主要用于导航,在网页中具有重要的作用,相当于路标。

(4) 背景图,用来装饰和美化网页。

3. 超链接

超级链接是网站的灵魂,它是从一个网页指向另一个目的端的链接,如指向另一个网页或者相同网页上的不同位置。超级链接可以指向一幅图片、一个电子邮件地址、一个文件、一个程序或者也可以是本页中的其他位置。超级链接的载体可以是文本、图片或者是Flash动画等。超级链接广泛地存在于网页的图片和文字中,提供与图片和文字相关内容的链接,在超级链接上单击,即可链接到相应地址(URL)的网页。有链接的地方,鼠标指上时默认会变成小手形状。可以说超级链接是网页的最大特色。

4. 表格

表格在网页中的作用非常大,它可以用来布局网页,设计各种精美的网页效果,也可以用来组织和显示数据。

5. 表单

表单主要用来收集用户信息,实现浏览者与服务器之间的信息交互。

6. 导航条

导航条是一组超级链接,方便用户访问网站内部各个栏目。导航条可以是文字,也可以是图片,还可以使用Flash来制作。导航条可以显示多级菜单和下拉菜单效果。

7. 其他元素

除了上面几个网页基本元素外,在页面中可能还包括GIF动画、Flash动画、音频、视频、框架等。如图2-3所示。

图 2-3　网页的组成元素

二、开发环境

在网站开发阶段,一般将本地计算机作为开发与测试服务器,需要安装以下软件构建开发环境。

(一) Web 服务器软件

Web 服务器软件可以将本地计算机设置为对外发布信息的服务器。如果计算机操作系统为 Windows 系列,一般采用 IIS 作为 Web 服务器。

Internet 信息服务(Internet Information Server,IIS)是微软公司为 Windows 系统提供的一种 Web 服务软件,其中包括 Web 服务器、FTP 服务器、NNTP 服务器和 SMTP 服务器,分别用于网页浏览、文件传输、新闻服务和邮件发送等方面,它使得在网络(包括互联网和局域网)上发布信息成了一件很容易的事。

(二) 网站开发工具:网页"三剑客"

网页"三剑客"最初是由 Macromedia 公司开发出来的,2005 年 12 月 Macromedia 公司被 Adobe 公司收购。之所以称其为"三剑客",是因为这三种软件能相互无缝合作。制作网页,通常由 Fireworks 导出切片、图片等,然后在 Dreamweaver 中绘制表格;还可以在 Fireworks 中做好主要页面,然后导出,在 Dreamweaver 中加以修改,添加链接等,做出一个非常好看的页面。

网页制作三剑客分工如下:

Dreamweaver:网页制作。

Flash:动画制作和效果。

Fireworks:矢量图形制作和图像处理。

(三) 数据库软件

开发动态网站需要用到数据库技术,常用的数据库软件有适用于个人网站的 Access,适用于中小型网站的 SQL Server、MySQL,适用于大中型网站的 Oracle 等。

第二节　网站建设的规划

网站规划是指网站建设前对市场进行分析,确定网站的目的和功能,并根据需要对网站建设中的技术、内容、测试、维护、费用等进行规划。网站规划对网站建设起到计划和指导的作用,对网站内容和后期的维护起到定位的作用。

一个网站的成功与否与建站前的网站规划有着极为重要的关系。如果一开始毫无规划,就开始做网站,很可能越做越糟糕,到最后还要重新再来。只有细致的规划,才能避免在网站建设中出现的很多问题,使得网站建设顺利进行,达到预期的目的。

网站规划一般应遵循以下三个原则:第一,最大限度地满足用户需要;第二,最有效地进行资源利用;第三,使用方便,界面友好,运行高效。

一、网站建设的准备工作

(一) 组建开发团队规范

开发网络项目不是一个人的事,根据项目大小需要组建几个人乃至几十人的团队,在团队划分中可以包括项目经理、策划、美工、程序员、网页制作人员和测试员等。

项目经理:负责项目总体设计、开发进度的定制和监控、开发规范的制定和各个环节的评审,并协调各小组间的开发。

策划:提供详细的策划方案和需求分析,还包括后期网站推广方面的策划。

美工:根据策划和需求分析设计网站 VI、界面和 Logo 等。

程序员:根据项目总体设计来设计数据库和功能模块。

网页制作人员:负责将程序员的代码和界面融合到一起,还可以制作网站相关页面。

测试员:负责测试程序。

(二) 开发工具规范

前台开发工具:Fireworks、Dreamweaver、Flash 等。

后台开发环境:用于动态程序开发的技术如 ASP.NET,用于数据库创建的工具如 SQL Server。

(三) 超链接规范

绝对路径:站点外的链接使用绝对路径,如友情链接栏目中一般用绝对路径。

相对路径:站点内文件的链接使用相对路径。

根目录相对路径:站点内文件的链接也可以使用根目录相对路径,这种表示方法以"/"开头,代表根目录。

(四) 文件夹和文件命名规范

(1) 尽量不使用难理解的缩写词。(2) 不在名称中加入本文件夹或上级文件夹名作为前缀。(3) 加强对临时文件及临时文件夹的管理。(4) 命名中避免使用特殊符号。(5) 首页用 index.html 或 index.htm 命名。

(五) 代码设计规范

大小写规范:HTML 代码、程序代码。

字体和格式规范:(1) 注释内容应与被注释代码保持一致;(2) 将注释写在代码之前;(3) 使用统一的注释格式;(4) 仅在需要的地方简明扼要地进行注释。

二、编写网站建设规划书

在确定要建立网站之后,首先进行市场调研,研究市场上同类网站的应用情况。无论网站规模是大还是小,在建设前都应该有一个详细的计划。

(一)可行性报告

在前期市场调研的基础上,得出网站建设的可行性分析报告,并对目前市场和发展前景做出合理的分析和预测。

(二)明确建设网站目标及功能定位

在网站建设计划书中,要明确写出建设网站的目的及功能定位,为网站后期建设和维护提供指导。例如对于教育网站来说,要搞清楚为什么建立网站,仅仅是为了展示教学信息,还是为了实现在线教学。

(三)网站的总体结构和内容规划

首先确定网站的目标定位,在此基础上设计网站的整体功能,再详细对每个功能模块进行细化。

例如,想结合高师院校的实际教学需要,为"现代教育技术"这门全校公选课设计一个在线学习平台。该平台辅助传统的课堂教学和实验教学,想要为学生提供更多的学习资源和在线交流的机会。该平台包含的主要模块有:课程内容、学习资源、在线测试、学生作品展示、在线学习交流。

(四)网站内容的制作

网站内容的制作包括各个功能模块的实现和网站页面的版面、构图设计。网页设计一般要与企业整体形象一致,注意网页色彩、图片的应用及版面规划,保持网页的整体一致性。设计页时要考虑主要目标访问群体的分布地域、年龄阶层、网络速度、阅读习惯等。制订网页改版计划,每过一段时间进行较大规模的改版等。网站设计应根据实际情况确定具体的设计方法,常规的设计方法有以下三种。

1. 自顶向下的设计方法

所谓自顶向下,就是从整个网站的"根",即常说的首页开始设计,向下一层一层地展开。采用这种方法要求建站者对整个网站的内容比较了解,对整个网站的大体轮廓比较清晰。这种设计方法的优点是能在总体上统一整个网站的风格,使网站的组织结构比较合理。通常是在一开始就做出一个"模板",作为以后开发时网页页面设计的基础,以保证整个系统用户界面的版面风格和功能设置的一致性。

2. 自底向上的设计方法

自底向上的设计是指先设计树状信息结构的各个子节点,然后通过归纳,设计它们的树干节点,最后完成对根节点的设计。该方法适合于建站者在开发初期对整个网站的总体结构和布局未考虑成熟,而对具体的网站页面的信息和服务很有把握的情况。采用这种设计方法的优点是网站的各个部分可以根据网站内容灵活处理,不必拘泥于条条框框,较为灵活。

3. 不断增补的设计方法

这是在网站投入运行后常用的方法,是一种需求驱动的设计方法。当出现某种信息服务的需求时,就立即设计相应的信息服务页面。随着需求的增加,不断地增加网页,不断地调整和相互链接,在短时间内建立起网站。采用这种设计方法的优点是可缩短规划分析期,效率较高。

实际设计中,这三种方法一般是相互穿插进行的。例如整个网站可以用自顶向下的设计方法,而网站的某一部分则可以采用自底向上或不断增补的设计方法来实现。反之亦然,并无定法,完全看设计者的具体情况。

(五)网站测试和维护方案

网站发布前必须进行细致周密的测试,以保证正常的浏览和使用,主要包括功能测试、性能测试、安全测试、浏览器兼容测试、链接测试、数据库测试等。可以选择使用测试工具来帮助实现测试过程。

网站发布前要进行细致周密的测试,以保证正常浏览和使用。主要测试内容:文字、图片是否有错误,程序及数据库测试,链接是否有错误,服务器稳定性、安全性,网页兼容性测试,如浏览器、显示器。

优秀网站具有长久生命力的原因之一就是能够定期更新网站内容和网站版面。制订网站维护管理的方案除了定期更新内容、定期改版计划外,还要对网站的软硬件设备、数据库进行更新。

三、网站内容的制作

在创建站点之前,应合理地规划站点的主题、结构、内容、导航机制以及站点的整体风格、颜色搭配等。合理的规划,不仅有利于避免设计的盲目性,而且有利于日后文件的管理和维护。在前面我们初步了解了网站建设的一般流程,这里详细讲解网站制作之前的规划。

(一) 确定网站主题

网站主题就是建立的网站所要包含的主要内容,一个网站必须要有一个明确的主题。特别是对于个人网站,不可能像综合网站那样做得内容大而全,包罗万象。

对于题材的选择,应注意以下两点。

(1) 主题要小而精。定位要小,内容要精。如果想制作一个包罗万象的站点,把所有认为精彩的东西都放在上面,往往会事与愿违,给人的感觉是没有主题和特色,样样有却都很肤浅,因为不可能有那么多的精力去维护它。

(2) 题材最好是自己擅长或者喜爱的内容。比如,擅长编程,就可以建立一个编程爱好者网站;对足球感兴趣,可以报道最新的战况,球星动态等。这样在制作时,才不会觉得力不从心。

(二) 确定站点风格

网站主页的风格是浏览者对整个网站的普遍的感觉,是主页的版式、色调及图文组合的高度抽象。而网站的创意则是在设计之前对内容的选择和表现形式运用的思考,力求发挥个性。在茫茫网海,如果没有创意的网站会很快就被人遗忘的。

由于网站建立的目的不同,所提供的服务及面向的群体也不相同。建设网站时要根据设计原则和针对访问者确定适宜的风格。

例如,政府部门网站的主页风格一般应比较庄重(如图2-4所示),而娱乐网站则可以活泼生动一些(如图2-5所示),商务网站主页则可以贴近民俗,使大众喜闻乐见(如图2-6所示),文化教育部门网站的主页风格应该高雅大方、格调清新,不宜太花哨(如图2-7所示),电子商务网站则界面简洁大方、操作简单、导航清晰(如图2-8所示)。

图2-4 政府部门的主页

图 2-5 "爱奇艺"的主页

图 2-6 商业网站首页

图 2-7 "清华大学"首页

图 2-8 淘宝网首页

对于画面风格的选择：需要考虑是写实还是写意，是体现专业性还是大众化，对象是儿童还是成人。对形式简繁的选择：是追求简洁还是花哨，不同性质的网站在这方面会有不同。如艺术网站，会不厌其烦地用各种手法来展示其创意。对于色调选择：是活泼还是庄重，是素净还是艳丽。

（三）确定网站的栏目和版块

在确定了网站的主题后，就要草拟各种栏目如何使这些素材更好地发挥作用，从而吸引网友们来浏览网站。

栏目的实质是一个网站的大纲索引，索引应该将网站的主体突出。在制定栏目的时候，要仔细考虑，合理安排。一般的网站栏目安排要注意以下几个方面。

1. 紧扣主题

一般的做法是：将主题按一定的方法分类并将它们作为网站的主栏目。在图片素材为主题的网站中，可以将栏目分为风景图片、动物图片、花卉图片、人物图片……并且最好在首页上标明最近更新的动画。要保证主题栏目个数在总栏目中占绝对优势，这样的网站显得专业，主题突出，才会更容易给人留下深刻的印象，如图 2-9 所示。

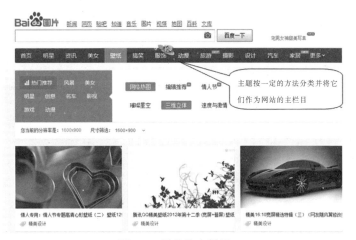

图 2-9　网站的主栏目

2．设置一个最近更新或网站指南栏目

应设置一些栏目来照顾老访客和初访者的需要。为了照顾常来的访客,应在首页安排版面放置最近更新内容的信息栏,如果没有就有必要设置一个"最近更新"的栏目。如果主页内容庞大、层次较多,且没有站内的搜索引擎,建议设置"本站指南"或"站点地图"栏目(如图 2-10 所示),这样可以帮助初访者快速找到他们想要的内容。

图 2-10　站点地图

3．设置一个可以双向交流的栏目

可以进行双向交流的栏目如论坛(如图 2-11 所示)、留言簿、邮件列表等,可以让浏览者留下他们的意见、建议等。据调查结果显示,提供双向交流的站点比简单的留一个"联系我们"链接的站点更具有亲和力。

图 2-11 网站论坛

4．设置一个下载专区或常见问题回答栏目

网络的特点是资源共享。如果你看到一个站点有大量的优秀的有价值的资料，你肯定希望能一次性下载，而不是一页一页浏览存盘。将心比心，在主页上设置一个资料下载栏目，会得到大家的喜欢（如图 2-12 所示）。

另外，如果你的站点经常收到网友关于某方面问题的来信，你最好设立一个回答常见问题的栏目，既方便了网友，又节约了自己的时间。

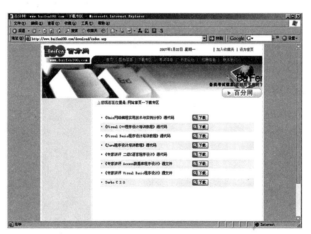

图 2-12 下载专区

至于其他的辅助内容，如关于本站、版权信息等可以不放在主栏目里，以免冲淡主题。

综上所述，划分栏目需要注意：(1) 尽可能删除与主题无关的栏目。(2) 尽可能将网站最有价值的内容列在栏目上。(3) 尽可能方便访问者的浏览和查询。

版块比栏目的概念要大一些，每个版块都有自己的栏目。如网易这样的大型综合性网站，分新闻、体育、财经、娱乐、教育等很多版块，每个版块下面都有自己的主栏目。一般个人站点内容少，有主栏目就够了，不需要设置版块。如果觉得确实有必要设置版块的，应该注意以下几点：(1) 各版块要有相对独立性。(2) 各版块要有相互关联性。(3) 版块的内容要围绕站点主题。

(四)确定站点目录

一个大型的网站要包含大量网页和很多图片、动画、声音素材,如果这些内容都放在一个文件夹里,不便于管理是显而易见的。应当在网站的根目录下创建多个子文件夹及多级子文件夹,分别存放不同内容,这样整个网站好像一棵大树,层次清晰、便于管理(如图 2-13 所示)。

目录结构的好坏,对浏览者来说并没有什么太大的感觉,但是对于站点本身的上传和维护、内容的扩充和移植有着重要的影响。

下面是建立目录结构的一些建议。

1. 不要将所有文件都存放在根目录下

将所有文件都存放在根目录下会造成文件管理混乱,使人常搞不清哪些文件需要编辑和更新,哪些是无用的文件可以删除,哪些是相关联的文件,从而影响工作效率。

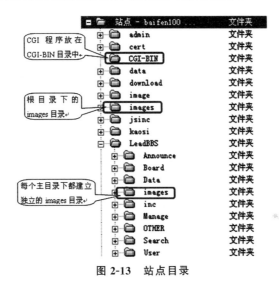

图 2-13　站点目录

2. 按栏目内容建立子目录

子目录的建立,首先按主菜单栏目建立,如企业站点可以按公司简介、产品介绍、在线订单、反馈联系等建立相应目录。其他的次要栏目,如新闻、友情链接等需要经常更新的可以建立独立的子目录。而一些相关性强,不需要经常更新的栏目,例如关于本站、关于站长、站点经历等可以合并放在一个统一目录下。所有程序一般都存放在特定目录下,例如将 CGI 程序放在 CGI-BIN 目录中。

3. 在每个主目录下都建立独立的 images 目录

刚开始学习制作主页时,有人习惯将所有图片都存放在站点根目录下的 images 目录里。可是后来发现这样做就带来了一些不便,如当需要将某个主栏目打包供网友下载,或者将某个栏目删除时,图片的查找相当麻烦。可以为每个主栏目建立一个独立的 images 目录,而根目录下的 images 目录只用来存放首页和一些次要栏目的图片。

4. 目录的层次不要太深

目录的层次不要太深,一般不要超过 3 层,这样便于维护和管理。

5. 其他应注意的事项

不要使用中文目录。使用中文目录可能会造成网址无法正确显示。不要使用过长的目录。尽管服务器支持长文件名,但是太长的目录名不便于记忆。尽量使用意义明确的目录,如使用 Flash、images、Javascript 等名称来建立目录,就要比使用 1、2、3 建立目录更便于记忆和理解。

（五）确定站点的链接结构

在网站的总体规划列出后，就必须考虑各个网页之间的关系，是星型、树形、网型还是直线链接。链接混乱、层次不清的网页会给浏览造成困难，因此链接关系的好坏是判别一个网站优劣的重要标志。

首页上的左边区域有一个导航栏，能够链接到各个分页面上。每个分页面的最上边是网站的标志，然后平铺了一个导航栏，这样可以从每一个分页面轻松地回到首页或其他分页面。

此外，还有直线链接结构，这种链接的特点是子页面由父页面扩展而出，页面只能逐级展示，整个网站只能沿水平方向移动，这类链接结构适用于内容简单的站点。

星型链接结构是在每一个页面上都设有与其他页面的超级链接，从任何一个页面都可以进入其他页面，而没有明显的级别区分，这种链接的优点是浏览十分方便，能使浏览者快速地进入想浏览的页面。但是这种结构在每一个页面上必须有大块的面积来建立超级链接，使页面的有效浏览面积大大减少，同时，页面的超级链接过多会使浏览者感到迷茫，找不到方向。

网型链接结构是大多数网站所采用的一种结构，它把星型结构和树形结构进行有机的结合，从而弥补了两者的不足。每一个页面既要有固定出现的内容（图标、导航栏及版权等），也要有丰富的布局变化，链接的层次不多、深度不大，这样可以提高浏览速度，方便浏览者的信息查询。

第三节　静态网站设计制作

一、初识 Dreamweaver CS6

Dreamweaver 是美国 Adobe（原 Macromedia，2005 年被 Adobe 收购）公司开发的集网页制作和管理网站于一身的所见即所得网页编辑器，它是第一套针对专业网页设计师特别发展的视觉化网页开发工具，利用它可以轻而易举地制作出跨越平台限制和跨越浏览器限制的充满动感的网页。它不仅是优秀的 WYSIWYG 编辑器，更是优秀的代码编辑器，有代码加亮、代码提示等丰富的功能，能提供各种示例代码，并支持 Javascript、PHP、ASP、JSP 等多种脚本语言。最新版本为 CS6，发布于 2012 年 7 月。CS6 新版本使用了自适应网格版面创建页面，在发布前使用多屏幕预览审阅设计，可大大提高工作效率。改善的 FTP 性能，更高效地传输大型文件。"实时视图"和"多屏幕预览"面板可呈现 html5 代码，更能够检查自己的工作。

Dreamweaver 支持通过代码和视图两种不同的方式创建网页文档，并支持创建多种不同的文档格式。

（一）欢迎屏幕

在打开 Dreamweaver 之后，在 Dreamweaver 的工作区会显示一个欢迎屏幕（如图 2-14 所示），并提供新建的文档类型列表。用户可直接单击列表中的项目，创建 HTML 网页文档。除了 HTML 文档以外，Dreamweaver 还可以创建多种与网页有关的文档。例如，ColdFussion 文档、PHP 文档、由 VBScript 编写的 ASP 文档、XSLT 样式表、CSS 样式表、JavaScript 脚本、XML 数据文档等。

图 2-14 欢迎屏幕

如果文档类型列表中并未包含用户所需要的类型,则用户可单击"更多"按钮,打开"新建文档"对话框,在"新建文档"对话框的选项卡中选择更多的文件类型。

(二) Dreamweaver CS6 操作界面

Dreamweaver 操作界面如图 2-15 所示。

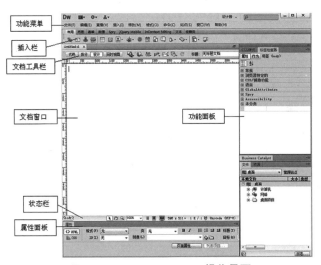

图 2-15 Dreamweaver CS6 操作界面

1. 功能菜单

所谓功能菜单,就是一些能够实现一定功能的菜单命令。Dreamweaver CS6 拥有"文件""编辑""查看""插入""修改""格式""命令""站点""窗口""帮助"等 10 个菜单分类,单击这些菜单可以打开其子菜单。Dreamweaver CS6 的菜单功能极其丰富,几乎涵盖了所有的功能操作。

(1) 执行"文件"命令

除了通过欢迎屏幕以外,用户还可以执行"文件"/"新建"命令(或按 Ctrl+N 组合键),直接打开"新建文档"对话框,在对话框中选择相应的选项卡,并设置"页面类型"列表和"布局列表"等列表项,单击"创建"按钮 创建(R) ,完成文档的创建,如图 2-16 所示。

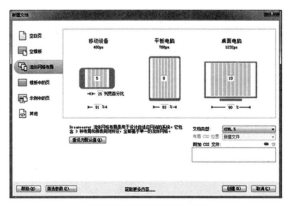

图 2-16 "新建"对话框

在"新建文档"对话框中可选择 5 种网页文档类型,如表 2-1 所示。

表 2-1 五种网页文档类型

选项卡名	说 明
空白页	创建普通空白网页或程序页
空模板	创建网页模板或程序页模板
流体网格布局	创建运行在手机或平板电脑上的网页布局
模板中的页	根据已有的模板创建页面
示例中的页	根据已有的样式或框架创建网页
其他	创建其他网页应用程序的文档

(2) 保存网页文档

在使用 Dreamweaver 创建和编辑网页之后,可以执行"文件"命令,在弹出的菜单中选择相应的命令保存网页,如表 2-2 所示。

表 2-2 保存网页命令

命 令	作 用
保存	保存更改的文档
另存为	将文档存储为副本
保存全部	保存已打开的所有文档
保存到远程服务器	根据站点的远程信息设置,将文档保存到服务器中
另存为模板	将文档保存为网页模板

2. 插入栏

"插入栏"包含用于创建和插入对象(如表格、AP 元素和图像)的按钮。当鼠标指针移动到一个按钮上时,会出现一个工具提示,其中含有该按钮的名称。包含"常用"选项卡、"布局"选项卡、"表单"选项卡、"数据"选项卡、Spry 选项卡、jQuery Mobile 选项卡、InContext、"文本"选项卡、"收藏夹"选项卡。

3. 文档工具栏

"文档工具栏"中包含一些按钮,使用这些按钮可以在"代码"视图、"设计"视图以及"拆分"视图间快速切换。文档工具栏还包含一些与查看文档、在本地和远程站点间传输文档有关的常用命令和选项,如图 2-17 所示。

图 2-17 文档工具栏

"代码"视图可以查看网页文件的源代码,"设计"视图可以查看设计效果,"拆分"视图将工作界面拆分为代码区和设计区,可兼顾代码和界面。

"实时视图"是新增功能,相当于预览网页的效果。这给网页设计者提供了很大的便利,不用频繁按 F12 预览页面效果,只需单击"实时视图"即可看到运行效果。

说明:切换至"实时视图"后不允许修改页面内容,必须再次单击"实时视图"退出该视图方可修改。

4."属性"面板

"属性"面板主要用于查看和更改所选对象的各种属性。CS6 提供了两种选项:一种是"HTML"选项,将默认显示文本的格式、样式和对齐方式等属性。另一种是"CSS"选项,可以在"CSS"面板中设置各种属性,如图 2-18 所示。

图 2-18 属性面板

5."功能"面板

"功能"面板用来管理文件和文件夹的面板。

(三) Dreamweaver CS6 的参数设置

1."允许输入多个连续空格"的设置

安装 Dreamweaver CS6 后,读者会发现在"设计"视图下输入文本信息时只能输入一个空格。单击"编辑"/"首选参数",在"常规"面板中选择"允许多个连续的空格",如图 2-19 所示,单击"确定"即可输入多个连续空格。

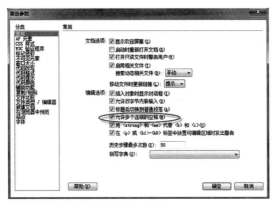

图 2-19 "允许多个连续空格"的设置

2. 预览器的设置

依次选择"编辑"/"首选参数"菜单命令,打开"首选参数"对话框,在"分类"列表框中选择"在浏览器中预览"选项,右侧即出现相关界面,如图2-20所示。

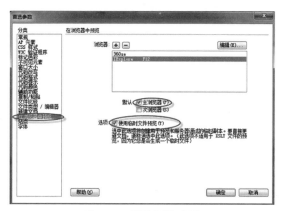

图 2-20　浏览器的设置

(1) 设置主浏览器,这样在 Dreamweaver CS6 中编辑页面时,按 F12 即可用主浏览器进行预览。

(2) 使用"临时文件预览"。选中该项,预览页面效果时不会每次都提醒保存。

二、综合案例:利用表格制作个人网站

图 2-21 为该案例的效果图。

图 2-21　主页效果图

(一) 创建站点

(1) 在 E 盘上新建一个文件夹"myweb",在该文件夹中再建一个文件夹"images"。

注意:文件夹名、文件名(不管是图片还是网页)必须为英文字母或数字,不能为汉字。图片文件夹一般取名为 img 或 images。

(2) 单击"站点"菜单选择"新建站点",即会出现"站点定义"对话框。输入站点名称 myweb,在"本地站点文件夹"框中可以直接输入站点根目录,也可以点击文本框右边的按钮查找站点根目录,如图 2-22 所示。

单击"高级设置",设置默认图像文件夹,如图 2-23 所示。

图 2-22　本地站点文件夹的设置　　　　　　　图 2-23　默认图像文件夹的设置

单击"保存"按钮,即可完成站点的创建。

> 注意:创建站点后,如果需要重新编辑站点或者删除、复制站点,可以选择"站点"/"管理站点"菜单,打开"管理站点"对话框,然后在打开的对话框中选择相应站点,并单击"编辑"按钮。
> 为便于维护,可以在"管理站点"对话框中单击"导出"按钮,将所选网站的配置信息(就是我们在建立站点时设置的那些信息)导出并保存为扩展名为.ste 的文件,以后在需要的时候可以通过在"管理站点"对话框中单击"导入"按钮,将导出的 ste 文件导入到"站点管理器"中来,这样就省去了在建立站点时重复输入信息的麻烦。

(二) 主页的制作

1. 新建网页

(1) 执行"文件"菜单中"新建"功能,在新建文档窗体中选择"空白页",页面类型为"HTML",单击"创建"按钮,如图 2-24 所示。

(2) 在新建的网页编辑窗口空白处单击右键,选择"页面属性"功能,在"大小"下拉列表框中选择 12,并设置页面边距为 0,如图 2-25 所示。

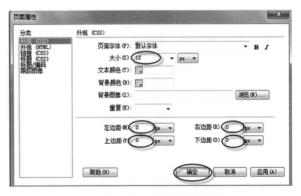

图 2-24　新建 HTML 页面　　　　　　　图 2-25　页面属性设置

单击"确定"按钮,完成"页面属性"设置。

(3) 选择"插入"/"表格"菜单,弹出"表格"对话框,在"行数"文本框中输入 3,在"列数"文本框中输入 1,在"表格宽度"文本框输入 800,在其后的下拉列表框中选择"像素"选项,并设置其他属性为 0,如图 2-26 所示。

图 2-26 表格设置

(4) 选择插入的表格,单击鼠标右键,在弹出的快捷菜单中选择"对齐"/"居中对齐"命令,将插入的表格居中对齐,如图 2-27 所示。

图 2-27 插入表格

(5) 为了便于查看插入的表格,选择插入的表格,将鼠标移动到表格的下方,当鼠标光标变为"⬍"形态时按住鼠标左键不放,将其向下拖动调整表格的显示高度。

(6) 选择插入表格第二行的单元格,在"属性"面板中单击"拆分单元格为行或列"按钮,如图 2-28,把单元格拆分 2 列,使用鼠标调整表格中单元格的位置,如图 2-29 所示。

图 2-28 拆分单元格

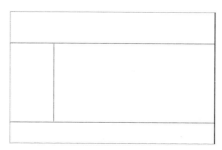

图 2-29 单元格调整

(7) 将鼠标定位到第 1 行单元格中,单击"插入"/"图像",在弹出的对话框中选择本实验提供的素材 top.jpg。

(8) 将鼠标定位到第 2 行第 1 列单元格中,在属性栏设置"水平"为"居中对齐","垂直"为"顶端对齐"。单击"插入"/"图像",在弹出的对话框中选择本实验提供的素材 left01.jpg,同样方法插入图像

left02.jpg,left03.jpg,left04.jpg,left05.jpg,left06.jpg。

（9）将鼠标定位到第 3 行单元格中，单击"插入"/"图像"，在弹出的对话框中选择本实验提供的素材 bottom.jpg，如图 2-30 所示。

（10）将表格第 2 行第 2 列单元格拆分为 2 行。并在第 1 行内输入"大学生活规划"，设置单元格"水平"属性为居中对齐。

（11）将本实验素材文件夹内"大学生活规划"内容复制到第 3 行第 2 列单元格内，如图 2-31 所示。

图 2-30　插入图像

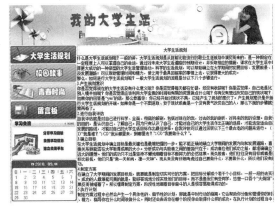

图 2-31　输入文字

（12）将鼠标定位到第一段文字末尾，选择"插入"/"HTML"/"水平线"命令，在输入文本的下方插入水平线，如图 2-32 所示。

（13）鼠标选中新插入的水平线，在"属性"面板中单击 按钮，在弹出的"编辑标签"栏中输入"＜hr align＝"center" noshade＝"noshade" color＝"＃f60000"/＞"，将水平线的颜色设置为"红色"，如图 2-33 和 2-34 所示。

图 2-32　插入水平线

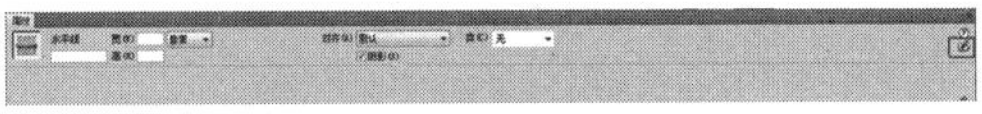

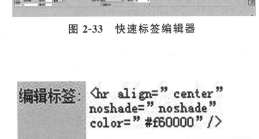

图 2-33　快速标签编辑器

图 2-34　设置水平线样式

（14）点击"实时视图"观看效果，如图 2-35，图 2-36 所示。

图 2-35　"实时视图"按钮

图 2-36　实时效果

（15）选择 bottom.jpg 图片,点击属性面板上"矩形热点工具",如图 2-37 所示,在图片上"我的大学"文字上划出矩形方框,如图 2-38 所示。

图 2-37　矩形热点工具

图 2-38　划出热点区域

（16）在"热点"属性内,输入链接地址"http://www.hyit.edu.cn",如图 2-39 所示。

图 2-39　超链接的设置

（17）选择"文件"/"保存"命令,将制作的网页保存为 index.html。按 F12 预览网页,点击"我的大学"观看链接效果。

（18）用同样的方法制作"校园故事"页面 xygs.html 和"青春时尚"页面 qcss.html,如图 2-40 和图 2-41 所示。

图 2-40 "校园故事"页面　　　　　　图 2-41 "青春时尚"页面

(19) 选择 index.html 网页,点击左侧导航栏"校园故事"图片,在属性面板中点击"链接"右侧文件夹按钮,并在弹出窗口中选择 xygs.html,设置图片的边框为 0。点击"青春时尚"图片,在属性面板中点击"链接"右侧文件夹按钮,并在弹出窗口中选择 qcss.html,设置图片的边框为 0,如图 2-42 所示。

图 2-42　设置图片链接

(20) 同样的方法,在 xygs.html 和 qcss.html 页面设置左侧导航栏图片的超链接。

(21) 按 F12 预览网页,点击左侧导航图片,观看链接效果。

三、综合案例:利用框架制作网站

该案例效果图如图 2-43 所示。

图 2-43　首页效果图

(一)建站点

在 D 或 E 盘新建一个文件夹,再在这个文件夹中新建一个图像文件夹,在 Dreamweaver 中再将第一个文件夹新建为站点。图像文件夹设置为站点默认图像文件夹(文件夹、图像用英文或数字命名)。

(二) 首页的制作

(1) 点击 Dreamweaver 菜单命令"文件"/"新建",在常规选项卡中选择"框架集",在框架集类别中选择"上方固定,下方固定",新建一个框架网页,分成上中下三个区域。

(2) 选择菜单命令"查看"/"可视化助理/框架边框"(打上钩),使框架边框在编辑窗口中可见。注意,重新打开该框架网页,若看不到框架边框,再执行该命令。

(3) 在编辑窗口中,将鼠标放在框架之间的边框上,点击该边框就可以选中整个框架集,编辑窗口中框架边框呈虚线;或者点击"窗口"/"其他"/"框架"打开框架面板,单击框架集边框(粗三维边框)也能选中框架集,编辑窗口中框架边框呈虚线。

(4) 在选中框架集之后,在属性面板中设置框架组"边框:否,边框宽度:0",最重要的是设置各框架的大小,如图 2-44 所示。

高 65 像素	
宽 132 像素 高相对 *	宽相对 * 高相对 *
高 20 像素	

图 2-44 首页结构图

(5) 在中间的框架中点击一下鼠标,即将光标置于该框架中,再点击菜单命令"修改"/"框架页"/"拆分右框架",把中间的框架区域拆分为左右两部分。在编辑窗口中,将鼠标放在中间左右两框架之间的边框上,点击该边框就可以选中中间框架组,编辑窗口中中间框架组边框呈虚线,编辑窗口中整个框架集未成虚线(或在框架面板中选择)。

(6) 在选中中间框架组之后,在"属性"面板中设置框架组"边框:否,边框宽度:0",最重要的是设置各框架的大小,如图 2-44 图所示。

(7) 点击菜单命令"文件"/"保存全部",首先保存框架集文件 index.htm,整个框架集边框显示为虚线,接着依次保存框架中的其他页面,保存对应页面时,该页面都将以虚线框起来,上面部分保存为 top.htm,左边部分保存为 left.htm,右边部分保存为 main.htm,下面部分保存为 bottom.htm。

(8) 点击菜单命令"窗口"/"其他"/"框架"打开框架面板,单击上面的框架,即选中该框架,在编辑窗口中呈虚线,在"属性"面板中设置"框架名称:使用默认值 topframe,滚动:否,不能调整大小:复选框选中打钩,边框:否,边界宽度:0,边界宽度:0"。

(9) 选中左边框架,在属性面板中设置"框架名称:leftframe",其余属性与上面框架(topframe)一样;选中下面框架,在"属性"面板中设置"框架名称:使用默认值 bottomframe,其余属性与上面框架(topframe)一样。

(10) 选中右边框架,在"属性"面板中设置"框架名称:使用默认值 mainframe,滚动:默认,不能调整大小。"

注意:除了在框架面板中选择某个框架,还可以按住 ALT 键,用鼠标在编辑窗口相应框架中点击,选中框架。

(11) 点击菜单命令"文件"/"保存全部",将所做的属性修改存起来。

（三）制作顶部框架 topframes 的框架页面文件 top.htm

顶部结构如图 2-45 所示。

宽 190 高 43	宽 420 高 43	宽 190 高 43	宽 800 高 65
宽 800 高 22			

图 2-45　顶部结构图

（1）将光标置于顶部框架中，在页面空白处单击鼠标右键选择"页面属性"命令或点击菜单命令"修改"/"页面属性"，在弹出的"页面属性"对话框中定义左边界、顶部边界都为 0。

（2）在顶部框架中插入一个 2 行 3 列的表格，在"插入表格"对话框中设置"宽"为 800 像素，"填充""间距""边框"值都为 0，将"属性"窗口中表格属性的"高"设置为 65 像素。

（3）再将第一行的三个单元格的高设置 43 像素，宽分别为 190 像素、420 像素、190 像素；在第一个单元格中插入"中国建设银行"的网站标志图片；在第二个单元格中插入 Flash 动画做的广告条；在第三个单元格中插入一个高度为 20 的图片，单元格中垂直对齐方式居下。

（4）再将第二行的三个单元格合并，高为 22 像素，单元格背景颜色为"♯0044AA"，单元格中水平对齐方式居右，输入文字与"｜"，将文字建立超链接。

（5）点击菜单命令"文本"/"CSS 样式"/"新建 CSS 样式"，在"定义在"单选项中选择"新建样式表文件"，在"类型"单选项中选择"重定义 HTML 标签"，在"标签"下拉列表中选择"td"，单击"确定"，弹出"保存样式表文件为"对话框，在站点文件夹中保存，输入文件名"YS"，其扩展名为"*.css"，点击保存后，在"分类"中选择"类型"，"大小"中选择"12px"。所有"td"标签所标记的文字就都是这个样式了。

（6）点击菜单命令"文本"/"CSS 样式"/"编辑样式表"，点击"ys.css"，单击"编辑"按钮，再单击"新建"按钮，在"定义在"单选项中选择"ys.css"，在"类型"单选项中选择"使用 CSS 选择器"，在"选择器"下拉列表中选择"a:link"，单击"确定"，在"分类"中选择"类型"，"颜色"中输入"♯FFFFFF"，"修饰"中只选择"无"；同样方法选择"a:visited""a:active"设置颜色"♯FFFFFF"并在修饰中选择"无"，"a:hover"设置颜色 ♯FFFF00 并在"修饰"中只选择"下划线"。所有"A"标签所标记的文字都是上面定义的样式了。

（四）制作底部 bottomframes 的框架页面文件 bottom.htm

（1）将光标置于底部框架中，在页面空白处单击鼠标右键选择"页面属性"命令或点击菜单命令"修改"/"页面属性"，在弹出的页面属性对话框中定义左边界、顶部边界都为 0。

（2）在底部框架中插入 1 行 1 列的表格。在"插入表格"对话框中设置"宽"为 800 像素，"填充""间距""边框"都设为 0，将"属性"窗口中表格属性的"高"设置为 20 像素。

（3）单元格背景颜色为"♯666666"，输入文字与"｜"，将文字设置为白色。

（4）点击菜单命令"文本"/"CSS 样式"/"编辑样式表"，单击"链接"按钮，弹出"确定"/"完成"。bottom.htm 与 top.htm 的"td""a"标签所标记的文字具有相同的样式。

（五）制作左边框架 leftframes 的框架页面文件 left.htm

（1）用 Flash 或 Fireworks 制作一图片。宽 200 像素，高 10 像素；背景色为白色，画一个宽 132 像素，高 10 像素的矩形，X、Y 都为 0，填充色为线型渐变，♯FFB78C→♯FFD7BF→♯ffffff→♯FFB78C→♯FFB78C，白色偏右。

(2)将光标置于左边框架中,在页面空白处单击右键,选择"页面属性"命令,或点击菜单命令"修改"/"页面属性",在弹出的"页面属性"对话框中定义左边界、顶部边界都为0。将上一步制作的图片设置为背景图像。

(3)在左边框架中插入一个1行1列的表格,宽为80像素,高为150像素,填充、间距、边框值都高为0,水平对齐方式居中,在此单元格插入一高和宽都为80像素的Flash动画。

(4)在上一步插入的表格之后,再插入一个6行1列的表格,宽110像素,高为210像素,填充、间距、边框值都设为0,水平对齐方式居中。每行的高度为35像素。

(5)用Fireworks制作两幅宽高一样的按钮图片,一幅按钮凸起,另一幅凹陷,文字颜色也不同,宽110像素,高35像素,如图2-46所示,这样图片共需6组。

图2-46　导航按钮

(6)在6行1列的表格的各个单元格中选择"插入"/"交互式"/"插入鼠标经过图像",图像名称为默认,"原始图像"为按钮凸起图片,"鼠标经过图像"为按钮凹陷图片,"替换文本"为当图片不能正确显示时则显示的文字,"按下时前往的URL"即超链接地址。

注意:插入导航条试试,并与插入鼠标经过图像进行比较;或者插入Flash按钮。

(六)制作右边框架mainframes的框架页面文件main.htm

(1)将光标置于右边框架中,在页面空白处单击鼠标右键选择"页面属性"命令或点击菜单命令"修改"/"页面属性",在弹出的"页面属性"对话框中定义左边界、顶部边界都为0。

(2)插入表格、图片、输入文字等对main.htm网页进行布局。

(七)应用第三方扩展和框架网页main.htm做一个跟随浏览器滚动的层

(1)启动Macromedia Extension Manager(Macromedia扩展管理器),点击菜单命令"文字"/"安装扩展",安装插件"PersistentDivs.mxp"(在机房服务器server的网页素材目录下找或老师用软盘拷贝给你)。

(2)切换到Dreamweaver,将光标置于右边框架中,点击菜单命令"插入"/"层",选中层,在属性面板中设置层属性,左500PX、上30PX、宽85PX、高140PX、层编号layer1,标签DIV。

(3)将鼠标置于层中,在层中插入表格或图片。

(4)在左下方的标签选择栏选中标签〈boby〉,然后点击行为窗口中的"+"按钮,从弹出菜单中选择"Ribbers Zeewolde"/"Persistent Layers"的对话框,对其进行设置。

四、综合案例:利用DIV+CSS制作网站

【准备工作】

DIV+CSS是Web设计标准,它是一种网页的布局方法。与传统中通过表格(table)布局定位的方式不同,它可以实现网页页面内容与表现相分离。用DIV比Table定位更科学更精确,兼容性更好,另外网页打开速度更快,搜索引擎也更容易收录。

采用DIV+CSS布局页面,需要了解CSS的盒子模式,这就是DIV排版的核心所在,传统的表格排版是通过大小不一的表格和表格嵌套来定位排版网页内容,改用CSS排版后,就是通过由CSS定义的大小不一的盒子和盒子嵌套来编排网页。因为用这种方式排版的网页代码简洁,更新方便,能兼容更多的浏览器。

为什么叫它是盒子？先说说我们在网页设计中常听的属性名：内容（content）、填充（padding）、边框（border）、边界（margin），CSS 盒子模型都具备这些属性，如图 2-47 所示。

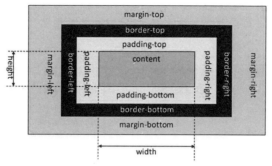

图 2-47　CSS 2.0 盒子模型示意图

在真正开始布局实践之前，再来了解 CSS 排版的好处——结构和表现相分离，这也是 CSS 布局的特色所在，结构与表现分离后，代码才简洁，更新才方便。如下面例子：

用 CSS 排版。

＜style type＝"text/css"＞
＜！－－
＃photoList img｛height：80；width：100；margin：5px auto；｝
－－＞
＜/style＞
＜div id＝"photoList"＞
＜img src＝"01.jpg"/＞
＜img src＝"02.jpg"/＞
＜img src＝"03.jpg"/＞
＜img src＝"04.jpg"/＞
＜img src＝"05.jpg"/＞
＜/div＞

不用 CSS 排版。

＜img src＝"01.jpg"width＝"100" height＝"80" align＝"middle"/＞
＜img src＝"02.jpg"width＝"100"height＝"80"align＝"middle"/＞
＜img src＝"03.jpg"width＝"100"height＝"80"align＝"middle"/＞
＜img src＝"04.jpg"width＝"100"height＝"80"align＝"middle"/＞
＜img src＝"05.jpg"width＝"100"height＝"80"align＝"middle"/＞

第一种方法是结构表现相分离，内容部分代码简单，如果还有更多的图片列表的话，那么第一种 CSS 布局方法就更有优势。

下面以图 2-48 的实现为例，讲解 DIV＋CSS 布局。

页面布局剖析。

下面，我们需要根据构思图来规划一下页面的布局，仔细分析一下该图，我们不难发现，图片大致分为以下几个部分。

(1) 顶部部分,其中又包括了 LOGO、MENU 和一幅 Banner 图片。
(2) 内容部分又可分为侧边栏、主体内容。
(3) 底部,包括一些版权信息。

有了以上的分析,我们就可以很容易地布局了,层嵌套关系如图2-49所示。

图 2-48　首页效果图　　　　图 2-49　页面结构

DIV 结构如下:

｜body {}
└＃Container {}　/＊页面层容器＊/
├＃Header {}　/＊页面头部＊/
├＃PageBody {}　/＊页面主体＊/
｜　├＃Sidebar {}　/＊侧边栏＊/
｜　└＃MainBody {}　/＊主体内容＊/
└＃Footer {}　/＊页面底部＊/

至此,页面布局与规划已经完成,接下来我们要做的就是开始书写 HTML 代码和 CSS。

(一)创建站点

(1) 首先在 E 盘新建文件夹 myBlog,在该文件夹中再新建两个文件夹:images 和 css,分别存放图片和 CSS 文件。

(2) 打开 DW CS6,单击"站点"/"新建站点",输入站点名称"blog",设置本地站点文件夹"e:\myBlog\"。然后单击"高级设置",输入默认图像文件夹"e:\myBlog\images\"。

(3) 单击"保存"按钮完成站点的创建。

(二)搭建框架

(1) 首先打开 Dreamweaver CS6,新建一个 html 文件,命名为 index.html。

(2) 点击创建后会自动生成如下代码的一个 html 文件,保存为 index.html 并把标题"无标题文档"改为"主页"。Index.html 代码如下:

<!DOCTYPE html PUBLIC "-//W3C//DTD XHTML 1.0 Transitional//EN" "http://www.w3.org/TR/xhtml1/DTD/xhtml1-transitional.dtd">

<html xmlns="http://www.w3.org/1999/xhtml">

```
<head>
<meta http-equiv="Content-Type" content="text/html; charset=gb2312" />
<title>主页</title>
</head>
<body>
</body>
</html>
```

注意:许多同学喜欢把第一行代码删除掉,认为没用,其实这句话的作用大着呢,它标明以何种形式解析文档,如果删除可能会引起样式表失效或其他意想不到的问题。

(3) 接着在<body></body>标签对中写入DIV的基本结构,代码如下:

```
<div id="container"><!--页面层容器-->
<div id="Header"><!--页面头部--></div>
<div id="PageBody"><!--页面主体-->
<div id="Sidebar"><!--侧边栏--></div>
<div id="MainBody"><!--主体内容--></div>
</div>
<div id="Footer"><!--页面底部--></div>
</div>
```

注意:<!--页面层容器-->为注释代码,也可不输入。但是为了使以后阅读代码更简易,建议大家添加相关注释。

(4) 接下来打开新建index.css文件,输入以下代码:

```
body{font:12px Tahoma;margin:0px;text-align:center;background:#fff;}
/*最外层容器*/
#container{width:800px;height:600px;margin:10px auto}
/*页面头部*/
#header {background:#ff00ff;width:800px;height:150px;}
/*定义页面主体*/
#pagebody{width:800px;margin:8px auto;}
#sidebar{width:200px;height:400px;background:#f99;text-align:left;float:left;clear:left;overflow:hidden}
#mainbody{text-align:left;margin: 0 160 overflow:hidden;height:400px;background:#99f;}
/*页面底部*/
#footer {width:800px;margin:0 auto;height:150px;background:#ccc}
```

(5) 链接CSS文件。此时预览index.html文件,没有什么效果。原因是index.html文件和index.css文件尚未关联起来。按照图2-50的操作即可链接CSS样式表。

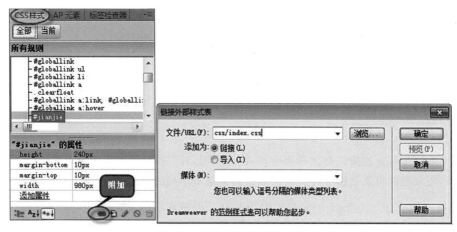

图 2-50 导入 CSS 样式表文件

此时预览 index.html 页面,运行效果如图 2-51 所示。

图 2-51 生成页面框架

说明:此处是为了显示各个层的位置关系,每部分设置了背景颜色。后面再作修改,删除每部分的背景色。

【代码说明】

- font:12px Tahoma;

这里使用了缩写,完整的代码应该是:font-size:12px;font-family:Tahoma;说明字体为 12 像素大小,字体为 Tahoma 格式。

- margin:0px;

也使用了缩写,完整的应该是:

　　margin-top:0px;margin-right:0px;margin-bottom:0px;margin-left:0px

或

　　margin:0px 0px 0px 0px

顺序是上/右/下/左,也可以书写为 margin:0(缩写)。

以上样式说明 body 部分对上、右、下、左边距为 0 像素,如果使用 auto,则是自动调整边距,另外还有以下几种写法:

- margin:0px auto;

说明上、下边距为 0px,左右为自动调整。

我们以后将使用到的 padding 属性和 margin 有许多相似之处,它们的参数是一样的,只不过各自表示的含义不相同,margin 是外部距离,而 padding 则是内部距离。

- text-align:center;

文字对齐方式,可以设置为左、右、中,这里将它设置为居中对齐。

- background:♯FFF;

设置背景色为白色,这里颜色使用了缩写,完整的应该是 background:♯FFFFFF。

background 可以用来给指定的层填充背景色、背景图片,以后我们将用到如下格式:

background:♯ccc url("bg.gif") top left no-repeat;

表示使用♯CCC(灰度色)填充整个层,使用 bg.gif 作为背景图片。

top left:表示图片位于当前层的左上端,no-repeat 表示仅显示图片大小而不填充满整个层。

top/right/bottom/left/center

用于定位背景图片,分别表示上/右/下/左/中;还可以使用

background:url("bg.gif") 20px 100px,

表示 X 坐标为 20 像素,Y 坐标为 100 像素的精确定位。

repeat/no-repeat/repeat-x/repeat-y

分别表示填充满整个层/不填充/沿 X 轴填充/沿 Y 轴填充。

height / width / color

分别表示高度(px)、宽度(px)、字体颜色(HTML 色系表)。

如何使页面居中?大家将代码保存后可以看到,整个页面是居中显示的,那么究竟是什么原因使得页面居中显示呢?是因为我们在♯container 中使用了以下属性:

margin:0 auto;

按照前面的说明,可以知道,表示上、下边距为 0,左、右为自动,因此该层就会自动居中了。

如果要让页面居左,则取消掉 auto 值就可以了,因为默认就是居左显示的。

通过 margin:auto 我们就可以轻易地使层自动居中了。

(二) 制作 TOP 部分

1. 切图

TOP 部分包括了 LOGO、菜单和 Banner,首先我们要做的就是对设计好的图片进行切片,图 2-52 是在 Fireworks 下完成的切片。

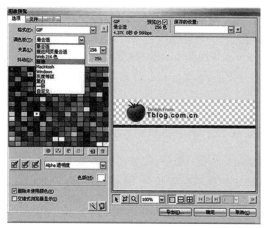

图 2-52　在 Fireworks 中切图

将 TOP 部分切片为两部分,第一部分包括了 LOGO 和一条横线。由于 LOGO 图片并没有太多的颜色,这里将这一部分保存为 gif 格式,调色板选择为精确,选择 Alpha 透明度,色版为白色(此处颜色应与背景色相同),导出为 logo.gif,图像宽度为 800px。如图 2-53 所示。

图 2-53　logo.gif 图片

接下来将 Banner 切片,将文件导出为 banner.jpg。

注意:logo 图片为什么导出成 gif 格式?因为 gif 格式的图片文件更小,这样能使页面载入的速度更快,当然使用此格式之前必须确定图片并没有使用太多的颜色,当我们使用了 gif 格式时,从肉眼上并不能看出图片有什么太大的变化,因此这是可行的。Banner 不能导出为 gif 格式,因为 Banner 部分是一个细致的图片,如果使用 gif 格式颜色会有太大的损失,所以必须使用 jpg 格式,将文件导出为 banner.jpg。合理的切片是非常重要的,因为切片的方法正确与否决定了 CSS 书写的简易程度以及页面载入速度。

2. 修改代码

(1) 打开 index.css 文件,修改 #header 代码为:

#header {background:url(logo.gif) no-repeat} 说明:#header {background:url(logo.gif) no-repeat}

给页面头部分加入一个背景图片 Logo.gif,并且不作填充。这里,我们没有指定 header 层的高度,为什么不指定呢?因为 header 层中还有菜单和 Banner 项,所以层的高度暂时是未知的,而层的属性又可以让层根据内容自动设定调整,因此我们并不需要指定高度。

切好片后,我们还需要对 TOP 部分进行分析并将 DIV 结构写入 header 中。

(2) 在 index.css 文件中继续增加如下代码:

#banner {
background:url(banner.jpg) 0 30px no-repeat;
width:730px;

margin:auto;

height:240px;

border-bottom:5px solid ♯EFEFEF;

clear:both}

代码说明：

- background:url(banner.jpg) 0 30px no-repeat；给 Banner 层设置背景图片 banner.jpg,不做填充.图片下移 30px,不然图片会将 logo 图片遮住一部分。
- border-bottom:5px solid ♯EFEFEF;下边框为高 5px、♯EFEFEF 的一条实线。
- clear:both;清除两侧的浮动属性。

（3）打开 index.html 文件,在 header 标签中增加如下代码：

<div id="menu">

<ul>

<li><a href="♯">首页</a></li>

<li class="menuDiv"></li>

<li><a href="♯">博客</a></li>

<li class="menuDiv"></li>

<li><a href="♯">设计</a></li>

<li class="menuDiv"></li>

<li><a href="♯">相册</a></li>

<li class="menuDiv"></li>

<li><a href="♯">论坛</a></li>

<li class="menuDiv"></li>

<li><a href="♯">关于</a></li>

</ul>

</div>

<div id="banner">

</div>

代码说明：

- 为菜单使用列表<li>形式,可以在以后方便对菜单定制样式。
- <li class="menuDiv"></li>。插入这一段代码是可以方便地对菜单选项之间插入一些分隔样式,例如预览图中的竖线分隔。

还有一点需要大家分清楚的,当在 HTML 中定义为 id="divID"时,在 CSS 对应的设置语法则是♯divID{},如果在 HTML 中定义为 class="divID"时,则在 CSS 中对应的设置语法是.divID。

如果 id="divID"这个层中包括了一个<img></img>,则这个 img 在 CSS 中对应的设置语法应该是♯divID img {},同样,如果是包含在 class="divID"这个层中时,则设置语法应该是.divID img {},这一点希望大家要分清楚了。

另外,HTML 中的一切元素都是可以定义的,例如 table、tr、td、th、form、img、input 等,如果要在 CSS 中设置它们,则直接写入元素的名称加上一对大括号就可以了。所有的 CSS 代码都应该写在大括号中。

此时预览 index.html 页面,运行效果如图 2-54 所示。

图 2-54　初步效果图

从图中不难看出,菜单是竖向排列,并且前面有项目符号。接下来设置菜单的属性。

3. 菜单的制作

打开 index.css 文件,增加如下代码。

(1) 我们先在 index.css 中写入以下代码:

♯menu ul {list-style:none;margin:0px;}
　　♯menu ul li {float:left;}

代码说明:

♯menu ul {list-style:none;margin:0px;}

list-style:none,这一句是取消列表前点,因为我们不需要这些点。

margin:0px,这一句是删除 UL 的缩进,这样做可以使所有的列表内容都不缩进。

♯menu ul li {float:left;},这里的 float:left 的左右是让内容都在同一行显示,因此使用了浮动属性(float)。

到这一步,建议大家先保存并预览一下效果,此时列表内容是排列在一行,但是内容之间没有空隙。

(2) 在 ♯menu ul li {}再加入代码 margin:0 10px:

♯menu ul li {float:left;margin:0 10px}

margin:0 10px 的作用就是让列表内容之间产生一个 20 像素的距离(左:10px,右:10px),预览图和图 2-55 所示。

　　　　　　　首页　　　博客　　　设计　　　相册　　　论坛　　　关于
图 2-55　导航菜单

(3) 现在,雏形已经出来了,我们再来固定菜单的位置,把代码改成如下:

♯menu {padding:20px 20px 0 0}
/* 利用 padding:20px 20px 0 0 来固定菜单位置 */
♯menu ul {float:right;list-style:none;margin:0px;}
/* 添加了 float:right 使得菜单位于页面右侧 */
♯menu ul li {float:left;margin:0 10px}

(4) 添加菜单项之间的竖线。

这时,位置已经确定了,可是构思图中,菜单选项之间还有一条竖线,怎么办呢?别忘了,我们早就已经留好了一个空的<li class="menuDiv"></li>,要想加入竖线就使用它了。

按照上面说的方法,我们再添加以下代码:

.menuDiv {width:1px;height:28px;background:#999}

保存并预览一下,如图 2-56 所示,竖线是否已经出来了?关于这段代码就不多讲了,应该是很容易理解的。

首页 | 博客 | 设计 | 相册 | 论坛 | 关于

图 2-56 导航菜单

(5) 设置文本竖直方向居中显示。

不过,菜单选项的文字却在顶部,我们再修改成以下代码:

#menu ul li {float:left;margin:0 10px;line-height:28px}

line-height:28px 文本的行高为 28px,和竖线的高度一样,这样文字就居中显示了,如图 2-57 所示。

图 2-57 导航菜单

(6) 修改菜单的超链接样式。

在 index.css 中添加以下代码:

#menu ul li a:link,#menu ul li a:visited {font-weight:bold;color:#666}
#menu ul li a:hover{}

代码说明:

#menu ul li a:link,#menu ul li a:visited 设置菜单项设、超链接、后链接和已访问链接的样式为加粗且为灰色(#666);#menu ul li a:hover{}活动链接的样式为空,没特殊设置。

(三) 制作 footer 部分

(1) 打开 index.html 文件,在 footer 标签中添加两行文本信息。切换到"代码"视图,生成如下代码:

<div id="footer">Copyright 2006 Tblog.com.cn All rights Reserved xhtml CSS
备案号:豫 ICP 备 10210138 号</div>

此时预览 index.html 页面,如图 2-58 所示。

图 2-58 footer 运行效果图

从图中可以看出,footer 中的文字行距小,且和上面的层紧贴着。另外,效果图中 footer 部分上面还有一条粗线,起到分割作用。

(2) 打开 index.css 文件,修改#footer 代码,增加一条实线。

#footer{width:800px;margin:0 auto;height:50px;border-top:5px solid #333;background:#eaeaea;}

说明:border-top:5px solid #333;上边框为 5px 高的深灰色实线。

继续增加如下代码,用来设置文字的样式:

.wenben{

font-size:12px;

color:#333;

line-height:25px;

padding:10px;}

说明:line-height:25px;设置行高为 25px。padding:10px;设置内容四周留出 10px 空间。

(3) 打开 Index.html 文件,选中下面的文本,在属性面板"类"选择列表中选中"wenebn"。此时浏览页面,效果如图 2-59 所示。

图 2-59 footer 运行效果图

(四) 制作 sidebar 部分

1. 制作搜索栏

(1) 切图(如图 2-60 所示)。

步骤1:打开设计效果图,隐藏 search 部分的表单元素,只留下背景图片。

步骤2:用切片工具选中该图片,右键"导出所选切片",导出文件为 search_bg.gif。图片大小为 140×29。

图 2-60　切片搜索栏背景

（2）打开 index.css 文件，增加 #search 样式：

#search{width:140px;height:29px;

background-image:url(search_bg.gif);

（3）打开 index.html 页面，在 sidebar 层添加 search 层。代码如下：

＜div id＝"sidebar"＞

＜div id＝"search"＞＜/div＞

＜/div＞

然后在 search 层添加一个表单 form1，在表单中添加两个表单元素：文本框和按钮。代码如下：

＜form id＝"form1" name＝"form1" method＝"post" action＝＞

＜label for＝"textfield"＞＜/label＞

＜input name＝"textfield" type＝"text" id＝"textfield" /＞

＜input type＝"submit" name＝"button" id＝"button" value＝"search" /＞

＜/form＞

从图 2-61 中可以看出，由于文本框太宽，按钮另起一行显示了。接下来设置文本框的样式。

图 2-61　搜索栏初步效果

（3）在 index.css 中增加代码：

/＊文本框＊/

.input{width:80px;height:16px;border:1px solid #333;

margin-top:5px;/＊文本框竖直方向上位于背景图像的中间＊/

}

/＊按钮样式＊/

.btn{width:45px;height:20px;font-size:11px;}

选中文本框,在"类"选择框中选择"input",按钮选择类"btn",运行效果如图2-62所示。

图2-62　搜索栏最终效果图

2."会员登录"的制作

(1) 在 index.css 中增加如下代码:

/＊会员登录＊/

#login{width:200px;height:130px;padding:0px;margin:5px;overflow:hidden;}

(2) 在 index.html 中 sidebar 标签中 search 标签结束后增加如下代码:

＜div id="login"＞＜/div＞

切换到"设计"视图,在 login 层中增加表单,并输入相应内容。页面效果如图2-63所示。

图2-63　会员登录效果图

注意:文本框选择类"input"。

此时页面中文本在底部显示。需要进一步增加 CSS 样式来美化文本。

在 index.css 中增加如下代码:

/＊文本样式＊/

.lbl{font-size:12px;

line-height:25px;color:#333

}

.biaoti{font-size:16px;font-weight:bold;color:#333}

选中"用户名"和"密码",在属性面板"类"选择框中选择"lbl"。"会员登录"四个字应用样式 biaoti。

进一步修改按钮居中对齐,文本样式选择类"lbl"。代码如下:

＜div id="login"＞

＜span class="biaoti"＞会员登录＜/span＞

＜form action="method"="post" enctype="multipart/form-data" name="form2" id="form2"＞

＜p class="lbl"＞用户名

＜input name="textfield2" type="text" class="input" id="textfield2" /＞

```
<br />
密  码:
<input name="textfield3" type="text" class="input" id="textfield3" />
</p>
<p align="center"class="lbl">
<input name="button2" type="submit" class="btn" id="button2" value="登录" />
 
<input name="button3" type="submit" class="btn" id="button3" value="注册" />
</p>
</form>
</div>
```

运行效果如图 2-64 所示。

3. "站点信息"的制作

这部分比较简单,都是一些文本。和前面一样,可以先新建样式 #zhandian{width:200px;height:100px;},然后在 index.html 页面代码中 login 标签结束后插入标签 zhandian:

```
<div id="zhandian"></div>
```

在这对标签中输入文字:<div id="zhandian">站点信息
访问:6562 次
在线:116 人
会员:1231 个<p>留言:9621 条
热线:0377-63513214
</div>

文本的样式选择类"lbl",运行效果如图 2-65 所示。

图 2-64 会员登录效果图　　图 2-65 "站点信息"效果图

4. "页面标准"的制作

(1) 图像切片。

打开效果图,查看并记录下每幅图的大小和位置,然后用"切片工具"进行切片,如图 2-66 所示。

注意:为准确切片,每次切片后,修改页面属性中切片的大小和位置与每幅图的参数相同。将四幅图导出为 biaozhun1.jpg, biaozhun2.jpg, biaozhun3.jpg, biaozhun4.jpg。

(2) 打开 index.css 文件,增加以下代码:

```
/*页面标准*/
#biaozhun{width:120px;height:110px;}
.imgs{margin-bottom:5px; /*图片之间保持5px空间*/
margin-left:15px; /*图片居左15px*/
```

}

(3) 打开 index.html 文件,在站点信息下面插入层 biaozhun,代码如下:

</div><！—切记:在 zhandian 层标签结束后插入 biaozhun 层——>

<div id="biaozhun"></div>

(4) 在 biaozhun 层中依次插入四张图片,每幅图片插入后按下 Shift＋回车(等同于插入换行符
),插入完毕选中四张图片,在属性面板"类"选择框中选择"imgs"。测试页面,效果如图 2-67 所示。

图 2-66 切片　　　图 2-67 "页面标准"效果图

(五) 制作 mainbody 部分

1. 图像切片

在 Fireworks 中打开效果图,将右侧两幅图片切片,并导出文件为 pic1.jpg,pic2.jpg。

2. 修改代码

(1) 在 index.css 文件中增加如下代码:

```
/*作品*/
.zuopin{
padding-top:30px;
height:180px;
overflow:hidden;
}
/*作品图片样式*/
.zuopinimg{
margin-right:15px;/*图片和右侧文字保持 10px 间距*/
border:1px solid #333;/*图片有 1px 灰色实线边框*/
float:left;/*图片左浮动,文字在其右侧*/
width:170px;height:134px;/*图片大小*/
}
```

(2) 在 maindbody 标签中插入两个层,代码如下:

<div id="mainbody">

<div class="zuopin"></div>

<div class="zuopin"></div>

（3）向两个层插入图片，输入文字。

（4）应用 Css 样式：选择图片，在属性面板"类"选择框中选择"zuopinimg"，文字的样式选择"lbl"。此时预览页面，效果如图 2-68 所示。

图 2-68　最终效果图

第四节　动态网站设计制作

一、ASP 简介

ASP 技术是微软公司开发的一套全新的服务器端脚本程序环境。它可以根据客户端的不同请求，在服务器端经过相应的 ASP 程序处理生成不同的静态 HTML 页面并传回给浏览器。ASP 自身有很多优点，这些优点使它成为当今世界网络上应用最多的脚本设计环境。

ASP 的全称是 Active Server Pages，中文名称叫做动态服务器网页，使用它可以开发运行在 Windows 服务器平台上的动态网页和网页。尽管我们常把"ASP 脚本"挂在嘴边，但 ASP 既不是一种编程语言，也不是开发工具软件，同样也不是一种应用程序，它实际上是一种开发动态网页的技术。

ASP 的脚本语言可以是 VBScript 或者 Jscript，也可以是两者的结合，所以任何一种文本编辑器都能编辑 ASP 脚本，当然不同的编辑器开发调试效率是不一样的。和通常的 VBScript 和 Jscript 应用程序不同，ASP 所有的程序都是在服务器端运行的，而不是在浏览器或者客户端执行的，这样用户就不必担心自己的浏览器能否运行所编写的 ASP 代码了。

程序执行完毕，服务器仅将执行的结果返回给客户端浏览器，这样即使客户端的浏览器不支持 VBScript 或 Jscript，但是仍然可以浏览动态的网页。

VBScript 是 IIS 默认的脚本语言，当然可以在 IIS 中更改默认的脚本语言。如果改成 Jscript，那么默认的脚本语言就是 Jscript。因为 VBScript 在属性和方法上的灵活表现方式更适合作为服务器的脚本，所以推荐大家用 VBScript 作为 ASP 的默认脚本语言。

由于 ASP 是一种服务器的脚本语言，所以并不是所有的 Web 服务器都具有这个功能。ASP 是由微软公司推出的，当然在目前也只有微软公司推出的服务器能实现 ASP 的强大功能，其他的一些服务器在安装了 ASP 组件后才能实现这个功能。

微软公司推出的支持 ASP 的 Web 服务器有以下几个：Microsoft Internet Information Server version(IIS)、Microsoft Peer Web Server、Microsoft Personal WebServer(PWS)。

其中前两个主要是为微软公司的 Windows NT/2000/XP 系统开发的,当然它们的功能以及稳定性都要强很多。目前大型的站点大多是由 IIS 作为服务器,而 PWS 是为一般的 PC 用户开发的。

既然 ASP 是在服务器端执行的,因此访问这些以.asp 为后缀的文件时,就不能使用实际的物理路径,而只能用虚拟路径。使用虚拟路径访问 ASP 最简单的方法就是将 ASP 文件拷贝到 IIS 的安装目录中(默认的安装目录为 C:\Inetpub\wwwroot),然后就可以通过 IE 浏览器直接访问了。

访问文件名为"index.asp"的 ASP 文件,如果在 IE 浏览器中用物理路径访问,本来期望的结果是不会出现的,浏览器只会显示普通的 HTML 页面。为此应该将"index.asp"文件拷贝到服务器目录下,然后通过虚拟路径来访问该页面。如果程序没有错的话即可看到预期的效果。

通过上述介绍,大家应该了解到一个 ASP 页面从服务器端传送到客户端的原理与一般静态 HTML 页面是不同的。

从客户端的一个 URL 请求到服务器反馈一个页面给浏览器,其大致的流程如下:

(1)用户在客户端浏览器中输入一个网址,与服务器建立连接。
(2)服务器根据用户请求的网址在硬盘上找到相应的文件。
(3)如果文件是普通的 HTML 文档,那么服务器将直接把该文件传送到客户端。
(4)如果文件是服务器脚本,那么服务器将运行这个文件。如果需要查询数据库,则通过 ADO 组件连接 ODBC 或 DSN 数据源访问数据库。进行了一系列的运算和解释后,将最终结果形成一个纯 HTML 文档。
(5)把这个文档传送到客户端。
(6)结束这次连接。

由于最后传送给客户端的是一个纯 HTML 文本文件,因此用户在浏览器上是看不到 ASP 文件的源代码的。

使用 ASP 进行网络编程,选择一个合适的开发工具是很重要的。ASP 对开发工具没有特殊的要求,只要具有文本编辑器功能的工具均可。因此 ASP 的开发工具很多,比较好的有 Visual Interdev、Dreamweaver 等。Dreamweaver 是一个集成的 Web 应用软件开发系统,包括开发、发行以及管理数据库驱动的 Web 应用软件所需的所有的功能,所以一般情况下推荐使用 Dreamweaver。

二、JavaScript 简介

JavaScript 是一种基于对象(Object)和事件驱动(Event Driven)并具有安全性能的脚本语言。使用它的目的是与 HTML 超文本标记语言、Java 脚本语言(Java 小程序)一起实现在一个 Web 页面中链接多个对象,与 Web 客户交互作用,从而可以开发客户端的应用程序等。它是通过嵌入或调入在标准的 HTML 语言中实现的。它的出现弥补了 HTML 语言的缺陷,它是 Java 与 HTML 折中的选择。

实际上,JavaScript 最杰出之处在于它可以用很小的程序做大量的事。不需要高性能的电脑,软件仅需一个字处理软件及浏览器,无需 Web 服务器通道,通过自己的电脑即可完成所有的事情。

总之,JavaScript 是一种新的描述语言,它可以被嵌入到 HTML 的文件之中。JavaScript 语言可以做到回应使用者的需求事件(如 form 的输入),而不用任何的网络来回传输资料,所以当一位使用者输入一项资料时,它不用经过传给服务器(server)处理,再传回来的过程,而直接可以被客户端(client)的应用程序所处理。

三、软件环境搭建

(一) 安装和配置 Web 服务器 IIS7.0

1. 安装 IIS7.0

Window XP,Windows Server 2000/2003 系统中可以安装 IIS5.0 及 IIS6.0,Windows Vista、Windows Server 2008s@bkIIS、Windows 7 系统中可以安装 IIS7.0。Windows 8 系统中可以安装 IIS8.0。下面是在 Windows 7 下安装 IIS7.0 的过程。

(1) 进入 Windows 7 的控制面板,选择左侧的"打开或关闭 Windows 功能",如图 2-69 所示。

图 2-69　打开或关闭 Windows 功能

(2) 出现了安装 Windows 功能的选项菜单,注意选择的项目,我们需要手动选择需要的功能,如图 2-70 所示。

图 2-70　勾选 Internet 信息服务功能

(3) 单击"确定"按钮,即可进行 IIS 服务器的安装。

说明:微软没有提供独立的 IIS7.0 安装包,目前,网上也没有可靠的提取包。正常的 Window s7 版本(非精简版),安装系统之后都可以直接进行 IIS 的安装,并不需要安装盘。

2. 配置 IIS 服务器

安装好 IIS 后,再次进入控制面板,选择"管理工具",双击"Internet(IIS)管理器"选项,进入 IIS 设置。

(1) 启用父目录和修改脚本语言。再次进入控制面板,选择管理工具,双击 Internet(IIS)管理器选项,进入 IIS 设置。默认父路径是不启用的,这里需要设置为 True。ASP 程序脚本代码有 JavaScript 和 VBScript(默认),这里也可以修改默认脚本语言,如图 2-71 所示。

(2)添加网站。完成一台服务器上运行多个网站的功能。例如:E:\myweb\是个人网站主目录,D:\webcourse1\是网络课程网站 1 的主目录。两个网站都要运行,可以添加两个网站,并通过修改端口号来实现,如图 2-72 所示。

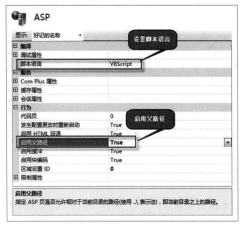

图 2-71　配置 IIS 服务器

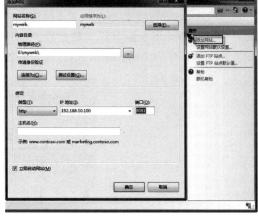

图 2-72　添加网站

配置完成后,在地址栏里输入 http://192.168.10.100:8081/index.html 即可打开个人主页。

Web 的内容保存在 Web 站点(Web 服务器)中,用户可以通过浏览器(Browser)访问 Web 站点。因此,Web 是一种基于客户机/服务器的体系结构。也就是说,Web 实际上是一种全球性通信系统,该系统通过 Internet 使计算机相互传送基于超媒体的数据信息。Web 是一个超文本信息系统,它的超文本链接使得 Web 文档不再像书本一样是固定的、线性的,而是可以从一个位置迅速转到另外的位置,从一个主题迅速转到另一个相关的主题。对于 Web,只要通过超链接指向所需的站点,就可以使物理上放置在不同位置的信息在逻辑上一体化。

网页的设计与开发是一项复杂的工程,在设计与开发的过程中可使用多种技术。总体而言,网页的设计与开发可分为前台技术和后台技术两大类。

(二)前台技术

前台技术是指在整个网站体系中,用于实现显示层的技术,或者面向网站用户的技术。目前应用于前台的技术包括如下几种。

1. XHTML

XHTML(eXtensible Hyper Text Markup Language,可扩展的超文本标记语言)是由 HTML 语言发展起来的一种标记语言。

在 W3C 的网页标准化体系中,XHTML 属于网页的结构技术。

2. CSS

CSS(Cascading Style Sheets,层叠样式表)是一种数据表文件,在该类数据表中,存储了网页结构语言的各种样式,以及显示方式等内容,并通过表的 ID、标签以及类等选择器供 XHTML 调用。

在 W3C 的网页标准化体系中,CSS 属于网页的表现技术。

3. ECMAScript

ECMAScript 技术是由 ECMA 国际(European Computer Manufacturers Association International,欧洲计算机制造商协会,一个由各厂商组成的国际商业化标准组织)制定的标准化脚本语言,其前身为 JavaScript 脚本语言。

ECMAScript 脚本语言包含多种子集,例如,微软的 JScript 和 JScript.Net、Adobe 的 ActionScript 以及 Digital Mars 的 DMDScript 等。

在 W3C 的网页标准化体系中,ECMAScript 属于网页的行为技术。

4. Ajax

Ajax(Asynchronous JavaScript and XML,异步 JavaScript 与 XML)是一种由 JavaScript 脚本语言扩展而来的网页前台开发技术。

Ajax 允许客户端进行简单的数据处理,并与服务器端进行异步通信,因此可以在不刷新页面的情况下维护数据,减小了服务器程序的负担,并提高了页面的执行效率,降低了网络带宽的占用。

5. E4X

E4X(ECMAScript for XML,ECMAScript 对 XML 的扩展)是一种 ECMAScript 的扩展技术。其提供了一种更直观、语法更简洁的 DOM 接口,帮助 ECMAScript 代码访问 XML 数据,实现更快的访问速度及更好的支持。

6. 切片技术

切片技术是应用于网页图形处理的一种技术,其最早出现于 Adobe 公司的 ImageReady 软件中,可将整张图片切割为几张图片,并输出一个网页,将图片作为网页表格或层中的内容。切片技术的出现,提高了平面设计转换为网页设计的效率。目前,可以使用切片技术的图像处理软件包括 Photoshop(ImageReady 目前已被整合到 Photoshop 中)、Fireworks、Illustrator 以及 CorelDRAW(CorelDRAW 中称为裁切工具)。

(三) 后台技术

后台技术是指在整个网站体系中,用于实现控制层或模型层的技术,或者面向网站数据管理的技术。目前应用于后台的技术包括如下几种。

1. ASP

ASP(Active Server Pages,动态服务网页)是微软公司开发的一种由 VBScript 脚本语言或 JavaScript 脚本语言调用 FSO(File System Object,文件系统对象)组件实现的动态网页技术。

ASP 技术必须通过 Windows 的 ODBC 与后台数据库通信,因此只能应用于 Windows 服务器中。ASP 技术的解释器包括两种,即 Windows 9X 系统的 PWS 和 Windows NT 系统的 IIS。ASP 的工作原理如图 2-73 所示。

2. ASP.NET

ASP.NET 是由微软公司开发的 ASP 后续技术,其可由 C♯、VB.NET、Perl 及 Python 等编程语言编写,通过调用 System.Web 命名空间实现各种网页信息处理工作。

ASP.NET 技术主要应用于 Windows NT 系统中,需要 IIS 及 .NET Framework 的支持。通过 Mono 平台,ASP.NET 也可以运行于其他非 Windows 系统中。虽然 ASP.NET 程序可以由多种语言开发,但是最适合编写 ASP.NET 程序的语言仍然是 C♯ 语言。ASP、NET 工作原理如图 2-74 所示。

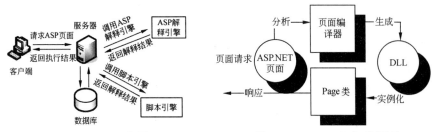

图 2-73 ASP 工作原理　　图 2-74 ASP.NET 工作原理

3. JSP

JSP(JavaServer Pages,Java 服务网页)是由太阳计算机系统公司开发的,以 Java 编写、动态生成 HTML、XML 或其他格式文档的技术。JSP 技术可应用于多种平台,包括 Windows、Linux、UNIX 及 Solaris。JSP 技术的特点在于,如果客户端第一次访问 JSP 页面,服务器将先解释源程序的 Java 代码,然后执行页面的内容,因此速度较慢。而如果客户端是第二次访问,则服务器将直接调用 Servlet,无需再对代码进行解析,因此速度较快。JSP 工作原理如图 2-75 所示。

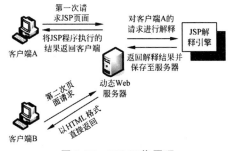

图 2-75 JSP 工作原理

4. PHP

PHP(Personal Home Page,个人主页)也是一种跨平台的网页后台技术。其最早由丹麦人 Rasmus Lerdorf 开发,并由 PHP Group 和开放源代码社群维护,是一种免费的网页脚本语言。

PHP 是一种应用广泛的语言,其多在服务器端执行,通过 PHP 代码产生网页并提供对数据库的读取。

第五节　网站设计制作优化

网站的整体优化是一个系统工程,是在建设网站过程中进行的延伸性工作。

一、布局设计优化

布局的设计通常需要注意网站的页面大小以及各种板块的安排。合理地设置页面尺寸,可以避免用户频繁地拖动滚动条。目前国内的上网者习惯使用微软公司的 Internet Explorer 浏览器(简称 IE 浏览器)。在屏幕分辨率为 1024×768 时,不同版本的 IE 浏览器的屏幕大小如表 2-3 所示。

表 2-3　IE 浏览器不同版本下屏幕大小

IE 浏览器版本	屏幕横向像素	屏幕纵向像素
IE 6.0	1003px	600px
IE 7.0(菜单栏显示状态)	1003px	594px
IE 7.0(菜单栏隐藏状态)	1003px	620px
IE 8.0(菜单栏隐藏状态)	1003px	626px
IE 8.0(菜单栏显示状态)	1003px	598px

由上表中的数据可得出,在设计网页时,如不希望用户频繁拖动水平滚动条,可将网页的横向像素控制在 1003px 以内。多数网页都会尽量避免出现水平滚动条。在网站的进入页或 Flash 网页中,垂直滚动条也应尽量避免出现。

网页板块构成优化。网页是由各种板块构成的。Internet 中的网页内容各异,然而多数网页都是由一些基本的板块组成的,包括 Logo、导航条、Banner、内容板块、版尾和版权等。Logo 是企业或网站的标志。导航条是网站的重要组成元素。合理安排导航条可以帮助浏览者迅速查找到需要的信息。

Banner 的中文直译为旗帜、网幅或横幅,意译则为网页中的广告。多数 Banner 都以 JavaScript 技术或 Flash 技术制作,通过一些动画效果可展示更多的内容,并吸引用户观看。

网页的内容板块通常是网页的主体部分。这一板块可以包含各种文本、图像、动画、超链接等。

版尾板块优化。版尾,顾名思义是网页页面最底端的板块,通常放置网站的版权信息。

在设计网页时,需要了解网页的 5 种基本结构布局。

(1)"国"字型网页布局,又称"同"字型网页布局。其最上方为网站的 Logo、Banner 及导航条,接下来是网站的内容板块。在内容板块左右两侧通常会分列两小条内容,可以是广告、友情链接等,也可以是网站的子导航条,最下面则是网站的版尾或版权板块,如图 2-76 所示。

图 2-76　"国"字型网页布局

(2)拐角型布局也是一种常见的网页结构布局。其与"国"字型布局只是在形式上有所区别,实际差异不大。

拐角型布局的网页和"国"字型布局的网页区别在于其内容板块只有一侧有侧栏。

这种布局的网页比"国"字型布局的网页稍微个性化一些,常用于一些娱乐性网站,例如,CW 电视台的官方网站就是拐角型布局,如图 2-77 所示。

(3)上下框架型网页布局,比"国"字型网页布局和拐角型网页布局都更加简单一些。

在上下框架布局网页中，主题部分并非如"国"字型或拐角型一样由主栏和侧栏组成，而是一个整体或复杂的组合结构。

上下框架型网页布局应用在一些栏目较少的网站。例如，意大利导游网，如图2-78所示。

图2-77　拐角型布局

图2-78　上下框架型网页布局

（4）左右框架型网页布局，是一种被垂直划分为两个或更多个框架的网页布局结构，类似将上下框架型布局旋转90度之后的效果。左右框架型网页布局通常会被应用到一些个性化的网页或大型论坛网页中，具有结构清晰、一目了然的优点。例如，巴西的iDeal Interactive汽车销售公司的网页就是如此，如图2-79所示。

（5）封面型网页，通常作为一些个性化网站的首页，以精美的动画加上几个链接或"进入"按钮，甚至只在图片或动画上做超链接。

娱乐性的网站或个人网站偏好使用这种布局方式。例如，英国电视节目《幸存者》的网站，如图2-80所示。

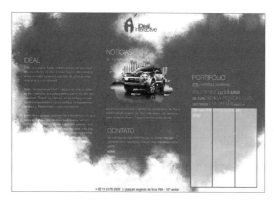

图2-79　左右框架型网页布局

图2-80　封面型网页

二、色彩设计优化

网页设计是平面设计的一个分支，和其他平面设计类似，对色彩都有较大的依赖性。色彩可以决定网站的整体风格，也可以决定网站所表现的情绪。

人类的眼睛是根据所看见的光的波长来识别颜色的。肉眼可识别的白色太阳光事实上是由多种波长的光复合而成的全色光。

根据全色光各复合部分的波长(长波、中波和短波),可以将全色光解析为3种基本颜色,即红(Red)、绿(Green)和蓝(Blue)三原色光。

可见光中,绝大多数的颜色可以由三原色光按不同的比例混合而成。例如,当3种颜色以相同的比例混合,则形成白色;而当3种颜色强度均为0时,则形成黑色。

任何一种色彩都会具备色相、饱和度和明度3种基本属性。这3种基本属性又被称为色彩的3要素。修改这3种属性中任意一种,都会影响原色彩其他要素的变化。

色相是由色彩的波长产生的属性,根据波长的长短,可以将可见光划分为6种基本色相,即红、橙、黄、绿、蓝和紫。根据这6种色相可以绘制一个色相环,表示6种颜色的变化规律,如图2-81所示。

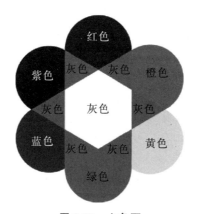

图 2-81 六色环

在 Photoshop 等图像处理软件中,通常用一种渐变色条来表示色彩的色相。

饱和度是指色彩的鲜艳程度,又称彩度、纯度。色彩的饱和度越高,则色相越明确,反之则越弱。饱和度取决于可见光波长的单纯程度。

在色彩中,六色色相环中的6种基础色饱和度最高,黑、白、灰没有饱和度。

明度是指色彩的明暗程度,也称光度、深浅度。色彩的明度来自于光波中振幅的大小。色彩的明度越高,则颜色越明亮,反之则越阴暗。

在无彩色系中,明度最高的是白色,而最低的是黑色。在有彩色系中,明度最高的是黄色,最低的是紫色。

自然界中的颜色种类繁多,单纯以颜色的名称来表示颜色是无法适应平面设计及工业生产需要的。因此,人们引入了色彩模式的概念。

色彩模式是表示色彩的方法。在不同的应用领域里,表示色彩的方式也有很大区别。在平面设计领域,常用的色彩模式主要分为两种,即RGB色彩模式和CMYK色彩模式。

RGB色彩模式主要是应用于输出CRT显示器的一种色彩模式,其采用加法混色法,以描述各种可见光在颜色中占据的比例来分析色彩。RGB色彩的基准是光学三原色(红、绿和蓝),如图2-82所示。所有网页设计领域中的色彩,都是以RGB色彩模式表现的。例如,常见的♯RRGGBB以及数字表示法,都是根据RGB三原色的强度实现的。

CMYK色彩模式是主要应用于印刷品的一种色彩模式。其原理是根据印刷时使用的四色油墨混合的比例实现各种色彩,因此属于减法混色法。油墨4种颜色分别为青色(Cyan)、洋红色(Magenta,又称品红色)、黄色(Yellow)、黑色(Black,为与 RGB 的蓝色区分而使用最后一个字母 K),如图2-83所示。CMYK 常用每种颜色深度的百分比来表示。

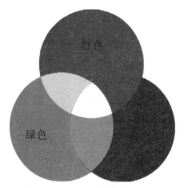
图 2-82　RGB 色彩模式

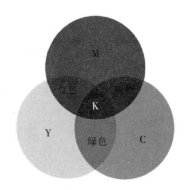
图 2-83　CMYK 色彩模式

在早期各种浏览器中,图像的颜色显示方式并不统一,同样一种颜色在不同的网页浏览器中可能会显示不同的颜色。

为了保证网页基本的色彩显示,人们规定了216种颜色的显示方法,这216种颜色以同样的效果在任意的浏览器中不会造成色彩的错乱,被称为"安全的"颜色,即 Web 216 安全色。

三、设计理念优化

网页设计不仅是一门实用技术,更是一门创造性的艺术。其是一个感性思考与理性分析相结合的过程。

网页设计不仅依赖于各种平面设计软件和网页制作软件,更依赖于网页设计者的独立思考。

(一) 站点分类

在设计网页时,首先需要了解网页设计的任务以及网页设计的最终目的。网页设计是艺术创造与技术开发的结合体。其任务是吸引用户,为用户创造良好的体验,在此基础上为网页的所有者提供收益。任何网页设计的行为,都是围绕这一最终目的进行的。在设计网页时,根据网页的内容,即网页为用户提供的服务类型可将网页分为3类。并根据网页的类型设计网页的风格。

1. 资讯类站点

资讯类站点通常是比较大型的门户网站。这类网站需要为用户提供海量的信息,在用户阅读这些信息时寻找商机。在设计这类站点时,需要在信息显示与版面简洁等方面找到平衡点,做到既以用户阅读信息的便捷性为核心,又要保持页面的整齐和美观,防止大量的信息造成用户视觉疲劳。在设计文本时,可着力对文本进行分色处理,将各种标题、导航、内容按照不同的颜色区分。同时要对信息合理分类,帮助用户以最快的速度找到需要的信息。

以美国最大的在线购物网站亚马逊的首页为例(如图2-84所示)。其在设计中,使用了较为传统的"国"字型布局。其网站的3类导航使用了3种字体颜色,在同一板块内的导航标题使用橙色粗体,而导航内容则使用普通的蓝色字体。在刺激用户感官的同时避免视觉疲劳。在亚马逊首页中,每一条详细信息都保证有一张预览图片,防止大段乏味的文字使用户厌烦。

图 2-84　亚马逊首页

2. 艺术资讯类站点

艺术资讯类站点通常是中小型的网站,例如一些大型公司、高校、企业的网站等。互联网中的大多数网站都属于这一类型。这类网站在设计上要求较高,既需要展示大量的信息,又需要突出公司、高校和企业的形象,还需要注重用户的体验。设计这类网站时,尤其需要注意图像与文字的平衡、背景图像的选用以及整体网站色调的搭配等。这类网站的首页不应放置过多的信息。清晰有效的分类远比铺满屏幕的产品资料更容易吸引用户的注意力。

以著名的软件和硬件生产商苹果为例,其首页设计上以追求简洁为主,以简明的导航条和大片的留白给用户较大的想象空间。苹果公司在网站设计上非常有心得,其擅长使用简单的圆角矩形栏目和渐变的背景色使网站显得非常大气,对一些细节的把握也非常到位。

3. 艺术类站点

艺术类站点通常体现在一些小型的企业或工作室设计中。这类网站向用户提供的信息内容较少,因此设计者可以将较多的精力放在网站的界面设计中。

图 2-85 为俄罗斯设计师 Foxie 的个人主页,通过大幅的留白以及简明的色彩模拟了一个书架,并以书架上的书本和相框作为导航条。其在设计中发布的信息并不多,因此整站用 Flash 制作而成,大量使用动画技术,通过绚丽的色彩展示个性。

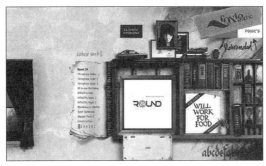

图 2-85　Foxie 个人主页

(二)网页设计优化过程

网页设计优化的实现,在了解了设计的目的后,即可着手进行设计。网页设计是平面设计的一个分支,因此在设计网页时,有一定的平面设计基础可以帮助设计者更好更快地把握设计的精髓。

1. 设计结构图

首先,应规划网站中栏目的数量及内容,策划网站需要发布哪些东西。然后,应根据规划的内容绘制网页的结构草图,这一部分既可以在纸上进行,也可以在计算机上通过画图板、inDesign 或者其他更专业的软件进行。结构草图不需要太精美,只需要表现出网站的布局即可,如图 2-86 所示。

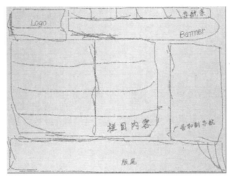

图 2-86 设计结构图

2. 设计界面

在纸上或电脑上绘制好网页的结构图之后,即可根据网站的基本风格,在计算机上使用 Illustrator 或 CorelDRAW 等矢量图形软件或 Photoshop、Fireworks 等位图处理软件绘制网页的 Logo、按钮和图标。Logo、按钮、图标等都是网页界面设计的重要组成部分。设计这些内容时需要注意整体界面的风格一致性。包括从色调到图形的应用、圆角矩形与普通矩形的分布等。其中,设计 Logo 时,可使用一些抽象的几何图形进行旋转、拼接,或将各种字母和文字进行抽象变化。例如,倾斜、切去直角、用线条切割、连接笔画、反色等。

按钮的设计较为复杂。常见的按钮主要分为圆角矩形、普通矩形、梯形、圆形以及不规则图形等。在网页中,水平方向导航菜单的按钮设计比较随意,可以使用各种形状。而垂直方向的导航菜单则多使用矩形或圆角矩形,以使各按钮贴得更加紧密,给用户以协调的感觉。如图 2-87 所示。

图 2-87 按钮的设计

图标是界面中非常重要的组成部分,可以起到画龙点睛的作用。在绘制图标时,需要注意图标必须和其代表的内容有明显的联系。例如,多数网站的首页图标都会绘制一栋房子,而多数网站的联系方式图标都是电话、信纸等通信的方式,这样的图标会使用户一眼看出其作用。如图 2-88 所示。

而如果使用过于抽象的图标,则容易被用户误解,或影响用户使用网站的功能。

图 2-88　图标的设计

3．设计字体

字体是组成网页的最主要元素之一。合理分配的字体可以使网站更加美观，也更便于用户阅读。在设计网页的字体时，应先对网页进行分类处理。对于多数浏览器和操作系统而言，汉字是非常复杂的文字，多数中文字体都是无法在所有字号下正常清晰显示的。以宋体字为例，10px 以下的宋体通常会被显示为一个黑点（在手持设备上这点尤为突出）。而 20px 大小的宋体，则会出现明显的锯齿，笔画粗细不匀。即使是微软设计的号称最清晰的中文字体微软雅黑，也无法在所有的分辨率及字号下清晰地显示。经过详细的测试，中文字体在 12px，14px，16px（最多不超过 18px）的字号下，显示得最为清晰美观。因此，多数网站都应使用 12px 大小的字体作为标准字体，而将 14px 的字体作为标题字体。在设计网页时，尽量少用 18px 以上的字体（输出为图像的文本除外）。在字体的选择上，网站的文本是给用户阅读的。越是大量的文本，越不应该使用过于花哨的字体。

如针对的用户主要以使用 Windows XP 系统和纯平显示器为主，则应使用宋体或新宋体等作为主要字体。如果用户是以使用 Vista 系统和液晶显示器为主，则应使用微软雅黑字体，以获得更佳的体验。在中文文本的设计中，应尽量避免使用斜体。虽然作为拉丁字母中常见的一种表现形式，斜体的使用频率非常高，但是在中文中，几乎所有中文字体都无法以斜体的方式正常显示。使用斜体的后果就是降低用户阅读的舒适性。

4．制作网页概念图

在设计完成网页的各种界面元素后，即可根据这些界面元素，使用 Photoshop 或 Fireworks 等图像处理软件制作网页的概念图。网页概念图的分辨率应照顾到用户的显示器分辨率。针对国内的用户的显示器设置，大多数用户使用的都是 17 英寸甚至更大的显示器，分辨率大多为 1024px×768px 以上。去除浏览器的垂直滚动条后，页面的宽度应为 1003px。高度则尽量不应超过屏幕高度的 5 倍到 10 倍（即 620px×5＝3100px 到 6200px 之间）。如果有条件的话，还应该针对多种分辨率的人群（例如，宽屏显示器的 1440px×960px、上网本的 1280px×720px、老旧的台式机或笔记本的 800px×600px，以及各种手持设备的 720px×480px）设计多种概念图。针对各种用户群体进行界面设计。

概念图的作用主要包括两个方面。一方面，设计者可以为用户或网站的投资者在网页制作之前先提供一份网页的预览，然后根据用户或投资者的意见，对网页的结构进行调整和改良。另一方面，设计者可以根据概念图制作切片网页，然后再根据切片快速为网站布局，提高网页制作的效率。切片是 Photoshop 和 Fireworks 共同拥有的一种图像切割工具。其可以将 Photoshop 或 Fireworks 制作的各种图像根据用户绘制的切片线或参考线切割成小块，然后将这些小块以表格或 div 容器的方式输出为网页。

5．切片的优化

切片的优化是十分必要的。优化后的切片，可以减小用户在访问网页时消耗的时间，同时提高网页制作时的效率。对于早期以调制解调器用户为主的国内网络而言，需要尽量避免大面积的图像，防止这些图像在未下载完成时网页出现空白。通常的做法是通过切片工具将图像切为多块,实现分块下载。然而随着网络传输速度的发展,用户用于下载各种网页图像的时间已经大为缩短,请求下载图像的时间已超过了下载图像本身的时间。下载 1 张 100KB 的图像,消耗的时间要比下载 10 张 10KB 的图像更少。因此,多数网站都开始着手将各种小图像合并为大图像,以减少用户请求下载的时间,提高网页的访问速度。

6. 编写网页页面代码

在 Photoshop 或 Fireworks 中设计完成网页的概念图,并制作切片网页后,最终还是需要输出为 XHTML＋CSS 的代码。网页技术的发展,使网页的制作越来越像一个系统的软件工程。从基础的 XHTML 结构到 CSS 样式表的编写,再到 JavaScript 交互脚本的开发,是网页制作的收尾工程。

7. 优化页面

在设计完成网页后,还需要对网页进行优化,提高页面访问速度,以及页面的适应性。设计者应按照 Web 标准编写各种网页的代码,并对代码进行规范化测试。通过 W3C 的官方网站验证代码的准确性。同时,还应根据当前主流的各种浏览器(IE 6、IE 7、IE 8,以及 Firefox、Safari、Opera、Chrome 等)和各种分辨率的显示设备测试兼容性,编写 CSS Hack 和 JavaScript 检测脚本,以保证网页在各种浏览器中都可正常显示。

本章小结

网站设计制作是一个系统工程,网页设计制作仅仅是其微小的部分。在具体制作过程需要确定网站制作的目标,根据网站策划案进行,选择合适的形式,静态或动态的架构,进行综合的开发设计,经过优化、调试等,最终达到实现一个网站基本的设计开发制作的目标。

练习与思考

1. 试进行个人网站的策划。
2. 简要叙述静态网站和动态网站的区别与联系。
3. 动态网站的开发技术有哪些,有何区别?
4. 如何更好进行网站优化?

参 考 文 献

[1] 龙马工作室.新编 DramweaverCS3、FlashCS3 与 FireworksCS3 网页制作三剑客从入门到精通[M].北京:人民邮电出版社,2008.
[2] 王大平.CSS 网页布局笔记学习[M].北京:电子工业出版社,2008.
[3] 标准之路.Div＋CSS 教程[EB/OL].http://www.aa25.cn/,2013 年 11 月 5 日.
[4] 蓝色理想.网站设计与开发人员之家[EB/OL].http://www.blueidea.com/index.asp,2013 年 12 月 26 日.

第三章　网络信息组织实务

学习目标

1. 熟悉网络信息组织的基本形态。
2. 熟练掌握搜索引擎的基本方法及高级技能。
3. 学会运用博客、维客、播客收集信息与组织信息。
4. 掌握 UGC 基本思路,学会 RSS 信息订阅,能使用掘客挖掘信息。
5. 学会运用微博、微信、新闻客户端对信息进行获取与组织。

在网络技术不断的演进过程中,网络信息组织形式也不断发展与演变,多种形态的网络资源或媒体形态呈现出一个纷繁复杂的信息网络。随着互联网的迅速发展,网络信息资源越来越得到重视和利用,互联网网站数以亿计,网络已成为继报纸、期刊、广播、电视等四大媒体之后的第五大媒体,信息量、传播速度、传播广度均列为各媒体之上。可以说,在信息时代,获取和组织网络信息资源的方式比网络信息资源本身更有价值。本章主要介绍互联网信息传播资源组织的原则与要求、网络传播信息资源概况、门户网站、电子邮件、搜索引擎、博客、维客、播客、UGC、RSS、掘客、微博、微信、新闻客户端等网络信息资源的组织方式等。

第一节　网络信息组织概述

网络信息组织是指采用一定的方法与模式,按照一定的原则将因特网内某一领域大量的、分散的、杂乱无章的、良莠不齐的信息通过搜索、评价、筛选、分析、标引、著录、排序、存储等手段加工处理,使其形成一个有序的、便于用户获取与利用的信息系统的过程。其根本目的在于促进网络信息更快捷、更方便地检索利用。此外,网络信息资源的组织不应仅仅局限于建立有序的信息空间以及便于用户获取与利用信息,还要有利于用户理解、判断与吸收信息获得知识,这就赋予了网络信息组织更多的任务与更高的要求。

一、网络信息组织的概念

美国未来学家约翰·奈斯比特(John Naisbitt)曾指出:"我们淹没在信息中,但是却渴求知识。"为什么当信息像洪水一样向人们涌来时,人们仍然缺乏所需的信息呢?这是因为在知识经济和信息社会中,信息本身并不能产生价值,"失去控制和无组织的信息不再是一种资源"。[①] 这种矛盾现象突出地表现在两个方面:一是知识和信息的海量性与人的精力、时间的有限性形成了尖锐的对立;二是知识和信息的无序性和污染性与人类使用的选择性也形成尖锐的矛盾。解决这两个矛盾的根本途径是进行信息的组织。

---

① (美)约翰·奈斯比特.大趋势——改变我们生活的十个新趋向[M].孙道章,等译.北京:新华出版社,1984.

网络信息组织在信息资源开发中具有重要的地位,在信息管理中具有承上启下的作用,它是建立信息系统的重要条件,是信息存储与检索的基础,是发挥信息效用从而创造价值的保证。

网络信息组织即信息的序化,是按照一定的科学规则和方法,通过对信息的外在特征和内容特征的描述和序化,实现无序信息向有序信息的转化。序是事物的一种结构形式,是指事物或系统的各个结构要素之间的相互关系以及这种关系在时间和空间中的表现。当事物结构要素具有某种约束性且在时间序列和空间序列呈现某种规律性时,这一事物就处于有序状态;反之,则处于无序状态。

信息的外在特征是指信息的物质载体所直接反映的特征,它们构成信息载体外在的、形式的特征,如信息的物理形态、题名、责任者、信息的类型、信息生产和流通等方面的特征。信息的内容特征是对信息具体内容的规范化概括。信息组织的基本对象和依据就是信息的外在特征和内容特征。

网络信息组织可以帮助用户有效获取和利用信息,实现信息的有效流通和组合。人们提到的信息组织,更多的是针对信息的内容特征展开的。本章也是依据这种方式展开的。

二、网络信息组织的要求

1. 信息特征有序化

一是要将内容或外在特征相同或者相关的信息集中在一起,把无关的信息区别开来;二是集中在一起的信息要有系统、有条理,按一定标识呈现某种秩序,并能表达某种意义;三是相关信息单元之间的关系要明确化,并能产生某种关联性,或者能给人某种新的启示。

2. 信息流向明确化

现代管理科学的基本原理表明,信息作用力的大小取决于信息流动的方向。信息整序要做到信息流向明确化。首先,要认真研究用户的信息需求和信息行为,按照不同用户的信息活动特征确定信息的传递方向;其次,要注意根据信息环境的发展变化不断调整信息流动的方向,尽量形成信息合力。

3. 信息流速适度化

信息流速的不断加快使人们感受到巨大的信息压力,眼花缭乱的信息流可能会降低决策的效率。同时,人们面对的决策问题在不断地发展变化,信息需要也在不断地更新。为此必须适当控制信息流动速度,把握信息传递时机,提高信息的效用。

第二节 网络信息资源概述

截至 2013 年 12 月底,我国 IPv4 地址数量为 3.30 亿个,总数基本保持不变(IANA[①]在 2011 年 2 月已将 Pv4 地址资源分发完毕);IPv6 地址数量为 16670 块/32,位列世界第二位;域名总数为 1844 万个,其中".CN"域名总数达到 1083 万个,".COM"域名数量为 631 万个,占比为 34.2%,".中国"域名总数达到 27 万个;网站数量为 320 万个,全年增长 52 万个,增长率为 19.4%;网页数量为 1500 亿个,单个网站的平均网页数和单个网页的平均字节数均维持增长,平均网站的网页数达到 4.69 万个,较 2012 年同期增长 2.3%;平均每个网页的字节数为 50KB,增长 19.0%。[②] 网页的规模反映了互联网内容的丰富程度。自 2003 年开始,中国的网页规模不断增长。网页是互联网信息承载的主要载体,是互联网最为基础的资源,而基础资源恰恰是互联网的根基,它的发展水平直接制约着互联网整体发展的

---

① IANA(The Internet Assigned Numbers Authority,互联网数字分配授权机构)是负责协调管理 Internet 域名系统的全球最高机构,有三个分支分别负责欧洲、亚太地区、美国与其他地区的 IP 地址资源分配与管理。
② 中国互联网络信息中心. 第 33 次中国互联网络发展状况统计报告[R]. 2014 年 1 月.

规模与质量。

一、网络信息资源的概念

网络信息资源是指以数字化形式记录的,以多种媒体形式表达的,分布式存储在因特网不同主机上并通过计算机网络通信方式进行传递的信息资源的集合,是计算机技术、通信技术、多媒体技术相互融合而形成的在因特网络可查找利用到的资源。

网络信息资源在数量、结构、分布、传播范围、类型、载体形态、内涵、控制机制、传递手段等方面,都与传统的信息资源有着明显的差异,呈现出许多新的特点,包括:数字化存储和传递;数量巨大,增长迅速;内容丰富,形式多样;稳定性差,变化频繁;结构复杂,分布广泛;信息组织的局部有序性与整体无序性;信息新颖,定期更新;信息的表达生动性;免费资源丰富;信息质量参差不齐,价值不一等。全球性的分布式结构,分布式存储成为因特网信息资源存在的主要形式。

二、网络信息资源组织与分类

从网络信息资源组织形式上分,可分为万维网(WWW)、电子邮件(E-mail)、FTP、Telnet、Usenet/Newsgroup、MailingList、Gopher、Archive、WAIS、电子公告板(BBS)等。

总而言之,凡是能将因特网信息有序化的方法都是网络信息的组织方法。目前,网络信息的组织方法种类多,划分途径也多。如果按照一切事物都具有形式、内容、效用三个方面的特征或属性来划分,网络信息组织方法可归纳为语法信息组织方法、语义信息组织方法和语用信息组织方法。

人们在利用以上方法对网络资源进行组织之后,网络信息资源的组织形式主要表现为:网页网站、搜索引擎、专业导航系统、虚拟图书馆等。网页网站是目前 Internet 网络信息资源应用最为广泛的组织形式。以网页网站的形式组织因特网信息资源主要是应用超级链接组织法和超媒体技术。Internet 信息的无序化给人们的专业性需求查询带来了极大的困难,于是,大量以网络信息搜寻为目的的搜索引擎便出现了。专业导航系统则是 Internet 网络信息资源组织发展到一定阶段的产物,专业导航系统的主要表现形式有专业指引库、专业导航库等。虚拟图书馆是根据特定的目标,选定信息资源的学科领域,对有关的网站网页进行搜索和收集,加以鉴定核实,并对核实后的网址进行合理组织,为有关网址进行特征描述(赋予标引词和摘要简介),编制或采用一定的软件以供信息存储与检索,并实现对网站网页的链接。虚拟图书馆通过对数据的不断维护与更新,包括对原有网址的定期核实和新网址的纳入,使之成为能够提供检索、浏览和链接的信息集合的图书信息服务系统。

三、网络信息资源组织形态演变

网络信息资源所呈现的载体是众多网站的数以亿计的网页,网页即 Web 页面。网络信息如何更好地呈现与组织和 Web 页面息息相关,Web 技术理念引领下的网络媒介日益丰富,促使网络信息资源传播组织及应用也更加多样。

(一) Web 的本义

Web 本意是"蜘蛛网"和"网"的意思,在信息技术领域被广泛译作"网络"或"互联网"等,对于 Web 目前仍然没有具体的公认的权威的概念解读。尽管如此,作为信息分享的平台具体形式,Web 页面以及由亿万个 Web 页面形成的浩瀚的 Internet 网络已成为我们生活的一部分,而且几乎每天都在应用。Web 自被发明就在伯纳斯·李等网络信息技术顶尖人士头脑中不断丰富与完善,同时也不断延伸和拓展,被赋予崭新的内涵与理念。

(二) Web 1.0 到 Web 2.0

若是界定伯纳斯·李所处的时期及以后一段时期是 Web 1.0 时期,那 Web 2.0 时期形成应当从举世闻名的 1998 年德拉吉博客新闻报道开始。2001 年秋,互联网公司 dot.com 泡沫的破灭标志着互联网的一个转折点,与此同时"Web 2.0"的概念开始于一个会议中,展开于 OReilly 公司和 MediaLive 国际公司之间的头脑风暴部分。互联网先驱和 OReilly 公司副总裁的戴尔·多尔蒂注意到,同所谓的"崩溃"迥然不同,互联网革新比其他任何时候都更重要,令人激动的新应用程序和网站正在以令人惊讶的规律性涌现出来。在那次会议之后的一年半时间里,Web 2.0 一词已经深入人心。但是,至今关于 Web 2.0 的含义仍存在极大的分歧,一些人将 Web 2.0 贬低为毫无意义的一个行销炒作口号,而其他一些人则将之理解为一种新的传播理念。

(三) Web 3.0 的内涵与外延

Web 3.0 是 2009 年出现的新概念,并迅速为人们所关注。Web 3.0 到底是什么样子,在当前是很难描述清楚的,但 Web 3.0 形态网站的基本架构有三个层次构成是大家公认的:其一,网站内信息可以直接和其他网站信息进行交互和倒腾,能通过第三方信息平台同时对多家网站信息进行整合使用;其二,用户在互联网上拥有自己的数据,并能在不同的网站上使用;其三,完全基于 Web,用浏览器即可实现复杂的系统程序才具有的功能。

在网络的变革期中,网络经济已经开始朝着两种方向发展:其一,将网络作为盈利的渠道,实现实体经济的增长;其二,将网络作为生产的空间,实现虚拟经济向实体经济的转变。在互联网未来的发展中,更值得我们期待的是第二种网络经济的构成。因为和 Web 2.0 相比,Web 3.0 将会更加充分地展现网络自身的生产功能,满足人们追求自我劳动价值的需要。2007 年 9 月,国内互联网企业中推出了新一代个人门户产品 IG3.0;2008 年元旦之初,搜狐推出搜狐 3.1,这些个人门户以满足用户个性化的信息需求为契机,将概念中的 Web 3.0 变为现实。在 2007 年美国圣何塞举办的语义技术大会上,微软、IBM、Oracle、Sun、Google、雅虎等巨头几乎倾巢出动,甚至波音、福特、沃尔玛这样的非 IT 企业也兴致盎然地前来参会,足见各界对 Web 3.0 的重视,这一切都显示着人们对 Web 3.0 这一全新互联网时代的到来充满希望。从技术发展来看,Web 1.0 是精英文化,开创了聚众时代,只有部分具备相关技术和知识,并有一定经济实力的人才能够使用网络;Web 2.0 是草根文化,开创了分众时代,人人都可以平等地使用网络,享受网络带来的乐趣;而 Web 3.0 则是个性文化,开创的是一个全新的个性时代。

Web 3.0 时代的网络传播主要通过信息过滤的方式,更偏向于聚合和个性化的发展。因此,Web 3.0 时代网络传播的特征主要体现为:个性化、体验、定制与整合。

第一,微内容(Widget)的自由整合与有效聚合。Web 3.0 将应用 Mashup 技术对用户生成的内容信息进行整合,使得内容信息的特征性更加明显,便于检索。将精确地阐明信息内容特征的标签进行整合,提高信息描述的精确度,从而便于互联网用户的搜索与整理。同时,将传统意义的聚合技术和挖掘技术相结合,创造出更加个性化、搜索反应迅速、准确的"Web 挖掘个性化搜索引擎"。

第二,适合多种终端平台,实现信息服务的普适性。Web 3.0 的网络模式将实现不同终端的兼容,从 PC 互联网到 WAP 手机、PDA、机顶盒、专用终端,不只应用在互联网这一单一终端上。现有的 Web 2.0 只能通过 PC 终端应用在互联网这一单一的平台上,面临现在层出不穷的新的移动终端的开发与应用都需要新的技术层面和理念层面的支持。而 Web 3.0 将打破这一僵局,使得各种终端的用户群体都可以享受到互联网上冲浪的便捷。实现融合网络的普适化、公用显示装置与个人智能终端的通用,同时加入 E-RAD 的应用与研发,使得嵌入式技术在 Web 3.0 模式下发挥更大的效力。

第三,良好的人性化用户体验以及基础性的个性化配置。Web 3.0 同样以人为本,将用户的偏好作为设计的主要考虑因素。Web 3.0 在对于 UGC 筛选性的过滤的基础上同时引入偏好信息处理与个性化引擎技术,对用户的行为特征进行分析,既寻找可信度高的 UGC 发布源,同时对互联网用户的搜索习惯进行整理、挖掘,得出最佳的设计方案,帮助互联网用户快速、准确地搜索到自己想要的、感兴趣的信息内容,避免了大量信息带来的搜索疲劳。个性化搜索引擎以有效的用户偏好信息处理为基础,以用户进行的各种操作以及用户提出的各种要求为依据,来分析用户的偏好。通过偏好系统得出的结论再归类到一起,在某一内容主题形成一种内容,搜索的聚合、推送,达到更好地满足用户搜索、观看的需要。将这一技术引入广播电视中来,将会给传统电视带来巨大的影响。对于数字机顶盒的应用,IPTV、WebTV 的推广提供了更好的聚合推送业务。

第四,有效和有序的数字新技术。Web 3.0 将建立可信的 SNS(社会网络服务系统),可管理的 VoIP 与 IM,可控的 Blog、Vlog、Wiki,实现数字通信与信息处理、网络与计算、媒体内容与业务智能、传播与管理、艺术与人文的有序有效结合和融会贯通。Web 3.0 模式下可管理的 VoIP 与 IM,同样为互联网用户的使用提供了方便快捷的服务方式。可信度越高、信用度越好的用户发布的信息将会被自动置顶,既提高了信息源发布者的可信度,同时使得这些有用、真实的信息更快地出现在用户的面前,发挥信息的最大效力,提高了信息的使用率、降低了信息查找的时间损耗。Web 3.0 模式下可控的 Blog、Vlog、Wiki,同样也是为了提高消息的利用率与查找信息的便捷度而生的。这些原本在 Web 2.0 模式下允许用户随意发布的 Blog、Vlog、Wiki 会使得网络上堆积大量杂乱无章的信息,为用户的搜索带来了极大的不便。由此,Web 3.0 提出了"可控"这一概念,使得信息的发布与使用连接起来,如果想搜索高可信度的信息,可以点击可信度高的用户撰写的 Blog、Vlog、Wiki,实现可信内容与用户访问的对接。

在以前的传播模型中,人们虽然能够对信息做出反馈,或者能够自由获得信息,但是始终没有成为信息的主宰者,只是在先获得信息之后再发表自己的意见。而在 Web 3.0 的网络环境之下,人们可以利用语义网来主动发出指令,让计算机利用智能软件,在搜索网页时通过"智能代理"从中筛选出相关的有用信息。Web 3.0 是基于"个性化、体验、定制与整合"的网络传播特性之上,为满足人们的需求而出现的一种新的营销理念,因此,Web 3.0 造成的网络传播模式的改变将给人们的网络营销观念带来一场根本性的变革。未来的互联网可以按照每个人不一样的需要来呈现所需要的信息。信息的传递不再无序、没有目的,而是带有特殊的指令性意义。人们可以用主导地位参与到网络传播中来,让技术满足自己的需求。

Web 3.0 是互联网与通信服务的融合,用户可以用所有智能终端(固定电话、移动电话、PC、IPTV、其他智能终端)轻松享受看得见、听得到、用得好的即时交互的信息服务,它必然具备的特性应包括:即时性、融合性、互动性、个性化及自主性。因此,Web 3.0 的媒体形式以个人门户、个性化检索等为主。Web 3.0 的平台将是以微单元(即微应用模块或单元组织)构成,用户完全自主创建自己需要的信息单元模块,将会更精准、更个性,平台上所有的信息完全由用户自己控制及整合,网站平台只提供技术支撑和完善服务。

个性化检索是和信息检索相区别的信息检索方式。它考虑了用户的区别,利用用户的信息对提问式或者检索结果进行修改或者过滤,以减轻用户的检索复杂度。个性化检索是基于计算机世界网主题检索工具建立起来的个人知识门户,它有三个功能:建立话题、收藏话题和共享话题。建立话题就是用户检索完毕,如果对检索结果还比较满意,想重复使用,就可以将其保存为"我的话题",下次登录时,在自己的页面上就可以看到该话题,方便使用。收藏话题是指用户在浏览"e 海航标"的话题检索时,对于自己比较感兴趣的话题,可以加入到自己的"话题收藏"中,不必每一次都要去几百个话题中寻找。为了给检索者一个切磋交流的机会,个性化检索还提供了一个"共享话题"区,个性化检索使用者可以将自己满意的话题放到那里供其他人引用和共享。

互联网的发展,已到了个性化的时代,个人门户是互联网发展的必然趋势,因此在Web 3.0时代有个人门户网站的观点,个人门户网站是以个人为中心的上网入口,还可以进一步延伸为个人信息中心。个人门户具备门户网站的全部特征,同时能够实现个性化定制,实现内容、社区、应用的有机整合。个人门户从技术层面讲有以下基本特征:融合化(网络的沟通无障碍,在网络平台上,网民可以轻易地与手机甚至其他智能化家电进行互动);聚合化(网站的功能将更加强大,真正实现一站式全面生活体验);个性化(信息的呈现根据个人的偏好与特性而设计)。个人门户的核心价值在于同时从互联网和个人电脑二个层面,整合内容、应用、社区3种价值;并通过个性化的呈现扩展用户利用互联网的能力,节约用户利用互联网的时间成本。个人门户的前景告诉我们未来的商业推广必然一切围绕消费者个性化需求设定,千人一面的门户页面会逐渐被面目清晰各异的个人门户所取代。

个人门户与一般门户网站的区别明显。首先是个性化,个人门户不是千篇一律的死面孔,每个人可根据自己的爱好,定制不同的页面样式和内容。其次是个人参与,个人门户的内容,可由每个人自主添加或编辑,而三大门户则是由网站决定内容。个人门户网站由两块内容组成:上网首页,包含了一个类似 http://用户名.XXXX.com/ 的专属二级域名,个性化的标题和logo,随心换的页面样式,自己最常用的网址链接,快速的邮件收发、集成的互联网搜索、最新的新闻资讯等。个人常用服务,个人主页、网摘、贴歌、日志、贴图等常用功能与上网首页镶嵌在一起,是个人的信息中心。上网首页和个人常用服务完全免费使用,傻瓜式自助管理。中国目前有名的个人门户网站很多,有2005年出现的不少博客网站和所谓Web 3.0的一些网站,比如播客(视频博客)类网站,分类信息网站,网摘类网站,RSS类网站,以及论坛聚集网站等,都含有个人门户的某些特征,甚至Google、Yahoo的个性化主页、QQ空间、百度空间等,也可以说是带有个人门户的痕迹。

(四) 对Web演变的理解

从而,我们可以看到WebX.0是作为Web技术与理念演变的标签。无论对Web的争议,还是对Web 1.0和Web 2.0的争议如何激烈,众人都能够认可的标志Web 1.0和Web 2.0的产品已经大行其道,Web 3.0的出现和盛行亦是如此。无论WebX.0盛行,尤其是新兴起的Web 3.0虽为新秀,脱胎于前辈,但都立足于前辈,包容性的融合式发展,从而形成日益繁荣的Web形态。

Web技术从Web 1.0到Web 3.0,其信息传播组织方式也有较大改变。系统地说,从Web 1.0时期的门户网站、电子邮件、搜索引擎,再到Web 2.0时期的Blog(博客)、Boke(播客)、Wiki(维客)形态,以及当前新兴的网络信息传播组织方式UGC、RSS、掘客、微博、微信、新闻客户端等信息传播组织方式都有较大改变。

第三节 Web 1.0时期网络信息组织

在Web 1.0时期,从网络空间获取信息和组织信息形式也是多样的,较早出现的新闻组、邮件列表、电子公告版等如今已经较少为广大网民所使用。在当前对众多网络传播媒介形态的信息组织获取中,属于Web 1.0时期的主要有门户网站、电子邮件、搜索引擎,实际上即使以上三种形式在Web 1.0之后也不断被推陈出新。因此,本节只大略介绍Web 1.0时期网络传播信息组织方式。

一、门户网站

门户网站最初提供搜索和网络接入服务,后来由于市场竞争日益激烈,门户网站不得不快速地拓展各种新的业务类型,希望通过门类众多的业务来吸引和留住互联网用户,以至于目前门户网站的业务包罗万象,成为网络世界的"百货商场"和"网络超市"。从现在的情况来看,门户网站主要提供新闻、搜索、网络接入、聊天室、电子公告牌、免费邮箱、影音网络信息资源、电子商务、网络社区、网络游戏、免费网页空间等。在我国,典型的门户网站有政府类门户网站,如:中华人民共和国中央人民政府门户网站、各部委门户网站、各省地县门户网站、人民网、新华网、千龙网等;商业资讯类门户网站有新浪网、网易、搜狐、腾讯等。

门户网站具有最基本的功能包括信息检索(搜索引擎)、信息交流(聊天室和各种论坛)、信息传递(免费电子邮件和即时通信息)。门户要有特强的网络信息搜索检索功能,是网民信息检索的第一起点。门户网站分为垂直门户和综合门户,综合门户在于信息的广泛性,垂直门户在于信息的专深性。垂直门户除了一般门户网站的三项功能以外,最主要的特点是搜集的信息要让某个行业的专业人员满意,要成为某个专业的起始站点。

(一) 中华人民共和国中央人民政府门户网站

中华人民共和国中央人民政府门户网站(http://www.gov.cn,简称"中国政府网")于2005年10月1日试开通,2006年1月1日正式开通。中国政府网是在党中央和国务院领导同志关怀、指导下,由国家信息化领导小组批准建设的。中国政府网作为我国电子政务建设的重要组成部分,是政府面向社会的窗口,是公众与政府互动的渠道,对于促进政务公开、推进依法行政、接受公众监督、改进行政管理、全面履行政府职能具有重要意义。中国政府网是国务院和国务院各部门,以及各省、自治区、直辖市人民政府在国际互联网上发布政府信息和提供在线服务的综合平台。中国政府网现开通今日中国、中国概况、国家机构、政府机构、法律法规、政务公开、工作动态、政务互动、政府建设、人事任免、新闻发布、网上服务等栏目,面向社会提供政务信息和与政府业务相关的服务,逐步实现政府与企业、公民的互动交流。

2013年10月11日,中央人民政府门户网站的两个官方微博和一个官方微信在新华微博(http://t.home.news.cn/zhengfu)、腾讯微博(http://t.qq.com/zhengfu)和微信(微信号:zhengfu)开通,这是国务院政府信息公开的又一重要平台。该平台主要发布国务院领导同志政务活动信息、国务院重要会议信息、国务院和国务院办公厅公开发布的政策文件及解读稿件等政务信息,同时国务院重要政务信息将第一时间通过微博、微信等新媒体形式向社会公众公开。

(二) 人民网

1997年1月1日,人民日报社创办了人民网。人民网(http://www.people.com.cn)是国家重点新闻网站的排头兵,在国内外具有重要影响,已成为人民日报社新闻宣传的重要品牌和重要窗口。人民网以"权威性、公信力、大众化"为办网宗旨,用文字、图片、动漫、音视频、论坛、博客、播客、掘客、手机、聚合新闻、网上直播等多种手段,依托人民日报社国内外70余个分社的采编力量,每天24小时在第一时间向全球网民发布丰富多彩的信息,内容包括政治、经济、社会、文化等各个领域。人民网设有《人民日报》PDF版和报系20多份报刊的电子版,网民覆盖200多个国家和地区。人民网强国论坛是中国网络媒体创办的第一个网上时政论坛,被称为"最著名的中文论坛"。2008年6月20日上午10时,胡锦涛总书记在人民日报社考察工作时,做客人民网强国论坛,通过视频直播同广大网民在线交流,引起巨大反响,受到中外媒体的广泛关注和网民的交口称赞。

2006年7月1日,人民网"中国共产党新闻网"(http://cpc.people.com.cn/)全新改版后正式推出,成为互联网上最集中、最系统、最全面地介绍中国共产党的权威网站。中国共产党新闻与中国人大新闻、中国政府新闻、中国政协新闻、中国工会新闻、中国妇联新闻、中国科协新闻等栏目构成中央网群板块,已成为发布国家重要新闻、权威解读政策法规和沟通人民群众的重要桥梁。人民网上建有全国性的领导干部网络留言系统"地方领导留言板",为全国60多位书记省长,近1000位副省、地市级党政正职官员及1000多位县委书记分别开通页面,供网友留言交流。创办三年来,已有数十位书记省长、近百位地市级领导公开向网友做出回应,近万项网友问题得到解决,已成为广大网友沟通领导、传递民意的首选渠道,中国互联网最受瞩目的官民互动平台。人民网正着力打造Web 3.0多媒体原创互动体系,人民电视、人民播客、人民掘客和手机人民网、手机强坛、手机电视、手机报、手机短信等新媒体服务丰富多彩,广受业界肯定和网民欢迎。以网络电视、手机媒体两个新领域为重点,人民网目前已获得信息网络传播视听节目许可证、广播电视节目制作经营许可证和3G手机视听节目内容服务许可证。近年来,人民网多种网络直播形式参与重大活动报道,影响大,效果好,深受各界好评。

(三) 新华网

新华网(http://www.xinhuanet.com)是由党中央直接部署,国家通讯社新华社主办的中央重点新闻网站主力军,是党和国家重要的网上舆论阵地,在海内外具有重大影响力。新华网的前身是新华通讯社网站,2000年3月改名为新华网,同年7月全面改版。短短几年间,新华网依托新华社综合优势,从无到有、从小到大、从弱到强、从单媒体到多媒体、从单语种到多语种、从有线到无线,从单一新闻发布到多方位拓展,连年取得跨越式发展。新华网记者遍布世界100多个国家和地区,地方频道分布全国31个省市自治区,每天24小时滚动发稿,同时使用6种语言,多媒体节目丰富多彩,让网民轻松享受广播电视。新华网总网共有50多个频道,另有地方频道30多个。主要频道有:新闻中心、新华时政、新华国际、高层动态、焦点网谈、新华论坛、新华财经、新华体育、新华校园、新华军事、新华图片、新华音乐、新华文娱、新华房产、新华专题、新华视点、新华访谈、新华直播、新华汽车、新华旅游、新华传媒。2003年9月18日,新华网推出全新升级的英文版,启用新域名chinaview.cn。经过几年建设和发展,新华网的外语频道成为海外网民了解中国的重要窗口。新华网作为国家重点新闻网站,拥有强大的技术、人力、资源、推广优势,面向政府部门、企事业单位提供多媒体网络直播服务。

(四) 千龙网

千龙网(http://www.qianlong.com)号称北京门户网站,是经国务院新闻办公室和中共北京市委宣传部批准,由北京日报社、北京人民广播电台、北京电视台、北京青年报社、北京晨报社等京城主要传媒共同发起和创办的国内第一家综合性新闻网站,2000年3月7日开始筹备,5月25日正式开通。千龙网模式创新,为地方新闻网站的发展起到示范作用,首创整合地方新闻资源、组建专业新闻网站的千龙模式,并广为各地方新闻网站借鉴。千龙网坚持正确舆论导向,内容创新,确保北京网络宣传工作主阵地的作用。动漫新闻、网络音频新闻、新闻社区等内容形式首先在千龙网得到应用。千龙网现有频道50多个,日均发布信息近2000条,图片1000张以上,日均页面浏览量最高达到2100万。平均每年制作报道专题约500个,网络直播300场,其中新闻类直播超过一半。近年国内新闻网站的流量排名中,千龙网一直稳居前列,是地方新闻网站的排头兵。

(五) 新浪

1998年12月,四通在线与美国华渊资讯合并组建新浪网。新浪(http://www.sina.com.cn)是一家服务于中国及全球华人社群的领先在线媒体及增值资讯服务提供商。新浪拥有多家地区性网站,以服务大中华地区与海外华人为己任,通过旗下五大业务主线:即提供网络新闻及内容服务的新浪网、提供移动增值服务的新浪无线、提供Web服务及游戏的新浪互动社区、提供搜索及企业服务的新浪企业服务以及提供网络购物服务的新浪电子商务,向广大用户提供包括地区性门户网站、移动增值服务、搜索引擎及目录索引、兴趣分类与社区建设型频道、免费及收费邮箱、博客、影音流媒体、网络游戏、分类信息、收费服务、电子商务和企业电子解决方案等在内的一系列服务。新浪网作为全球最大的中文门户网站之一,拥有很高的品牌知名度,是全世界华语网民云集之地,拥有位于北京、香港、台湾、北美的四家中文网站,向全球华人提供网络新闻、娱乐、社区以及电子商务平台等服务。网站内容的精品质量得到网民的普遍认可,新浪在全球范围内注册用户超过1.8亿个,各种付费服务的用户超过4200万个,日浏览量最高突破4.5亿次,是中国大陆及全球华人社群中最受推崇的互联网品牌。Alexa.com统计显示,新浪官网与新浪微博分别位列2012年网络流量前十名网站的第四名和第五名。

(六) 网易

网易(http://www.163.com)于1997年6月成立,是中国领先的互联网技术公司。网易在开发互联网应用、服务及其他技术方面,始终保持国内业界的领先地位。网易对中国互联网的发展具有强烈的使命感,网易利用先进的互联网技术,加强人与人之间信息的交流和共享,实现"网聚人的力量"。网易曾两次被中国互联网络信息中心(CNNIC)评选为中国十佳网站之首。目前提供网络游戏、电子邮件、新闻、博客、搜索引擎、论坛、虚拟社区等服务。在开发互联网应用、服务及其他技术方面,网易始终保持业界的领先地位,并取得了中国互联网行业的多项第一:第一家中文全文检索,第一家提供全中文大容量的免费邮件系统,第一个无限容量免费的网络相册,第一个免费电子贺卡站,第一个网上虚拟社区,第一个网上拍卖平台,第一个24小时客户服务中心,第一个成功运营自主研发国产网络游戏并取得白金地位。网易凭借大量优秀的专业人才,独立开发了多套Internet系统软件,包括中文全文搜索引擎系统、虚拟社区系统、大容量分布式电子邮件系统等。其中,网易的大容量分布式电子邮件系统推出后大受欢迎,被包括163电子邮局、首都在线以及国中网等多个知名站点和ISP购买,用于提供大容量、高负荷的电子邮件服务;而网易的虚拟社区列是以其功能全面、服务多样深受网友的欢迎,每天吸引几十万人的访问,成为名副其实的网上家园。

网易从成立之日起,就一直着力于向网友们提供高标准的服务。在中国率先开放了大容量的免费个人主页空间,帮助两万多名网民建立了自己的个人主页,为中国互联网培养了第一批网站制作的骨干,从而提高了国内网站制作的整体水平。时至今日,网易仍聚集着国内超过80%最精彩的个人主页。在新近推出的网易拍卖站里,也有诸如"拍卖管家""目录管家"等很多深受网民欢迎的特色服务,另外,网易还有一支非常有经验的拍卖队伍,他们可以保证整个拍卖过程的公正、有序。作为最受欢迎的中文网站之一,网易一直致力于推动中国的数字化生活与数字化商务,促进中国信息产业的发展;不断在技术上创新突破,更把这些先进的技术用于为用户提供优质专业的服务,与用户携手,创造丰富多彩的互联网新生活。Alexa.com统计显示,网易官网位列2012年网络流量前十名网站的第八名。

(七) 搜狐

搜狐公司(http://www.sohu.com)是中国最领先的新媒体、电子商务、通信及移动增值服务公司之一,是中文世界最强劲的互联网品牌。"搜狐"在中国是家喻户晓的名字。1995年11月1日,张朝阳博士从美国麻省理工学院回国。次年8月,依靠风险投资创办搜狐的前身"爱特信信息技术有限公司"。1998年2月,爱特信推出搜狐,中国首家大型分类查询搜索引擎横空出世,搜狐品牌由此诞生。"出门靠地图,上网找搜狐",搜狐由此打开了中国网民通往互联网世界的神奇大门。1999年,搜狐推出新闻及内容频道,奠定了综合门户网站的雏形,开启了中国互联网门户时代。2000年7月12日,搜狐公司正式在美国纳斯达克挂牌上市,从一个国内知名企业发展成为一个国际品牌。2000年,搜狐收购中国最大的年轻人社区ChinaRen校友录,树立国内最大的中文网站地位。2002年第3季度,搜狐公司在国内互联网行业首次实现全面盈利,这是中国互联网发展进程中一个划时代的里程碑,带动了中国概念股在纳斯达克的全面飘红。

作为中文世界最大的网络资产,搜狐门户矩阵包括中国最领先的门户网站、华人最大的青年社区

ChinaRen、中国最大的网络游戏信息和社区网站17173.com、北京最具影响力的房地产网站focus.cn、国内领先的手机WAP门户goodfeel.com.cn、具有最领先技术的搜索搜狗sogou.com、国内领先的地图服务网站图行天下go2map.com、搜狐视频等网站。

目前,搜狐新闻和内容频道已成为主流人群获取网络信息资源的最大的平台;搜狐庞大的社区体系,包括搜狐社区和ChinaRen社区,是年轻人休闲娱乐的主要平台;搜狗也已成为新近崛起的拥有最新技术的搜索引擎。目前,搜狐已经初步实现了创立伊始确立的"让网络成为中国人民生活中不可缺少的一部分"的理想。Alexa.com统计显示,搜狐官网位列2012年网络流量前十名网站的第九名。

(八)腾讯

腾讯公司成立于1998年11月,是目前中国最大的互联网综合服务提供商,也是中国服务用户最多的互联网企业。成立以来,腾讯一直秉承"一切以用户价值为依归"的经营理念,始终处于稳健发展的状态。目前,腾讯把为用户提供"一站式在线生活服务"作为战略目标,提供互联网增值服务、移动及电信增值服务和网络广告服务。通过即时通信QQ、腾讯网、腾讯游戏、QQ空间、无线门户、搜搜、拍拍、财付通等中国领先的网络平台,腾讯打造了中国最大的网络社区,满足互联网用户沟通、资讯、娱乐和电子商务等方面的需求。在深圳经济特区建立30周年之际,2010年9月5日下午,时任中共中央总书记、国家主席、中央军委主席胡锦涛到腾讯公司参观考察。

截至2013年8月14日,QQ即时通信的活跃账户数达到8.185亿个,最高同时在线账户数达到1.732亿个。腾讯的发展深刻地影响和改变了数以亿计网民的沟通方式和生活习惯,并为中国互联网行业开创了更加广阔的应用前景。Alexa.com统计显示,腾讯官网位列2012年网络流量前十名网站的第二名。

二、电子邮件

电子邮件(E-mail)是Internet上最早的互联网应用服务,也是网络信息的最基本的组织方式之一。在互联网应用比较多样化的今天,电子邮件依然是最重要的应用。多数Internet用户对Internet的了解,都是从收发电子邮件开始的。

(一)电子邮件的基本特征

电子邮件是目前比较普遍的一种通信手段,它具有速度快、操作方便、成本低廉、信息多样化、一信多发甚至还能发送多媒体信息、比较安全、网络存储、WAP无线访问等诸多优点。

电子邮件的传输速度快。通常在数秒钟内即可送达至全球任意位置的收件人信箱中,其速度比电话通信更为高效快捷。

1. 电子邮件操作非常便捷

与电话通信和邮政信件发送不同,E-mail采用的是异地工作方式。它在高速传输的同时允许收信人自由决定在什么时间、什么地点接收和回复,发送电子邮件时不会因"占线"或接收方不在而耽误时间,收信人无需固定守候在电路另一端,可以在用户方便的任何时间、任意地点,甚至是在旅途中收取E-mail,从而跨越了时间和空间的限制,给人们提供了更大的自由空间。

2. 成本低廉

E-mail最大的优点还在于其低廉的通信价格,用户花费极少的上网费用即可将信息发送到远在地球另一端的用户手中。电子邮件还能发送其他通信方式无法传递的信息,如文字、图片、录像、声音、动画等。而且,电子邮件可以很容易地进行内容更改。

3. 信息多样化

电子邮件发送的信件内容除普通文字内容外,还可以是软件、数据,甚至是录音、动画、电视或各类多媒体信息。电子邮件可以发送附件,甚至支持超大附件发送,几百兆的文件在几分钟内可以顺利发送,如 QQ、126 邮箱等提供此类服务。

4. 广泛的交流对象

同一封信件可以通过网络极快地发送给网络中指定的一个或多个成员,甚至可以用电子邮件召开网络会议进行互相讨论,这些成员可以分布在世界各地,但发送速度则与地域无关。与任何一种其他的 Internet 服务相比,电子邮件可以与更多的人进行通信。

比较安全。Email 软件是高效可靠的,如果目的地的计算机正好关机或暂时从 Internet 断开,Email 软件会每隔一段时间自动重发;如果电子邮件在一段时间之内无法递交,电子邮件会自动通知发信人。

5. 网络存储

该功能是近几年电子邮件服务的重要举措之一,旨在为用户提供网络存储,空间甚至达到 GB 级别,可吸引经常使用电子邮件进行信息传递的群体存储大量的常用文件进行网络备份,从而可以实现异地下载办公等。

6. WAP 无线访问

移动互联网出现后,几乎所有的商业邮箱均提供 WAP 网站的访问,或者有邮箱客户端,或者通过第三方如 UCWeb 手机浏览器登录访问,比较便捷。把邮箱服务从有线网络扩展到无线网络,可为用户提供移动的不间断使用服务。

(二)电子邮箱与电子邮件地址

收发电子邮件的首要条件是要拥有一个电子邮箱(Mail Box)。电子邮箱是通过电子邮件服务的机构(提供者为 ISP 或 ICP[①])为用户建立的。当用户向 ISP 或 ICP 申请 Internet 账号时,ISP 或 ICP 就会在其 E-mail 服务器上建立该用户的 E-mail 账户。建立电子邮箱,实际上是在 ISP 或 ICP 的 E-mail 服务器磁盘上为用户开辟一块专用的存储空间,用来存放该用户的电子邮件。这样用户就拥有了自己的电子邮箱。用户的 E-mail 账户包括用户名(User Name)与用户密码(Password)。通过用户的 E-mail 账户,用户就可以发送和接收电子邮件。属于某一用户的电子邮箱,任何人可以将电子邮件发送到这个电子邮箱中,但只有电子邮箱的主人使用正确的用户名与用户密码时,才可以查看电子邮箱的信件内容,或对其中的电子邮件作必要的处理。

每个电子邮箱都有一个邮箱地址,称为电子邮件地址(E-mail address)。电子邮件地址可以是某个用户的通信地址,也可以是一组用户的地址。E-mail 地址的格式是固定的,并且在全球范围内是唯一的。

用户的 E-mail 地址格式为:用户名@邮箱所在主机的域名,其中"@"表示"at","在"的意思。主机名指的是拥有独立 IP 地址的计算机的名字,为方便起见,一般只用邮箱所在主机的域名。用户名是指在该计算机上为用户建立的 E-mail 账户名,必须是唯一的。例如,在 mail.wuse.edu.cn 主机上有一个名为 ng 的用户,那么该用户的 E-mail 地址为 ng@wuse.edu.cn 。

(三)电子邮件系统的功能

电子邮件系统可分为用户界面和报文传输两部分。用户界面负责电子邮件的编辑、发送、接收,而报文传输则负责把电子邮件正确、可靠地传送到目的地。目前的电子邮件系统几乎可以运行在任何硬件与软件平台上。各种电子邮件系统所提供的服务功能基本上是相同的。

[①] ISP 是指网络服务提供商,在国内如中国移动、中国联通、中国电信等。ICP 是指网络内容提供商,在国内如人民网、新华网、新浪、腾讯、网易、搜狐、百度等。

使用Internet的电子邮件程序,用户可以完成对电子邮件的编写与发送、接收、阅读、打印、删除等操作。

附件功能。允许在信件的正文之外加上附件,附件可以是任何种类的磁盘文件,如图像文件、可执行程序、带某种格式的文件(如Word文件)等,附件会随电子邮件的正文同时送到收件人手中。

加签名文件功能。可把发件人的签名(包括公司名、职位、联系办法甚至一两句简短的格言等)存入一个签名文件,每次发信的时候,该签名文件会自动附在信件的后面,省去了每次签名的麻烦。

建立通信录或群组。可以把常用的收件人的电子邮件地址记录在一个称为别名的收件人目录当中,当发送邮件给特定群体用户时,可以方便地从收件人目录中选择取信人,省去每次输入电子邮件地址的麻烦。群组发送可以方便地进行信息的大批量传播,群发单显还可以在群发同时体现出对收件人的尊重。

转发信件功能。可以把收到的信件非常方便地转发到别人手中。

建立文件夹功能。可以针对同一特征收件人建立几个名称不同的文件夹,系统会根据收件人邮箱自动把收到或发出信件存放在特定的文件夹当中,方便进行群组管理。

手机邮箱功能。可以以手机号作为用户名的邮箱,目前国内邮箱有163邮箱、126邮箱、188邮箱、yeah邮箱、QQ邮箱、139邮箱、189邮箱、Hotmail、Gmail、新浪邮箱、搜狐邮箱、Tom邮箱等主流邮箱及企业邮箱在内的所有邮箱。

其他功能。可以绑定博客、记事本、相册、音乐盒、电子贺卡、微博等,进行邮箱搜索、pop转发、邮箱聊天等。

(四)发送与阅读电子邮件

同普通的邮政信件类似,电子邮件也有自己的固定格式。电子邮件包括邮件头(mail header)与邮件体(mail body)两部分。

邮件头由以下三个部分组成:收信人电子邮件地址(To:),发信人电子邮件地址(From:),邮件主题(Subject:)。

邮件体就是要传送的信函内容。

发送电子邮件时,用户要输入收信人地址、邮件主题与邮件体,系统会自动生成发信人地址,并构成邮件头。

目前,大多数操作系统的浏览器软件中都有电子邮件的功能模块。在"收件人:"后的文本框内输入收信人电子邮件地址,在"抄送:"后输入要把邮件同时转抄的人员的电子邮件地址或电子邮件组名,在"主题:"后的文本框内输入电子邮件主题,在下面的正文区内输入电子邮件正文,一切就绪后按"发送"按钮,就可将电子邮件发送给多个收信人。

用户所发送的电子邮件首先传送到ISP或ICP的E-mail服务器的邮箱中。E-mail服务器将根据电子邮件的目的地址,采用存储转发的方式,通过Internet将电子邮件传送到收信人所在的E-mail服务器。当收信人的计算机开机时,E-mail服务器将自动地将新邮件传送到收信人的计算机的电子邮箱中。

(五)电子邮箱的选择

在选择电子邮件服务商之前我们要明白使用电子邮件的目的是什么,根据自己不同的目的有针对性的去选择。如果是经常和国外的用户联系,建议使用国外的电子邮箱。比如Gmail, Hotmail, Yahoo mail等。如果是想当做网络硬盘使用,经常存放一些图片资料等,那么就应该选择存储量大的邮箱,比如Gmail、网易163 mail、126 mail、Yeah mail等都是不错的选择。选择电子邮件一般从信息安全、反垃圾邮件方面防杀病毒、邮箱容量、稳定性、收发速度、能否长期使用、邮箱的功能、使用是否方便、多种收发方式等方面综合考虑。每个人可以根据自己的需求,选择最适合自己的邮箱。

三、搜索引擎

(一) 搜索引擎的发展

在互联网发展初期,网站相对较少,信息查找比较容易。然而伴随着互联网爆炸式的发展,普通网络用户想找到所需的资料简直如同大海捞针,为满足大众信息检索需求的专业搜索网站便应运而生了。

现代意义上的搜索引擎的祖先,是 1990 年由蒙特利尔大学学生 Alan Emtage 发明的 Archie。虽然当时 World Wide Web 还未出现,但网络中文件传输还是相当频繁的,而且由于大量的文件散布在各个分散的 FTP 主机中,查询起来非常不便,因此 Alan Emtage 想到了开发一个可以以文件名查找文件的系统,于是便有了 Archie。

Archie 工作原理与现在的搜索引擎已经很接近,它依靠脚本程序自动搜索网络的文件,然后对有关信息进行索引,供使用者以一定的表达式查询。由于 Archie 深受用户欢迎,受其启发,美国内华达 System Computing Services 大学于 1993 年开发了另一个与之非常相似的搜索工具,不过此时的搜索工具除了索引文件外,已能检索网页。

当时,"机器人"一词在编程者中十分流行。电脑机器人(Computer Robot)是指某个能以人类无法达到的速度不间断地执行某项任务的软件程序。由于专门用于检索信息的"机器人"程序像蜘蛛一样在网络间爬来爬去,因此,搜索引擎的"机器人"程序就被称为"蜘蛛"程序。

世界上第一个用于监测互联网发展规模的"机器人"程序是 Matthew Gray 开发的 World Wide Web Wanderer。刚开始它只用来统计互联网的服务器数量,后来则发展为能够检索网站域名。

与 Wanderer 相对应,Martin Koster 于 1993 年 10 月创建了 ALIWEB,它是 Archie 的 HTTP 版本。ALIWEB 不使用"机器人"程序,而是靠网站主动提交信息来建立自己的链接索引,类似于现在我们熟知的 Yahoo。

随着互联网的迅速发展,检索所有新出现的网页变得越来越困难,因此,在 Matthew Gray 的 Wanderer 基础上,一些编程者将传统的"蜘蛛"程序工作原理作了些改进。其设想是,既然所有网页都可能有连向其他网站的链接,那么从跟踪一个网站的链接开始,就有可能检索整个互联网。到 1993 年年底,一些基于此原理的搜索引擎开始纷纷涌现,其中以 JumpStation、The World Wide Web Worm(Goto 的前身,也就是今天的 Overture)和 Repository-Based Software Engineering (RBSE) spider 最负盛名。

然而 JumpStation 和 WWW Worm 只是以搜索工具在数据库中找到匹配信息的先后次序排列搜索结果,因此毫无信息关联度可言。而 RBSE 是第一个在搜索结果排列中引入关键字串匹配程度概念的引擎。

现代意义上最早的搜索引擎出现于 1994 年 7 月。当时 Michael Mauldin 将 John Leavitt 的蜘蛛程序接入其索引程序中,创建了众所周知的 Lycos。同年 4 月,斯坦福大学的两名博士生,David Filo 和美籍华人杨致远(Gerry Yang)共同创办了超级目录索引 Yahoo,并成功地使搜索引擎的概念深入人心。从此搜索引擎进入了高速发展时期。目前,互联网有名有姓的搜索引擎已达数百家,其检索的信息量也与从前不可同日而语。

(二) 搜索引擎分类

搜索引擎按其工作方式主要可分为三种,分别是全文搜索引擎(Full Text Search Engine)、目录索引类搜索引擎(Search Index/Directory)和元搜索引擎(Meta Search Engine)。

1. 全文搜索引擎

全文搜索引擎是名副其实的搜索引擎,国外具代表性的有 Google、Fast/AllTheWeb、AltaVista、Inktomi、Teoma、WiseNut 等,国内著名的有百度(Baidu)。它们都是通过从互联网提取的各个网站的信息(以网页文字为主)而建立的数据库,检索与用户查询条件匹配的相关记录,然后按一定的排列顺序将结果返回给用户,因此它们是真正的搜索引擎。从搜索结果来源的角度分,全文搜索引擎又可细分为两种,一种是拥有自己的检索程序(Indexer),俗称"蜘蛛"(Spider)程序或"机器人"(Robot)程序,其自建网页数据库,搜索结果直接从自身的数据库中调用,如上面提到的7家引擎;另一种则是租用其他引擎的数据库,并按自定的格式排列搜索结果,如 Lycos 引擎。

2. 目录索引类搜索引擎

目录索引类搜索引擎简称目录索引。目录索引虽然有搜索功能,但在严格意义上算不上是真正的搜索引擎,仅仅是按目录分类的网站链接列表而已。用户完全可以不用进行关键词(Keywords)查询,仅靠分类目录也可找到需要的信息。目录索引中最具代表性的莫过于大名鼎鼎的雅虎。其他著名的还有 Open Directory Project(DMOZ)、LookSmart、About 等。国内的搜狐、新浪、网易搜索也都属于这一类。

3. 元搜索引擎

元搜索引擎在接受用户查询请求时,同时在其他多个引擎上进行搜索,并将结果返回给用户。著名的元搜索引擎有 InfoSpace、Dogpile、Vivisimo 等(元搜索引擎列表),中文元搜索引擎中具代表性的有搜星搜索引擎。在搜索结果排列方面,有的直接按来源引擎排列搜索结果,如 Dogpile,有的则按自定的规则将结果重新排列组合,如 Vivisimo。

4. 其他搜索引擎

除上述三大类引擎外,还有以下几种非主流形式。

集合式搜索引擎:如 HotBot 在 2002 年年底推出的引擎。该引擎类似 META 搜索引擎,但区别在于不是同时调用多个引擎进行搜索,而是由用户从提供的四个引擎当中选择,因此叫它"集合式"搜索引擎更确切些。

门户搜索引擎:如 AOL Search、MSN Search 等虽然提供搜索服务,但自身即没有分类目录也没有网页数据库,其搜索结果完全来自其他引擎。

免费链接列表(Free For All Links,简称 FFA):这类网站一般只简单地滚动排列链接条目,少部分有简单的分类目录,不过规模比起 Yahoo 等目录索引来要小得多。

(三) 搜索引擎基本工作原理

了解搜索引擎的工作原理对我们日常搜索应用和网站提交推广都会有很大帮助。

1. 全文搜索引擎

搜索引擎的自动信息搜集功能分两种,一种是定期搜索,即每隔一段时间(比如 Google 一般是 28 天),搜索引擎主动派出"蜘蛛"程序,对一定 IP 地址范围内的互联网站进行检索,一旦发现新的网站,它会自动提取网站的信息和网址加入自己的数据库。另一种是提交网站搜索,即网站拥有者主动向搜索引擎提交网址,它在一定时间内(2 天到数月不等)定向向网站派出"蜘蛛"程序,扫描网站并将有关信息存入数据库,以备用户查询。由于近年来搜索引擎索引规则发生了很大变化,主动提交网址并不保证网站能进入搜索引擎数据库,因此,目前最好的办法是多获得一些外部链接,让搜索引擎有更多机会找到并自动将网站收录。

当用户以关键词查找信息时,搜索引擎会在数据库中进行搜寻,如果找到与用户要求内容相符的网站,便采用特殊的算法——通常根据网页中关键词的匹配程度、出现的位置、频次、链接质量等计算出各网页的相关度及排名等级,然后根据关联度高低,按顺序将这些网页链接返回给用户。

2. 目录索引

目录索引,顾名思义就是将网站分门别类地存放在相应的目录中,因此用户在查询信息时,可选择关键词搜索,也可按分类目录逐层查找。如以关键词搜索,返回的结果跟搜索引擎一样,也是根据信息关联程度排列网站,只不过其中人为因素要多一些。如果按分层目录查找,某一目录中网站的排名则是由标题字母的先后顺序决定。

与全文搜索引擎相比,目录索引有许多不同之处。

首先,搜索引擎属于自动网站检索,而目录索引则完全依赖手工操作。用户提交网站后,目录编辑人员会亲自浏览网站,然后根据一套自定的评判标准甚至编辑人员的主观印象,决定是否接纳网站。

其次,搜索引擎收录网站时,只要网站本身没有违反有关的规则,一般都能登录成功。而目录索引对网站的要求则高得多,有时即使登录多次也不一定成功。此外,在登录搜索引擎时,我们一般不用考虑网站的分类问题,而登录目录索引时则必须将网站放在一个最合适的目录。

最后,搜索引擎中各网站的有关信息都是从用户网页中自动提取的,所以从用户的角度看,我们拥有更多的自主权;而目录索引则要求必须手工另外填写网站信息,而且还有各种各样的限制。更有甚者,如果工作人员认为提交网站的目录、网站信息不合适,他可以随时对其进行调整,当然事先是不会商量的。

目前,全文搜索引擎与目录索引有相互融合渗透的趋势。原来一些纯粹的全文搜索引擎现在也提供目录搜索,如 Google 就借用 Open Directory 目录提供分类查询。而像 Yahoo 这些老牌目录索引则通过与 Google 等搜索引擎合作扩大搜索范围。在默认搜索模式下,一些目录类搜索引擎首先返回的是自己目录中匹配的网站,如搜狐、新浪、网易等;而另外一些默认的是网页搜索,如 Yahoo。

(四) 国内外主要搜索引擎

1. Yahoo

Yahoo 是搜索引擎之王,最早的目录索引之一,也是目前最重要的搜索服务网站。除主站外,还设有美国都会城市分站(Yahoo Cities,如芝加哥分站)、国别分站(如雅虎中国①)和国际地区分站(如 Yahoo Asia)。其数据库中的注册网站无论是形式上还是内容上质量都非常高。Yahoo 属于目录索引类搜索引擎,可以通过两种方式在上面查找信息,一是通常的关键词搜索,一是按分类目录逐层查找。以关键词搜索时,网站排列基于分类目录及网站信息与关键字串的相关程度。包含关键词的目录及该目录下的匹配网站排在最前面。以目录检索时,网站排列则按字母顺序。Yahoo 于 2004 年 2 月推出了自己的全文搜索引擎,并将默认搜索设置为网页搜索。目前 Yahoo 对商业网站登录目录均要收取一定的费用,免费登录只对非营利网站开放。由于 Yahoo 靠人工操作甄选网站,且评判标准十分严格,因此是公认最难登录的搜索引擎。但它对我们网络营销的作用举足轻重,尤其是对商业网站而言,因为 Yahoo 不仅是全球范围内最著名的互联网品牌,而且也是最具影响力的企业资料库。

2. Google

Google 成立于 1998 年 9 月,被公认为全球最大的搜索引擎,是互联网上最受欢迎的五个网站之一,向 AOL、Compuserve、Netscape 等其他门户和搜索引擎提供后台网页查询服务。Google 数据库存有 43.7 亿个 Web 文件,属于全文(Full Text)搜索引擎。Google 提供常规及高级搜索功能(如图 3-1

---

① 雅虎中国是雅虎于 1999 年 9 月在中国开通的门户搜索网站。2005 年 8 月,雅虎中国由阿里巴巴集团全资收购,更名为中国雅虎。2013 年 8 月 19 日中国雅虎邮箱停止服务。2013 年 9 月 1 日,中国雅虎停止资讯及社区服务。

所示)。在高级搜索中,用户可限制某一搜索必须包含或排除特定的关键词或短语。该引擎允许用户定制搜索结果页面所含信息条目数量,可从 10 到 100 条任选。Google 提供网站内部查询和横向相关查询。Google 还提供特别主题搜索,如 Apple Macintosh、BSD Unix、Linux 和大学院校搜索等。Google 允许以多种语言进行搜索,在操作界面中提供多达 30 余种语言选择,包括英语、主要欧洲国家语言(含 13 种东欧语言)、日语、中文(简/繁体)等。同时 Google 还可以在多达 40 多个国别专属引擎中进行选择。搜索规则:以关键词搜索时,返回结果中包含全部及部分关键词;短语搜索时,默认以精确匹配方式进行;不支持单词多形态(Word Stemming)和断词(Word Truncation)查询;字母无大小写之分,默认全部为小写。搜索结果显示网页标题、链接(URL)及网页字节数,匹配的关键词以粗体显示。其他特色功能包括"网页快照"(Snap Shot),即直接从数据库缓存(Cache)中调出该页面的存档文件,而不是实际连接到网页所在的网站(图像等多媒体元素仍需从目标网站下载),方便用户在预览网页内容后决定是否访问该网站,或者在网页被删除或暂时无法连接时,方便用户查看原网页的内容。Google 借用 Dmoz 的目录索引提供分类目录查询,但默认网站排列顺序并非按照字母顺序,而是根据网站 PageRank™ 的分值高低排列。Google 推出了全球化战略,如谷歌中国①,谷歌印度等。

图 3-1 Google 学术搜索

3. 百度

百度公司于 1999 年年底成立于美国硅谷。2000 年 1 月,百度公司在中国成立了其全资子公司百度网络技术(北京)有限公司,随后于同年 10 月成立了深圳分公司,2001 年 6 月又在上海成立了上海办事处。百度是国内最大的商业化全文搜索引擎,占国内 80% 的市场份额。百度功能完备,搜索精度高,除数据库的规模及部分特殊搜索功能外,其他方面可与当前的搜索引擎业界领军公司 Google 相媲美,在中文搜索支持方面有些地方甚至超过了 Google,是目前国内技术水平最高的搜索引擎,为包括 Lycos 中国、21CN 等搜索引擎以及中央电视台等机构提供后台数据搜索及技术支持。百度目前主要提供中文(简/繁体)网页搜索服务。如无限定,百度默认以关键词精确匹配方式搜索。支持"-"".""|""link:""《》"等特殊搜索命令。在搜索结果页面,百度还设置了关联搜索功能,方便访问者查询与输入关键词有关的其他方面的信息。除此之外,百度还提供"百度快照"查询。其他搜索功能包括新闻搜索、MP3 搜索、图片搜索、Flash 搜索等。

---

① 2006 年 4 月 12 日,Google 公司在北京宣布 Google 的中文名字为"谷歌",Google 正式进入中国。2010 年 3 月 23 日,Google 公司将搜索服务由中国内地转至中国香港。

4. 中国期刊网

由中国学术期刊电子杂志社（http://www.cnki.net/index.htm）开办的中国期刊网是目前国内最大型的学术期刊数据库，共收录有1994年以后国内6600余种期刊的题录、摘要以及3500种期刊的全文，每日更新。中国期刊网收录的期刊均已有印刷版，电子版的速度要晚于印刷版。发行方式有两种：一是以光盘形式发行，称《中国学术期刊（光盘版）》，简称CAJ-CD；二是以网络形式发行，称"中国期刊网"，简称CNKI。全部期刊分为9个专辑：理工A、理工B、理工C、农业、医药卫生、文史哲、经济政治与法律、教育与社会科学、电子技术与信息科学。中国期刊网提供三种类型的数据库，即题录数据库、题录摘要数据库和全文数据库，其中题录数据库和题录摘要数据库属参考数据库类型，只提供目次和摘要，可在网络免费检索，全文数据库需另外付费。很多大学图书馆已经购买了该网络数据库数据的使用权，校园网用户可对该网络数据库进行免费检索、浏览及全文下载。

（四）搜索引擎使用方法

1. 搜索关键词提炼

众所周知，要在搜索引擎上搜索信息首先必须输入关键词，所以说关键词是搜索信息的开始。大部分情况下找不到所需的信息是因为在关键词选择方向上发生了偏移，学会从复杂搜索意图中提炼出最具代表性和指示性的关键词对提高搜索效率至关重要，这方面的技巧（或者说经验）是所有其他搜索技巧的基础。

选择搜索关键词的原则是，首先确定所要达到的目标，在脑子里要形成一个比较清晰的概念，即要找的到底是什么，是资料性的文档还是某种产品或服务，然后再分析这些信息都有些什么共性，以及区别于其他同类信息的特性，最后从这些方向性的概念中提炼出此类信息最具代表性的关键词。如果这一步做好了，往往就能迅速定位要找的东西，而且多数时候根本不需要用到其他更复杂的搜索技巧。

2. 细化搜索条件

给出的搜索条件越具体，搜索引擎返回的结果也会越精确。比方说想查找有关电脑冒险游戏方面的资料，输入game是无济于事的。computer game范围就小一些，当然最好是敲入computer adventure game，返回的结果会精确得多。有时甚至可以问搜索引擎一个问题，返回结果的准确度会更理想。

由于中英文在词语排列上的差异，使得中文词成为搜索引擎的一大挑战。虽然目前支持中文搜索的引擎在切词方面已做得相当出色，但求其完美无缺也不太现实。因此在搜索关键词较多的情况下，建议主动将中文字词之间用空格隔开，以避免过多的无效搜索。比如查中文电脑冒险游戏的资料，输入"电脑游戏　冒险"，而不是"电脑冒险游戏"。

此外一些功能词汇和太常用的名词，如对英文中的"and""how""what""web""homepage"和中文中的"的""地""和"等，搜索引擎是不支持的。这些词被称为停用词（Stop Words）或过滤词（Filter Words），在搜索时这些词都将被搜索引擎忽略。

3. 用好搜索逻辑命令

搜索引擎基本上都支持附加逻辑命令查询，常用的是"＋"和"－"，或与之相对应的布尔（Boolean）逻辑命令AND、OR和NOT。用好这些命令符号可以大幅提高我们的搜索精度。比较下面各搜索条件的含义：

（1）computer adventure game：最基本的搜索方式。查找与该关键词有关的记录，在过去通常情况下相当于布尔逻辑命令中"OR"的关系，翻译过来就是：computer（OR）adventure（OR）games。因此搜索结果中不仅有同时包含三个关键字的记录，也有仅含部分关键字串（如，computer games）和个别关键字(如,computer)的记录。目前搜索引擎的趋势是默认匹配全部关键词搜索,即仅返回包含所有关键词的记录,相当于下面将介绍的"＋"和 AND 的关系,当然有时也有例外。

(2)＋computer＋adventure＋game:相当于布尔逻辑命令中的"AND"关系,翻译过来就是:computer(AND)adventure(AND)games。因此搜索结果中只列出同时包含三个关键字的记录。在搜索条件中使用"＋"还可强制搜索引擎将一些停用词当做关键词进行搜索。比如我们搜索"Who am I"时,其中"Who"和"I"是停用词,我们可以在两个单词前加上"＋"强制对其进行搜索,此时的搜索条件即可为:＋Who＋am＋I。

(3)＋computer＋game－adventure:翻译过来就是:computer(AND)game(NOT)adventure。列出所有包含 computer game 的记录,但在其中排除有关 adventure 的记录。综上所述,"＋"(AND)用于在搜索中指定涵盖某项内容,而"－"(NOT)则用来从结果中排除某项内容。

4. 精确匹配搜索

除利用前面提到的逻辑命令来缩小查询范围外,还可使用引号(注意为英文字符,虽然现在一些搜索引擎已支持中文标点符号,但顾及到其他引擎,最好养成使用英文字符的习惯)来进行精确匹配查询(也称短语搜索)。如:"computer adventure games",它与＋computer＋adventure＋games 的区别是:虽然后者限定网页中要同时包含三个关键字,但其顺序和相邻位置允许是任意的。而前者不仅要求网页中必须同时包含三个关键字,关键字的顺序也要求完全相同,并且它们必须还是挨在一起的,所以带引号的查询范围更小。

此外使用引号进行精确匹配查询还可用于达到我们特殊的搜索目的。比如一般情况下"Who"、"I"作为停用词被搜索引擎忽略,但有时在搜索特别类型的信息时又必须包含这些停用词(如搜索影片名称"Who Am I"),这时我们就可以将全部关键词用引号引起来,强制搜索引擎将停用词作为短语的一部分进行搜索。

通过对上面这些逻辑符号的组合,能组成复杂的搜索条件,如"computer game"－adventure＋new 等,从而使查询结果更加准确。

(五)搜索技巧

1. 类别搜索

许多搜索引擎都显示类别,如计算机和 Internet、商业和经济。如果单击其中一个类别,然后再使用搜索引擎,将可以选择搜索整个 Internet 还是搜索当前类别。显然,在一个特定类别下进行搜索所耗费的时间较少,而且能够避免大量无关的 Web 站点。当然,或许还想搜索整个 Internet,以搜索特定类别之外的信息。

2. 文件搜索

文件搜索是指 Filetype 语法搜索,是指范围限定在指定文档格式中的网络搜索,搜索查询词用 Filetype 语法,可以限定查询词出现在指定的文档类型中,支持文档格式有 pdf、doc、xls、ppt、rtf 等。对于找文档资料有帮助。如输入"网络传播概论 filetype:pdf",搜索引擎返回的搜索结果就是有关"网络传播概论"pdf 文档的链接。

3. 使用具体的关键字

如果想要搜索以鸟为主题的 Web 站点,可以在搜索引擎中输入关键字"bird"。但是,搜索引擎会因此返回大量无关信息,如谈论高尔夫的"小鸟球(birdie)"或烹饪 game birds 不同方法的 Web 站点。为了避免这种问题的出现,请使用更为具体的关键字,如"ornithology"(鸟类学,动物学的一个分支)。所提供的关键字越具体,搜索引擎返回无关 Web 站点的可能性就越小。

4. 使用多个关键字

还可以通过使用多个关键字来缩小搜索范围。例如,如果想要搜索有关佛罗里达州迈阿密市的信息,则输入两个关键字"Miami"和"Florida"。如果只输入其中一个关键字,搜索引擎就会返回诸如"Miami Dolphins 足球队"或"Florida Marlins 棒球队"的无关信息。一般而言,提供的关键字越多,搜索引擎返回的结果越精确。

5. 使用布尔运算符

许多搜索引擎都允许在搜索中使用两个不同的布尔运算符:"AND"和"OR"。如果想搜索所有同时包含单词"hot"和"dog"的 Web 站点,只需要在搜索引擎中输入如下关键字:hot AND dog,搜索将返回以热狗(hot dog)为主题的 Web 站点,但还会返回一些奇怪的结果,如谈论如何在一个热天(hot day)让一只狗(dog)凉快下来的 Web 站点。如果想要搜索所有包含单词"hot"或单词"dog"的 Web 站点,只需要输入下面的关键字:hot OR dog,搜索会返回与这两个单词有关的 Web 站点,这些 Web 站点的主题可能是热狗(hot dog)、狗,也可能是辣酱(hot chilli sauces)或狗粮等。

6. 留意搜索引擎返回的结果

搜索引擎返回的 Web 站点顺序可能会影响人们的访问,所以,为了增加 Web 站点的点击率,一些 Web 站点会付费给搜索引擎,以在相关 Web 站点列表中显示在靠前的位置。好的搜索引擎会鉴别 Web 站点的内容,并据此安排它们的顺序,但有些搜索引擎不会这么做。此外,因为搜索引擎经常对最为常用的关键字进行搜索,所以许多 Web 站点在自己的网页中隐藏了同一关键字的多个副本。这使得搜索引擎不再去查找 Internet,以返回与关键字有关的更多信息。正如读报纸、听收音机或看电视新闻一样,请留意所获得的信息的来源。搜索引擎能够帮找到信息,但无法验证信息的可靠性,因为任何人都可以在网络发布信息。

第四节　Web 2.0 时期网络信息组织

Web 2.0 是相对 Web 1.0 的互联网应用的统称。Web 1.0 的主要特点在于用户通过浏览器获取信息,Web 2.0 则更注重用户的交互作用,用户既是网站内容的浏览者,也是网站内容的制造者。所谓网站内容的制造者是说互联网的每一个用户不再仅仅是互联网的读者,同时也成为互联网的作者;在模式上由单纯的"读"向"写"以及"共同建设"发展;由被动地接收互联网信息向主动创造互联网信息发展。正如许多重要的理念一样,对于 Web 2.0 至今仍没有一个明确的概念界定,但对于博客、维客、播客作为 Web 2.0 时期的网络传播信息组织典型组织方式大家基本是认可的。

一、博客

(一)博客的内涵

博客是一种特殊的网络个人出版形式:一个 Blog 就是一个网页,通常由简短、经常更新的帖子构成。这些帖子按照年份和日期倒序排列,所以也称为"网络日志"。"博客"的原意是指写 Blog 的人(即 Blogger),但后来逐渐把它用作 Blog 的中文称呼。

博客并不完全等同于网络日记(Web Diary),两者的侧重点不同。日记个人性、私密性较强,博客是个人性和公共性的结合体,其精髓不是表达个人思想和记录个人日常经历,而是以个人的视角,以整个互联网为视野,精选和记录自己在网络看到的精彩内容,为他人提供帮助,使其具有更高的共享价值。

(二) 博客的发展历程

准确地说,博客的历史与万维网(WWW 或 Web)的历史一样悠久。最早的博客应该就是万维网的发明人蒂姆·贝纳斯·李(Tim Berners-Lee),他开设的第一个网站 http://info.cern.ch 实际上就是第一个博客网站,因为里面的内容就是列出所有出现在网络的各类网站。而后的 1993 到 1996 年间,网景①的"What's New"栏目,也有着博客网站的雏形。当然,这一切我们都把它归于博客的"史前时期",博客真正的历史可以从 20 世纪 90 年代中后期开始。

第一阶段(20 世纪 90 年代中期到 20 世纪 90 年代末期):萌芽阶段。

博客最正宗的源头是 Pyra(Blogger.com 前身),这是一家较小的软件公司,三个创始人为了开发一个复杂的"群件"产品,编写了一个小软件,以博客方式保持彼此的沟通与协同。后来,他们觉得这个简单的小工具对别人也很有用处,于是,1999 年 8 月,就在网络免费发布了 Blogger 软件。而此前,算得上博客的人大概还只有几十个而已。结果,这样一来,许多人利用这个软件作为武器,进入博客队伍。博客队伍开始迅速繁衍开来。Pyra 也因为这个根本没有上心的小软件而名声大振。总之,这个阶段主要是一批 IT 技术迷、网站设计者和新闻爱好者,不自觉、无理论体系的个人自发行为,还没有形成一定的群体,也没有具备一种现象的社会影响力。在悄悄的演变过程中,也有一些事件和人物起到了非常关键的启蒙与带头作用,为博客革命准备条件。

第二阶段(2000—2006 年左右):初级阶段。

到 2000 年,开始涌现成千上万的博客,并成为一个热门概念。在博客发展史上,"9·11 事件"是一个重要的时刻。正是这场恐怖的袭击,使人们对于生命的脆弱、人与人沟通的重要、最即时最有效的信息传递方式有了全新的认识。一个重要的博客门类:战争博客(WarBlog)因此繁荣起来,可以说对"9·11 事件"最真实、最生动的描述不在《纽约时报》,而在那些幸存者的博客日志中;对事情最深刻的反思与讨论,也不是出自哪一个著名记者手中,而是在诸多的普通博客当中。2002 年,博客思想在中国得以推广和倡导,同时期博客中国(www.blogchina.com)网站产生。

第三阶段(2006—2010 年):成长成熟阶段。

2006 年后,对全球而言,博客在不断成长成熟。在中国,统计显示,截至 2008 年 6 月 30 日,中国网民数量达 2.53 亿,网民规模居世界第一,拥有博客(个人空间)的网民比例达到 42.3%,用户规模已经突破 1 亿人关口,达到 1.07 亿人。半年内更新过博客/个人空间的网民比例为 28%,用户规模超过 7000 万人,半年更新用户增长率高达 43.7%。② 中国互联网环境丰富多元,中国社会公众对表达诉求的强烈意愿,以及其他种种因素促使博客进入产生以来最为黄金的增长时期。

第四阶段(2010 年至今):日益式微阶段。

2010 年后全球互联网应用产生重要的更新,推特(Twitter)、脸谱(Facebook)、Youtube 占据了大部分人上网的时间,博客影响力在不断被削弱。在中国,2010 年微博出现的第二个年头,新兴应用分走了博客的大量用户,2012 年出现的微信更是如此。统计显示,截至 2013 年 12 月,我国博客和个人空间用户数量为 4.37 亿人,较上年底增长 6359 万人,网民中博客和个人空间用户使用率为 70.7%。2013 年年底,博客用户在网民中的占比为 14.2%,相比 2012 年底下降 10.6 个百分点,用户规模不断减少,且用户活跃度持续下降,根据 CNNIC 中国互联网数据平台(www.cnidp.cn)显示,2013 年下半年,博客总访问次数同比下降 27.2%,总浏览页面下降 22.3%。③ 因为新的网络应用的出现,博客虽

---

① 网景是网景通信公司(Netscape Communications Corporation)的简称,是美国 1994 年 11 月成立的网页浏览器类计算机服务公司,以其生产的同名网页浏览器 Netscape Navigator 而闻名。1998 年 11 月,网景被美国在线(AOL)收购。
② 中国互联网络信息中心.第 22 次中国互联网络发展状况统计报告[R].2008 年 7 月.
③ 中国互联网络信息中心.第 33 次中国互联网络发展状况统计报告[R].2014 年 1 月.

不再是最时髦的网络应用,但其依然有独特的影响力,在 Web 2.0 应用中有一席之地。

(三)博客的主要应用

博客最主要的应用有三方面:一是新的个人人际交流方式;二是以个人为中心的信息过滤和知识管理;三是以个人为中心的传播出版。其中,尤以具有鲜明个人特色的传播出版而引人瞩目。以个人为中心的博客,以独特的视角、敏锐的观察力,逐渐冲击着传统媒体,尤其是新闻界多年形成的传统观念和道德规范。

1998 年,原始的个人博客网站"德拉吉报道"(Drudgereport)率先捅出克林顿和莱温斯基绯闻案,第一次向世界展示了博客的力量;2001 年,"9·11 事件"使博客第一次成为真正意义上的新闻发源地。当时,几乎所有的主流网站都因访问量过大而近乎瘫痪。这时,博客网站脱颖而出,全球最大的 Blog 服务提供网站 blogger.com 上出现了上百个报道"9·11"的个人博客站点,发布了无数业余照片、录像和现场录音,有目击者的亲笔描述,也有急迫希望得到亲友消息的恳求,远远超过了专业记者;2003 年,巴格达博客 Salam Pax 在炮火中不间断地讲述着自家窗外看到的巴格达实况,其个人网站高居战争报道网站的十大链接之首;2003 年 6 月,著名的学院派博客金·罗曼斯科(Jim Romensesko)率先在其网站上揭露《纽约时报》记者系列造假案——"布莱尔丑闻",使《纽约时报》这个百年大报遭遇前所未有的危机。

博客现象的发展尤其是博客展示出的巨大的传播力量,引发了一系列的思考。美国《连线》杂志称,博客已经成为传统新闻记者的预警系统,提前提醒即将爆发的、不引人注目的、但是突发性的新闻。《圣何塞水星报》专栏作家丹·吉尔默(Dan Gillmor)说,博客代表着"新闻媒体 3.0"。1.0 是指传统媒体,2.0 就是人们通常所说的新媒体(New Media),而 3.0 就是以博客为趋势的"个人媒体"。可以说博客最重要的特性就是:个人性、开放性和交互性。

(四)中国博客的发展

中国博客网(BlogCN.COM)创建于 2002 年年底,是中国处于领导地位的博客网站,也是中国博客风行趋势的引导者,是全球最大的中文博客社群、全球最大的中文博客托管服务商。方兴东是中国博客第一人,其自 2002 年创立博客网(bokee.com)或博客中国(http://www.blogchina.com/)以来,一直致力于博客理念的推动和发展;2004 年 11 月 15 日,博客网进入 ALEXA 排名全球 500 强;2005 年 7 月,博客网从个人博客网站成功转型为博客门户,将博客应用从网络日志转变成"个人传播、深度沟通、娱乐休闲"全方位的互联网新应用;2005 年 5 月,则突飞猛进至 ALEXA 排名全球前 100 名,成为中国互联网 2.0 时代的倡导者和领导者。

除此之外,新浪、网易、搜狐、和讯、中国教育科研网等均有自己的博客平台推出,腾讯的 QQ 个人空间亦有博客的性质,甚至天涯社区也推出了博客应用。在国内博客平台中,新浪博客以娱乐明星与社会知识精英云集著称,比较有影响力;腾讯的 QQ 个人空间以用户海量著称,堪称博客数量第一大平台。

(五)博客群

依托各个大型门户网站在互联网建立的博客们,在不断进行网络人际传播的同时,基于职业、兴趣、地域、所在门户网站等的因素,自然而然形成了网络传播特有的群体传播形式——网络群体传播。中国教育人博客(http://blog.edu.cn)是依托中国教育和科研计算机网(http://www.edu.cn)建设的针对教育、科研、学习的专业性博客,旨在搭建服务于所有教育者与受教育者最舒适的博客平台,全国大中小学各个学科教师纷纷在此开博,形成成千上万的博客群。

博客群的形成是博客日益普及的必然现象。它的形成缘由在于网民资源共享的诉求和网络认可的诉求。一般来说,在中小学教师群体中可能更容易形成博客群,相仿的年龄、相同的职业、相同的学科、相同的学校、相同的教研室等一系列的相似性使这些"漂浮"在网络空间的特立独行的个人博客聚合成博客群。高校的博客群与此类似,只是相似元素没有中小学那么多,居于不同城市的同一学科领域的为教学科研之需开博的教师最为容易形成博客群,而且高校博客群中有一种特殊群体——大学生博客群,此类博客群也是基于班级或专业形成的。社会上基于职业特征形成各种类型博客群更是不可胜数,也有基于不同职业、不同年龄、不同地点的,在共同的兴趣基础上形成的博客群,如中华彩票博客群等。

目前,博客群在不断增多,在众多的博客群中凸现这一网络群体传播形式的特征。

首先,博客群是在诸多相似性基础上形成的,相似性是维持它不断壮大的必要条件,群体参与的广度和深度由群组共同把握,群组成员从中获取自己最为需要的东西的同时与其他成员共享自己的资源,群组如此不断扩充新成员发展壮大。

其次,博客群一般都依托于大型门户网站而存在。如中国教育人博客的众多博客群依托于中国教育和科研计算机网,大学生博客群主要依托各大门户网站,如新浪、搜狐、网易、天涯社区等,中小学教师博客群主要依托本校校园网或所在城市的中小学主管机构网络平台。

再次,博客群参与者文化素养、网络技能、专业技能普遍较高。从博客群的成员来源,以及博客群中发表内容可以看出博客群成员绝大部分受到过良好的教育,甚至大部分是高等教育,而且一般具有固定的职业、稳定的收入、中等以上的社会地位、持续的兴趣爱好等。博客群成员的共同特征影响着博客群的风格和水平,决定着博客群内容的价值取向和结构走向,使群体资源深度共享和广度扩展有足够的内在力量源泉。

最后,博客群资源管理模式是自律自觉。尽管博客群中有日常管理员进行诸多日常事务的管理,如栏目设置、批准新成员、公告设置、添加链接等,可实际上博客群大部分资源信息的上载、共享源于成员的自律与自觉。共同的职业、兴趣、特征使成员在进行个人博客上载管理的同时自然而然的对此设置群体共享,供群组成员分享自己的观点。共享对群组成员来说更多的是发自内心需求,其实更深层次是网络认可诉求的表现,博客群参与者文化素养、网络技能、专业技能普遍较高,他们期望来自网络的认可更倾向于来自"专业的""职业的"群体,这种认可更容易使其产生心理上满足感。

二、维客

维客是一种在网络上开放、可供多人协同创作的超文本系统,由沃德·坎宁安于1995年所创。维客的原名为 Wiki(也译为维基)。据说 WikiWiki 一词来源于夏威夷语的"wee kee wee kee",原意为"快点快点"。它其实是一种新技术、一种超文本系统。这种超文本系统支持面向社群的协作式写作,同时也包括一组支持这种写作的辅助工具。也就是说,这是多人协作的写作工具,而参与创作的人,也被称为维客。

(一)维客的内涵

从写作角度上来看,维客是一种多人协作的写作工具,支持面向社群的协作式写作,为协作式写作提供必要帮助。进行维客写作的每一个人既是阅读者,同时又是书写者;每个人都可在 Web 的基础上,对共同主题的维客文本进行创建、扩展、探讨或浏览、更改别人写的文本等,而且创建、更改、发布的代价远比 HTML 文本小。

从技术角度看,Wiki 是一种超文本系统,是任何人都可以编辑网页的社会性软件。Wiki 包含一套能简易创造、改变 HTML 网页的系统,再加上一套纪录以及编目所有改变的系统,以提供还原改变的功能。利用 Wiki 系统构建的网站称为 Wiki 网站,称之为维基主页;"客"隐含人的意思,所以使用 Wiki 的用户称之为维客(Wikier)。

从使用者角度看,Wiki 是一种多人协作的写作工具系统,属于一种人类知识的网络管理系统。Wiki 站点可以有多人(甚至任何访问者)维护,每个人都可以发表自己的意见,或者对共同的主题进行扩展或者探讨。

在维客页面上,每个人都可浏览、创建、更改文本,系统可以对不同版本内容进行有效控制管理,所有的修改记录都保存下来,不但可事后查验,也能追踪、回复至本来面目。这也就意味着每个人都可以方便地对共同的主题进行写作、修改、扩展或者探讨。同一维客网站的写作者自然构成了一个社群,维客系统为这个社群提供简单的交流工具。与其他超文本系统相比,Wiki 有使用方便及开放的特点,所以 Wiki 系统可以帮助我们在一个社群内共享某领域的知识。

通俗来说,根据维客社群的定义,Wiki 是知识社会条件下创新的一种典型形式,是一种提供共同创作环境的网站,也就是说,每个人都可以任意修改网站上的页面资料。这听起来挺疯狂的,万一有陌生人来网站上乱搞怎么办?别担心,所有的 Wiki 都有版本控制的概念,随时可以找回之前的正确版本。就在这种相信人性本善的概念下,整个 Wiki 社群迅速地茁壮成长。如果还是很担心,更可以帮 Wiki 加入权限管理的机制,保证万无一失。除了版本控制之外,值得一提的是格式化语法。因为对一般人来说,HTML 语法实在是个噩梦,所以 Wiki 创造了一套更简单的写作语法,让网民可以专注在写作。

(二)维客发展历程

Wiki 的历史还不长,无论是 Wiki 概念自身,还是相关软件系统的特性,还都在热烈的讨论中,所以怎样的一个站点才能称得上是一个 Wiki 系统还是有争议的。Wiki 降低了超文本写作和发布的难度,与内容管理系统关系紧密。

维客的概念始于 1995 年,当时在 PUCC(Purdue University Computing Center)工作的沃德·坎宁安(Ward Cunningham)建立了一个叫波特兰模式知识库(Portland Pattern Repository)的工具,其目的是方便社群的交流,他也因此提出了 Wiki 这一概念。从 1996 年至 2000 年间,波特兰模式知识库得到不断的发展,维客的概念也得到丰富和传播,网络又出现了许多类似的网站和软件系统,其中最有名的就是维基百科(Wikipedia)。维基百科是一个国际性的百科全书协作计划,与传统百科全书不同的地方,它力图通过大众的参与,创作一个包含人类所有知识领域的百科全书。它还是一部内容开放的百科全书,允许任何第三方不受限制地复制、修改及再发布材料的任何部分或全部。

在中国,维客理念的引入和最初使用要归功于 2001 年创建的中文维基百科,但中国国内维基网站的兴起始于 2003 年网络天书的诞生,2004 年左右,如维库、天下维客、互动维客等国内较有影响力的维基网站开始出现,从 2005 年下半年到 2006 年,专业化、特色化的维基网站如雨后春笋般涌现;然而,中文维基百科遭遇禁封后,用户活跃程度锐减。新兴的专业化维基网站在赢得喝彩声的同时,也面临很多发展瓶颈。目前,中国维客市场的发展核心仍处于维基价值体现的第一个层次——即基于维基技术及维基理念构建百科全书。此外,市场上也出现了一些问答性的、具有一些维客特点的网站,如百度知道、天涯问答和雅虎知识堂等,但此类网站基本处于发展初期。目前国内已有的 Wiki 网站中,倾向于做百科知识库的有网络天书、维库和互动在线等,条目数量约都在数万条以内;倾向于做专业知识领域的有天下维客、IT 百科等;其他属特色专题类的有职业百科及旅游的、美食的 Wiki 站点等。

截至 2014 年 3 月 21 日,中文维基百科(如图 3-2 所示)已有条目 756951 篇,文件 36279 个,页面总数 3347968 个,总编辑次数 32100834 次,注册成员 1614459 人,活跃成员 7082 人,管理员人数 85 人。

图 3-2　中文维基百科

(三) 维客信息组织的特征

1. 信息产生与组织简洁

维护快捷:快速创建、存取、更改超文本页面;格式简单:用简单的格式标记来取代 HTML 的复杂格式标记,类似所见即所得的风格;链接方便:通过简单标记,直接以关键字名来建立链接(页面、外部连接、图像等);命名平易:关键字名就是页面名称,并且被置于一个单层、平直的名空间中。

2. 自组织与可汇聚

同页面的内容一样,整个超文本的组织结构也是可以修改、演化的;可汇聚的:系统内多个内容重复的页面可以被汇聚于其中的某个,相应的链接结构也随之改变。

3. 可增长与可修订

页面的链接目标可以尚未存在,通过点击链接,我们可以创建这些页面,从而使系统得到增长;记录页面的修订历史,页面的各个版本都可以被获取。

4. 可开放与可观察

社群的成员可以任意创建、修改、删除页面;系统内页面的变动可以被访问者随时观察到。

(四) 维客信息组织的形式

1. Wiki 对信息的组织廉价、可扩展和易于维护

Wiki 不需要大规模的软件部署,就可以很好地与已有网络基础设施连接。它使用了简化的语法,替代复杂的 HTML,加上 Web 界面的编辑工具,降低内容维护的门槛;它能快速创建、存取、更改超文本页面,还可直接以关键字名来建立链接;对页面的链接目标可以尚未存在,通过点击链接来创建这些页面,从而使系统得到不断增长;由于清除垃圾文字、广告是那么的容易,最终剩下的将是最有意义的内容和最好的参与者。

2. Wiki 是开放的、可观察信息变化过程和易于使用控制

Wiki 基于 Web,在使用时不需要多少学习时间,并允许用户决定内容的相关性,可任意创建、修改、删除页面。同时,通过文本数据库或者关系型数据库实现了版本控制,系统内页面的变动还可以被访问者观察到,并可随时找回以前的版本,也可和以前的版本进行比对。版本控制既使多人协作成为可能,又使保存的内容不会丢失。

3. Wiki 信息具有自组织、可汇聚和重现的能力

企事业单位使用 Wiki,可以根据实际需要创建自己的网站结构,而不是如其他内容软件须接受开发商强加的结构。同页面的内容一样,整个超文本的组织结构也是可以修改、演化的。系统内多个内容重复的页面可以被汇聚于其中的某个,相应的链接结构也随之改变。与内容管理软件的工作流

结构相比,Wiki 固有的协作性质能实现快速的信息整合,且传统的管理工具也根本不能重现 Wiki 所创建的协作和参与环境。

4. Wiki 作为信息组织的社会性的软件与技术,蕴含"与他人同创共享"的理念

从服务社会的角度看,Wiki 最适合于做百科全书、知识库、书面研讨会、共笔论著社或整理某一个领域知识等集体性工程。从服务企事业单位的角度看,则可以适合于企事业管理的内部和外部的许多应用中,如内部的人际管理、决策管理、知识管理、绩效管理和教学培训管理等;外部的人力资源管理中的人才选聘工作、市场和销售管理中的相关工作以及对外关系的管理工作等。从教育科研系统角度来看,不仅可应用 Wiki 技术进行知识的储备与管理,而且还可成为教学科研及成果交流的有效工具。

三、播客

(一) 播客的内涵

播客(Podcast 或 Podcasting)又被称作有声博客,是 Podcast 的中文直译。用户可以利用"播客"将自己制作的"广播节目"上传到网络与广大网友分享。Podcasting 一词来源自苹果电脑的"iPod"与"broadcast"的合成词,指的是一种在互联网络发布文件并允许用户订阅 feed 以自动接收新文件的方法,或用此方法来制作的电台节目。该方法在 2004 年下半年开始在互联网络流行以用于发布音频文件。Podcasting 与其他音频内容传送的区别在于其订阅模式,它使用 RSS 3.0 文件格式传送信息。该技术允许个人进行创建与发布,这种新的传播方式使得人人可以说出他们想说的话。订阅 Podcasting 节目可以使用相应的 Podcasting 软件。这种软件可以定期检查并下载新内容,并与用户的携带型音乐播放器同步内容。Podcasting 并不强求使用 iPod 或 iTunes,任何数字音频播放器或拥有适当软件的电脑都可以播放 Podcasting 节目。相同的技术亦可用来传送视频文件。在 2005 年上半年,已经有一些 Podcasting 软件可以像播放音频一样播放视频了。就像博客颠覆了被动接受文字信息的方式一样,播客颠覆了被动收听广播的方式,使听众成为主动参与者。

播客 Podcasting 有三种定义。Podcast 推动者道格・瑟尔斯(Doc Searls)给出的定义:PODcasting、Personal Optional Digital casting。PODcasting 是自助广播,是全新的广播形式。收听传统广播时我们是被动收听我们可能想听的节目,而 PODcasting 则是我们选择收听的内容、收听的时间以及以何种方式让其他人也有机会收听。戴维・温纳(Dave Winer)的 Morning Coffee Notes:人各有所专,所以理论上人人播客是可能的。戴维・休诃(Dave Shusher)在其"Podcasting 的定义"一文中,提出 Podcasting 必须具备三个要件:必须是一个独立的、可下载的媒体文件;该文件的发布格式为 RSS3.0 enclosure feed;接收端能自动接收、下载并将文件转至需要的地方,放置于播放器的节目单中。他认为可下载 MP3 不是播客(Podcast)——这是必要但不是充分条件。能下载固然不错,但能自动出现供播放而无须关照才是关键。这才是 Podcasting。Wikipedia 的定义:Podcasting 源于 iPod,兼具 broadcasting 和 webcasting 之意。Podcasting 与 TiVo 相似,只是 Podcasting 是用于声讯节目而且目前免费。但是应该注意,该技术能把任何文件"拉"过来,包括软件更新、照片和视频。播客的发展方向是从声音播客转向视频播客。

(二) 播客的信息组织实现

播客节目订阅者可以通过多个来源订阅他们希望收听或观赏的节目。与之对比的是,传统广播只能在一个时刻内提供单一来源,广播依照节目时间表进行。Internet 上的流媒体文档相对来说解放了受众的时间限制。通过不同来源新闻聚合得到节目是播客收听的特色和主要吸引力。任何数字音频播放器或拥有适当软件的电脑都可以播放 Podcasting 节目。相同的技术亦可用来传送视频文件、

照片、文本档案，其他媒体文档亦可通过 Podcast 传送。但单词"cast"最广泛的含义仍然是指大范围的音频传送。事实上 RSS 允许与任何文档格式联合，从 PDF 格式到 MP3 格式等都可以产生 URL。

与流媒体比较而言，播客不能在 Internet 上进行现场广播。这并不是技术限制造成的，而是一个应用程序的先天缺陷。播客被设计用来订阅非现场信息，媒体文档被以如 MP3 等格式的文件形式发向订阅者，以便订阅者可以离线收听。使用在线联合应用程序订阅一般流媒体源也是可能的。

（三）播客与博客的区别

在中国国内，博客最早出现，所以部分人往往以为博客和播客是一回事。事实上，从根本上说它们是一个概念，但它们有表现形势的区别。播客与博客（BLOG）是同义词，都是个人通过互联网发布信息的方式，并且都需要借助于博客或播客发布程序（通常为第三方提供的博客或播客托管服务，也可以是独立的个人博客或播客网站）进行信息发布和管理。

博客与播客的主要区别在于，博客所传播的是以文字和图片信息为主，而播客便携式音乐播放器传递的则是音频和视频信息。

博客是把自己的思想通过文字和图片的方式在互联网上广为传播，而播客则是通过制作音频甚至视频节目的方式传播。从某种意义上来说，播客就是一个以互联网为载体的个人电台和电视台。

（四）播客的发展

2005 年 6 月 28 日，苹果公司 iTunes4.9 的推出掀起了一场播客的高潮，一些播客网站甚至因为访问量过大而暂时瘫痪。iTunes4.9 是一款优秀的播客客户端软件，或者叫做播客浏览器。通过它，用户可以在互联网浏览、查找、试听并订阅播客节目。同主流媒体音频所不同的是，播客节目不是实时收听的，而是独立的可以下载并复制的媒体文件，故而可以自行选择收听的时间与方式。正如苹果公司所宣传的那样，播客是"自由度极高的广播"，人人可以制作，随时可以收听，这就是播客。中国国内播客网站用户调查播客与其他音频内容传送的区别在于其订阅模式，它使用 RSS 2.0 文件格式传送信息。该技术允许个人进行创建与发布，这种新的传播方式使得人人可以说出他们想说的话。订阅播客节目可以使用相应的播客软件。这种软件可以定期检查并下载新内容，并与用户的便携式音乐播放器同步内容。播客并不强求使用 iPod 或 iTunes，任何数字音频播放器或拥有适当软件的电脑都可以播放播客节目。相同的技术亦可用来传送视频文件，在 2005 年，已经有一些播客软件可以像播放音频一样播放视频了。

目前国内主要视频类播客网站有优酷、土豆网、QQvideo、新浪播客、搜狐视频、腾讯视频、百度视频、爱奇艺、PPS、PPLive、Mofile TV、56com、6 间房、Uume、偶偶、酷 6、派派网等。

第五节　Web 3.0 时期网络信息组织

互联网上网络最大的魅力在于围绕并满足了网民表达与阅读的愿望，网民以自己的方式产生着网络信息，又以个性的方式组织阅读着网络信息。UGC、RSS、掘客等是对这种网络信息组织中"网民中心化"理念的一种较好注解。

一、UGC

在网络传播新形态不断涌现的时代，网络内容主要是由用户产出，每一个用户都可以生成自己的内容，互联网的所有内容由用户创造，而不只是以前的某一些人，所以互联网的内容会飞速增长，形成一个既多又广还专的局面。互联网对人类知识的积累和传播起到了一个非常大的推动作用。

(一) UGC 的基本内涵

UGC 是"User Generated Content"的缩写,也将其称作 UCC(User Created Content),一般中文称之为用户原创内容。UGC 的概念最早起源于互联网领域,即用户将自己原创的内容通过互联网平台进行展示或者提供给其他用户。UGC 是伴随着以提倡个性化为主要特点的 Web 3.0 概念兴起的。UGC 并不是某一种具体的业务,而是一种用户使用互联网的新方式,即由原来的以下载为主变成下载和上传并重。YouTube、MySpace 等网站都可以看做是 UGC 的成功案例,社区网络、视频分享、博客和播客等都是 UGC 的主要应用形式。

(二) UGC 信息组织的基本形态

OGC 信息组织的基本形态主要有以下几种。

1. 社交网络

如 Facebook、人人网、QQ 校友等。这类网站的好友大多在现实中也互相认识,用户可以更改状态、发表日志、发布照片、分享视频等,从而了解好友动态。

2. 视频分享网络

如 YouTube、优酷网、土豆网等。这类网站以视频的上传和分享为中心,它也存在好友关系,但相对于好友网络,这种关系很弱,更多的是通过共同喜好而结合。

3. 照片分享网络

如 Flickr、又拍网等。这类网站的特点与视频分享网站类似,只不过主体是照片、图片等。

4. 知识分享网络

如百度百科、百度知道等。这类网站是为了普及网友的知识和为网友解决疑问的。

5. 社区、论坛

如百度贴吧、天涯社区等。这类网站的用户往往因共同的话题而聚集在一起。

6. 微博

如 Twitter、新浪微博等。微博应该是目前最流行的互联网应用,其解决了信息的实时更新问题,手机等便携设备的普及让每一个微博用户都是 UGC,都有可能成为第一现场的发布者。

(三) 移动 UGC 信息的组织

近年来,随着全球 4G 商用的日益推进和移动互联网业务的不断发展,移动 UGC 业务正在日渐崛起,引起了业界的广泛关注。促进移动 UGC 业务发展的因素在于:第一,电子存储设备容量不断增加而价格不断下降,同时存储制式趋向标准化,这使得手机的性能不断提升,可以和其他设备共享信息并实现升级;第二,随着手机的日益普及,人们倾向于用手机记录真实的生活,表达自己的感受;第三,移动运营商希望借助 UGC 吸引更多的用户,开辟新的业务增长点。目前,移动 UGC 的业务形式主要是移动社区网络和移动视频共享,其中移动社区网络已经在韩国、欧美市场形成规模。

二、RSS

RSS 是 Really Simple Syndication 的简称,是在线共享网络信息的一种简易方式,也称之为聚合内容。通常网民在时效性比较强的内容上使用 RSS 订阅能更快速获取信息,网站提供 RSS 输出,有利于让用户获取网站内容的最新更新。网络用户可以在客户端借助于支持 RSS 的聚合工具软件(例如 SharpReader、NewzCrawler、FeedDemon),在不打开网站内容页面的情况下阅读支持 RSS 输出的网站内容。RRS 应用的三种技术分别是 Really Simple Syndication、RDF(Resource Description Framework) Site Summary、Rich Site Summary,但其实这三个解释都是指同一种 Syndication 的技术。RSS 目前广泛用于网络新闻频道、Blog 和 Wiki。

(一) RSS 的发展与特点

RSS 实用的思想最早要追溯到 1995 年,当时诺曼撒·古哈(Ramanathan V. Guha)和苹果电脑公司高级技术组的其他人员开发了测试内容框架 Meta Content Framework。RDF 网页概述是最早版本的 RSS,最早于 1999 年 3 月在网景公司由丹·利宾创建使用,用于门户 My. Netscape. Com。1999 年 7 月网景公司的丹·利宾(Dan Libby)开发了一个新的版本,于是就产生了 RSS 0.91。

RSS 主要特点有分别为来源多样的个性化"聚合"特性、信息发布的时效性、低成本特性、无广告信息、便利的本地内容管理特性。RSS 主要优点有四个方面,可以看到没有广告和图片的标题或文章的概要阅读,这样不必阅读全文即可知文章讲的意思是什么,节省时间。RSS 阅读器会自动更新定制的网站内容,保持新闻的及时性。要订阅新闻,可以直接点击 seo 博客上的 XML 图标,或到专栏作者点击订阅文章,即完成订阅,每天就可以打开 RSS 阅读最新文章,而不必打开网页了。使用 RSS 可以根据自己的喜好定制多个 RSS 提要,这样做的好处是从多个新闻来源搜集信息,然后整合新闻到单个数据流当中。RSS 提交给 RSS 网站后,不但容易带来网站流量,而且能加快搜索引擎收录与信息的推广。

(二) RSS 的信息组织方式

1. 订阅 Blog 或特定网站

可以订阅工作中所需的技术文章,也可以订阅与有共同爱好的作者的 Blog,总之,对什么感兴趣就可以订什么。一些内容丰富的博客或普通网站,通常提供多个频道或栏目的 RSS 订阅服务,每个频道或栏目均有一个独立的 XML① 文件,可根据需要选择订阅。

2. 订阅新闻

无论是奇闻怪事、明星消息、体坛风云,只要想知道的,都可以订阅。不用一个网站一个网站、一个网页一个网页去逛了。只要将这些需要的内容订阅在一个 RSS 阅读器中,这些内容就会自动出现在阅读器里,不必为了一个急切想知道的消息而不断刷新网页,因为一旦有了更新,RSS 阅读器就会自己通知。至于订阅 RSS 新闻的方式,最简单的就是将 RSS 新闻的 URL 拷贝下来,运行 RSS 新闻阅读器,根据说明添加一个频道就可以了。以看天下网络资讯浏览器为例,首先,点击左上方第一个按钮"新建频道",其次,从一个制定的频道 URL 中获取频道源,最后,输入拷贝的 URL 并且设置一个频道名称就可以了。

(三) RSS 信息组织的实现

订阅 RSS 新闻内容要先安装一个 RSS 阅读器,然后将提供 RSS 服务的网站加入到 RSS 阅读器的频道即可。具体如下:选择有价值的 RSS 信息源;启动 RSS 订阅程序,将信息源添加到自己的 RSS 阅读器或者在线 RSS;接收并获取定制的 RSS 信息。

目前,RSS 阅读器基本可以分为三类。

第一类是运行在计算机桌面上的应用程序,通过所订阅网站的新闻供应,可自动、定时地更新新闻标题。在该类阅读器中,有代表性的为 Awasu、FeedDemon 和 RSSReader,它们都提供免费试用版和付费高级版。国内也推出了 RSS 阅读器:周博通、看天下、博阅等。另外,开源社区也推出了很多优秀的阅读器,如:RSSOWl(完全 java 开发)完全支持中文界面,且为免费软件。

第二类新闻阅读器通常是内嵌于已在计算机中运行的应用程序中。例如,NewsGator 内嵌在微软的 Outlook 中,所订阅的新闻标题位于 Outlook 的收件箱文件夹中。另外,Pluck 内嵌在 Internet

---

① XML 是 eXtensible Markup Language 的简称,中文为"可扩展标识语言",属于标准通用标记语言的子集,是一种用于标记电子文件使其具有结构性的标记语言。XML 可以用来标记数据、定义数据类型,是一种允许用户对自己的标记语言进行定义的源语言。XML 非常适合万维网传输,其提供统一的方法来描述和交换独立于应用程序或供应商的结构化数据。

Explorer 浏览器中。

第三类则是在线的 Web RSS 阅读器,其优势在于不需要安装任何软件就可以获得 RSS 阅读的便利,并且可以保存阅读状态,推荐和收藏自己感兴趣的文章。提供此服务的有两类网站,一种是专门提供 RSS 阅读器的网站(如图 3-3 所示),例如国外的 Google Reader,国内的鲜果、抓虾;另一种是提供个性化首页的网站,例如国外的 Netvibes、Pageflakes,国内的雅蛙、阔地。

图 3-3　RSS 订阅及其阅读

一个 RSS 文件就是一段规范的 XML 数据,该文件一般以 rss、xml 或者 rdf 作为后缀。通常在时效性比较强的内容上使用 RSS 订阅能更快速获取信息,网站提供 RSS 输出,有利于让用户获取网站内容的最新更新。网络用户可以在客户端借助于支持 RSS 的新闻聚合工具软件(例如 SharpReader、NewzCrawler、FeedDemon),在不打开网站内容页面的情况下阅读支持 RSS 输出的网站内容。RSS 的联合(Syndication)和聚合(Aggregation)发布一个 RSS 文件(一般称为 RSS Feed)后,这个 RSS Feed 中包含的信息就能直接被其他站点调用,而且由于这些数据都是标准的 XML 格式,所以也能在其他的终端和服务中使用,如 PDA、手机、邮件列表等。一个网站联盟(比如专门讨论旅游的网站系列)也能通过互相调用彼此的 RSS Feed,自动显示网站联盟中其他站点上的最新信息,这就叫作 RSS 的联合。这种联合就导致一个站点的内容更新越及时,RSS Feed 被调用得越多,该站点的知名度就会越高,从而形成一种良性循环。而所谓 RSS 聚合,就是通过软件工具的方法从网络上搜集各种 RSS Feed 并在一个界面中提供给读者进行阅读。这些软件可以是在线的 Web 工具。RSS 聚合资讯在线订阅:订阅 RSS 新闻内容的方式很简单,远比订阅邮件列表省事,不需要网站的确认,只要将提供 RSS 新闻订阅网站的 RSS 订阅地址(XML 文件),根据 RSS 阅读器添加频道的操作方式添加进来就可以了。当然,前提是要先安装一个 RSS 阅读器,安装 RSS 阅读器之后,将提供 RSS 服务的网站加入 RSS 阅读器的频道即可。大部分 RSS 阅读器本身也预设了部分 RSS 频道,如新浪新闻、百度新闻等。

现在提供 RSS 订阅的网站上,往往都有一个 RSS 或者 XML 小图标,有的网站同时使用两个图片,而且有意思的是,几乎所有网站使用的图标都是 36×14 像素的图片,好像国际标准一样。实际上,这个图标只是一个提示,只是为了提醒用户这个频道或网页提供的信息是可以用 RSS 阅读器订阅的,对读者订阅来说,真正有用的是那个以 XML 为后缀的订阅 URL,并且一般根本无需查看该网页的 XML 代码内容,只要拷贝这个 URL 地址即可订阅。

(四) RSS 的应用领域

随着越来越多的站点对 RSS 的支持,RSS 已经成为目前最成功的 XML 应用。RSS 搭建了一个信息迅速传播的技术平台,使得每个人都能成为潜在的信息提供者。相信很快我们就会看到大量基于 RSS 的专业门户、聚合站点和更精确的搜索引擎。

RSS 技术在中国大众互联网中的普及是有其基础和必然性的。首先,大量新网站和内容源的不断涌现和用户获取信息口味的多样化使 RSS 作为个性化聚合内容的最佳手段得到越来越多用户的重视和钟爱。其次,越来越多的内容提供者为推广自身品牌,获得更大客户群而纷纷推出 RSS 服务,以期为他们的内容带来更大的流量和知名度。再次,目前的商业门户网站出于自身商业利益的考虑,把用户信息获取的环境搞得日益恶劣,弹出广告、垃圾邮件、不健康内容等充斥屏幕,而真正有价值的信息却无从寻觅。这些都迫使广大用户呼唤一种新的互联网阅读体验,一种他们可以控制、自己做主的新型"门户"体验,从而为 RSS 的普及奠定了良好的基础。

在新闻出版领域,RSS 技术作为电子出版的一个新型渠道已经在新华社等新闻机构得到了有益的尝试,并逐渐成熟走向商业化。目前,RSS 技术会成为新闻出版业的一项主流成熟技术被广泛应用。RSS 在企业知识管理领域的应用尚处于起步阶段,但随着企业管理者对博客概念观念的转变和对其技术的更深刻理解,相信利用 RSS 技术来为企业提供知识管理、信息共享服务的浪潮会逐渐规模化。

三、掘客

2004 年 10 月,美国人凯文·罗斯创办 digg.com,这是全世界第一个掘客网站。该网站从 2005 年的 3 月开始渐渐为人所知,最初定位于科技新闻的挖掘;2006 年 6 月第三次改版,从新闻类扩充到其他的门类,之后流量迅速飙升。随后 Digg 迅速成为全美第 24 位大众网站,逼近《纽约时报》,轻松打败了福克斯新闻网。2010 年 digg.com 的 Alexa 排名是全球第 129 位。每天有超过 100 万人聚集在掘客,阅读、评论和"Digging"4000 条信息。

掘客类网站其实是一个文章投票评论站点,它结合了书签、博客、RSS 以及无等级的评论控制。它的独特在于它没有职业网站编辑,编辑全部来自用户。用户可以随意提交文章,然后由阅读者来判断该文章是否有用,收藏文章的用户人数越多,说明该文章越受关注。即用户认为这篇文章不错,那么 dig 一下,当 dig 数达到一定程度,该文章就会出现在首页或者其他页面上。

(一)掘客产生的背景

掘客的产生其实是互联网发展到一定阶段的必然结果。在 Web 1.0 时代,如新浪和搜狐的新闻,每天都是几千篇的更新,但是浏览新闻首页那长长的标题列表,读者怎么才能从中找到感兴趣的新闻呢?怎么才知道哪些新闻才是最有价值的呢?在博客大行其道的时候,越来越多的人参与到博客这个大潮中写起了博客,这客观上造成了信息的极度爆炸。现在,到因特网进行主题搜索,大部分文章不是来自某个网站,而是来自某个博客。但是,海量信息也带来了鱼龙混杂的局面,对于阅读者来说,面对如此纷繁复杂的信息,如何筛选出有价值的东西?对于博客写手来说,如何能让自己的文章让更多的人看到?对于收藏者来说,如何保存和迅速找到自己很久以前看过的有价值的资料?在生活中我们经常遇到这样的情况,在阅读到某个新闻或者文章的时候,如果觉得这篇文章写得很好,就会很自发的在 MSN 或者 QQ 上发链接进行传播推荐给别人看,或者到论坛上转贴,这其实就是"掘客"的雏形。

掘客就是在这样的情况下产生的,目的就是信息挖掘。挖掘又包括两方面的内容:把文章从信息海洋中挑选出来和对推荐出来的新闻发表评论。

(二)掘客的基本内涵

掘客的核心思想是发动大众进行新闻挖掘,掘客与一般新闻网站所不同的是,新闻网站的新闻是由编辑推荐的,编辑的喜好决定了网站的内容,而掘客把这个新闻筛选的权利交给了网民,由网民民主投票来决定网站首页应该显示哪些新闻,掘客相信大众的眼光和评审,这样,筛选出的新闻往往是最有价值的,最受网民关注的新闻。掘客是 Web 3.0 的又一种具体表现形式,事实上就是自己找有意义的内容。

对于掘客类网站,首页文章不是由编辑选择,而是由网友投票产生。这是掘客的核心。只有多数人感兴趣的东西,认为是有价值的东西,才能 dig 上首页;对于阅读者,在 dig 网站上看到的文章,都是经过网友筛选的,省去了大量的在网络闲逛的时间,提高了阅读的成功率;对于博客写手,dig 是一个推广的平台,把自己的文章推荐到 dig 上,让更多的人浏览,并参与评论,既宣传了自己的博客,也让自己的观点让更多的人看到;对于喜爱评论的人,dig 提供了一个评论的天地,可以对 dig 上的文章的观点发表自己的看法,无论是赞同还是反对,观点都是有价值的。

dig 对每个参与者的投票和提交都做了记录,类似于建立了自己的网络收藏夹。这样,凡是自己关注过的文章,都不会丢失;dig 还提供了交友功能,dig 不是为了单纯的交友而交友,而是根据自己的阅读喜好,找与自己观点相同的人,或者值得关注的人。参与者可以看到其他的 dig 好友收藏的文章;dig 还提供了 RSS 订阅功能。

实际上,dig 采用的是一个改进的投票评分机制。文章的选取不再由网站编辑决定,网站的经营者对网站内容的控制力很小。然而,dig 不仅能给文章增分,也能给文章减分,但如何控制恶意投票,目前还没有找到相关的解决方法。

(三)掘客信息组织实现

1. 挖掘者

某些人发现了好的文章,就想推荐出来给其他人分享,这些人是掘客的原动力。而且凡是自己提交的文章,都会收录在自己的掘客家园里,相当于为自己提供了一个网络收藏夹。

2. 浏览者

对于阅读者来说,在 dig 网站上看到的文章,都是经过网友筛选的,都是去掉糟粕取的精华。因此,省去了大量在网络随意浏览的时间,提高了阅读的成功率。尤其是现在流行的 TAG[①] 机制,能让阅读者迅速定位自己感兴趣的东西,节约了网友的时间,也提供了阅读的指南。

3. 评论者

掘客不仅仅是把文章挖掘出来就结束,还要发动大家对挖掘出来的文章发表看法,探讨更深层次的东西。对于评论者来说,原文只是一个引子,而评论有时比原文更有价值。

4. 收藏者

对于喜欢使用网络收藏夹的人来说,在掘客的每一次投票、每一次推荐、每一次评论,都是一个收藏的过程,凡是网友关注的文章,都会保存在网友的个人掘客家园里。

5. 网络写手

博客的时代是全民写作的时代,越来越多的人参与到博客中来,如何推广自己的博客呢?如何让自己的博客迅速被别人所知呢?掘客就是一个很好的推广平台,参与者可以把文章自己推荐到掘客,接受更多网友的浏览、点评和投票。

6. 交友

掘客还提供了朋友圈的交友功能,和一般的纯粹为了交友而交友的网站不同的是,掘客是因为大

---

① TAG 即标签,就是指一篇网络日志、一个图片、一个音视频作品的关键词,通过 TAG 可以方便、灵活的对内容进行分类标示从而便于进行管理,可以为网络的每篇日志、图片、影音等文件添加一个或多个 TAG,通过添加的 TAG 可以增加被搜索到的概率。

7. RSS 订阅

对于 RSS 订阅器使用爱好者来说,掘客也提供了标准的 RSS 订阅,以及分类的 RSS 订阅,订阅者可以随自己的喜好订阅自己喜欢的文章。

(四)掘客在中国的发展

很多其他门类的网站也渐渐把掘客的核心投票功能融入自己的产品和服务中。如抓虾的 RSS 新闻的投票,和讯博客的投票,土豆视频的投票。掘客也渐渐由一个社区变成了一种功能和服务。

目前国内比较流行的掘客类网站有:品地客、东搜掘客、至酷掘客、掘客网、一起掘客、奇客发现、板儿砖、窝窝网、Fun 哈哈、新聚网、顶啊网、电影发现、爱挖掘、掘客网、SEO 互动掘客社区等。

第六节 WAP 时期的网络信息组织

进入 2000 年以来,移动通信和互联网成为当今世界发展最快、市场潜力最大、前景最诱人的两大业务。它们的增长速度是任何预测家未曾预料到的。中国移动在 2010 年 3 月公布,截至 2 月底,中国移动用户总数为 5.33 亿户。2010 年 5 月,易观智库发布的监测数据显示,2010 年第一季度我国移动互联网用户规模达到了 2.06 亿人,这一历史上从来没有过的高速增长现象反映了随着时代与技术的进步,人类对移动性和信息的需求急剧上升。越来越多的人希望在移动的过程中高速地接入互联网,获取急需的信息,完成想做的事情。所以,移动通信技术与互联网应用相结合的趋势是历史的必然。移动互联网的繁荣使传统有线网络触角延伸拓展到无线 WAP 网络空间,促使 WAP 网站出现,使网络信息组织进入一个与传统互联网截然不同的时期,移动互联网的相关技术与智能手机的浏览支持完美结合,催生了较为新颖的信息组织与传播形式。

一、移动互联网与 WAP

(一)移动通信技术

1. 3G 通信

3G 是英文 3rd Generation 的缩写,具体是指第三代移动通信技术,中文含义就是指第三代数字通信。相对第一代模拟制式手机(1G)和第二代 GSM、TDMA 等数字手机(2G),第三代手机是指将无线通信与国际互联网等多媒体通信结合的新一代移动通信系统。

1995 年问世的第一代模拟制式手机(1G)只能进行语音通话;1996 年到 1997 年出现的第二代 GSM、CDMA 等数字制式手机(2G)增加了接收数据的功能,如接收电子邮件或网页;2009 年问世的第三代手机(3G)与前两代的主要区别表现为传输声音和数据的速度上的提升,它能够在全球范围内更好地实现无缝漫游,并处理图像、音乐、视频流等多种媒体形式,提供包括网页浏览、电话会议、电子商务等多种信息服务,同时也考虑了与已有第二代系统的良好兼容性。为了提供这种服务,无线网络必须能够支持不同的数据传输速度,即在室内、室外和行车的环境中能够分别支持至少 2Mbps(兆比特/每秒)、384kbps(千比特/每秒)以及 144kbps 的传输速度(此数值根据网络环境会发生变化)。

3G 标准分别是 WCDMA、CDMA2000、TD-SCDMA 和 WiMAX。其中,中国移动通信集团公司增加基于 TD-SCDMA 技术制式的 3G 业务经营许可,中国电信集团公司增加基于 CDMA2000 技术制式的 3G 业务经营许可,中国联合网络通信集团公司增加基于 WCDMA 技术制式的 3G 业务经营许可。

2. 4G 通信

就在 3G 通信技术正处于酝酿之中时,更高的技术应用已经在实验室进行研发。因此在人们期待第三代移动通信系统所带来的优质服务的同时,第四代移动通信系统的最新技术也在实验室悄然进行当中。那么到底什么是 4G 通信呢？到 2009 年为止人们还无法对 4G 通信进行精确的定义,有人说 4G 通信的概念来自其他无线服务的技术,从无线应用协定、全球袖珍型无线服务到 3G；有人说 4G 通信是一个超越 2010 年以外的研究主题,4G 通信是系统中的系统,可利用各种不同的无线技术。但不管人们对 4G 通信怎样进行定义,有一点人们能够肯定的是,4G 通信可能是一个比 3G 通信更完美的新无线世界,它可创造出许多消费者难以想象的应用。4G 最大的数据传输速率超过 100Mbit/s,这个速率是移动电话数据传输速率的 1 万倍,也是 3G 移动电话速率的 50 倍。4G 手机可以提供高性能的汇流媒体内容,并通过 ID 应用程序成为个人身份鉴定设备。它也可以接收高分辨率的电影和电视节目,从而成为合并广播和通信的新基础设施中的一个纽带。此外,4G 的无线即时连接等服务费用会比 3G 便宜。另外,4G 有望集成不同模式的无线通信——从无线局域网和蓝牙等室内网络、蜂窝信号、广播电视到卫星通信,移动用户可以自由地从一个标准漫游到另一个标准。4G 通信技术并没有脱离以前的通信技术,而是以传统通信技术为基础,并利用了一些新的通信技术,来不断提高无线通信的网络效率和功能。如果说 3G 能为人们提供一个高速传输的无线通信环境的话,那么 4G 通信会是一种超高速无线网络,一种不需要电缆的信息超级高速公路,这种新网络可使电话用户以无线及三维空间虚拟实境连线。

如果说 2G、3G 通信对于人类信息化的发展是微不足道的话,那么未来的 4G 通信却给了人们真正的沟通自由,并彻底改变人们的生活方式甚至社会形态。4G 通信具有以下九大特征。

(1) 通信速度更快。由于人们研究 4G 通信的最初目的就是提高蜂窝电话和其他移动装置无线访问 Internet 的速率,因此 4G 通信给人印象最深刻的特征莫过于它具有更快的无线通信速度。通过对移动通信系统数据传输速率作比较,第一代模拟式仅提供语音服务；第二代数位式移动通信系统传输速率也只有 9.6Kbps,最高可达 32Kbps,如 PHS；而第三代移动通信系统数据传输速率可达到 2Mbps。专家预估,第四代移动通信系统可以达到 10Mbps 至 20Mbps,甚至最高可以达到每秒 100Mbps 速度传输无线信息,这种速度相当于 2009 年最新手机的传输速度的 1 万倍左右。

(2) 网络频谱更宽。要想使 4G 通信达到 100Mbps 的传输,通信营运商必须在 3G 通信网络的基础上进行大幅度的改造和研究,以便使 4G 网络在通信带宽上比 3G 网络的蜂窝系统的带宽更。据研究 4G 通信的 AT&T 的执行官们说,估计每个 4G 信道会占有 100MHz 的频谱,相当于 W-CDMA 3G 网络的 20 倍。

(3) 通信更加灵活。从严格意义上说,4G 手机的功能已不能简单划归"电话机"的范畴,毕竟语音资料的传输只是 4G 移动电话的功能之一而已,因此未来 4G 手机更应该算得上是一只小型电脑了,而且 4G 手机从外观和式样上,会有更惊人的突破,人们可以想象的是,眼镜、手表、化妆盒、旅游鞋,以方便和个性为前提,任何一件能看到的物品都有可能成为 4G 终端,只是人们还不知应该怎么称呼它。未来的 4G 通信使人们不仅可以随时随地通信,更可以双向下载传递资料、图画、影像,当然更可以和从未谋面的陌生人网上联线对打游戏。也许有被网上定位系统永远锁定无处遁形的苦恼,但是与它据此提供的地图带来的便利和安全相比,这简直可以忽略不计。

(4) 智能性能更高。第四代移动通信的智能性更高,不仅表现于 4G 通信的终端设备的设计和操作具有智能化,更重要的是 4G 手机可以实现许多难以想象的功能。例如 4G 手机能根据环境、时间以及其他设定的因素来适时地提醒手机的主人此时该做什么事,或者不该做什么事；4G 手机可以把电影院票房资料,直接下载到 PDA 之上,这些资料能够把售票情况、座位情况显示得清清楚楚,大家可以根据这些信息在线购买自己满意的电影票;4G手机可以被看做是一台手提电视,用来看体育比赛之类的各种现场直播。

(5)兼容性能更平滑。要使4G通信尽快地被人们接受,不但考虑到它的功能强大外,还应该考虑到现有通信的基础,以便让更多的现有通信用户在投资最少的情况下就能很轻易地过渡到4G通信。因此,从这个角度来看,未来的第四代移动通信系统应当具有全球漫游、接口开放、能跟多种网络互联、终端多样化以及能从第二代平稳过渡等特点。

(6)提供各种增值服务。4G通信并不是从3G通信的基础上经过简单的升级而演变过来的,它们的核心建设技术根本就是不同的,3G移动通信系统主要是以CDMA为核心技术,而4G移动通信系统技术则以正交多任务分频技术(OFDM)最受瞩目,利用这种技术人们可以实现例如无线区域环路(WLL)、数字音讯广播(DAB)等方面的无线通信增值服务。不过考虑到与3G通信的过渡性,第四代移动通信系统不会在未来仅仅只采用OFDM一种技术,CDMA技术会在第四代移动通信系统中与OFDM技术相互配合以便发挥出更大的作用,甚至未来的第四代移动通信系统也会有新的整合技术,如OFDM/CDMA产生。前文所提到的数字音信广播,其实它真正运用的技术是OFDM/FDMA的整合技术。因此未来以OFDM为核心技术的第四代移动通信系统,也会结合两项技术的优点,一部分会是以CDMA的延伸技术。

(7)实现更高质量的多媒体通信。尽管第三代移动通信系统也能实现各种多媒体通信,但未来的4G通信能满足第三代移动通信尚不能达到的在覆盖范围、通信质量、造价上支持的高速数据和高分辨率多媒体服务的需要,第四代移动通信系统提供的无线多媒体通信服务包括语音、数据、影像等大量信息透过宽频的信道传送出去,为此未来的第四代移动通信系统也称为"多媒体移动通信"。第四代移动通信不仅仅是为了因应用户数的增加,更重要的是,必须要因应多媒体的传输需求,当然还包括通信品质的要求。总结来说,首先必须可以容纳市场庞大的用户数、改善现有通信品质不良,以及达到高速数据传输的要求。

(8)频率使用效率更高。相比第三代移动通信技术来说,第四代移动通信技术在开发研制过程中使用和引入许多功能强大的突破性技术,例如一些光纤通信产品公司为了进一步提高无线因特网的主干带宽宽度,引入了交换层级技术,这种技术能同时涵盖不同类型的通信接口,也就是说第四代主要是运用路由技术(Routing)为主的网络架构。由于利用了几项不同的技术,所以无线频率的使用比第二代和第三代系统有效得多。按照最乐观的情况估计,这种有效性可以让更多的人使用与以前相同数量的无线频谱做更多的事情,而且做这些事情的时候速度相当快。研究人员说,下载速率有可能达到5Mbps到10Mbps。

(9)通信费用更加便宜。由于4G通信不仅解决了与3G通信的兼容性问题,让更多的现有通信用户能轻易地升级到4G通信,而且引入了许多尖端的通信技术,这些技术保证了4G通信能提供一种灵活性非常高的系统操作方式,因此相对其他技术来说,4G通信部署起来就容易迅速得多;同时在建设4G通信网络系统时,通信营运商们会考虑直接在3G通信网络的基础设施之上,采用逐步引入的方法,这样就能够有效地降低运行者和用户的费用。据研究人员宣称,4G通信的无线即时连接等某些服务费用会比3G通信更加便宜。

据悉韩国成功研发第五代移动通信技术5G(5th-Generation),手机在利用该技术后无线下载速度可以达到每秒3.6G。这一新的通信技术名为Nomadic Local Area Wireless Access,简称NoLA。据悉,韩国电子通信研究院的专家称,NoLA可作为铺设5G网络的基础技术,使用NoLA技术下载一部DVD格式标准电影只需要几秒时间。

(二) 移动互联网的含义

移动互联网是一个全国性的、以宽带 IP 为技术核心的、可同时提供话音、传真、数据、图像、多媒体等高品质电信服务的新一代开放的电信基础网络,是国家信息化建设的重要组成部分。简单地说,能让用户在移动中通过移动设备,如手机、iPad 等移动终端,随时、随地访问 Internet,获取信息、进行商务、娱乐等各种网络服务,就是移动互联网。目前移动互联网的定义是指可通过手持的移动电子终端接入的无线数据传送网络,或者说就是将移动通信的移动性和互联网的多媒体内容相结合而产生的网络。

移动互联网是指通过手机终端进行访问、移动通信网络进行数据传输的互联网,其网站内容主要由 WAP 网页形式和 HTML 网页形式构成,也有部分应用采用终端安装的模式,即通过安装在手机终端的软件,实现移动互联网应用服务的访问与使用。

(三) WAP 的含义

WAP(Wireless Application Protocol)为无线应用协议,它是一项全球性的网络通信协议。WAP 使移动互联网的丰富信息及先进的业务引入到移动电话等无线终端之中。WAP 定义可通用的平台,把目前互联网上 HTML 语言的信息转换成用 WML(Wireless Makeup Language)描述的信息,显示在移动电话的显示屏上。WAP 只要求移动电话和 WAP 代理服务器的支持,而不要求现有的移动通信网络协议做任何的改动,因而可以广泛地应用于 GSM、CDMA、TDMA、3G 等多种网络。随着移动上网成为互联网时代新的宠儿,出现了 WAP 的各种应用需求。比如中国移动认证型 SI(认证型合作伙伴)北京万企通联科技有限公司致力于打造的中国第一手机移动互联网行业门户——WAP 网门户。

(四) 中国移动互联网的现状

中国网络信息中心(CNNIC)在 2014 年 1 月公布的《第 33 次中国互联网络发展状况调查统计报告》显示:截至 2013 年 12 月,我国网民规模达 6.18 亿人,全年共计新增网民 5358 万人,互联网普及率为 45.8%,较 2012 年年底提升 3.7 个百分点,整体网民规模增速保持放缓的态势。截至 2013 年 12 月,我国手机网民规模达 5 亿人,较 2012 年年底增加 8009 万人,网民中使用手机上网的人群占比由 2012 年年底的 74.5% 提升至 81.0%,手机网民规模继续保持稳定增长。2013 年,中国新增网民中使用手机上网的比例高达 73.3%,高于其他设备的使用比例,这意味着手机依然是中国网民增长的主要驱动力。

手机网民规模的持续增长,一方面得益于 3G 的普及、无线网络的发展和智能手机的价格持续走低,为手机上网奠定了较好的使用基础,促进网民对各类手机应用的使用,尤其为网络接入、终端获取受限的人群提供接入互联网的可能。根据工信部公布的数据,2013 年 1 月至 10 月,我国智能手机出货量达到 3.48 亿部,销量保持快速增长;2013 年 11 月,3G 移动电话用户达 3.86 亿户,较上年同期增长 1.54 亿户。另一方面得益于手机应用服务的多样性和深入性,尤其在新型即时通信工具和生活类应用的推动下,手机上网对日常生活的渗透进一步加大,在满足网民多元化生活需求的同时提升了手机网民的上网黏性。在智能终端快速普及、电信运营商网络资费下调和 WiFi 覆盖逐渐全面的情况下,手机上网成为互联网发展的主要动力,不仅推动了中国互联网的普及,更催生出更多新的应用模式,重构了传统行业的业务模式,带来互联网经济规模的迅猛增长。

未来,手机上网依然是带动中国网民增长的重要因素。手机相对电脑的技术门槛更低,是互联网向农村地区、低收入群体渗透的重要途径。在手机上网普及过程中,运营商的推动作用还将继续存在,通过网络套餐和 3G 号码的推广宣传活动促进手机用户向手机网民用户的转换。

(五) 移动互联网的信息组织

WAP 网站使用的页面语言是 WML,后来升级版 WAP 2.0(3G 版)使用的是 XHTML。用户可以借助支持 GPRS 上网功能的手机,通过 WAP 获取信息。WAP 早期版本使用的页面语言是 WML,WML 是一种纯粹的页面标记语言,它是一种从 HTML 继承而来基于 XML 的标记语言,代码的编写结构比 HTML 严格。WML 只支持显示文本和图片信息,界面比较简单,由功能单一的文本、链接和图片组成。为利于 W3C 开发的标准,2005 年后 WAP 由 1.0 过渡到 2.0,WAP 2.0 采用了 XHTML 和 CSS 作为 WML 2.0 的底层支持,在功能、性能、安全、传输方面比早期 WAP 1.0 强大。WAP 2.0 支持 CSS,支持背景音乐等。由于特殊的物理环境,WML 语言不包含其他脚本语言所包含的花哨功能,因此对内存和 CPU 的要求相对很低,通过手机内置或应用安装的手机浏览器可以直接浏览 WAP 网站,目前市面上绝大多数手机都支持 GPRS 上网功能,可以浏览所有的 WAP 1.0 网站,也有相当一部分低端手机,不支持 WAP 2.0 网站。虽然 WAP 能支持 HTML 和 XML,但 WML 才是专门为小屏幕和无键盘手持设备服务的语言。WAP 也支持 WMLScript。WMLScript 类似于 JavaScript,但对内存和 CPU 的要求更低,因为它基本上没有其他脚本语言所包含的无用功能。

WAP 一般都是动态页面,主要的编写语言是 ASP+ACCESS,也有 JSP、PHP,以及 ASP 的过渡版本.net,除了 ASP 主要使用 ACCESS 数据库外,后者主要是配合 MySQL 数据库编写的。WAP 网站的推广方式比较简单,主要靠口碑、群发信息、WAP 论坛、友情链接、WAP 网址大全推广、主流 Web 搜索引擎都有 Web 转码功能,可以将 Web 网站转码为 WAP 内容供手机浏览。WAP 也有很多手机搜索引擎,例如易查、易搜、悟空等等。

通过 WAP 技术可以将 Internet 的大量信息及各种各样的业务引入到移动电话、PALM 等无线终端之中。WAP 支持绝大多数无线网络,包括 GSM、CDMA、CDPD、PDC、PHS、TDMA、FLEX、ReFLEX、iDen、TETEA、DECT、DataTAC、Mobitex。所有操作系统都支持 WAP,其中专门为手持设备设计的有 PalmOS、EPOC、Windows CE、FLEXOS、OS/9、JavaOS。一些手持设备,如掌上电脑,安装微型浏览器后,借助 WAP 接入 Internet。微型浏览器文件很小,可较好地解决手持设备内存小和无线网络带宽不宽的限制。

移动互联网用户可以借助无线手持设备,如掌上电脑、手机、呼机、双向广播、智能电话等,通过 WAP 获取信息。无论何地何时只要需要信息,就可以打开 WAP 手机,享受无穷无尽的网上信息或者网上资源。如:综合新闻、天气预报、股市动态、商业报道、当前汇率等。电子商务、网上银行也将逐一实现。通过 WAP 手机,用户还可以随时随地获得体育比赛结果、娱乐圈趣闻等,为生活增添情趣,也可以利用网上预定功能,把生活安排得有条不紊。

(六)移动互联网信息阅读终端

一场由 Apple 公司所"挑起"的移动互联网终端大战风起云涌,微软、谷歌先后"参战",从 iPhone 到 iPad,再到 Windows Phone,而广大"发烧友"所得到是一系列的时尚阅读终端。2010 年 1 月 27 日,在美国旧金山欧巴布也那艺术中心(芳草地艺术中心)所举行的苹果公司发布会上,传闻已久的平板电脑——iPad 由首席执行官史蒂夫·乔布斯亲自发布。iPad 定位介于苹果的智能手机 iPhone 和笔记本电脑产品之间,通体只有四个按键,与 iPhone 布局一样,提供浏览互联网、收发电子邮件、观看电子书、播放音频或视频等功能。

Android 一词的本义指"机器人",同时也是谷歌于 2007 年 11 月 5 日宣布的基于 Linux 平台的开源手机操作系统的名称,该平台由操作系统、中间件、用户界面和应用软件组成,号称是首个为移动终端打造的真正开放和完整的移动软件。2010 年年末数据显示,仅正式推出两年的操作系统 Android 已经超越称霸十年的诺基亚(Nokia)Symbian OS 系统,使之跃居全球最受欢迎的智能手机平台。

2010 年 2 月,微软公司正式发布 Windows Phone 7 智能手机操作系统,简称 WP7,全新的 WP7 完全放弃了 Windows Mobile 5、Windows Mobile 6x 的操作界面,而且程序互不兼容。Windows Phone

具有桌面定制、图标拖拽、滑动控制等一系列前卫的操作体验。其主屏幕通过提供类似仪表盘的体验来显示新的电子邮件、短信、未接来电、日历约会等,让人们对重要信息保持时刻更新,同时还包括一个增强的触摸屏界面,更方便手指操作。

(七) SNS 及其应用

SNS 全称 Social Networking Services,即社会性网络服务,专指旨在帮助人们建立社会性网络的互联网应用服务。SNS 依据六度理论①,以认识朋友的朋友为基础,扩展自己的人脉。在互联网领域 SNS 有三层含义,Social Network Service、Social Network Software、Social Network Site。中文的网络含义包括硬件、软件、服务及网站应用,加上四字构成的词组更符合中国人的构词习惯,因此人们习惯上用社交网络来代指 SNS(包括 Social Network Service 的三层含义),用社交软件代指 Social Network Software,用社交网站代指 Social Network Site。

经过几年的摸索和尝试,中国社交网络业务(SNS)市场雏形已基本形成。从市场发展的格局来看,2008 年三大类 SNS 网站发展非常迅速,成为目前带动 SNS 市场的主流力量。一是以休闲娱乐为主的 SNS 网站,如开心网、51.com,这类网站在 2008 年发展非常迅速,并且在服务模式和盈利模式创新方面都有所突破;二是以服务校园学生为主的校园 SNS 网站,如校内网、QQ 校友和占座网等,这类网站起步最早,并以占据最具活力的大学生群体作为核心竞争优势;三是以商务沟通和交友为主的 SNS 网站,如联络家、XING 网等,这类网站进入中国较晚,发展较为稳定。

随着开心网在中国迅速蹿红、校内网高调更名人人网,SNS 网站已在中国遍地开花。截至 2009 年 2 月,中国网络社区业务月度覆盖用户规模达 1.632 亿人次,比 2008 年 1 月份的 1.188 亿人次网民覆盖规模增长了 41.7%。同其他互联网业务相比,网络社区业务覆盖用户规模仅次于搜索引擎和电子邮箱等基础工具性业务所覆盖的用户规模,网络社区业务对用户的吸引度和黏度优势明显。

(八) 云计算

云计算(Cloud Computing)概念是由谷歌提出的,这是一个美丽的网络应用模式。狭义云计算是指 IT 基础设施的交付和使用模式,指通过网络以按需、易扩展的方式获得所需的资源;广义云计算是指服务的交付和使用模式,指通过网络以按需、易扩展的方式获得所需的服务。这种服务可以是 IT 和软件、互联网相关的,也可以是任意其他的服务,它具有超大规模、虚拟化、可靠安全等独特功效。

云计算是网格计算(Grid Computing)、分布式计算(Distributed Computing)、并行计算(Parallel Computing)、效用计算(Utility Computing)、网络存储(Network Storage Technologies)、虚拟化(Virtualization)、负载均衡(Load Balance)等传统计算机技术和网络技术发展融合的产物。它旨在通过网络把多个成本相对较低的计算实体整合成一个具有强大计算能力的完美系统,并借助 SaaS、PaaS、IaaS、MSP 等先进的商业模式把这几项强大的计算能力分布到终端用户手中。云计算的一个核心理念就是通过不断提高"云"的处理能力,进而减少用户终端的处理负担,最终使用户终端简化成一个单纯的输入输出设备,并能按需享受"云"的强大计算处理能力。云计算的核心思想是将大量用网络连接的计算资源统一管理和调度,构成一个计算资源池向用户按需服务。

云计算的基本原理是通过使计算分布在大量的分布式计算机上,而非本地计算机或远程服务器中,企业数据中心的运行将更与互联网相似。这使得企业能够将资源切换到需要的应用上,根据需求访问计算机和存储系统。

---

① 六度关系理论是美国著名社会心理学家米尔格兰姆(Stanley Milgram)于 20 世纪 60 年代最先提出的,指在人际脉络中,要结识任何一位陌生的朋友,这中间最多只要通过六个朋友就能达到目的。就是说如果想认识一个人,托朋友找朋友找认识他的人,中间不会超过六个人。

大多数大型厂商都以某种方式介入了这个领域。谷歌就是介入这个领域的最明显的竞争者。谷歌声称它的任务是编辑全球的信息,让这些信息在全球的任何地方都能被访问和使用。介入云计算领域的其他厂商还有 IBM、惠普、Sun、戴尔和亚马逊。Red Hat 将推出测试版本的基于 RHEL 和 JBoss 的解决方案。这个解决方案将由亚马逊在惠普硬件上运行。甚至微软也在进入云计算领域,希望自己不要落后。但是,虽然云计算也许是下一件大事,可是云计算的定义仍然含糊不清。按照云计算的最普通的和最雄心勃勃的解释,它的目标是把一切都拿到网络上。云就是网络。网络就是计算机。

二、微博

在这个信息爆炸的时代,每个人的生活都深深地被知识浪潮所影响。而产生于传统互联网与移动互联网过渡时期的微博更是如鱼得水,在哪一个环境下都能左右逢源。相对于博客需要组织语言陈述事实或者采取修辞手法来表达心情,微博只言片语的即时表述更加符合现代人的生活节奏和习惯;而移动互联网的运用则使得用户(作者)也更加容易对访问者的留言进行回复,从而形成良好的互动关系。

(一)微博的含义

微博即微博客(MicroBlog),它是一个基于用户关系的信息分享、传播以及获取的平台,用户可以通过 Web、WAP 以及各种客户端组建个人社区,以 140 字左右的文字更新信息,并实现即时分享。最早也是最著名的微博是美国的 Twitter,根据相关公开数据,截至 2010 年 1 月,该产品在全球已经拥有 7500 万注册用户。2009 年 8 月份中国最大的门户网站新浪网推出新浪微博内测版,成为中国门户网站中第一家提供微博服务的网站,微博正式进入中文上网主流人群的视野。

(二)微博的信息传播价值

2009 年 11 月 1 日的一场大雪,让北京首都机场大量乘客长时间滞留机场,部分航班乘客被困在机舱十几小时。这天,碰巧经历现场整个过程的创新工场总裁、前谷歌全球副总裁李开复,在新浪微博平台来了一场颇有影响力的直播报道:等了 12 个半小时,已经缺食物 9 小时,缺水 3 小时;有人在机舱里因缺氧而晕倒……在机舱内被困十几小时的情况下,他通过自己的笔记本和手机上网不间断地发布最新进展,真实记录的情况被瞬间传播开去,引发众多网友和媒体的关注,而他的记录成为首都机场延误航班事件中被传播最广的文字。

2009 年下半年湖南桃源县政府就开通了微博,是我国最早开通微博的政府部门。随后 2009 年 11 月 21 日,云南省委宣传部副部长伍晧开通的"微博云南"第一时间发布政府处理突发事件的进展,引起大家普遍关注。同时,伍晧还开通了个人微博。2013 年 10 月 11 日,中央人民政府门户网站的官方微博在新华微博(http://t.home.news.cn/zhengfu)、腾讯微博(http://t.qq.com/zhengfu)(如图 3-4 所示)开通。

2013 年 2 月,网友@学习粉丝团发布微博直播习近平总书记甘肃之行,其速度之快、距离之近、内容之亲民引发热议。此类微博的产生,利于促进政务公开,可能改变现有的传播格局。

图 3-4 中国政府网腾讯官方微博

(三) 微博的信息组织

微博平台与博客、BBS、SNS、即时通信等都具有相关性,同时也有明显的不同。在主体的信息行为上看,其典型的特征包括:主体发布信息通过多种设备访问,个人用户和机构用户可以方便地发布短小的信息内容。移动便携终端的普及,信息可以实时更新,具有现场直播的功能。

从信息格式及技术方案看,微博具备如下特征:格式简洁。微博限制长度在 140 字,易于通过移动便携终端发布和阅读,降低了使用成本。移动阅读,随时随地阅读。通过智能移动终端的应用接口,用户可以不受时空限制地使用。基于微博用户的 RSS 种子。主体的微博被关注后,就类似于 RSS 种子向粉丝推送信息。

从信息传播的角度来看,微博具备如下特征:同步异步发布。微博是异步沟通工具,通过消息(评论、私信)的推送又能实现同步效果。广播。微博条目是自己所见、所闻、所感的记录,每条微博都会广播给所有粉丝。内嵌在社会网络之上。用户彼此关注形成社会网络,信息沿着社会网络的结构进行传播。

(四) 微博的信息组织

微博信息组织是开放结构,且以社会网络为核心构架,信息格式短小,产生与阅读便捷。开放结构:任何用户可以关注任何用户的微博信息,任何用户可以转发任何用户的微博信息,开放性强促进了信息传播与信息交流。以社会网络为核心构架:微博通过粉丝方式,激励用户维系其社会关系网络并保证主体微博的受关注度;也因为社会网络的结构,导致信息的转发、订阅能够利用社会网络的特性,广泛传播。信息格式短小,方便发布和阅读:由于开放性和发布阅读方便性,使用户将其作为记录个人生活、记录机构行为的工具,相比其他媒体,信息内容多样化、个人所见所闻所感、机构信息的公开、媒体信息发布等,都能在微博上找到。

微博简单易用,相对于强调版面布置的博客来说,微博的内容组成只是由简单的只言片语组成,从这个角度来说,对用户的技术要求门槛很低,而且在语言的编排组织上,没有博客那么高。其次,微博开通的多种 API 使得大量的用户可以通过手机、网络等方式来即时更新自己的个人信息。相对于博客来说,博客用户的关注属于一种被动的关注状态,写出来的内容其传播受众并不确定;而微博的关注则更为主动,即表示愿意接受某位用户的即时更新信息;从这个角度上来说,微博对于商业推广、明星效应的传播更有研究价值。同时,对于普通人来说,微博的关注友人大多来自真实的生活圈子,用户的一言一行不但起到发泄感情、记录思想的作用,更重要的是维护了人际关系。

三、切客

继博客、播客、闪客等曾经的新潮名词渐渐褪去色彩之后,新兴名词"切客"逐渐进入人们的视野,作为与日益兴起的移动互联网应用息息相关的"切客"一族,人群中不断用手机记录着自己足迹和分享心得的他们开始受到媒体的广泛关注。

（一）切客的含义

切客源自英文 check in,指热衷于即时记录生活轨迹的都市潮人,利用移动互联网终端记录地理位置、身边新闻,借此与他人分享。切客源于美国一家提供基于地理位置的服务（Location Based Service,LBS）的名为"foursquare"的网站,该网站旨在提供好友间地理位置通知服务（通过短信）。智能手机出现后该网站进一步实现了 LBS SNS 的功能,也就催生了切客一族。

随着 3G 网络的普及和智能手机的市场保有量的逐年增加,传统社交网站的基本功能已经无法满足使用者的需求。随时随地地分享自己的经历与感想,或是对于消费品的评价成为新型社交网络的特点之一。切客用户只要拥有智能手机,装配相关的应用软件,借助手机的定位功能,便可以一边行走一边记录,一边分享自己的游玩攻略、消费体验等。到相应的地点签到,标明自己现在所在的位置,这个行为称之为"check in"。

2010 年 10 月,中央电视台新闻频道的《第一时间》及《朝闻天下》等节目连续对"切客"一族进行了跟踪报道,并讲述了切客应用的场景:来自上海的小林,前往北京出差,在北京通过一款名为"游玩网"的切客应用软件记录了自己的足迹,并寻找到了中意的餐馆,还询问到了曾去过这家餐馆的好友对于这里的评价,确认不错之后,小林还通过这款软件联系上了正在附近的多日不见的好友,与他一起享用了晚餐。作为盛大旗下游玩网的移动应用,游玩网 iPhone 手机客户端具有超炫的增强实景功能,在小林的操作过程中可以看到,他通过打开手机摄像头,便迅速找到了附近的餐馆列表及各种商业设施所在位置,然后他通过此客户端的签到记录和互动功能,与正在附近的朋友取得了联系,游玩网手机客户端作为基于位置的实时互动平台,使得与朋友之间的约会和交流变得非常便捷。

（二）切客的信息组织

在不熟悉的城市中通过切客得到对自己行程有帮助的信息,甚至是寻找到正在附近的志同道合的朋友,都可以通过切客手机应用软件实现。而在熟悉的地方,切客应用可以实现随时与好友分享自己的足迹,与好友进行完全的沟通。作为切客一族,不会感到孤单,因为无论到了哪里,只要记录了足迹,分享了此时此地的感想与评价,同样也会收到朋友们带来的惊喜。

当前,我国手机用户不断增加,手机网民比重不断增长,移动互联网的市场前景非常可观。主流媒体对于"切客"一族的关注,更是意味着切客已经悄悄影响着现代人们的生活,并有可能成为互联网时代的又一新高潮产生的标志,成为切客一族的一员,不单单是时尚的标志,也充分利用了移动互联网技术给现代生活带来的便利。

四、微信

（一）微信的含义

微信是腾讯公司于 2011 年年初推出的一款快速发送文字和照片、支持多人语音对讲的手机聊天软件。微信用户可以通过手机或平板快速发送语音、视频、图片和文字。微信提供公众平台、朋友圈、消息推送等功能,用户可以通过"摇一摇""搜索号码""附近的人""扫二维码"方式添加好友和关注公众平台,同时微信将内容分享给好友以及将用户看到的精彩内容分享到微信朋友圈。其官方网站上的宣传语为"微信,是一个生活方式"。

（二）微信的信息传播价值

2012 年 3 月底,微信用户破 1 亿,耗时 433 天。2012 年 9 月 17 日,微信用户破 2 亿,耗时缩短至不到 6 个月。截至 2013 年 1 月 15 日,微信用户达 3 亿。具备全球化与平台化特征的微信平台或将成为中国互联网树立全球性竞争的战略新机遇,互联网时代美国为王的世界格局也或将因此而改变。

2013 年,互联网实验室发布的《微信类移动通信软件行业发展报告》指出移动互联网发展迅速,无论国外还是国内的微信类移动通讯软件都呈现出用户规模在短期内迅速提升的火爆发展势头,成为目前最年轻的互联网主流应用。与成熟期的全球化平台对比,微信类软件正处于高速成长期,微信与 WhatsApp 有潜力成为新一代全球化平台。目前微信用户已超过 3 亿,远超国内外其他同类软件的发展速度,有望发展成为具有全球影响力的移动社交平台。而随着微信类软件全球化的进程,势必会强力推动中国经济与社会的发展。

互联网实验室董事长方兴东认为微信的诞生顺应了两大历史性的趋势:一是即时网络数字的出现,二是吻合了全球 IT 半个世纪以来的最大的力量转型。互联网巨头 Facebook、谷歌以美国主流用户为基础发展壮大,间接地塑造和决定了过去和现在的互联网产业格局。而微信是以中国主流用户为基础,预示着中国主流消费者将会重新塑造未来的互联网的产业格局。

(三) 微信的信息传播价值

2013 年以来,一股大秀微信公众平台账号的风气悄然刮起。以微信为代表的移动新社交媒介,正对我国社会舆论格局产生新的效应,舆情作用力日趋彰显。随着移动社交吸引力不断增强,移动社交网民和微信公共账号数量大幅增长,并进一步扩大突发公共事件与社会热点话题的网民参与。随着越来越多的党政机关、社会组织、主流媒体和意见领袖入驻移动网络舆论场,由无数个圈子化部落联网合成的微信舆论场正成雏形。

第 33 次《中国互联网络发展状况统计报告》显示,2013 年微博、社交网站、论坛等互联网应用的使用率下降,截至 2013 年 12 月,我国微博用户较 2012 年年底减少 2783 万,比上年降低 9.0%;网民中微博使用率为 45.5%,较上年底降低 9.2%。减少使用社交网站的网民中,32.6% 的人转而使用微信,20.3% 的人转而去上微博;减少使用微博的人中,37.4% 的转移到了微信。

2013 年 10 月 11 日,中华人民共和国中央人民政府门户网站官方微博和官方微信在新华微博、腾讯微博和微信(如图 3-5 所示)开通。据人民网舆情监测室监测,最早开通微信的政府部门是广州市白云区政府应急管理办公室。2012 年 8 月 30 日,"广州应急—白云"微信公众平台首次亮相,第二天便大派用场——发布河源震情,打造了广州政务微信首个成功运营的案例。8 月 31 日,据广东省地震台网测定,河源市源城区、东源县交界于当天 13 时 52 分发生里氏 4.2 级地震。8 月 31 日 14 时 33 分,"广州应急—白云"就通过微信平台发布了这条消息。

图 3-5 中国政府网官方微信

公安机关在政务微信上走在政务机构最前列。广东省肇庆市公安局继推出全国公安机关首个政务微博"平安肇庆"后,2012年9月又在全国率先推出了公安政务微信"平安肇庆"。随后,广州、江苏淮安、福建厦门等多地警方都推出了公安政务微信,公安政务微信成为联系警民关系的新的"法宝"。2013年3月11日,北京市公安局正式开通"平安北京"微信公共账号,成为首个通过腾讯微信认证的省级公安机关官方微信。随着越来越多的官方机构顺应时代潮流入住微信平台,政务微信正悄然兴起,破土生芽。政务微信渐成网络问政新平台。

据中国传媒大学媒介与公共事务研究院不完全统计,截至2013年5月底,全国开通的政务微信总量已达1400多个,各省份全面覆盖,处于快速发展期。从政务微信的职能属性和数量来看,公安政务微信最多,占到总量的30.17%;党政直属单位政务微信居次,占比14.59%;共青团政务微信位列第三,占比14.51%。从政务微信的区域分布来看,最新数据显示,总量前五位分别为:浙江、江苏、广东、新疆、山东。

据腾讯微博事业部提供的数据显示,微信用户目前已达5亿,海外用户超过1亿。截至2013年10月31日,微信平台已开通的公众账号已超200万个,公众账号日均注册量为8000个,其中经认证的公众账号超5万个,而政务微信总数超3000个,约占认证公众账号的6%。在政务微信部门总量分布方面,公安、政府主要职能部门、共青团三大领域位列前三。

(四)微信的信息组织

个体微信对信息的组织主要是消息推送和分类订阅。消息推送:普通的公众账号,可以向个别好友或部分及全体好友群发文字、图片、语音、视频等类别的内容。而认证的账号,有更高的权限,能推送更漂亮的图文信息。这类图文信息也许是单条的,也许还是一个专题。分类订阅:在推送的打扰方面,用户订阅增加可能也会增加这方面的困扰,而最重要的是内容和品牌的选择问题——人们会喜欢少量而精致的资讯,而且随时可以离开。

微信公众平台是在个体微信的基础上拓展的功能模块,通过公众平台,个人和企业都可以打造一个微信的公众号,可以群发文字、图片、语音、视频、图文消息五个类别的内容。目前微信公众平台支持PC、移动互联网网页登录,并可以绑定私人账号进行群发信息。微信公众平台是一个自媒体平台,它是微信系统的重要组成部分,微信整个板块包含个人微信、二维码①、公众平台。微信公众平台对信息组织最重要的就是信息发布和订阅方式,把品牌ID放到微信二维码中部,进行二维码展示就是对微信公众平台的发布,平台自主发布信息,用户可通过二维码扫描订阅。也可以有其他方式来订阅微信公众账号,通过微信号进行订阅,在微信上直接点按"添加朋友"—"按号码查找",输入"账号"就可以查找并关注您感兴趣的内容。

五、移动App与新闻客户端

(一)移动App的含义

移动App即移动应用服务,就是针对手机这种移动连接到互联网的业务或者无线网卡业务而开发的应用程序服务。简单地说就是在智能手机、平板电脑和其他移动设备上运行的应用程序。

---

① 二维码又称二维条码,它是用特定的几何图形按一定规律在平面(二维方向)上分布的黑白相间的图形,是所有信息数据的一把钥匙。在现代商业活动中,可实现的应用十分广泛,如产品防伪、溯源、广告推送、网站链接、数据下载、商品交易、定位、导航、电子凭证、车辆管理、信息传递、名片交流、WiFi共享等。

移动设备用户可通过无线网络连上移动软件应用程序商店免费或付费地下载使用移动软件应用程序。移动软件应用程序商店除了可通过网页浏览器如一般网络商店般浏览与交易外,通常亦制作有专属的 App,让用户能一键进入,界面也较网页更方便。首先采用此商业模式的厂商是美国苹果计算机公司针对其移动设备 iPhone、iPad 经营的"App Store"。之后谷歌也随其移动操作系统 Android 一同推出自行经营的 App 商店谷歌 Play。App Store 以及谷歌 Play 是目前营收和下载量的前两大 App 商店。其他经营者包括操作系统厂商微软公司,独立移动设备厂商黑莓公司与亚马逊公司,Android 设备厂商如三星电子,Windows Phone 设备厂商如诺基亚、互联网服务供应商等,亦有独立经营者。

部分移动应用程序是免费的,也有一些是收费的。用户通常从 App 商店下载程序到目标流动设备,如 iPhone、黑莓机、Android 移动电话或 Windows 移动电话,有时则先下载到传统个人计算机(笔记本电脑或台式机),之后再安装到移动设备上。付费应用程序的收入由移动软件应用程序开发者与 App 商店经营者拆账,通常经营者收取收入之 20% 至 30%。部分 App 商店向开发者额外收取注册费或年费。

(二)客户端及新闻客户端

在计算机的世界里,凡是提供服务的一方我们称为服务端(Server),而接受服务的另一方我们称作客户端(Client)。客户端是指与服务器相对应,为客户提供本地服务的程序。一般安装在普通的用户机上,需要与服务端互相配合运行。互联网发展以后,较常用的客户端包括了万维网使用的网页浏览器,收寄电子邮件时的电子邮件客户端,以及实时通信的客户端软件等。

在移动互联网时代,移动 App 就是安装在手机上进行移动互联网信息阅读的应用终端。

新闻客户端作为以传播新闻信息为主的移动 App 自上线以来一直不温不火。体验过 QQ、微博、微信等社交媒体以后,冷静下来的大多数网民感觉最需要的还是及时、权威和有效的新闻信息,新闻客户端开始被用户重视,受众的新闻阅读习惯也开始从 PC 端的门户网站转向移动端的新闻客户端。

(三)国内主要新闻客户端

传统媒体的大篇幅、大容量报道已经不适合新媒体环境下受众的移动化、碎片化阅读习惯,以微博为代表的社交媒体不是以新闻传播为其首要功能。当用户正在寻求一种介于传统媒体的权威性和社交媒体的互动性之间的平衡的时候,新闻客户端无疑是最好的选择。

较早涉足新闻客户端的报刊、广播、电视和通讯社等传统媒体,由于缺乏资金技术支持和庞大的新媒体用户群,始终在移动互联网市场影响力不大。而网易、搜狐、腾讯、新浪等商业门户网站涉足移动新闻客户端,借助大规模的资金投入、技术创新、广告宣传和用户覆盖等优势,迅速成为移动 App 市场的新宠,吸引大量网民从社交媒体转向新闻客户端。

国内主要的新闻客户端(如图 3-6、3-7、3-8 所示)有搜狐、网易、腾讯、新浪、百度、凤凰、人民网、新华网等门户资讯类网站新闻客户端和 FlipBoard、鲜果联播、Zaker、网易云阅读等聚合应用类客户端。2013 年 4 月 24 日,搜狐宣布"搜狐新闻客户端"用户量突破一亿,成为国内首个用户数过亿的新闻客户端。

图 3-6　新华新闻手机客户端　　图 3-7　人民新闻客户端　　图 3-8　搜狐新闻客户端

由于没有成功的模式和经验,新闻客户端的发展目前都处于不断地探索之中,门户资讯类网站类和聚合应用类客户端占据了移动新闻客户端的主要用户市场,虽然各大客户端都在发挥自身优势,创新内容和形式,但同质化现象严重、盈利模式不太清晰等问题普遍存在。

(四) 新闻客户端的信息组织

目前主流的新闻客户端提供单一的新闻来源,而社交阅读却能包括内容网站、博客及微博等一系列的新闻来源,满足用户多元化的需求,并可与好友进行沟通交流,增强用户之间的互动,增添阅读乐趣。

将传统媒体和社交媒体的大量信息进行筛选和有序的规整,进行及时精准的发布和推送,不但节约了用户鉴别筛选信息的时间,而且也为不同用户群进行特色栏目订阅,无疑会有巨大的潜在用户市场。

版面设计美观大方、简约清新。简洁大方的版面设计可以给读者耳目一新的感觉,也便于用户进行页面的转换和操作,从而提高内容的阅读率和增强用户的黏性。

工具栏灵活多变。搜狐、腾讯、凤凰工具栏都在屏幕下方,比较简单,四到五个栏目。网易和新浪的工具栏隐藏在屏幕的左边,网易工具栏七个栏目,基本都是其特色,新浪工具栏隐藏在左边,默认的有头条、体育、娱乐等六个栏目,可以根据自己需要自定义,新版百度暂时没有工具栏。工具栏的位置最好是在屏幕下方,便于用户切换,栏目不要太多,客户端阅读一般属于移动化的浅阅读,没有读者去一一浏览所有的栏目,只要把新闻客户端最具特色的栏目放在工具栏的显著位置就可以了。

自定义导航栏选择以最有影响力为主要考量。自定义导航栏目频道的选项,把感兴趣和经常浏览的栏目前移,但头条或者要闻不能调整位置,新浪的导航栏隐藏,新闻页面只显示头条。每个客户端都应该把本家最特色和拿手的栏目放在显著位置。

本章小结

网络空间无时不在进行信息传播的组织,而在网络空间的网民也无时不在获取网络信息。本章简要介绍了互联网信息传播资源组织的原则和要求,详细介绍了网络传播信息资源概况,系统地对门户网站、电子邮件、搜索引擎、博客、维客、播客、UGC、RSS、掘客、微博、微信、新闻客户端等网络传播信息资源组织形态进行详尽的描述,并简要介绍了其相应的网络传播信息的获取方式。

思考练习

1. 试结合实例分析,政府门户网站和商业门户网站的区别。
2. 试用百度或谷歌高级搜索功能进行某学科的学术搜索,并对搜索结果进行比较。
3. 试比较博客、维客、播客的区别。
4. 下载 RSS 阅读器,并订阅相关 RSS Feed 进行试用。
5. 结合 UGC 的具体应用,谈谈其网络信息传播组织方式的特点。
6. 简述 WAP 网站与 Web 网站的区别。
7. 试用微博,并简述其与微信的区别。
8. 试用新闻客户端,并简述其与 RSS 的区别。

参 考 文 献

[1] (美)普林格尔·斯塔尔.电子媒体管理[M].佟雪娜,译.北京:人民邮电出版社,2010.
[2] (美)肯特·沃泰姆,伊恩·芬威克.奥美的数字营销观点——新媒体与数字营销指南[M].台湾奥美互动营销公司,译.北京:中信出版社,2009.
[3] (美)大卫·克罗图.新闻媒介与信息社会译丛——媒介社会:产业、形象与受众[M].邱凌,译.北京:北京大学出版社,2009.
[4] 匡文波.网络媒体的经营与管理[M].北京:中国传媒大学出版社,2009.
[5] 彭兰.网络传播学[M].北京:中国人民大学出版社,2009.
[6] 杜骏飞.网络传播概论[M].福州:福建人民出版社,2008.
[7] 彭兰.网络新闻编辑教程[M].武汉:武汉大学出版社,2007.
[8] 严励.网络传播学概论[M].郑州:郑州大学出版社,2007.
[9] 祝玉华.网络广告[M].郑州:郑州大学出版社,2008.
[10] 祝玉华.网络传播实务[M].郑州:河南人民出版社,2012.
[11] 范军环.网络营销理论与实务 [M].北京:北京大学出版社,2010.
[12] 卓骏.网络营销理论与实务[M].北京:科学出版社,2008.
[13] 互联网实验室.2009 中国维基发展报告[R].2009 年 6 月.
[14] 人民网舆情监测室.2013 年腾讯政务微博和政务微信发展研究报告[R].2013 年 12 月.
[15] 中国互联网络信息中心.第 33 次中国互联网络发展状况统计报告[R].2014 年 1 月.
[16] 艾媒咨询集团.2013 上半年中国手机新闻客户端调研报告[R].2013 年 9 月.
[17] 中国互联网信息中心.中国移动互联网发展状况报告[R].2013 年 4 月.
[18] 维基百科.http://zh.wikipedia.org/[EB/OL].2014 年 3 月 10 日.

第四章 网络新闻实务

> **学习目标**
> 1. 了解网络新闻采访写作编辑的发展历史。
> 2. 掌握网络新闻采访写作编辑的定义。
> 3. 了解网络新闻采访写作编辑特性。
> 4. 掌握网络新闻采访写作编辑的方法与技巧。

进入 21 世纪,随着互联网络对公众开放、搜索引擎使用费用的降低、网络资料下载的便捷,互联网逐渐成为新闻工作者的有利工具。据统计,全世界 80% 以上的记者至少每周一次从网上跟读其他媒体的新闻,获得背景信息,寻找或接收发布的新闻。75% 的新闻从业者每周至少一次通过电子邮件与读者、听众或观众交流,并且通过网络或数据库核实新闻事实。英国广播公司(BBC)曾调查 6000 名传统媒体工作者,发现 93% 的人在实际工作中使用网络作为调研和报道工具。在新闻产品的生产过程中,人们越来越多地利用互联网,"第四媒体"的力量日趋强大,网络技术的介入也在很大程度上改变着传统的新闻采编过程,网络新闻采写与编辑已渐成新兴趋势。

第一节 网络新闻采访

一、网络新闻采访的定义及特点

(一) 网络新闻采访的定义

网络新闻采访的定义有广义和狭义之分,广义的网络新闻采访,是为互联网媒体新闻发布而进行的采访。狭义的网络新闻采访,是指在互联网上进行的采访。网络新闻采访实际上是一种特殊的采访手段,这种方法可以单独使用,也可以与传统的采访方法如现场采访、个别采访配合使用。网络新闻采访的广义与狭义并没有严格的区分,二者可以交互使用。

网络新闻的采访不但包括传统媒体文字采访、录音采访、图像采访等采访方法,由于使用的采访工具不同,以及发布新闻的载体及对新闻时效性的要求不同,它主要是以网络为采访工具和新闻载体,按照新闻传播的需要所进行的新闻素材收集和调查研究活动。因此,它主要以因特网作为新闻采集的环境,用搜索、采访、下载和编辑加工等多种方式采集新闻信息及相关资源。

(二) 网络新闻采访的特点

1. 数字化的采访及传输工具

与传统媒体采访时必备的"一支笔,一个本"采访工具不同,由于网络技术的数字化,在网络新闻采访时采用的采访工具是全盘数字化的采访工具和传输工具,如能与网络相连的数码相机、DV 机、MP3、笔记本电脑等,这是网络记者出门必不可少的行头。

2. 全方位多媒体的新闻内容

网络新闻采访既包括传统的静态文字和图片采访,也包括声音和动态画面的摄录,它是融合了

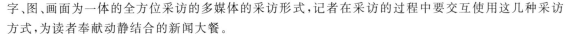

字、图、画面为一体的全方位采访的多媒体的采访形式,记者在采访的过程中要交互使用这几种采访方式,为读者奉献动静结合的新闻大餐。

3. 时效的迅捷性

时间就是新闻的生命,由于采访技术与采访设备的现代化,新闻之战愈加白热化。各个新闻媒体为了提高自身的竞争能力,进一步扩大采访范围的全球性和采访速度的快捷性。尤其对于突发性新闻事件,网络记者要善于运用网上发布,第一时间获得独家新闻。同时记者要迅速地将新闻发表在自己的专业网站上,取得时间的主动权,以便在新闻竞争中取得优势。

4. 新闻内容的超链接

网络新闻与传统媒体相比,它的一大优势在于提供深厚的新闻背景,这个新闻背景主要是靠超级链接来支撑。凭借网络媒体的超级链接,形成丰富的网络资源,方便读者了解事情的来龙去脉。这是传统媒体所不能比拟的一大优势。

5. 新闻资源的丰富多彩

在网络时代,记者一方面利用自己的社会关系实地采访新闻、掌握新闻线索,一方面利用网络从海量的信息中查找自己感兴趣的新闻线索,从瞬息万变的滚动新闻中查找合适的采访线索,这样就使记者拥有了浩瀚无际的新闻资源,进一步拓宽记者获取新闻的渠道,使记者的调研从封闭走向开放。

二、网络新闻采访的新闻线索来源

无论传统媒体还是网络媒体,新闻源的获得是很重要的。离开新闻源就是无源之水,无本之木,网络新闻采访的新闻源的获得主要有以下方面。

1. BBS 论坛

作为网民自由发表言论的场所,加上网络的匿名性,BBS 现在成为一个重要的新闻源,很多的新闻爆料人把 BBS 论坛作为公布信息的平台。记者在 BBS 论坛浏览,随时关注国计民生、热门话题,从幕后到台前,对新闻当事人进行采访,制作更详细可信的新闻。它是网络采访最常用的新闻来源。2009 年的"史上最牛团长夫人"和"周久耕事件"都是记者最早从 BBS 论坛发现的新闻线索,然后进行深度采访所得。

2. 电子邮件

E-mail 也是记者获得新闻线索的重要来源。很多新闻爆料人把新闻线索以电子邮件的方式发送给记者,记者可以根据邮箱中的新闻线索进行采访。

3. 网上浏览

互联网的浏览功能,扩大了编辑、记者的视野,为他们提供了浩如烟海的信息源。网络记者浏览各个网站,选择受众感兴趣的话题,然后进行采访或者进行相关网站转载。各个网站之间相互转载新闻实现新闻资源共享已经成为业界默认的事实,很多的网站转载所属的报业集团的文章,如大河网直接转载河南报业集团旗下的各个报纸的文章,同时从这些文章中发现新闻线索,进行更深层次的采访与写作。

4. QQ 群

作为社会环境的监控者,记者应该是眼观六路耳听八方,而网络记者浸泡在网络中,接触的网民林林总总,在加入或者建立自己的 QQ 群里,可以了解和接触多方面的信息,从而拓宽自己的信息渠道。

5. 新闻组(Usenet 或 News Group)

新闻组,简单地说就是一个基于网络的计算机组合,这些计算机被称为新闻服务器,不同的用户通过一些软件可连接到新闻服务器上,阅读其他人的消息并可以参与讨论。新闻组是一个完全交互式的超级电子论坛,是任何一个网络用户都能进行相互交流的工具。

国内外比较著名新闻组有以下几个:

(1) 新凡:news://news.newsfan.net。

(2) 济南万千:news://news.webking.com.cn/。

(3) 宁波:news://news.cnnb.net。

(4) 奔腾新闻组:news://news.cn99.com/。

(5) 微软:news://msnews.microsoft.com。

(6) 前线:news://freenews.netfront.net。

6. 资料库

各式各样的提供检索功能的电脑资料库日益成为记者的好帮手,是网络记者与编辑获得新闻线索的重要来源之一。

三、网络新闻采访的程序

1. 选题确定

网络编辑或者网络记者在网上浏览或者自选的新闻标题,交由编辑会讨论,日常采访一般由网站的副主编或主编助理确定选题,重要的采访项目,尤其是需出差进行的实地调查,需经网站的主编批准。

2. 选题执行

一旦新闻选题确定后,就要建立访谈专员队伍,一般的新闻采访由访谈专员完成,如果是特别重要的外出采访,由网站的主编助理和记者一起前往。

3. 新闻审核

网站新闻一般是由记者和通讯员采写完成,某些紧急时刻记者拥有直接发稿权,但是重大主题报道的新闻必须经过新闻总监审核,才能上版。

4. 新闻上版

网站编辑或者网站记者把写好的新闻稿件或者新闻专题放在网站的网页上,就完成了新闻的上版,这里需要注意的是,网络编辑和网站记者只拥有发稿权,没有撤稿权,一旦稿件上版,需要撤稿的必须经过网站领导签字后方可删掉。

四、网络新闻采访的要求

1. 快速迅捷

快速在网络新闻采访中是处于第一位的,记者接到选题任务后,快速理解访谈意图,快速浏览新闻素材,并通过寻找现有资源库、寻求有关媒体记者帮助等方式和渠道,快速找到被采访者联系方式,并在第一时间进行准备和访谈,访谈结束后立即写出稿件并上传。

2. 现场感

在网络采访中,连线直播是比较常见的方式之一。在现场采访,采用这种方式可以充分展现新闻现场的气氛,对于既往新闻,通过新闻当事人的讲述,尽可能地还原现场,尽可能多采访当事之人,通过连线现场记者和本网连线直播的采访方式,可以给受众鲜活、生动的现场感,使得受众如临其境。

3. 人文关怀

人文关怀不仅是媒体义不容辞的一项社会责任,而且是衡量新闻作品优劣的一项硬指标。对于网络媒体如此,不仅要做好灾难新闻报道中灾难现场、破坏度和原因等因素报道,更要注意灾难中人的因素,注意发掘和呈现灾难背景下的人情、人性。同时,对于日常状态下的人情味新闻,也可给予更多关注。

4. 权威性

权威性是传统媒体优于网络媒体的因素所在,因此,网络媒体为了保证新闻的权威性,在采访中应争取采到新闻事件所涉及的权威部门的权威人士,从而使网站在重要新闻中发出权威声音。

5. 联动

网络媒体的起步晚,对于一些重大新闻事件,要注意与传统媒体联动、优势互补、互利合作,形成联动效应。如自然灾害等。

6. 技术熟练

网络采访中要运用多种高科技技术,尤其是嘉宾访谈、论坛在线互动、现场图文或视频直播等,都需要熟练的技术。

五、网络新闻采访的类型

1. 程序性报道采访

程序性报道采访一般是指有预见的新闻事件。常见类型主要包括:两会报道、中央及国务院重要会议、重大决策、解读三峡工程、青藏铁路、奥运工程等重大建设成就报道。

对于程序性报道采访,网络媒体也有它自己的特点。首先要确定哪几个人参与报道,而后要确定专题、页面、内容设置,采访对象,采访侧重点等等工作。经常采用的方法有:高官访谈、专家解读、记者视点、现场花絮、幕后故事等。但是与传统媒体不同的是,网络媒体在做程序性报道时,既要讲清新闻事实,还要能抓住受众的眼球。

2. 突发性新闻报道

突发性新闻报道是指没有预见性的突发新闻事件,常见类型主要包括:重大灾难、事故等,如洪灾、飓风、空难、疫情、重大恶性刑事案件等。对于突发性新闻报道,我们要做到应急处理,除了了解事件的来龙去脉之外,还要注意连线现场记者、事发地有关领导干部、应急指挥中心、公安、消防、急救部门、死伤者家属、专家等,重点关注"现场""原因""善后"和"人的故事"等方面问题。

3. 策划性报道采访

策划性报道采访是指网络媒体自己策划的采访方案。这样的采访一般都是事先有所计划、有所选题的,然后可以安排记者进行实地采访。采访方式可以采用组图加文章的形式来表现,内容尽量软化,不能太硬,选题要贴近网友生活。而后可以通过专题的形式把这一组报道表现出来,这样写出的稿子最好要在首页中推荐,第二天可以通过网友的点击量(PV)来分析策划的方向是否贴近网友生活,也可以分析网友的阅读取向。

4. 盘点性报道

盘点性报道是指就最近的某一个新闻事件,进行盘点性新闻报道采访。如国外某飞机坠落了,这样网络媒体就可以根据这一个新闻事件,盘点一下近期的飞机失事的事件,以及乘客坐飞机应该注意的事项等。这样的工作一般都是由相关的编辑完成,如果发生国外的事情,就可以由做国际新闻的编辑进行盘点。

5. 重要专题策划

重要专题策划主要是指在新闻操作中因节庆纪念或其他新闻结点,需要进行专题策划呈现时,而进行的采访配合。如抗战胜利50年、唐山地震30周年。在重要专题策划中,一般都要建立重大新闻事件协作机制,确定统筹人,指定并通过报道方案,分工负责、确定时限,访谈、深度、日常新闻、博客、论坛、UE 等相关人员形成良好协作和互动,高质量地完成新闻采编。

6. 连线

连线作为目前网络新闻应用最多、也最有效的表现形式,在几大门户网站成为最常态的一种快捷采访形态。在具体操作中,访谈专员就每日的日常新闻,根据网络转载的媒体报道,再发掘其延伸性,进行电话采访,作为对转载新闻的补充。可做连线的新闻简单来看,可分待解读型、待发掘型和待展开型三种。

待解读型多用于时政类新闻,比如一种政策出台后,可请相关专家予以解读。

待发掘型多用于社会新闻,比如一个社会新闻背后折射的社会原因和人性。

待展开型多用于涉及面较广的事件新闻,对涉及的各个方面逐个进行采访、放大。

从操作上来看,这几种型态不是割裂的,很多新闻的展现形态是多方面的,所以也需要连线时同时考虑,既需要专家解读,又需要事件当事人的说法和反馈。具体情况可分:

日常重要新闻,比如洪灾、地震等突发事件,连线当事人和专家,了解事件发生瞬间的细节和各方面的反应、影响,同时对事件做出科学的解读。

有延伸性的新闻,媒体记者只是报道了一条消息,但其实背后的起因、规律,甚至影响还没有报道出来的,在报道出来当天做电话连线,做新闻的纵深感呈现出来。

有争议的新闻,在社会上具有争议性的问题,可以在新闻出来后当天找到新闻事件涉及的各方当事人,让他们分别就事件发表看法,平衡处理,不带倾向性,形成话题供网民争论。

有炒作价值的新闻,对社会大众关注的焦点问题,要对涉及的人员和外围的说客保持持续连线,每天跟进并推动事件发展,形成炒作效应。

内幕或者细节可挖的新闻,对于这样的新闻记者应该深挖内幕和细节,多采访相关的人员,以获得更多的消息内幕和细节。

第二节 网络新闻写作

网络传媒真正成为大众新闻传媒是从报纸"上网"开始的。网络新闻根据来源可以分为两种类型:一类是复制新闻,它是指从传统媒体上复制来的新闻。另一类为原创新闻,原创新闻又分为两种,一是网络记者自己采写的新闻报道;二是通过重组新闻资源、重新编辑改写的新闻报道。

随着网络媒体的迅速发展和网民阅读新闻方式的改变,网络媒体迅速崛起,它独有的文、图、声兼备的优势,对传统媒体产生了严重冲击。与传统媒体不同的是,网络新闻有它自身的特点:从新闻受众角度来讲,网络新闻在接受方式、接受心理、接受习惯等方面与报纸及其他传统媒体新闻相比都有明显的不同。由于信息的海量存储,致使受众接受网络信息传播的心理预期呈现快速获取最新信息、主动选择有用信息、精确接近深度信息的特征,受众对信息进行自主选择的欲望强烈,并且希望以最便捷的方式获得信息精确接近的深度信息,同时在网络新闻传播过程中,受众不仅希望了解主体新闻本身而且渴望了解与主体新闻相关的各种背景。

一、网络新闻写作方法

(一)精心制作网络新闻标题

1. 新闻标题的重要性

标题是用来吸引受众眼球、识别新闻内容、判断新闻价值的第一信号,标题也是受众决定是否索取深层新闻信息的第一选择关口。目前新闻媒体网站为增大信息容量通常采用新闻标题集中组合的引导式版面布局。在这样的版面结构下,最先呈现于受众眼前的是由大量新闻标题组成的链动集群。每条新闻的深层内容往往需要通过点击标题的链接才能索取。

因此,新闻标题在网络新闻传播中的重要性就更加突出了,在网络新闻传播中,新闻标题已经成为受众决定是否索取网站深层内容的第一引导力量,好的标题会吸引、刺激引导读者点击链动索取下一层新闻内容。而不好的标题则成为深层新闻内容展示的直接障碍,网络媒体要想吸引受众向网站的深层内容进入,就必须强化标题意识,在标题的制作上下大工夫,让新闻标题对受众具有不可摆脱的吸引力。

2. 新闻标题写作的原则

(1) 醒目清晰。

网络新闻传播开辟了人类信息传播史上扫描式阅读、潜阅读的时代,网络读者对内容是一扫而过,抛弃了对印刷媒体逐字逐句的阅读方式,开始在扫描中阅读,在快速扫描的过程中发现和感受对自己有用的信息,网络的这种阅读方式带有极大的跳跃性、检索性、忽略性。如果新闻中没有醒目的关键词,没有清晰的提示与标识,没有引人注意的种种细节,就难以抓住读者飞速运行的眼球。

因此,在网络新闻中应注意每一个独立的网页都必须用醒目的标题作为标识,以便在最短的时间内抓住受众的眼球,提高新闻的点击率。

(2) 单一型。

这是由新闻网站的结构特点决定的,由于网络新闻是将同一栏目的标题集中在一起供人选择,而传统纸质新闻中常用的复合型标题占用的版面空间太大,不便在网络新闻中使用。即使有辅题,在栏目下也不可能出现,只与正文一起出现。

(3) 简洁短小。

网络新闻的简洁短小一是为了适应受众的阅读心理,便于阅读。二是为了适应新闻网站版面的需要,以便简洁版面。目前从互联网接收终端所限定的版面布局结构上看,一则新闻需要有一个单独一行的、一般不要超过25个字的言简意赅的文字标题,并要确保这个标题的前20个字能够描述这一新闻的本质性内容。

(4) 确定性。

这一点与传统新闻有着相同之处,人们浏览标题是为了抓住页面的主要内容,因此,标题应该明确,能够精练地概括主要内容。在标题中应标出新闻事实,给受众一定的目标指向。

3. 网络新闻标题制作的方法

(1) 赋予标题以感情色彩(图4-1)。

图4-1 网络新闻标题

从这则新闻标题看出,具有感情色彩的标题能表现出不同的态度与感情,产生特殊的情味和色彩,深入浅出地显现主题;而具有形象色彩的标题,又能给人以最直接的刺激、最敏感的美,也就容易产生最富有感情的暗示、最有光彩的想象、最强烈深沉的情调,给人以联想和感受。

（2）动静结合。

在新闻标题制作时,应讲究动静结合,增加题目的动态美(如图4-2所示)。

图4-2　网络新闻标题

（3）虚实结合。

传统媒介的新闻标题内容可以直截了当,也可以比较含蓄;可以具体,也可以模糊;可以是实题,也可以是虚题;标题的结构可以是单一型,也可以是复合型。网络新闻标题原则上应以实为主,虚实结合(如图4-3和图4-4所示)。

图4-3　网络新闻标题

图4-4　网络新闻标题

网络新闻标题的实虚运用,应根据新闻的体裁来确定。消息的标题不能"含而不露",它往往要求"一语破的",明确告诉读者正在发生或正在进行一件什么事情,点明这则消息的精髓所在,标出主要新闻要素。它的特点是偏重于事实性,令读者"一目了然""一见钟情",因而消息类新闻的标题应以实题为主,其传神之处往往在某个动词上。而虚实结合题适用于网络新闻中比较常见的深度报道。因为深度报道中,不论是解释性报道的着眼于"新闻背后的新闻",还是述评新闻的着眼于"关于新闻的新闻",在新闻事实报道的后面,或蕴涵了对事件发展趋势的展望,或引导读者看出新闻事件所隐含的意义、性质与发展趋向,都应给读者留下一定的思维空间。

4．网络新闻标题制作中应注意的问题

(1) 要清晰准确地说明一个新闻事实。

在网络标题制作中,切忌面面俱到,新闻标题说明一个新闻事实即可。

(2) 要突出一条新闻中的最为重要的新闻因素。

网络新闻中有很多的新闻要素,在新闻标题中要突出新闻中的最重要的新闻事实和新闻要素。

(3) 要强调一条新闻中最新的变动。

在信息瞬息万变的新闻竞争中,新闻标题应该强调最新最近的新闻变动,才能让受众点击浏览新闻。

(4) 要揭示新闻中最为本质的变动意义。

二、注重正文写作

与传统纸质新闻不同的是,网络新闻的导语、主体和结尾即新闻的正文部分是出现在新闻网站的二级、三级页面,因而网络新闻正文部分的写作在继承传统新闻写作的基础上应有所变化。

1．导语

导语是新闻的开头,它是以凝练的形式、简洁的文字,表述新闻中心内容的头一个单元或部分。导语写作的一般准则是要突出全篇的中心并且吸引读者的注意力。同时,导语对消息的整体结构起着重要的作用,它决定主体部分能否顺利展开。在网络新闻中,因为导语出现的位置因页面而有所不同,所以在写作时应该加以区别对待。

第一种是与新闻主体同时出现。

第二种是与标题同时出现在一个页面上。这类导语的作用显得非常突出。在写作的过程中,可以不必注重新闻要素的全面,而应该更侧重于新闻要素中的某一个方面。

这类导语,在写作上可采用以下几种形式。

(1) 叙述式:直接对新闻事实中最主要、最新鲜的内容进行摘要或归纳。

(2) 描写式:对主要事实或事实的某个侧面,作简练而有特色的描写。

(3) 评论或结论式:以点睛式的说理议论,提出观点和结论。

(4) 提问式:把新闻中将要解决的问题用设问的形式提出。

2．新闻主体

网络新闻的主体在写作上呈现出了两种发展趋势:消息的短精化与报道的深度化。

(1) 消息的短精化。

Nielsen的调查显示,网上读者喜爱短小精悍、一针见血的文章。美国Jupiter传播公司1998年12月的一次网上调查也发现,在美国,网民上网获取新闻平均花费的时间每次不足10分钟。同时,在互联网上,读者一次只能浏览一个页面,或许就两三个段落,300字左右,加上由于网络阅读注意力比较集中,容易造成视觉疲劳,这就决定了网络消息必须走短精化的道路。做到短精化,就要求语言简洁。文章短小精悍、一针见血,语言客观、平实,结构清晰。传统的"倒金字塔"结构非常适宜于网络新闻。因为,这种新闻写作方式将新闻、摘要和结论放在篇首,细节和背景信息放在后面,使网页更加便于浏览,又节约了读者的时间,能够更好地满足读者快餐式"搜寻"的需要。

(2) 报道的深度化。

在传统媒体提供的新闻的基础之上进行新闻的深加工,使报道深度化是网络新闻发展的又一趋势。

深度报道是一种能够完整反映重要新闻事件和社会问题、追踪其来龙去脉、揭示其实质意义的高层次的报道方式,目的在于将今天的事情置于昨天的背景下以揭示出它对于明天的含义。

第一,单篇类深度报道。

它可以是提出问题式、分析解释式、综合概括式、典型传播式和对比揭示式。这类报道,写作上应把重点放在对素材的深度加工、思辨性分析预测上,为读者提供精加工的信息产品,而不是浅层次的素材堆砌。同时,出于对网络新闻读者"扫描式"阅读习惯的照顾,写作时应注意增加小标题的运用。

第二,集合类深度报道。

它可以是连续报道、系列报道、组合报道和专题报道。网络的超链接、超文本特点非常适合集合类深度报道。围绕着主题新闻,通过链接可以形成一个全方位的、超越时空的、立体的整体信息体系,并做成专栏、专题报道,也可能聘请专家来加以评述,组织交互式讨论,甚至策划成更大规模的跨平台的新闻战役,对新闻作深度的分析性或调查性的报道。

在运用超文本方式进行深度报道写作时,我们可以采用将材料分层的做法,把最关键的信息作为第一层次写作(骨干层次),而相关详细信息作为第二或第三层次提供(枝叶层次)。即用一个骨架的方式描述对象,而有关的细节,分别用超链接给出,读者可以根据自己的需要决定进入哪一个方面进行细节的阅读。

3. 灵活安排新闻背景

新闻背景是对新闻事件发生的历史、环境与原因所作的说明,解释事件发生的主客观条件及其实际意义,具有烘托和发挥新闻主题的作用,是新闻报道中不可或缺的重要组成部分。网络新闻中,新闻信息的链接不再仅仅是线性的,而是网状的,这为在报道中提供更多的与新闻报道相关的新闻背景材料创造了条件。

网络媒体为新闻背景提供了两种方式。

(1) 传统方式,即将新闻背景与新闻事实融会在一起,穿插在导语、主体或结尾中。

(2) 特有方式,是将新闻背景与主要新闻事实区别开来,放在不同的网页上通过链接的方式供读者随时查阅。如:新华网报道的《联想以12.5亿美元收购IBM电脑业务》,整个消息总字数包括空格在内共108字符,但此稿充分运用非线性特点提供了各个方面的新闻背景,包括视频、表格、图片、文字方式多达46篇(幅、件),内容涉及了两家公司的概况、收购进程、何人操作收购、收购后发展分析、媒体观点、何人任职、全球PC排名等方面,信息量丰富,大大增加了新闻的深度和厚度。因此,在网络新闻写作中,可以更多地提供相关新闻背景资料,以满足读者对新闻事件本身以外的延伸阅读需求。

三、分层展示新闻的深度信息

在网络新闻的写作中,记者和编辑要精确地判断新闻价值的层次结构,按照读者的关注度、需求度,对纷繁复杂的新闻要素进行立体化的划分排列,不仅需要确定在一个页面里诸新闻要素的组合排列关系,而且要确定在多层页面中的组合排列关系。

网络新闻写作要建立起分层表述的概念,特别是要建立起立体分层表述的意识。在印刷媒体上,一则新闻表现为一个整体,读者看到的是信息的全部,所谓分层表述是组合重点的平面排列技术。而在网络媒体上,由于页面的限制、读者阅读习惯的特性等因素的制约,你可能需要把同样的信息拆分为独立的个体,制作成多重的超链接页面,因为读者不可能把一个很长的页面尽收眼底。

在进行"立体分层表述"的过程中,有两点需要注意:一是要对新闻的重点因素进行精确的分解,以确定哪些内容需要在第一页面呈现,哪些内容需要通过链动在第二页面、第三页面呈现。二是要保证让每个页面的内容具有相对独立的完整性,并且从一个侧面更详细、更深刻地解释主体新闻。因为

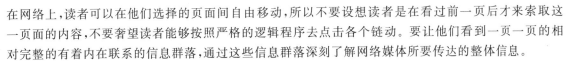

在网络上,读者可以在他们选择的页面间自由移动,所以不要设想读者是在看过前一页后才来索取这一页面的内容,不要奢望读者能够按照严格的逻辑程序去点击各个链动。要让他们看到一页一页的相对完整的有着内在联系的信息群落,通过这些信息群落深刻了解网络媒体所要传达的整体信息。

通常实施链动的内容应该包括:新闻诸要素的详细描述与解释,支持结论的论据说明,直接背景资料,统计的表格与数据,问题的定义与专门机构的缩写以及更加广泛的参考资料等。

要对文本文件进行有序的组织,它的分层展示一般不要超过四层链接。如果想要传达的信息能够在一个页面上简洁而完整地呈现,就不要使用超链接。

四、网络新闻采写的特殊要求

网络新闻传播在遵循新闻写作基本原则的同时,也要探索网络新闻传播的特殊规律,使用专门技术,运用特殊技巧,以保证满足受众需求,实现传播目标。网络新闻采写的特殊要求有以下几点。

1．强化标题意识

在网络新闻传播中,新闻标题已经成为受众决定是否索取网站深层内容的第一引导力量。由于网络媒体信息容量巨大,并且为突出超文本链接功能,通常采用在首页集中展示新闻标题的逐层导入式版面结构。在这样的网页结构中,最先呈现在受众眼前的是由大量新闻标题组成的链接群,每条新闻的具体内容需要通过点击标题的链接才能索取。好的标题会吸引刺激、引导读者点击链接索取下一层新闻内容,这更能保障在搜索引擎上清晰地显现。

2．穿插并行新闻背景

网络新闻中交代背景的方式有两种:第一种方式是将新闻背景与新闻事实融汇在一起,而不成为独立的结构,穿插在全文中。第二种方式是将新闻背景与主要新闻事实区别开来,放在不同的网页上通过链接的方式供读者查找阅读。

3．分层表述正文

网络新闻写作必须适应受众搜寻信息和深入阅读这两种阅读方式的需要,利用网络所独具的非线性超文本链接功能进行网络新闻分层写作,尽量采用排行榜的形式将内容逐条排列出来,从事网络新闻写作需要建立起分层表述的概念,特别是要建立起立体分层表述的意识,永远要以对读者有用的方式去进行写作,让读者很快发现他们想要的信息。

4．平民化的语言趋向

在网络传播状态下,由于受众对网络新闻的选择有着极大的自由度,信息发布者与接受者之间互动性极大,网络新闻必须具备可读性。知识性、趣味性以及平民化在语言表述上则要更为口语化,轻松活泼,只有幽默犀利的新闻,才能具备极强的可读性,才能吸引受众阅读。

第三节　网络新闻编辑

Web 2.0 理念指导下的网络媒体,以其参与性、自组织性、非中心化、微内容和个性化的特性,改变着传统的传播生态,成为当前传播格局中不容忽视的新力量,网络传播的无疆界、草根化有助于信息的认知和沟通,但另一方面也产生了信息混乱、滥用自由等失责现象,因此作为互联网空间的"把关人"——网络编辑的角色就显得尤为重要。其中,网络编辑的素质和责任感直接影响着网络舆情的走向、危机应对的方案,以及风险传播的效果。

网络新闻编辑作为网络新闻的直接把关人,是一个新闻网站的核心力量,他们充分应用网络传播技术,通过对新闻的选择、整合和配置,来表达编辑思想,进而吸引网民、影响舆论。

一直以来,传统对网络编辑的认识存在极大的误区,很多地方性新闻网站的网络新闻编辑都是从事"复制+粘贴"的工作,然后通过后台技术水平将新闻发布在网页上。这种工作相当于网络搬运工或者是理货员,事实上,网络编辑应该把新闻按照一定原则选到网上并进行整合配置,其进行的是一种再创造的、增加含金量的脑力劳动。

一、网络新闻编辑的定义及分类

(一)网络新闻编辑的定义

从广义上讲,网络新闻编辑是指页面设计专题策划、文字编辑、图形图像的制作、设计技术等。从狭义上讲,网络编辑主要是指新闻编辑,并通过网络的形式发布,包括前期采访,或从其他的媒介获取,后期的网络上传,即更新发布。

与传统媒体新闻编辑的分门别类、分工明确不同的是,网站新闻编辑没有明显的分工,其是以负责的版块划分的。以大河网为例,网站的编辑有新闻编辑、评论编辑、论坛编辑等,而且这些编辑要集合采、编、写等工作,尤其是负责新闻专题制作的编辑集文字编辑、图片编辑等为一身。由于时间紧、任务大、浏览任务重,因此,网络编辑的工作压力比较大。

(二)网络新闻编辑的分类

1. 报纸编辑

报纸新闻成为网站新闻的重要来源之一,这在业界已经是不争的事实。如大河网的新闻主要来源于河南报业集团旗下的各大报纸和全国其他报纸的新闻,其他网站大都如此。因此,报纸编辑的重要性就凸显出来,报纸编辑主要是阅览报纸上的重要新闻,同时将这些新闻发布到网站上。报纸编辑要对自己所负责区域的报纸的更新时间、特色栏目了如指掌,及时发布负责区域报纸、不可漏发重大新闻,特别是重要媒体的重要栏目。如果夜班报纸夜里更新较晚或者没有更新,就需要及时和早班的报纸编辑交接。一般配置为按照地域分配安排4个报纸编辑(如表4-1和表4-2所示)。

表4-1 某网站的报纸分工情况表(上午)

媒 体	更新时间	特 色	备 注
北京日报	Newshoo里5、6点抓	北京地区的时政新闻	新京报、京华时报、信报、竞报等北京报纸夜班发,但是需要白班补漏
人民日报	夜班	时政新闻、时评	白班需要补缺时发
北京青年报	夜班,5、6点	国内、国际、社会	白班发
千龙滚动	滚动更新	北京重要新闻、社会	
法制日报 检察日报	不定时	国内、社会法制新闻	法制网上不显示更新时间,要用Newshoo来发,上传时间为8点45分左右。来源注明法制日报而不是法制网
燕赵都市报	夜班,5、6点	河北时政、社会新闻	

续表

河北日报	8点30分	河北时政	对应的是河北新闻网
燕赵晚报	8点	河北时政、社会	
石家庄新闻网		河北新闻	
沈阳网(沈阳日报、沈阳晚报、沈阳今报)	8点	东北时政、社会新闻	沈阳今报更新最早,Newshoo八点半已上传
北国网(辽宁日报、辽沈晚报*)	5点左右	社会新闻、地方新闻	辽宁晚报夜班更新一部分
半岛晨报	6点半左右	社会新闻	
时代商报	2点	社会新闻	
大连日报	9点	各地、社会新闻	
千华网(鞍山日报、千山晚报)		各地、社会新闻	
新文化报	8点30分	主要是社会新闻	
城市晚报			夜班发,白班补缺
哈尔滨日报	9点左右	各地新闻	
东北新闻网	即时更新,7点后	时政、社会新闻	
东北网(黑龙江日报、黑龙江晨报)	夜班或8点	各地、社会新闻	
每日新报	9点至10点	国际时评、社会新闻	
天津日报	9点至10点	天津时政、社会新闻	
今晚报	9点至10点	各地、社会新闻	
北方网		天津新闻	
国际先驱导报	周一、周三、周五	国际新闻、国际时评	http://www.xinhuanet.com/herald/
华夏经纬	滚动更新,8点后	台湾新闻	主要看台湾新闻
中国台湾网	滚动更新,6点、7点后就开始有了	台湾新闻	主要看台湾新闻

表4-2 某网站的报纸分工情况表(下午)

法制晚报	中午12点左右信箱来稿,下午2点上线	国内、国际新闻,社会新闻	图表应用比较多,有独家的国际连线稿

2. 图片编辑

图片编辑要根据文字编辑的选稿,负责每日焦点图的制作,负责新闻图片的更换。图片编辑选择图片的标准是新闻性好和视觉效果好,二者都好的新闻是网站新闻的首选,新闻性好和视觉效果稍差的次选,新闻性和视觉效果皆差的不选。

3. 制图编辑

制图编辑负责日常新闻配图,其内容为漫画、图表以及突发事件发生地的位置示意图和重大报道的关系示意图。制图编辑应每日在早高峰前由各频道责编根据新闻性提出配图需求,然后由值班主编确认后执行。

4. 滚动编辑

新闻的发生是无时无刻的,所以滚动编辑主要是盯住主要的国际国内网站的新闻,并及时把重要的新闻推荐给责任编辑及值班编辑。滚动编辑的配置一般为一人,一旦发生重大新闻,要求其第一时间发出重要新闻。滚动编辑发出的新闻可以是原稿件的链接。

5. 专题编辑

主要负责修改近期热点专题,制作热点事件和突发事件专题。很多网站对记者做专题有任务规定,大河网一般要求编辑一个月做4个专题。

6. 深度编辑

深度编辑是对新近发生的重大新闻进行深度报道并制作新闻上版面的编辑。重大事件或有争议性的新闻发生后,深度编辑与深度报道小组协商定出选题,并及时做好后续工作。

补充阅读

某大网站的编辑工作情况

1. 早班

7:00—15:00,共10个岗位。

(1) 值班主编。

主要工作包括内容监控、与各频道的交流以及与新闻办的交流。

内容监控:监控网站新闻和新闻中心的闻首(均为手动区)、国内一类及二类、国际一类及二类、社会一类、二类及最终页(最终页为手动区)、军事一类及二类新闻的选材、标题制作、精编等;监控各个产品的质量、更新情况,包括点击今日、争鸣、热点专题、每日提醒、声音、热点阅读等。

与各频道的交流:及时将各频道好的东西提醒值班编辑在首页体现。如娱乐、焦点网、体育、财经的重大新闻、独家报道。重大事件与各频道协调合作。

与新闻办的交流:及时传达新闻办的指示,提醒相关人员处理;就不明确的指示与新闻办交流;敏感的人事任免及时向新闻办请示。

(2) 值班主编助理。

主要工作为:对标题和提要的把关;炒作话题;两个首页的新闻的题材以及标题制作的建议;精编新闻的提要的把关;热点新闻的统筹;突发事件的采访统筹;每日9点前制作一个时政要闻速读并在要闻区推广。

(3) 值班编辑。

对两个首页的新闻全权负责。

(4) 网站值班编辑。

(5) 责任编辑。

配置为国内、国际、社会各2人。其具体职责为：

国内责任编职1：及时供应两个首页重要的好看的国内新闻。

国内责任编职2：配合国内责任编职1，首要工作是做好狐首和闻首新闻的精编；早班流量完毕两个首页的新闻后，与国内责1协商开始精编首页国内新闻。

国际责任编职1：与翻译沟通、保证重大新闻和突发事件领先对手。

国际责任编职2：用半天的时间做完当日热点事件专题。

社会责任编职1：将当日社会新闻做得丰富好看。注意把握热点话题并炒作。

社会责任编职2：辅助社会责任编职1的工作。

(6) 报纸编辑。

按照地域分配安排4个报纸编辑。

注意和夜班报纸编辑交接。避免由于夜班报纸更新较晚，没来得及发布导致重要新闻的遗漏。

对自己所负责区域的报纸的更新时间、特色栏目应了如指掌。将重要的新闻第一时间发出并推荐。注意使用Newshoo以便提高发报纸的速度。

(7) 报总。

配置为1人：主要工作是培训新同学。提醒报纸编辑近期的热点新闻、话题以及重点专题的父对象。将4个报纸编辑推荐的好新闻及时反馈给责任编辑。对报纸编辑的新闻选材、标题中出现的问题提出修改意见。起到责编和报纸之间的协调人的作用。

(8) 滚动编辑。

配置一般为1人。要求第一时间发出重要新闻，可以是原稿件的链接。盯住四大滚动：新华网、中国新闻网、中国日报网站、《人民日报》，并及时推荐给责任编辑及值班编辑。重大新闻和突发事件不得晚于对手。

(9) 专题编辑。

修改近期热点专题；制作热点事件和突发事件专题。

(10) 深度编辑。

制作争鸣产品：与深度组Leader协商定出选题。下午做好后挂出。产品周期：周一至周五。

2. 中班

15:00—23:00，一般配置为2人。部分更新两个首页的新闻，盯住重大时政新闻和突发事件，如发生特大突发事件及时电话叫人支援。

(1) 值班编辑。

更新两个首页新闻：晚上7点以后可在网站增加社会新闻的条数，国内国际新闻可增加软新闻的比例，在晚上8点前换一批有意思的软新闻。

焦点短信：最后一条短信截至23点，除非有特别重大的突发事件，可延迟到24点。24点以后如再有重大突发事件，可在早上7点发布第一条短信。

执行新闻办的指示。

(2) 滚动编辑。

盯住四大滚动，及时推荐给值班编辑。漏掉者按照工作规范视情节处罚。

3. 夜班

24:00—次日7:00,一般为3~4个人。

除了需要保留的重大新闻和新闻办指示要放的新闻以外,要将两个首页的新闻全部更新,还包括点击今日以及提醒。

注意:值班编辑23点到岗,其他编辑24点到岗。

(1) 值班编辑。

更新网站首页,新闻首页,焦点图;调整国内,国际,社会一类,二类新闻;注意比较对手;早上7:00和早班交班,交班时要推荐焦点短信;交代中班以及夜班收到的新闻办的指示和领导的指示。

(2) 报纸编辑。

一般为3人。

及时发布负责区域报纸、不可漏发重大新闻,特别是重要媒体的重要栏目。

如果夜班报纸编辑夜里更新较晚或者没有更新,要及时和早班的报纸编辑交接。

(3) 深度编辑。

一般为1人。

与值班编辑协商制作深度专题。定位:热点及时。

三、网站新闻编辑的工作

(一) 单篇发稿,用 CMS 系统发布新闻

单条新闻的发布要求编辑快速正确的操作。单条新闻发布是每一个网络新闻工作者最基本的能力,其发布流程如下:

(1) 打开如图4-5所示的新闻发布页面。

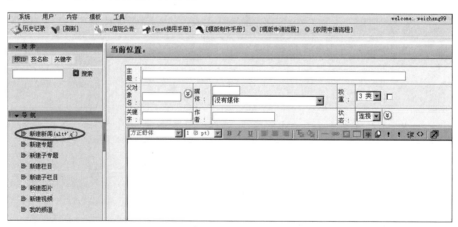

图4-5 CMS4 新闻发布页面截屏图

(2) 拷贝需要发布出来的新闻内容(含标题和正文),将拷贝后的内容分别在标题和正文框内分别复制。依次填写新闻父对象、媒体来源、关键字。如果新闻有图片,需要点开"状态"后的隐藏选项,可以看到添加图片的选项,进行添加,如图4-6所示。

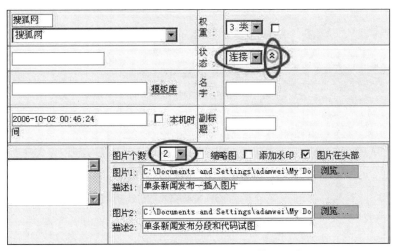

图 4-6　CMS4 发布新闻：添加图片和图注

（3）正文和内容都贴好，添加图片和图注都完成好，需要先后点击"分段落"和"HTML 代码"两个选项，如图 4-7 所示，完成自动分段，并切换到网页试图。

图 4-7　CMS4 发布新闻：分段落和切换试图（先点椭圆形图标"1"，再点矩形图标"2"）

（4）网页切换到网页视图，点击工具栏的功能键对新闻正文进行直接编辑，如图 4-8 所示。

图 4-8　CMS4 发布新闻必经流程：新闻内文数字全转半（点击图中的"3"）

（二）Newshoo 新闻发布

Newshoo 是指从合作媒体网页上自动抓取新闻并上传和发布的一套系统，如图 4-9 所示。合作媒体指新华网、中国新闻网、中国日报网站、人民网四大媒体。

图 4-9 Newshoo 完整截屏图，点击"导入我的媒体分组"可以进入四大滚动

应用 Newshoo 发布新闻有以下几个步骤：

(1) 设置媒体分组：将链接输入地址栏，打开 Newshoo 批处理页面，同时在浏览器内打开四大滚动的网站页面。选择"导入我的媒体分组"，点击后可以进入如图 4-10 所示的页面。

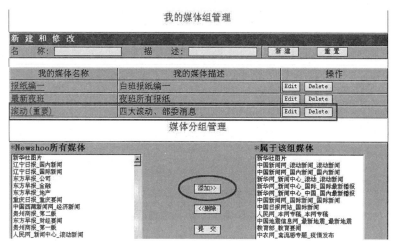

图 4-10 Newshoo"我的媒体组管理"页面

(2) 进入页面后填写"名称""描述"，完成后点击"新建"。

(3) 点击媒体后的"查"字，就可以找到刚刚批量处理过的新闻，继而可以直接点击进行更为细致的编辑。编辑完新闻之后，把标题和链接放到沟通工具中，即完成 Newshoo 处理新闻的过程。

(三) 正文精编

正文精编包括提要的撰写、小标题的加黑加粗、总结小标题、文章中对图的使用、相关新闻、相关评论、同城报道、同题报道、文章分页、示意图、动画、电子地图等一系列产品的应用以及一些小细节的使用。在具体操作中应该注意以下问题。

(1) 内文标题与外部推广标题尽量做到一致，但有时因不同版块定位需要，不同推广位可使用不同标题，但新闻点差别不可太大。

(2) 报纸原标题须加黑加粗，所有报纸上转载来的新闻都应将原标题一同转载，置于文章正文之上，特殊情况下需要标明"原报纸标题"。

(3) 文章小标题须加黑加粗，对有上页面的新闻，小标题都要加黑加粗，对于重要新闻原文没有小标题的，如果文章过长，须编辑通读全文之后自行总结小标题。

(4) 正文中的数字须为半角阿拉伯数字，正文中的英文字母须为半角英文字母，英语单词间须分开。

(5)对于后续报道,须将之前报道过的文章找出来在后续新闻正文中加活链接;对于没有图片的文章尽量配图。

(6)对于重要的人事任命类新闻,须找到简历附到文章后面标明"×××简历","×××简历"须加黑加粗。

(7)对于文章较长的新闻需要分页;对于在分页符上面加有精编或者辩论台的情况下,须在文章与精编筐之间手写分页符;文章中提到的重要的电子信箱地址应做活链接。

(四)报纸新闻的发布

报纸新闻的发布是指编辑快速准确地从报纸等媒体找到自己所需的新闻并快速发出新闻,传统媒体是网络新闻最重要的来源之一,这也是每一个网络编辑必备的技巧。

报纸编辑的新闻来源主要有以下几种。

1. 媒体供稿

即通过邮箱直接发送至编辑的收稿信箱。如大河网下的河南日报报业集团旗下的各个报纸,这些媒体的稿件到达编辑邮箱之后,利用CMS系统手工发布即可。

2. 页面更新

登录媒体的电子版页面,选取需要发布的新闻,复制媒体原标题,进入Newshoo系统搜索。将发出来的新闻以标题加链接的形式发到即时沟通工具中或者发送给相应的编辑。

(五)补新闻

补新闻是指将网站遗漏和缺失的稿件尽快由相关编辑补发出来。具体流程为:值班编辑或者相关责编把自己需要的新闻在沟通工具中发布;相关编辑立刻去寻找;滚动编辑利用Newshoo进行搜索,重复上文所述用Newshoo关键词搜索的过程;报纸编辑重复上文所述报纸发布新闻的过程,但是前提条件是先从报纸页面上找到这则新闻;补发新闻的编辑立刻把新闻发给需要稿件的编辑,责编给予回应。

(六)页面嵌套视频

具体流程分为三步:制作视频短片,上传到服务器上;拷贝ID;从页面上传。

(七)专题制作

新闻专题,就是新闻媒体在新闻报道真实性的基础之上,对新闻线索和新闻资源进行有创意的操作和整合。专题制作是网络新闻编辑的必备技术手段,而且要求快速、美观,内容条理清晰。

(八)连线采访以及嘉宾访谈

连线是最能体现网络新闻的独家性和原创精神的工作部分,但是这一部分的工作必须提前准备,而且在采访和沟通技巧上要有一定准备。

连线采访工作的流程如下:根据新闻的重要性做出判断,确定是否需要连线和采访;根据新闻内容做出选择,确定连线和访谈的人选对象;进行连线工作。如果预约访谈,一定要征得新闻监管部门(新闻办、网管办等)的同意,在沟通过程中注意方式方法。

连线采访经过连线走稿——访谈走稿——完成连线特稿专区——完成访谈页面,然后结合专题,根据实际情况放在网页的重要位置进行推广。

(九)互动工作

互动是网络的特性,因此,重大突发事件一定要在最短的时间之内考虑到互动方面的工作。互动要时刻注意两个原则,一是客观、平和,不可以诱导;二是设计合理,参与性强。

互动工作主要分为如下几种形式:

网友评论:我来说两句。

调查:主题目设计要简单,要方便网友参与和讨论。

辩论:如果事件不够大,可以考虑链接到监控设置的辩论台,直接产生网评。

论坛:将论坛网友的帖文精选出来加以推广,甚至可以直接推广论坛的入口,吸引人力进行讨论。

说吧:这种形式对特定网友的特定兴趣予以满足。

其他互动程序:如灾难事件中的哀悼和祭奠程序、献花程序,又如部分重大事件中的小游戏程序等。

原创评论:可以算作正式的新闻稿件予以采用。有时候一些特定主题的征文也可算作这一类之中。

(十)主题策划

为方便网友的阅读和打造专业的品牌,网站在重大事件中,一定要推出自己的专题,它有利于受众详细了解事件的始末,培养受众的忠诚度。进行主题策划的原则主要有以下几点:

深度:对于事件的深入分析和解剖,找出主干和脉络。

争议性:将争议各方展现在网友面前,每一方面列出若干代表观点,于客观之中营造一种争论和交锋的感觉。

延伸性:事件本身可能到此为止,但是事件的影响还在继续,或者说从事件本身引发的思考并没有完结,专题应该在延伸阅读上投入精力。

有一定的炒作价值:网民爱看,事情也需要一个完结,这类的新闻有一部分原因是为了迎合网民的需求和商业的利益。

四、网络编辑业务的要求

(一)敏锐的新闻价值判断力

新闻价值判断力是网络编辑应有的基本素养。新闻价值包括时效性、重要性、接近性、显著性、趣味性等5个要素。时效性是基本前提,重要性占据首要地位。

1. 及时性与全时化

网络新闻素以快速、海量著称,所以对于其及时性的要求就更高,及时性甚至已经不能表达其快速的特点了,目前针对网络新闻的快速反应已经提出了"全时化"的概念,即:全天候新闻采写、全过程时间采写、全时化新闻编辑。

2. 显著与重要

在新闻的显著性中,高度知名或十分突出的新闻人物、地点、事件存在着两种类型,一种是政治、军事、外交、经济等领域的政治家、军事家、外交家、企业家、社会活动家及其活动;一种是体育、文艺、娱乐等领域的名流明星及其活动。

3. 灾难与人情味

灾难新闻操作,除了灾难现场、破坏度和原因等因素之外,还要特别注意灾难中人的因素,注意发掘和呈现灾难背景下的人情、人性。

(二)整合信息与逻辑分布能力

网络编辑除了要快速准确地发出新闻之外,还要有能力搜寻到完整的新闻背景资料。在这方面,各类主题数据库与综合数据库、搜索引擎的建立与发展为此提供了很大的便利。

要把真正有用的部分具有逻辑性地分布在当前的新闻报道之中,即要妥善的、科学的使用新闻背景,包括编配全面的、理想的多文本链接组合,增强文本的力量。

编辑对既有的大量跟踪报道或后续文本,也需要突出重点,方法上包括:作为重点篇目或栏目推荐;简编版面或栏目;在超文本结构上"推""拉"结合;有最简练的最新综述或提要;也可以请专家来加以评述、组织交互式讨论,甚至策划更大规模的跨平台的新闻战役。

(三)敏锐的政治洞察力

作为网络新闻把关人的编辑,在选择与组织稿件时要有敏锐的政治洞察力和高度的政治鉴别力,时刻保持清醒的头脑,时刻以党的事业之稳定发展为己任。在网络新闻中,其头条多数时候以时政要闻为主。同时,需逐渐摒弃网络新闻初始阶段海淫海盗、恶意操作等倾向,尽快确立和强化主流意识,尤其是在商业门户网站为载体的情况下,更应该凸显公众立场,打造公信力,用主流心态做主流新闻。

(四)过硬的业务素质

网络新闻编辑工作对网络技术的掌握有较高的要求,网络媒体较之传统媒体,技术性更强。网络新闻编辑除了新闻内容做好之外,还必须通过各种技术手段(专题框架、图文、视频、Flash、幻灯、动画、示意图、翻页书等)对新闻进行包装,做有专业水准的网络新闻,使受众在获取新闻信息的同时,还可得到良好的阅读体验和感受。网络新闻编辑的职业素养还表现在其知识结构上,新闻从业者历来都被认为是杂家,尤其是面对海量的网络信息时,又给网络新闻从业者提出了更高的要求。不断变化着的世界不仅要求网络新闻编辑拥有渊博的知识、深厚的文化底蕴,还要求他们具有一定的批判能力,能够在这个信息浪潮的冲击下时刻保持头脑的清醒。

(五)吃苦精神与团结协作能力

网络新闻编辑是个很枯燥的工作,要在电脑前不间断地关注着新闻事件的发生、关注最近最新的新闻报道,所以网络编辑的工作压力大、强度高,需要付出很大的体力与脑力劳动。同时,网络新闻的快速不是个体的快速,而是个体间的默契配合,从而达到整体快速的效果,因此需要编辑的团结协作能力。

(六)浓厚的人文精神

网络编辑要有一颗平常心,要以浓厚的人文精神去对待自己的工作。从新闻本身的选择、制作、推广,到对新闻的评论、调查,再到图片处理、互动引导等方面,都涉及人文精神的问题。通过有震撼力的新闻,传达人文关怀和社会责任。不媚上、不欺下,对于涉及官方或领导人的新闻采写或处理不要有阿谀之词;对关乎底层弱势群体的新闻采写或处理,不要有居高临下、颐指气使的优越感。同时,要保持在新闻事件中客观中立的态度,新闻处理不以偏概全、不乱贴标签,保持客观、中立,不贬低、不拔高、不渲染,不要完全站在新闻事件中的任何一方。

(七)具备一定的法律知识和法律意识

网络新闻编辑应有一定的法治精神,明了法律界限。网络新闻多来自于转载,内容方面责任由供稿媒体承担,但网络新闻参与传播"问题新闻"也是非常影响公信力的,必须注意甄别,多质疑、多求证,增强规避风险的意识。编辑在进行新闻处理时,要有基本的法律常识,以免犯常识性的错误。

第四节 网络新闻评论

随着互联网的普及、网民队伍的增大、信息资源的共享性增强,上网看新闻已经成了很多网络用户每天的必备功课,在获得信息权的同时网民增大了对话语权的要求,因此在点击新闻的同时,网民对新闻开始发表评论。

由于网络的隐蔽性与匿名性,受众在网络上发表评论的意见权和知晓权得到保证,呈流沙状的受众受暗示的可能性小,不受到"议程设置"的强力控制和影响,受众可根据自己的爱好从网上拉出自己喜欢的信息,按照自己的意愿发表意见,因此网络新闻评论的发展迅速,几乎所有网站的每条具体新闻后面，都会有“评论”的相关链接。如果是引起大量跟帖的热门评论话题，网站就会以醒目位置显示在前一页新闻标题后面，甚至放置在网站的首页。网络新闻评论深受网民的喜欢，在网上呈燎原之势。

一、网络新闻评论的概念及特点

（一）网络新闻评论的概念

网络新闻评论，顾名思义是网络媒体就当前新闻事件或事态发表评价性意见，它既包括网络媒体自身利用网络发出的声音，也包括网民在网络上就某一新闻事件或社会现象发表的评价性言论，还包括某些专家、学者针对某一事件或社会现象做出的分析和评论。

（二）网络新闻评论的特点

与传统媒体相比，网络新闻蕴含的内容、表现的形式、承载的功能、社会的作用、受众的接受方式都呈现了自己新的特点。

1. 快捷性

在新闻评论的时效性上，网络媒体比传统媒体要更占优势。如利比亚发生强烈地震，地震中的我国公民的情况牵动着国内民众的心，腾讯网从 2011 年 2 月 22 日开始报道我国将调派包机和船只组织利比亚人员撤离的新闻（如图 4-11 所示），截止到第二天下午两点，短短不到一天的时间该条新闻就有上万的点击量，而且其中发表评论的有 603 条。

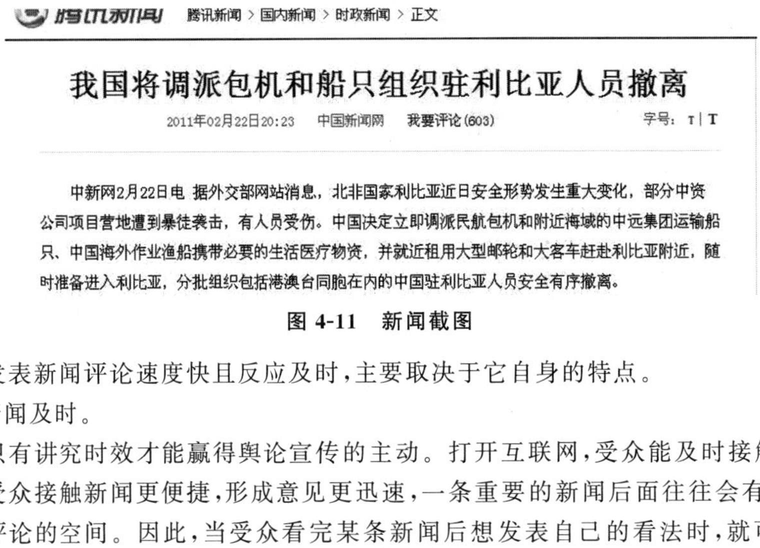
腾讯新闻 腾讯新闻 > 国内新闻 > 时政新闻 > 正文

我国将调派包机和船只组织驻利比亚人员撤离

2011年02月22日20:23 中国新闻网 我要评论(603) 字号：T | T

中新网2月22日电 据外交部网站消息，北非国家利比亚近日安全形势发生重大变化，部分中资公司项目营地遭到暴徒袭击，有人员受伤。中国决定立即调派民航包机和附近海域的中远集团运输船只、中国海外作业渔船携带必要的生活医疗物资，并就近租用大型邮轮和大客车赶赴利比亚附近，随时准备进入利比亚，分批组织包括港澳台同胞在内的中国驻利比亚人员安全有序撤离。

图 4-11 新闻截图

网络媒体发表新闻评论速度快且反应及时，主要取决于它自身的特点。

（1）接触新闻及时。

新闻评论只有讲究时效才能赢得舆论宣传的主动。打开互联网，受众能及时接触到刚刚或正在发生的新闻。受众接触新闻更便捷，形成意见更迅速，一条重要的新闻后面往往会有新闻跟帖，提供受众发表自己评论的空间。因此，当受众看完某条新闻后想发表自己的看法时，就可以立刻着手写作，这是传统媒体所无法比拟的。

（2）写作简洁。

网络新闻评论跳出了写作的固定模式，行文自由而多样化。许多新闻评论开门见山，有时一句话或一段话旗帜鲜明地表明了自己观点，中间没有任何客套，从而节省了时间。

(3) 发表程序简单。

评论发表过程简单。文字稿形成后,点击鼠标只需1～2秒就可实现评论的上传、发布,此过程与报纸评论的文字输入、排版、印刷、发行及广播电视评论的主题策划、节目录制等环节相比,操作流程少,更加简单快捷。此外,传统媒体新闻评论需要制作周期,有截稿时间的限制,而网络新闻评论则不受此限制,稿件可以随到随发。

2. 全面具体性

网络媒体有其庞大的存储空间,同时又不受时间限制。它不仅可吸纳平面媒体的所有评论,还可以对内容进行深挖掘,让众多的读者参与其中,发表意见或评论。对同一个问题或同一个新闻事件,不同的受众可以从不同角度采用不同形式全面展开论述,有利于更好的认识并揭示新闻事实的本质。

(1) 舆论的集大成者。

网络新闻评论正向集纳化的方向发展,它要求随着新闻事件向纵深发展,不断向专题评论充实最新最快的信息,争取以尽可能快的速度跟进事件的发生发展,同时将与新闻事件相关的横向报道和背景资料等容纳在专题新闻评论中。甚至还可以将传统媒体新闻评论转化成电子文本、视频、音频的形式上传至网络。

我们从网上可以看到一些重要的新闻或现象发生后,网民评论少则几十条,多则成百上千条甚至上万条。不同的受众来自不同的岗位,有着不同的生活环境、行业背景,因而有不同的思维角度和习惯。网络新闻评论在某种程度上比传统媒体评论内容更丰富、饱满,产生的舆论影响力更强大。

(2) 信息的海量性。

网络将众多计算机连接起来,形成了一个巨大无比的数据库。网民的海量分布,使得评论呈喷薄之势。与传统媒体评论相比,网络新闻评论可以逃脱报纸版面、广播电视时段等诸多限制。高速发展的网络空间,几乎可以将全世界的新闻评论信息全部包容。

(3) 技术的多媒体性。

网络新闻评论突破了传统媒体的技术限制,可以将文字、图片、声音、动画、影像等综合运用到评论当中,最大限度地实现了多种传播形式的"兼容并包",使网络新闻评论图文并茂、视听共赏。

(4) 形式的多样性。

网络新闻评论主要有网络新闻评论专栏、网民即时评论和网络论坛(BBS)三类。

第一类:网络新闻评论专栏。它主要是指网民在网上发表的评论文章,有一定的长度,能独立成篇,就像报纸的言论专栏。这类评论文章是网民通过浏览网络媒体上所报道的重要新闻事件,或针对社会热点问题,提出的一些看法。如新华网的"发展论坛"。不过,一般在栏目下面通常还会有很多子栏目,新华网的"发展论坛"栏目下设有"时政论坛""国际论坛""城市论坛""财经论坛""深度看点"等,如图4-12所示。

图4-12 新华网的"发展论坛"

第二类:网民即时评论。它是指网民在浏览新闻时对某条自己感兴趣的新闻迅速作出回应,长短不限。几乎各大网站的每一条重要的新闻后面都有"发表评论"的链接,提供受众发表意见的空间,可与所阅读的新闻受众实现传受二者的及时性互动。

第三类:网络论坛(也叫 BBS)。它是网民围绕网络编辑已推出的话题各抒己见、讨论交锋、发布网络新闻评论文章。它的主题下面也设置有不少的子话题,如人民网在"强国社区"下面主要设有"强国论坛""深入讨论""两岸论坛""海外广角""反腐倡廉""国际""科技""三农""体育""情感""教育""音乐"等 34 个主题,如图 4-13 所示。

图 4-13 人民网的"强国社区"

3. 强烈的平民色彩

网络新闻评论比较注重民间的声音,追求思想的原创性。对新闻事件、社会现象的解读和评说,追求独特的视角和新鲜的观点。

4. 良好的互动与共鸣性

网络为我们提供一个双向交流的平台,任何一个有条件接触网络的人既可以充当信息的接收者,也可以充当信息的传播者。当今的网民对网络新闻不仅仅满足于知晓,更表现为强烈的参与意识,网民可以选择到自己感兴趣的专区去发表意见,还可以针对别人的论述阐释自己的看法。因此,网络新闻评论实际已经成为一种"互动式评论"。网络评论越来越注重评论的互动和共鸣。网络所提供的信息传递和舆论反映的快速通道,使其有着几乎同步的双向性、互动性、呼应性。

5. 浓厚的人文关怀

网络新闻评论能更好地传达民意、反映民意,它打破了传统新闻媒体对舆论的控制和对信息的垄断,使传播过程中的传受双方变得更加自由和平等,网络新闻评论越来越倾注人文关怀。由于大量的网民加入评论队伍并以平民的视角来解读社会百态,新闻评论的人文关怀色彩愈来愈浓。

二、网络新闻评论的基本类型

国内不同的学者根据网络新闻评论的发布平台、主体、载体的不同,将新闻评论的类型分为不同的类型。

(一)按网络新闻评论发布平台划分

主要分为网络专栏评论、网民即时评论和网络论坛评论。

1. 网络专栏评论

它在较大程度上保持了传统媒介新闻评论的观点,是报纸评论功能在网上的延伸。这类评论是网民通过浏览媒体报道的重要新闻事件,或针对社会热点问题,在新闻网页上所设的言论专栏里发表或发布的署名评论。它有一定的长度,围绕舆论关注的焦点、百姓关心的热点和政府工作的重点等发表评论,能独立成篇。网易、搜狐等网站都有这样的新闻评论。

2. 网民即时评论

网民即时评论是网民在浏览网络新闻时就新闻内容发表的留言和跟帖,针对单条新闻所设置的交流与讨论平台,其特点是随写随发,是一种短而精的评论。在很多的网站新闻后都会设置"我要说两句"和"我要评论"的链接。

3. 网络论坛评论

它是网络媒体在互联网上为网民提供的就新闻和社会问题发表和交换意见的场所,是网民围绕网络媒体已推出的话题进行发言讨论。比较著名的有:"天涯论坛""搜狐社区""北大未名""西祠胡同社区"等,图4-14为"天涯论坛"的截图。

图4-14 天涯论坛的截图

(二)按网络新闻评论的主体划分

1. 编辑评论

编辑评论是网站的编辑记者或特约评论员所撰写的评论文章,代表本网站对新闻事件的立场和观点,类似于传统媒体新闻评论的社论、评论员文章和署名言论。

2. 专家评论

专家评论是网站邀请有关专家学者就某个新闻事件所发表的评论。专家评论既可以由专家本人撰写,也可以采取专家与网民直接交流,如在线访谈、聊天室嘉宾座谈等形式。

3. 网民评论

网民评论是网民发表的各种形式的言论。网民评论既有一两句话的简短评价,也有成千上万字的长篇大论。相比编辑评论、专家评论的权威性,网民评论则带有一定的随意性和自由性。

三、网络新闻评论的作用

网络新闻评论近两年迅速壮大,在一些重大事件中反映了人民的呼声,在反映社情民意、社会舆论等方面起着重要的作用。网络新闻评论有了很大进步,也取得了不少成绩。当然,不可否认的是,网络新闻评论仍存在一些问题。

(一)网络新闻评论的积极作用

1. 为公共领域的建构提供载体

哈贝马斯基于资产阶级特定历史背景提出的公共领域形态主要是私人社团、学术协会、宗教社团、剧院,以及咖啡馆、沙龙等,是一种有形有边界的形态。而今天的大众传媒则提供了一种更为广泛的公共领域形态,是一种无形、无边界的聚合物,是对原有形态的延伸。公共领域具备能够保障参与者充分沟通的媒介,而网络新闻评论为公共空间的舆论发表提供了一个很好的物质载体与平台。

2. 参与主体多元性

传统新闻评论的主体主要是本媒体的编辑或者记者,而且由于节目时间或版面的限制,传统媒体刊登或播出的评论的容量和密度是极其有限的,而网络新闻评论的主体来自于各个行业的网民,他们可以就自己关心的话题或者自己的意见在无限的网络容纳中自由表达。

3. 良好的互动性

网络时评板块基于网络媒介的优势,在双向沟通方面有着得天独厚的优势,网络时评基本上可以做到与事件同步,加重了受众对网络媒介的关注,网络时评在网站发表后,读者可在文章后面的跟帖区域进行再评论,甚至可以自己另写一篇文章针锋相对地展开驳斥。这一优势对于突破话语霸权意义非常明显。

4. 选题的开放性

新闻评论选题上的开放使得网络媒体得以提供更多的论题,同时,在同一件事上也可以有更多、更新的视角,给受众更多的新鲜感。选题的开放使得评论的见解新颖、论点新颖,这能给读者以思想启迪,给实际工作以新的启示。

(二) 网络新闻评论的消极作用

1. 评论随意,杂乱无章

在现实生活中,很多人需要一个宣泄情绪的地方,而虚拟世界恰恰满足了人们的这种需求。网络新闻媒体作为一个全开放的几乎没有任何管制的信息通道,网民可以任意发表评论,而且无须像在传统媒体上承担责任,这就导致了网络新闻评论的杂乱无章。

2. 语言偏激,缺乏理性

由于网络传播的个人化、隐蔽性和互联网的开放平等、即时交互等特性,网民们在参加讨论时很容易采取偏激的态度,发泄自己的情感,有时甚至利用侮辱性的语言对某些公众人物或自己不满的个人进行有目的性的攻击。因此,在网上可以经常看到一些无聊之极的"口水帖"。而很多评论只是网民个人浏览新闻有感而发,并没有经过深思熟虑。特别是某些有正义感的网民,一见报道弱势群体被欺压,就满腔愤怒,不加思考一顿评说,这样容易误导其他的网民,造成不好的舆论影响。

3. 盲目求快,流于浅薄

在网络时代,新闻评论要切合网络自身的特点和快速的优势。然而一味求快就会使不少新闻评论流于浅薄而成为易碎品。评论者为了迎合公众求知欲,在缺乏对事件的前因后果有足够了解的情况下,迫不及待地就事件表面问题加以评论,就容易导致分析评论不够深入,快餐化倾向严重的现象。而网民在网络上发表自己的见解,不应没弄清楚事情因果就大发感叹,这样容易造成以讹传讹。

4. 信息源匮乏

网络新闻评论的信息源少,并且多数依赖传统媒体。尽管网上信息丰富,但绝大多数信息的来源仍是传统媒体。大量的社会信息,尤其是重大新闻信息掌握在传统媒体手里,使得人们对网络新闻评论的信任度不如传统媒体。

本章小结

网络新闻采访写作编辑评论是一个系统技能,需要在不断实践锻炼中领会与提高。本章仅从其基本流程进行说明,在实际中要结合实际情况,具体问题具体分析,有的放矢地进行好网络新闻的相关的具体业务。

练习与思考

1. 如何做一则成功的网络新闻采访？
2. 论述网络新闻标题的制作原则及方法。
3. 在指定的网络信息平台上采访写作并编辑固定专题系列的网络新闻。

参 考 文 献

[1] 陈燕.网络新闻写作方法初探[J].现代传播,2004(5).
[2] 张晓祺.论网络新闻评论[J].军事记者,2006(6).
[3] 彭兰.网络传播概论(第二版)[M].北京:中国人民大学出版社,2009.
[4] 邓炘炘.网络新闻编辑[M].北京:中国广播电视出版社,2005.
[5] 彭兰.网络新闻专题的特点、发展及编辑原则[J].中国编辑,2007(4).
[6] 杜鹃.浅析网络新闻专题及其策划[J].新闻知识,2010(8).

第五章 网络广告实务

> **学习目标**
>
> 1. 掌握网络广告策划的基本流程及其策划内容,理解策略性思考对于网络广告策划的意义。
> 2. 掌握网络广告设计的基本知识、方法与技能,能够使用相关软件进行网络广告作品的构思、创意、设计和制作。
> 3. 掌握网络广告发布的方式、途径与基本规范,能够按照媒介计划的要求正确发布广告作品。
> 4. 理解网络广告效果测评的意义及特点,理解测评指标的含义及应用场合,并能够使用这些指标进行网络广告效果的评价以衡量一个广告作品或运动的效果。

网络是信息传播的工具和载体,但其意义绝不止于此。随着网络的发展,网络的信息流逐渐与物流、资金流结合起来,轻点鼠标或触屏,消费者即可在网络上完成从信息搜寻到购买的全过程。作为企业营销的利器和与消费者沟通的重要渠道,广告一方面要承载广告主更多的期待;另一方面,广告人更要适应消费者信息接受习惯的革命性变化。本章将全面呈现在网络传播模式下,有关网络广告策划、设计、制作、发布和效果测评的详细而实用的知识。

第一节 网络广告的策划

网络的兴起为企业提供了一个前所未有的机遇,一方面,作为信息载体的网络为企业提供了便捷的信息传播通道和高效的沟通工具,企业有了与消费者直接接触、沟通和营销的渠道,随着网络对信息流、资金流和物流的不断整合,企业在网上就可完成营销的全过程。另一方面,网络也让企业面临了更大的挑战。网民的自主性与个性化需求,以及网络传播媒体的巨量化和碎片化特点颠覆了企业原有的营销模式,甚至给企业的生存发展带来了革命性的影响。在此情况下,企业基于网络的营销活动和广告传播活动要想成功,就必须按照网络及网民的特点,提前谋划,周密安排,以期达到效果的最大化。正所谓"凡事预则立,不预则废。言前定则不跲,事前定则不困,行前定则不疚,道前定则不穷"。策划对于企业来说,是必要的也是极其重要的。

策划是对未来的谋划,是策划者基于特定目标而对其内部资源和外部资源的有效整合。而策划作为一门科学,则起源于西方,美国哈佛企业管理丛书认为:"策划是一种程序,在本质上是一种运用脑力的理性行为。""广告策划"一词最早是由英国广告人斯坦利·波利特于20世纪50年代提出的,其核心思想就是确定广告目标,判定和发展广告策略。

一、网络广告策划的原则

对于网络广告的受众而言,网络广告区别于传统广告的一个特点在于,网络广告的受众在信息控制能力上的增强,网络本身所具备的交互功能可以让网民对于其不喜欢的广告或不感兴趣的品牌直接进行过滤,甚至使用屏蔽软件永久关闭与企业的沟通通道。对于企业来说,网络所具备的对于信息流、资金流和物流的整合功能,让广告主对广告有了更多的期待和要求。广告主不再仅仅满足利用网络进行广告的传播,更要求网络广告能够和销售直接连接起来,实现从广告传播到销售的完整闭环。

因此,网络广告策划必须适应消费者的这种对于传播权的逆袭,认真考虑广告主的需求变化,结合网络传播的特点进行策划。具体而言,网络广告策划的原则有以下几点。

(一) 目的性

网络广告策划如同杠杆,其目的就是支点。若想迅速成功,必须掌握杠杆作用的原理,专注于广告的目的并建造属于自己的又长又结实的杠杆。一般而言,任何广告策划,都是一种策略性的目的性行为,没有任何一个策划不是针对某一特定目标的,只有确定目标的策划才能真正发挥效用。网络广告目标设定的作用主要有以下几点。

1. 管理作用

明确的目标有利于加强对网络广告活动的全面控制,可以实现对网络广告各要素的有效整合。

2. 评价作用

具体的可执行的网络广告目的可以作为衡量网络广告活动效果的依据,根据最终实施的情况及评价可以总结经验和教训。

3. 支点作用

为广告策略和广告创意的展开提供一个支点,每一个活动步骤都应由目标延伸出去,为达到其目标而服务。

为了实现目的,必须设定若干个目标。如果忘记这一点,想一口气冲向终点,便会遇到挫折。目的是最终要达到的结果,但是很多策划人往往把目的当成目标,这样在目的不能很快实现的情况下,就会使策划人产生挫折感。

网络广告策划不仅是广告运作的策略指导,也是对网络广告运作的控制和管理,为了策划的有效性和可执行性,在制定网络广告策划的目标时,必须明确而具体。广告目标的确定是要明确企业面临的难题,网络广告策划实际上就是对企业难题的一种解决路径的规划。广告的目标或者是为了提高产品的知名度,或者是出于公司的形象考虑,或者是要协助解决营销中的某一具体问题等,任何脱离了广告目的的网络广告行为都无法形成系统而有效的网络广告运动。

在实际的广告实践中,经常会有这样的情况,广告主在从事网络广告之前没有一个明确的目的,很多企业只知道要做广告,但对广告的理解就是销售需要,因而把提高销量作为广告的唯一目的,其实这是对广告的一种误解。因为从本质上来说,广告既不是销售渠道,也不是产品本身,它只是一种传播手段或沟通工具,其直接的效果在于通过信息的传播形成对受众认知、态度等心理上的影响,其具体衡量指标可为广告的曝光率、点击率以及品牌的知名度、好感度、美誉度或指名购买率等。

而广告的间接效果则是指在广告活动的配合下,包含生产、管理以及营销等诸多要素所综合形成的目标,主要为经济目标,如产品的销量、市场占有率、转化率等。

网络广告的直接目标和间接目标是不同的,再好的广告也卖不动糟糕的商品,价格、品牌、购买和支付便捷性等问题没有解决的商品也无法让消费者产生购买的行为。在制定网络广告目标时,应当确定的是广告的直接目标,而不应对广告的间接目标做出直接的承诺。除非广告主在营销上有通盘的安排,有其他营销环节的紧密配合。

(二) 创造性

网络广告策划应当达到"1+1>2"的效果。这种创造性是基于对企业、产品、竞争者、网民以及网络传播特点透彻了解的基础上,通过创造性的思考和策略性的战略战术,最终实现广告活动的创新。

对于网络广告来说,策划者必须能够针对网民的特点进行策划,并有效利用网络传播引爆话题的特点,实现广告信息的快速有效传播。网络的突出特点就是网民也拥有了自主的传播权,信息可以经由网友的口碑传播实现信息的爆炸式增长。网络广告中的病毒式传播就是一种极具创造力的传播方式,通过用户的口碑传播,让广告信息像病毒一样飞速传播和扩散,利用快速复制的方式传向数以千计、数以百万计的受众。2008年8月,联想为其 Ideapad S9/S10 上网本进行的爱在线 Always Online 广告策划,通过前期 BBS 的预热,使网友对贴文《漂亮学姐竟是恋熊女孩,我来貌似掀她老底》所讲述的唯美爱情故事产生了极大的期待,最终联想宣称以 Ideapad S9/S10 冠名赞助,出资1000万元,把故事拍成短片,并邀请林俊杰演唱主题曲《爱·在线》,并宣布由故事中的酷酷熊出任联想系列笔记本的卡通形象代言人。最终该广告片视频于9月4日正式上映,通过视频网站、论坛、人人网等渠道一共播放386万次,随着广告片的播出,该款笔记本电脑在淘宝店的销售也开始火爆。此后,联想开始在各终端进行以该爱情微电影为主题的大规模的促销推广。据统计,Ideapad S9/S10 新品上市一月销量即突破3万台,并且在消费者心目中建立了联想美好、亲切与时尚的品牌印象。

对于策划者来说,能够综合天时地利人和因素,创造性地组合资源,往往可以使网络广告活动达到传统广告难以想象的传播效果。作为一个凉茶品牌,王老吉的广告活动一向中规中矩,但该公司在2008年策划的一次网络广告活动最终使得该品牌一下子成了家喻户晓的品牌。2008年5月18号,在央视一号演播大厅举办的"爱的奉献——2008抗震救灾募捐晚会"上王老吉捐了一亿元人民币,其后续的一个网络帖子"封杀王老吉!"在网络上流传甚广,最终成就了一个网络广告传播的经典。"王老吉,你够狠!捐一个亿,胆敢是王石的200倍!为了整治这个嚣张的企业,买光超市的王老吉!上一罐买一罐!不买的就不要顶这个帖子啦!",很多网友刚看到标题后都会点击进入一探究竟,但在看到具体内容后却都是会心一笑并热情回帖。此后,该热帖被各大论坛纷纷转载,网络上关于此次事件的帖子也以几何级数增长。从策划的角度来看,王老吉的传播已经从传统广告的模式中跳了出来。无论从时势的把握上,还是从广告的形式上,策划者都进行了大胆的突破,让企业在做出善举的同时,将企业的品牌形象传播最大化。无论从社会责任的角度还是纯营销的角度来看,王老吉的作为都是值得学习的。其一,救急救难的时候,起到了"模范"作用,尽到了大企业的社会责任;其二,基于互联网的广告策划,王老吉做得更加有创意、有技巧,更加成熟。

(三) 系统性

网络广告策划本质上是一个资源整合的过程,这种资源包括内部资源和外部资源,涵盖企业的人、财、物。对于策划要素来说,网络广告要整合的是广告目标、广告主题、广告策略、广告媒介等要素,如何让各个要素及环节紧密配合,环环相扣,保证广告效果在一个维度上实现不断强化,尽量减少策划活动及执行过程中的无序性和随意性,这就需要系统性的组合。

这种系统性主要体现在以下三个方面。

1. 网络广告策划各要素的配合上

在网络广告调研的基础上,明确了解市场状况、自身优劣势、竞争对手情况,准确进行定位并明确了解目标消费者的心理接受及行为特征,在选定沟通主题后采用消费者喜闻乐见的表现方式并通过网络媒体组合将信息传递给消费者,这些要素应当为着同一个目标协调配合。

2. 时间的安排上

在网络广告策划及具体实施时,设定每一阶段要完成的任务,层层推进,环环相扣,最终实现网络广告策划总目标的实现。

3. 线上线下的协调上

大多数广告主并不会单独使用网络广告,而是把网络广告和传统媒体广告结合起来使用。从媒介特性来说,电视广告借助电视媒体的权威性、强制性和认同度,更适合进行品牌形象的塑造,而网络广告则在互动性、个性化以及话题性方面更具优势。因此,线上线下需要协调一致,可以通过线上引爆话题,线下权威评论和转载,形成传播的互动,从而使一个广告活动达到传播效果的最大化。

二、网络广告策划的程序

网络广告策划在本质上仍然属于广告策划的一种,因此,在实施过程中的环节与传统广告有很多相同的做法。具体可以将网络广告策划分成准备阶段、制作阶段、检测阶段、实施阶段。

(一)准备阶段

准备阶段的主要工作是对市场情况、消费者情况、产品情况、竞争对手情况进行调查研究,形成正式的研究报告。

广告调查(Advertising Research)是进行网络广告策划的第一步。广告调查是指运用科学的方法,系统的设计、收集、分析和提出与市场有关的情报资料,更好的预测、把握目标市场的变化规律,为广告决策提供可靠依据的调查研究活动。通过调查可以帮助解决三个问题,即描述、诊断和预测。描述是指通过调查收集和提供反映实际情况的资料。例如:消费者对我们的产品是如何评价的?诊断功能是指通过调查可以获得解释变化的数据。例如:产品包装设计的变化对销量有什么影响?预测功能是指通过对市场及消费者的调查可以明白消费者的预期,判断市场可能的发展方向。

我们把基于互联网而系统地进行调研问题的发布、收集、整理、分析和研究的方式称为网络广告调研。网络广告调研是利用互联网,针对特定广告环境进行调查设计、问卷设计、资料收集和分析的活动,它为企业的网络广告决策提供数据支持和分析依据。

目前,网络广告调查的方式主要有两种,即直接调研和间接调研。网络间接调研指的是网上二手资料的收集。其方法主要有三种:利用搜索引擎查找资料、借助专业网络市场研究公司的方式查找资料和利用相关的网上数据库查找资料。

网络市场直接调研指的是为当前特定的目的在互联网上收集一手资料或原始信息的过程。直接调研的方法有四种,即网上访问法、网上观察法、网上实验法和注册法等。

1. 网上访问法

包括网上问卷调查法、访谈法等。网络受众的问卷调查法脱胎于传统的调查法,是重要的网络调查方法,结合网络的媒介特点,在形式上比传统方法更丰富,分为网上普查法和抽样调查法。大型调查法通常由专门的调研机构组织,调查内容广泛深入,调查对象多,并配合有声势浩大的宣传。不少大型调查为了提高问卷的答卷率,往往用抽奖进行刺激,并且在知名网站放置问卷链接,扩大调查范围。网上抽样调查法指通过抽样选出调查对象,再将问卷寄到调查对象的电子信箱,此种方法类似于传统的邮寄调查法,其特点是成本低,针对性强。访谈法可以针对一个人,也可以针对一个网上焦点小组(Focus Group),通过QQ聊天、网络聊天室及微信群聊实现。

2. 网上观察法

网上观察法主要是指利用软件在网上对受众的身份、活动进行调查。可以调查受众的身份、IP地址、电子邮箱地址、上网习惯和爱好、媒介使用情况等。相关软件能记录网络浏览者浏览企业网页或广告所在页面时所点击的内容,每个点击进去后的内容浏览时间;在网上喜欢看什么商品页面;看商品时,先点击的是商品的哪些方面,价格、服务、外型还是其他人对商品的评价;是否有就相关商品和企业进行沟通的愿望;也能记录不同商品的点击率、广告的点击率、文字信息的点击率等观察数据。

最常用的两种方法是服务器软件调查法和Cookie技术跟踪法。服务器软件调查法是指网络服务器设有访问日志软件(Log File)用来记录、统计、分析受众访问网站的情况。

Cookie技术跟踪法是目前被广泛使用的精确的网络调研方法,用户访问一个网站时,Web服务器会将用户的一些访问数据以Cookie文件(.txt格式的文本文件)的形式存放在用户的计算机内,当下次用户再访问同一个网站,Web服务器就会依据Cookie里的内容来判断使用者,并送出特定的网页内容。从本质上讲,它可以看做是受众的身份证。但Cookies不能作为代码执行,也不会传送病毒,且为受众所专有,并只能由提供它的服务器来读取。

3. 网上实验法

网上实验法可以通过网络做广告内容与形式的实验。调研者可设计几种不同的广告内容和形式在网页或者新闻组上发布,也可利用电子邮件传递广告。广告的效果可以通过服务器端的访问统计软件随时监测,也可以利用查看客户的反馈信息量的大小来判断,还可借助专门的广告评估机构来评定。

4. 注册法

注册法是指网页上提供一份注册表要求受众填写个人信息的方法。在以下情况下会要求用户进行注册,包括网站提供某种免费服务时、开展某项活动时、用户获得某种资格时、用户进行电子交易时等。

(二) 制作阶段

制作阶段是广告策划的实质性阶段,在这一阶段首先要对成型的资料经过汇总、综合、分析、整合,从而得出初步结果,在分析与整合的基础上,对这些零散的信息形成一个较具体的纲领性计划书。在这一计划的形成过程中,不仅广告设计的全体人员应参与其中,而且企业的产品设计者、生产者、企业经营者、企业决策层都应参与其中,群策群力才能形成统领企业整体战略的广告计划。这一计划一旦形成,任何个人都不应轻易改动。

纲领性的计划书一旦形成,广告策划的操作过程就已过半了。但计划的形成并不是一次完成的,在后来的实践中还应对不足之处作出修正,甚至反复多次修正才能最终形成稳定的计划书。经过修正的计划就要进入实施阶段,在这一阶段首先要由某个设计人员写出一份具体的执行计划,这项计划不仅体现了操作过程的内容,而且,对具体实施中的细节也要考虑周到。力求做到具体、翔实、可靠、全面。比如,网站的选择、投入费用、费用计算、播放时间、播放频率、图形设计、语言选择、误差纠正、广告更新、版面调整、经济周期、产品季节性等非常具体的方面。具体的执行计划并不需要太多的人参与其中,只要对广告全过程及公司运作有一定了解的人都会胜任此工作。这项计划是广告实施前的最后蓝本。

(三) 检测阶段

检测阶段是对最后出台的广告实施计划的审定和测评,这一阶段将上一阶段拟制的稿件送给广告主或企业主。呈送过程中要把更加具体详细的实施计划向企业主进行解释说明,解释者应该是这项计划自始至终的参与者和制定者,因为他才能从实质和核心上去把握这则广告。解释者应该以公正、坦诚的心态与企业主进行沟通,以便二者真正达成共识,这直接关系到广告设计与实施者与企业的合作状况,从而影响广告的整体效果。这一过程是一个沟通与协调的过程,使广告与产品真正浑然一体。这对二者的利益关系也有潜在的影响,如果这一协调过程失败或没达到圆满,很有可能在未来的实施过程中留下很多后患。

评议者收到计划后一般会提出一些修改意见,这时的修改与广告设计人员和执行人员没有关系,主要是企业主的意见反馈,是对稿件来自非设计人员的审定,也是整个广告计划的最后审定工作,其目的是更加有效地提高广告效果。一般来说,企业主的修正与广告设计人员的设计不会有根本性的冲突,因为二者在总体目标上没有利益冲突,但是也显然会有一些不合的地方,这时广告制作者应充分听取企业主的意见,因为企业主对该种产品的商业环境有更充分、更深刻、更准确的把握。广告设计者毕竟只是从某些方面出发去把握产品,很难做到全面。当然,在明显的失误面前,广告设计者应坦诚地提出来并讲明道理,相信企业主会理解的。在实践中,许多广告人埋怨企业主专横、武断,这也许使二者在沟通上存在困难,这一阶段的沟通应该是很重要的,它不仅关心到广告的实施,而且对双方敬业精神也是一个考验。只有坦诚合作,才会有双方的敬业,才会带来广告的成功。

(四) 实施阶段

在经过几轮修改之后,策划方案最终定稿。此时,各方权利义务关系在实施阶段就需要从书面上以合同的形式加以确认,合同一经签订,整个网络广告的策划工作可谓大功告成。签约方可以根据合同中的权利义务具体行事。只要在上述过程中不出现大的问题,设计者、执行者能坦诚相待,广告的实施只需按部就班即可。对在实施过程中出现的新情况和新问题,在实施前,应确定相应的沟通机制。

三、网络广告的策划内容

网络广告策划需要对活动的目的、时间、场合以及实施方式进行总体设计,统一规划。国外一些有经验的广告公司提出基于内容策划的五大广告战略思想,可概括成"四W一H"战略思想。

一是Where战略,即广告的地域战略,是要在什么地方实施广告,实施后要把产品推向什么地方,分全方位地域和局部性地域。

二是When战略,是广告的时间战略,从时间前后顺序上实施广告计划,在产品推出初期重点是说服顾客,产品推出一定时间后,市场日趋成熟,这时广告应以开拓市场为主,在后期,广告则配合巩固现有市场,阻止竞争对手进入。

三是Why战略,即广告的目标战略,分市场渗透、市场扩展、市场保持三种类型,是广告要达到什么样的目的和效果。

四是What战略,即产品战略,根据自己的产品特点而实施的战略。

五是How战略,是指如何实施广告的战略安排,分针锋相对式、旁敲侧击式、游踪不定式、浑水摸鱼式、瓮中捉鳖式。针锋相对式是指对对手采用正面打击,强行突破,以迅速、锋利为特点去抢占广告宣传的主动权,这要求自身的实力大过对手,否则会导致自己粉身碎骨。旁敲侧击式是用在对手比自己强大、无法与之正面较量的实践中,这时,伺机对敌方的侧面进行骚扰,打乱对手的阵脚,有利于寻找突破口以抢夺对方市场。游踪不定式是指不让对方看清自己的真实动机,并想办法误导对方,把对方的注意力引开,然后以迅雷不及掩耳之势抢占当地市场。浑水摸鱼式是指在对方经营出现混乱,或者商业环境暂时处于无序状态时,采用迅速的行动以抢占市场,争取广告的控制权。瓮中捉鳖式则是将敌方引入自己的市场,然后抓住其弱点予以痛击,直到对方自动退出市场,甚至让出更大的市场来。网络广告与传统广告在战略思想上并无二致,这些战略思想在网络环境中会有更加灵活的施展套数,不同的是这些战略的实施更多地要依靠网络技术和网络手段,但在本质思想上是一致的。

(一) 网络广告策划的目标因素

网络广告总是要达到一定的目的,对达到这一目的而进行的策划就是网络广告策划的目标因素。广告的目标分第一目标和第二目标。第一目标是指广告对顾客的吸引,它包括顾客认可率、信任度、偏好度等。第二目标又叫根本目标,是广告最终促成的购买行为,它与公司的营销计划和经济利润目标是处同一层次的。用来刻画根本目标的指数常有销售量、市场占有率等。广告的第一目标与第二目标是相互联系的,只有在成功地达到第一目标后,才有可能达到第二目标,而第二目标的达到又可能是多种因素的结果,不一定与第一目标有直接的相关性,但在第一目标与第二目标之间寻找一个均衡点却是重要的,这也是网络广告策划的目标因素的具体要求。在具体的目标策划中,要考虑到时间、地域、对象、效果等方面的因素。在时间上,任何一则广告都有其时间目标,这不仅指广告只在一定时间内播出,比如一年、一个月等,还指在这段时间要达到什么样的效果,比如销售额提高多少个百分点、市场占有率提高多少等。在对象上,广告策划者一定要知道要抓住什么样的人,和抓住多少这样的人,为了达到这一目标要采何种措施等。在效果上,目标策划的主要工作是提供一个对效果进行检测的方法,以便及时调整广告方案。在网上从事广告,往往很难准确判定一项广告目标在多大程度上起了作用,以及这则广告成功的地方在哪里?广告效果的策划就是主要解决这个问题的。

(二)网络广告策划的时间因素

首先要考虑的是在什么时间播出广告。选准与产品特性相对应的时点后,就应该考虑播放的时间长短了。时间短会缩小成本,观众也不会因为冗长而讨厌,但要充分传递产品信息,太短也会失去信息传递的功能。太长则不仅会增加成本,而且会使顾客产生抵触情绪。网络广告一般会重复播出,那么隔多长时间重播一次也是要考虑的时间因素。一般来说,播出频率与产品广告对象的活动规则相一致是最有效的做法,比如针对上班族的广告,在早上8点之前,中午12点后,下午6点之后到晚上12点之前重播是比较有效的。

在时间策划中,多长时间换一次广告画面,或根据商业环境的改变而调整广告时间也是策划中要充分考虑的。没有不变的环境,也没有不变的主题,现代消费经济中的消费者更是喜新厌旧,如果一则广告年复一年、日复一日都一个样子、一个口号,则会令人产生厌恶情绪,这是在进行时间策划时应解决的问题。

(三)网络广告预算

任何广告都有一定的投入成本,要在投入与广告效果之间力求最优化,就少不了对投入的合理安排,以及对广告预算的科学计量。在传统广告中,广告的投入和预算并不十分突出和重要,广告的效果也有比较容易的测评方法。在网络环境中,不仅广告的投入巨大,而且对其效果也难以准确测量,常常是广告主对投入的广告费用难以评估其科学性。有的广告在实践中是依靠对点击率的统一而计算成本从而决定预算的,但是,点击率并不能反映广告的实际绩效,有点击而无购买是常有的。那么,把网络广告的成本与它带来的收益,即销量的上升或市场占有率的扩大联系起来,从而科学做出广告预算方案就需要广告策划人员精心考虑。

在实际经济中,有的企业是根据广告计划按广告实际成本来安排广告预算的,这样做有助于最充分地实施广告战略与战术,达到广告目的。也有的企业是根据一定的广告预算来安排广告计划,它的好处是可以有固定的广告支出,对企业整体预算也有方便、简洁的好处,但不利之处是难以根据商业环境作出最优广告计划。在网络广告中,更多的是选定一项计划,再安排成本,从而做出预算。在具体策划中,要看企业的广告目的和广告整体方案,做出最低成本、最优效果的广告预算安排。

(四)网络媒介计划的制订

广告媒介是广告信息的载体,是广告信息到达广告受众的桥梁。选择合适的网络广告媒介、广告页面和合适的广告时间是实现广告效果的重要条件。在选择网络媒体进行网络广告发布时,需要考虑以下六个方面。

1. 内容的相关性

按照传播内容可以将网站分为综合性网站和垂直类网站。综合性网站经常设一些主题页面,可以在这些页面上发布广告,选择时要考虑页面内容与所宣传的商品或服务的相关性。相关性越高,广告的吸引力就越大,因为访问这些页面或网站的人,一般都是对该类信息感兴趣的消费者,或者就是产品的目标消费者。如汽车网站上的访问者,一定是对汽车有兴趣的人,在该类网站上发布与汽车相关的商品广告,其效果显然比发布在其他网站或页面要好。垂直类网站则集中展示某一类商品,广告传播的目的性更强、更明确。

2. 网站的流量

流量越大,代表该网站或页面的人气越旺;流量小,广告的效益就难以展开,更谈不上效益的积累。当然并不是流量越大越好,一些大型网站,尽管访问量巨大,但不一定是广告投放的首选。一些门户网站,尽管每天的访问量可能会上亿,但其内容包罗万象,访问者多而杂,广告的目标受众可能只占很小的比例。此外,这些大型网站的广告费用又相对较高,因此,如果不仔细比较分析,很可能得不偿失。

3. 访问者的构成

访问者的构成包括访问者的性别、年龄、收入、受教育水平等人口变量数值分布情况。访问者的人口变量数值分布情况对广告主来说是决定选择某个网站发布广告的重要参考资料。该数据可由网站通过用户调查、用户注册或者 Cookie 技术进行定位和数据统计。

4. 网站的技术及设施水平

在进行广告投放时,应当选择那些服务器可靠、系统稳定、有一定实力的站点,以避免网站故障而造成的企业投放情况的改变,影响企业整体广告计划的运行。在进行签约时,网站一般会列出关于线路故障的免责条款,站点虽然会把因为线路故障而失去的广告时间补上,但并不会承担因此而影响的客户排期上的损失。

5. 网站的美誉度

网站的美誉度一定程度上说明了网站的可信赖程度。目前,网络媒体数量庞大、鱼龙混杂,加上没有权威的第三方检测机构,因此,一些网站存在着虚报访问量、点击率等问题,甚至存在点击欺诈的行为。因此,在缺乏可信的统计数据的条件下,要尽可能了解网站在网民和客户中的口碑以及必要的数据分析。

6. 网站的服务水平

包括网站的广告发布效率,广告制作的水平,能否及时、准确、全面地提供有关广告效果的详细报告等。

四、网络广告策划中的创意

碎片化是当前信息传播的一大特点,对于"碎片化"的现实,从社会层面来说,这是社会发展的必然趋势;从信息传播媒介的角度来说,意味着单一媒体垄断的时代已经一去不复返,取而代之的是多种媒介共生共荣;从市场营销学的角度来看,是大众市场的瓦解和分众市场的崛起;从消费者的角度来说,这是一个消费者追求自我,追求个性的必然结果;从品牌营销传播主体——企业的角度来说,就是必须根据市场环境的变化采取更为精准的分众品牌营销传播策略。

传统广告效果所依赖的强制性、单向性的传播,以及对渠道的强调和重视,在互联网的环境中已经发生变化。在互联网的环境中,信息的海量化、传播渠道的密集化、信息发布主体的复杂化,已经使得如何争夺用户的注意力,引起用户的关注,并进行互动沟通成为信息传播的核心问题。信息的发布很容易,但要产生效果却越来越难。没有创意就等于没有传播。与传统广告传播相比,创意在互联网广告传播中具有更重要的地位和价值。而且,创意的表现形式和特点也有重大变化。

美国研究公司 Dynamic Logic 公布的一项研究显示,广告创意对广告有效性的影响要比网络营销人员所认为的更为重要。而在某些方面,它甚至是比广告定位和广告位置更为重要的广告指标。

对于互联网产品来说,"摇一摇"功能本身就是一个很不错的产品创意,但很多使用者只是将其看成是一个有趣的交友工具,但大杨创世品牌 YOUSOKU 借"摇一摇"出奇制胜,巧借此功能,进行活动嫁接,利用"缘分""心有灵犀""中奖运气"的消费者心理,创造了上万人同时摇手机的"微博摇西装,爽了吧!"活动,收获了巨大的访问量和关注度。活动共5天时间,每天企业微博和网友约定不同时间段开始摇手机,只要网友被@YOUSOKU官方微博摇到,那么排在第一位的就获得任意选西装一套,其他被摇到的网友也获得领带、领结、胸针、胸巾等任选的奖品,如果连续5天都被@YOUSOKU摇到也会获得西装一套。每天结束摇手机的15分钟之后就公布获奖名单,有趣的参与方式和"摇中即得"的惊喜刺激让网友乐此不疲地随时关注活动的动向并积极传播互动。

此活动推出第一天就得到了120万的曝光量,活动5天收获了1500万的博文曝光量,吸引了近百万网友的关注和参与,此活动的成功还在于一系列的创意视频和趣味话题图片,"重度青年摇手机"这个视频在土豆网、优酷网、新浪微视频达到近70万的播放量,并引发网友翻译歌词的热潮。

大杨创世旗下新锐品牌YOUSOKU通过洞察消费者习惯和关注点,创造共鸣,运用新的互动方式创造了微博第一个"摇一摇"活动营销案例,此次开拓性的成功引起广大互动营销品牌的效仿,更是新浪微博"摇一摇"功能发布以来里程碑式的事件,让"摇一摇"功能更具备了商业挖掘价值。

这种创造性地使用微博的方法显示了网络社交巨大的传播威力,在网络上,在洞悉消费者心理的基础上,创造性地进行广告创意,结合网络传播的特点,往往能收到事半功倍的效果。

五、网络广告策划的策略选择

网络媒体的发展,特别是新兴的移动互联网的发展,对人们的信息获取模式和消费模式产生了巨大的影响。在网络时代,大众对信息消费的行为模式发生了明显的变化,目前消费者的信息行为模式正从传统的AIDMA法则(Attention注意、Interest兴趣、Desire欲望、Memory记忆、Action行动)逐渐向具有鲜明网络特质的AISAS模式(Attention注意、Interest兴趣、Search搜索、Action行动、Share分享)转变。

在AISAS模式中,受众在引起注意、产生兴趣之后,接着执行的就是搜索。在网络时代,企业的信息相对公开,而且网络平台为品牌消费者进行品牌体验分享提供了一个良好的渠道。因为在目前的市场环境下,消费者的品牌选择空间较大,品牌选择是建立在一种信息更加对等平衡的基础上。由此在网络时代,品牌营销传播活动是品牌告知和品牌说服的结合,通过传统广告和其他营销模式,达到品牌告知的目的,在受众对品牌产生兴趣的时候,他们会自觉地到网络上搜索更多的品牌信息,从而为其品牌购买行为提供信息支撑。

在消费者信息接受模式的变动中,策略性就显得尤为必要,策略性可以使策划者在了解消费者心理变化、信息接受习惯的基础上,让信息传播更有效。网络广告策划可以使用的策略有以下几种。

(一)定位策略

定位是指广告主通过广告活动,使企业或品牌在消费者心中确定位置的一种方法,广告定位属于心理接受范畴,也就是把产品定位在企业未来潜在顾客的心中。广告主与广告公司根据社会既定群体对某种产品属性的重视程度,把自己的广告产品确定于某一市场位置,使其在特定的时间、地点,对某一阶层的目标消费者出售,以利于与其他厂家的产品竞争。定位的具体策略有市场定位策略、产品定位策略和观念定位策略等。

市场定位策略是依据市场细分原则,找出符合产品特性的基本顾客类型,确定目标公众。网络广告作为一种有别于传统广告的新型传播形式,要突出其以消费为导向、个性化的特点。在广告的定位上注意了解受众的特点,瞄准受众的需求,寻找市场细分后的目标客户群,有针对性地传递信息,做到覆盖范围与目标消费者分布相吻合。

产品定位策略即针对一个品牌、一定范围内的消费者群,找出符合目标公众要求和产品形象的产品特征,并通过简洁、明确、感人的广告表现出来,以达到有效传达的目的。例如,宝洁公司润妍洗发水在投放网络广告时,其产品的定位重点是:这是一个适合东方人用的品牌,有中草药倍黑成分。广告创意采用一个具有东方风韵的黑发少女来演绎东方黑发的魅力,借助 Flash 技术,通过飘落的树叶(润妍的标志)、飘扬的黑发和少女的明眸将"尽洗铅华,崇尚自然真我的东方秘密"的产品理念表现得淋漓尽致。该广告在国内著名生活服务类网站投放的单日点击率最高达到了 35.97%,达到了比较理想的广告效果。

观念定位策略就是在广告策划过程中,根据公众接受的心理,确定主题观念所采用的一种策略。美国阿维斯公司强调"我们是老二,我们要进一步努力";而七喜汽水的广告语是"七喜非可乐";我国亚都公司恒温换气机则告诉消费者:"我不是空调"等;理查逊·麦瑞尔公司明知自己的产品不是"康得"和"Dristan"的对手,因而,为自己的感冒药 Nyquil 定位为"夜间感冒药",有意告诉消费者,Nyquil 不是白昼感冒药,而是一种在晚上服用的新药品,从而取得了成功。

面对蓬勃发展的网络经济,任何一种商品的畅销都会很快吸引大量企业涌入同一市场,商品之间的差异变得越来越小。企业要在这种市场条件下生存和发展,不仅要突出商品自身的特点,更要利用有效的营销工具和促销手段,走到消费者的前面,去引导消费和"创造"消费。网络广告定位策略的灵活运用,可以避免设计的盲目性,规定设计的方向性,使网络广告切实成为企业的营销利器。

(二)口碑传播策略

由于网络本身的互动性特点,网民具有较强的传播自主权,网民的社交网络以及其所具备的自主传播能力使得口碑传播成为网络广告传播可以利用的重要形式。口碑是一种影响顾客判断和购买行为的重要营销工具以及顾客重要的信息来源途径之一。国内学者认为口碑是顾客对企业产品、品牌、服务或信息等的一种个人的看法、评论或意见。口碑可以划分为正向口碑和负向口碑。正向口碑往往会增加企业的盈利能力,能够减少营销费用,还能够增加来自于新顾客的收入和回报。负向口碑往往会减少企业盈利能力,容易导致顾客的抱怨,而且负向口碑会减少企业广告的可靠性。口碑推荐是一把双刃剑,企业应该充分利用口碑推荐的正向放大器效应,减少负向口碑,从而增加顾客终生价值和股东价值,从而对被传播人施加影响。

根据麦肯锡市场咨询公司(Mckinsey)的研究数据发现,美国大约 2/3 的商业活动中,都涉及人们对于产品、品牌或服务的意见分享过程,商业活动因这些传播人群中的意见交流而受到正面或负面的影响。由英国的 Mediaedge 实施的调查也发现:当消费者被问及哪些因素令他们在购买产品时更觉放心,超过 3/4 的人回答"朋友推荐"。

国内的营销人员也意识到口碑传播的影响力,网络新媒体技术使得网络接触的受众群日益增多,如何利用口碑传播的力量促进网络广告迅速、有效地传播成为广告专业人士和营销人员关注的热点问题。

1. 网络广告口碑传播特点分析

(1)互动性强。

口碑传播是在顾客之间最重要的非正式的交流工具之一,是真正意义上的双向交流。Web 2.0 技术的应用,使得网络中人际传播方式更加丰富和高效,微博、微信等个人信息发布平台的大量应用以及论坛、BBS 等空间都为更为活跃的网络互动传播提供了良好的条件,网友之间的传播和相互影响比以往表现得更加积极和活泼。

(2)可靠性强。

口碑传播者和接收者都是顾客,与企业无直接经济利益关系,传播信息较其他营销渠道获得的信息(广告、赞助等)更具客观、可靠和可信性。网友之间通过网络平台和社交网络进行联络,网络中的人际传播就像两个好朋友聊天一样,更加容易接受对方提供的各类信息,比起大众传播媒介中的广告信息和促销信息,网友的推荐更加容易被接受。

(3) 能有效降低受众感知风险。

口碑传播有利于降低顾客的感知风险,有利于减少顾客与企业之间"广泛存在的严重的信息不对称"问题,为潜在顾客了解商品的价值、未来风险等提供了参考依据,网络广告传播的品牌和产品更容易在消费者心目中形成好感。

(4) 爆炸式传播。

口碑营销的一个最为独特的特征是其客户量的爆炸式增长。口碑传播更容易被目标客户所接受,比较有利于迅速地建立品牌的信誉。以汽车消费为例,有超过50%的年轻人在选择购买汽车时听取他人的意见。

2. 网络广告口碑传播的要点

(1) 通过提供有价值的产品或服务引起消费者的注意。

免费的产品和服务可以最大限度地吸引消费者的注意,免费的 E-mail 服务、免费信息、免费试用、免费商品对于网民来讲是最具吸引力的内容。便宜或者廉价之类的词语可以产生兴趣,但是"免费"通常可以更快引人注意。在营销初期可能口碑传播效果不会立刻带来丰厚的收益,但是消费者的注意力很快就注意到相关内容,从而实现价值回报。如搜狐网的"搜狗输入法"就是通过向消费者提供完全免费的、方便的、快捷的、随时可以更新词库的输入法来培养网民对搜狗的好感度,进而使用搜狗搜索引擎搜索信息,最终达到获得搜索引擎广告收益的目的。

(2) 提供易于传递和复制的信息。

互联网技术使得即时通信变得容易而且廉价,口碑传播效果也更加显著,数字格式使得复制更加简单,信息简单化使信息容易传输,越简短越好,例如 hotmail 在每一封免费发出的信息底部都附加一个简单标签"get your private, free E-mail at http://www.hotmail.com"引导受众关注免费电子邮件推荐的网站。

(3) 利用公众的积极性和行为。

巧妙的口碑营销计划利用公众的积极性。例如,微软 Windows live Messenger 官方博客在 2007 年 3 月 1 日声明,MSN 用户只要在其昵称前加上一串代码,就可以帮助美国 9 个慈善组织其中之一获得微软公司的慈善捐款。由于网友们都认为举手之劳就可以帮助公益事业,因此短时间内就实现了推广新版本 Windows live Messenger 的目的。因此,建立在公众积极性和行为基础之上的营销战略往往会取得成功。

(4) 利用现有的人际传播网络及已有的网络资源。

社会科学家认为,每个人都生活在一个 8~12 人的亲密网络之中。网络营销人员早已认识到这些人类网络的重要作用。互联网上的人们同样也发展关系网络,利用微博、微信等迅速地把信息扩散出去。最具创造性的口碑营销计划利用已有的网络资源达到自己的目的。2007 年 4 月,雅虎在大学校园里寻找 yahooer(社团群组召集人),他们负责在雅虎网上的"个人空间"版面中设置讨论主题,吸引自己所在高校的同学的注意,话题在本校同学中点击率最高的前五名同学,将会获得在雅虎公司暑假实习的机会,同学们在热烈参与本校热点问题讨论的同时,雅虎网站的品牌形象和使用频率都大大提升,而雅虎本身所拥有的网络资源——"雅虎空间"也在此次活动中得到了推广。

(三) 整合网络传播战略

当代企业经营正处在一个技术转折、信息爆炸和市场急剧变化的时代。在这个时代,商品信息泛滥、产品市场饱和、广告的有效性下降、顾客忠诚度降低、品牌忠诚度弱化。企业要想将营销和沟通信息传递到目标客户面前的成本越来越高、过程越来越难。从企业营销的角度来看,在当今这个信息大爆炸的网络时代,产品向需求的转换、企业与市场的沟通变得越来越重要。企业依靠传统的营销媒体和手段,要想在茫茫的人海中准确地寻找到对自己产品有需求的客户,变得越来越困难;同时客户和消费者要在浩瀚的企业或产品之林中寻找到自己满意的商品也绝非易事。

网络整合营销传播(Electronic Integrated Marketing Communication,EIMC)就是在此情况下被提出来的,其基本内涵就是整合传播策略及工具,传播同一个主题,整合企业营销要素,将企业生产要素结合起来,形成生产——传播——销售的闭环。

网络时代的品牌整合营销传播模式是基于 AISAS 模式,整合多种媒体和多种营销形式开展企业的营销行为,以统一的网络平台整合企业的营销传播效果,实现消费者的卷入和互动,达到深度演绎品牌主张和营销理念的效果。因此在这个整合营销传播体系中,网络平台是核心,而传统广告、口碑传播、网络广告、无线营销、事件营销等营销活动只是作为品牌信息传达的端口,达到品牌告知的目的,激发受众的兴趣。受众通过搜索卷入营销活动,通过网络平台实现受众与品牌的互动,通过体验分享实现品牌营销活动的扩散,让更多的消费者卷入品牌营销活动中。

传统媒体的营销传播多是单向(One Way)式、推出(Push)式和广播式的。而当代网络整合营销传播特别讲究双向沟通和"推"(Push)、"拉"(Pull)、互动(Interactive)。而且这种双向沟通和推拉互动模式是基于不同媒体、根据不同对象展开。对市场和消费者(客户)来说,它能够真正实现随时、随地、随意地获取商务信息;对企业营销传播来说,它能够真正实现营销信息有效地、有针对性地、个性化地传播。因而,这种模式很受企业欢迎。

移动互联网的发展使得人们可以实现随时、随地双向互动,传播的时效性、精确性和地点性变得关键起来。在网络整合营销传播实施的过程中,诉求整合的一致性是提高营销效果的关键。当代企业的网络整合营销传播模式可用如下公式形象地表示:

网络整合营销传播=传统广告+手机识别+移动通信+搜索引擎营销
　　　　　　　　+E-mail 营销+互动营销+网络营销(网站知识、信息、服务和引导)
　　　　　　　　+后续服务(电话、跟单、客户关系管理、售前/中/后服务)

为了提高网络整合营销传播的有效性,要求企业在制定营销策略时,一定要精确对准目标客户。选择媒体不一定要"贪大",而要"求准""求多""求一致性"。

求"准",就是要寻找到能直接面对目标客户的媒体,要让信息传播渠道越来越准确、方法越来越有效。

求"多",就是做多种媒体组合,要使顾客不论接触到哪种媒体、通过哪种方式都可以很容易找到我们。

求"一致性"就是要确保传播目的、诉求与公众反应、编码分类、可能的搜索关键词、链接方式、网站各子主题及内容呈现形式等相一致。

研究表明,在传统媒体环境中,同一广告内容用两种媒体展示给消费者一次的效果,要比用同一种媒体展示给消费者两次的效果高 30%。因此,企业营销信息的传播要运用不同的工具,从不同时间、不同空间、不同传播渠道全方位地进行互补。如果企业能针对不同需求、目标一致地整合多种媒体投放,有效传播的效果将会倍增。

第二节　网络广告的设计

随着网络技术的发展,网络广告的艺术表现开始呈现出多样化的特点。从网民特征来看,网民的个性化、自主化趋势显著增强,其心理接受习惯和审美倾向都发生了明显的变化,因此必须对网络广告的诉求、创意点、传播方式进行重新的审视,以创造出最佳的视觉效果和广告效益。

一、网络广告的艺术表现手法

网络广告在广告的大体系中,具备了一些区别于其他媒体广告的特性,这就要求网络广告的表现与设计要始终围绕网络的一些特性来考虑,网络广告与其他媒体广告的最大区别就是互动性。要实现广告的效果,首先广告要引起浏览者的兴趣和注意力,所以广告的表现手法显得尤为重要,一种好的表现手法能快速引起浏览者的注意力,实现点击行为,最终产生广告效应。

艺术表现手法没有一成不变的,需要根据广告内容本身的特点寻求适合广告传播的艺术表现手法。比如说化妆品的广告,这种商品的纯净自然、健康的特点就需要在广告的艺术表现手法上注重清新、淡雅、简洁的风格,不宜选用一些夸张另类的表现手法。而数码产品类,在广告的艺术表现手法上就要注重产品本身的科技含量。

风格是网络广告设计的一个基本定位,可以说是网络广告艺术设计的基本格调,或怀旧古典或简约现代,或清新淡雅,或浓厚味足。不同类型、不同行业的广告,艺术表现手法各也有千秋。比如说化妆品广告在风格定位时,就要注意产品的自身特点,这种商品是直接和人体皮肤接触的,所以广告就一定要注意突出化妆品的健康品质,常采用清新自然的艺术表现风格。又如文化机构做广告时,很注重文化性,常用一些具有代表文化性的元素来作为视觉的主要表现对象。所以风格的定位是很关键的,它决定了广告设计的大方向,同时也决定了广告的成败。根据网络时代人们的独特审美倾向,从网络广告的表现风格来看,主要有以下几种视觉表现形式。

(一)时尚、另类

网络受众的年轻化、个性、自主的特点决定了网络广告在视觉表现上要有冲击力、创意力。网络广告的创作空间很大,它不受传统广告材料、制作的影响,可以尽情将创作终点放在广告的创意、设计和表现上。这种类型的广告经常以虚拟和现实结合,抽象图形与具象图形相结合,在元素的组合和选用上天马行空,让人耳目一新。在色彩上,使用大胆的色彩搭配,使其变得极其富有冲击力和感染力,从而给浏览者以全新的视觉刺激和感觉享受(如图5-1所示)。

图 5-1 ABS 产品网络广告

(二)超越时空

这类风格的网络广告给人一种超现实、超时空的感觉。要求色彩明快,在造型上富于空间想象,视觉冲击力强,表现时代人文精神,追求美学意义上的升华,常见方法有:实现有限空间的可实践性,即通过具有强烈运动感、速度感的宽窄不一、富于透视变化的二维抽象线条,使二维的平面设计图显示出强烈的三维效果;巧妙使用颜色的搭配和变化,使视线在动静之间摆动,从而衬托出某种超光速感;文字处理也要富于变化,通过有计划、有目的的中断和重新组合,使其内容更容易被理解和被感受,从而加强主题表现力。

(三) 清新自然

现代人常常会憧憬一种宁静、祥和、温馨、轻松的体验,网络广告也因此可以致力于创造一种不压抑、富于人情味的纯朴感觉。在立顿茶系列网络广告中,大片整齐、漂亮的茶园,青春阳光的男孩,配以立顿奶茶活泼的包装,让人感受到自然的气息,体验到立顿茶清新、愉悦的口味(如图 5-2 所示)。

图 5-2　立顿茶网络广告

(四) 卡通式表现

根据当代年轻人超前、酷爱卡通漫画的性格特点,广告在全卡通式的表现形式中传达商品的各种信息,不仅具有强烈的个性,而且完美展现了网络广告的独特魅力,使之成为情感传播最理想的点击对象。比如,正大福瑞达润洁眼部护理液广告,就用卡通形式再现了唐伯虎点秋香的情节,通过夸张的艺术表现在娱乐搞笑中传递了该商品的独特卖点(如图 5-3 所示)。由于卡通的情节表现具有相当的弹性,有的卡通式广告已发展成为了商业卡通系列剧的形式。比如北京诠释广告有限公司就为惠普 1010 激光打印机制作了一个五集系列短剧(如图 5-4 所示)。

图 5-3　正大福瑞达润洁眼部护理液网络广告

图 5-4　惠普 1010 激光打印机网络广告

（五）怀旧古典

这一类型广告主要从色彩、图形上渲染一种怀旧、沧桑、朴实无华的气氛，使浏览者的思绪在回忆中激荡，引起观看者的心理共鸣，从而产生强烈的广告感染力。该类型的广告色彩以低明度色彩为基调，以褐色、咖啡色、土黄色居多，图形多呈现出斑驳之美（如图 5-5、图 5-6 所示）。

图 5-5　Morlees 品牌店形象广告

图 5-6　AD 服饰广告

（六）明星效应

该风格类型广告针对人们崇拜名人的特点，选择目标消费群体喜爱的明星，将产品信息融合于广告情节和画面中。由于名人偶像所具备的强大感召力，该类型广告可以迅速提高品牌的知名度。

SONY T100 以明星为视觉中心，大篇幅的动态 Flash 对首页顶部进行新鲜置换，巧妙地把品牌 LOGO 嵌入网页内部的标签，体现了 SONY T100 的时尚气质和高贵品质，更融入了 SONY T100 的精致。页面由灰色作为背景，与其中一款广告产品颜色相呼应，质感强烈。顶部动态 Flash 介绍该产品的多项功能，让用户更细致了解产品性能，视觉影响力强（如图 5-7 所示）。

清扬洗发水邀请小 S 加盟，在网络广告表现中采用富媒体广告形式，在吸引用户注意力时用动作表现完成对产品主要特性的诠释，大大加强了广告的表现力（如图 5-8 所示）。

图 5-7　SONY T100 照相机网络广告

图 5-8　清扬洗发水网络广告

二、网络广告的设计方法

（一）直接展示法

直接展示法是一种最常见的、运用十分广泛的表现手法。它将某产品或主题直接如实地展示在广告版面上，充分运用了摄影或绘画等技巧的写实表现能力。直接展示法通过细臻刻画和着力渲染产品的质感、形态和功能用途，将产品精美的质地引人入胜地呈现出来，给人以逼真的现实感，使消费者对所宣传的产品产生一种亲切感和信任感。这种手法由于直接将产品推向消费者面前，所以要十分注意画面上产品的组合和展示角度，应着力突出产品的品牌和产品本身最容易打动人心的部位，运用色光和背景进行烘托，将产品置身于一个具有感染力的空间，这样才能增强广告画面的视觉冲击力。

LG 公司的广告中，Chocolate KG90n 的手机直接正面展示，广告的黑色背景给人深邃的感觉，在黑色基础上金色照耀下的手机显得非常耀眼。画面上折射出的阴影，让视觉效果更突出，产品品味、古典、内涵等特点通过色彩搭配与光影效果很好地表达出来（如图 5-9 所示）。

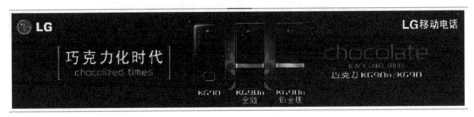

图 5-9　LG 手机网络广告

（二）突出特征法

突出特征法主要运用各种方式抓住和强调产品或主题本身与众不同的特征，并把它鲜明地表现出来，达到刺激购买欲望的促销目的。在广告表现中，应着力加以突出和渲染产品与众不同的特征，以产品本身的魅力来达到传递信息、感染受众的目的。

必胜客比萨广告采用全屏下拉与"互动"创意相结合的表现形式，强制用户在打开发布网站时自动下拉第一屏显示内容播放网络广告。同时在创意表现方面，采用图文并茂的形式表达广告信息内容，动感地显示出美味的视觉效果，强化广告主题。整体设计趣味性十足，与该客户的品牌形象树立和维护的同时，有效进行新产品的推广（如图5-10所示）。

图5-10　必胜客比萨广告

（三）对比衬托法

对比是一种趋向于对立冲突的艺术美中最突出的表现手法，它把作品中所描绘的事物的性质和特点放在鲜明的对照和直接对比中来表现，借彼显此，互比互衬，从对比所呈现的差别中，达到集中、简洁、曲折变化的表现。通过这种手法更鲜明地强调或提示产品的性能和特点，给消费者以深刻的视觉感受。作为一种常见的行之有效的表现手法，可以说，一切艺术都受惠于对比表现手法。对比手法的运用，不仅使广告主题加强了表现力度，而且饱含情趣，扩大了广告作品的感染力。对比手法运用的成功，能使貌似平凡的画面处理隐含着丰富的意味，展示了广告主题表现的不同层次和深度。

为了对联想电脑产品进行推广，广告采用了对比性的手法，随着用户鼠标的点击和移动，广告以撕裂的方式展现了纸飞机后面的航天飞机，算盘后的键盘，大大增加了互动感和趣味性（如图5-11、图5-12所示）。

图5-11　联想电脑互动网络广告(1)

图5-12　联想电脑互动网络广告(2)

（四）合理夸张法

文学家高尔基指出："夸张是创作的基本原则。"夸张是一般中求新奇变化，通过虚构把对象的特点和个性中美的方面进行夸大，赋予人们一种新奇与变化的情趣。按其表现的特征，夸张可以分为形态夸张和神情夸张两种类型，前者为表象性的处理品，后者则为含蓄性的情态处理品。借助想象，对广告作品中所宣传的对象的品质或特性的某个方面进行相当明显夸张,以加深或扩大这些特征的认识。通过这种手法能更鲜明地强调或揭示事物的实质,加强作品的艺术效果。通过夸张手法的运用,为广告的艺术美注入了浓郁的感情色彩,使产品的特征性鲜明、突出、动人。

起亚 RIO 通栏广告主体呈现产品信息,突出"心动、行动、我动"的推广主题,鼠标触发,向下扩展出广告区域,给予创意更广阔的发挥空间。充分体现了 RIO 时尚、前卫的理念,整个广告的画面里都充斥着视觉冲击力最强的大红颜色,与广告产品主色调保持一致,与产品时尚、前卫的理念相吻合(如图 5-13 所示)。

图 5-13　起亚 RIO 汽车广告

(五) 以小见大

以小见大即在广告设计中对立体形象进行强调、取舍、浓缩,以独到的想象抓住一点或一个局部加以集中描写或延伸放大,以更充分地表达主题思想。这种艺术处理以一点观全面,以小见大,从不全到全,给设计者带来了很大的灵活性和无限的表现力,同时为接受者提供了广阔的想象空间,获得生动的情趣和丰富的联想。以小见大中的"小",是广告画面描写的焦点和视觉兴趣中心,它既是广告创意的浓缩和生发,也是设计者匠心独具的安排,因而它已不是一般意义的"小",而是小中寓大,以小胜大的高度提炼的产物,是简洁的刻意追求。

(六) 运用联想法

在审美的过程中通过丰富的联想,能突破时空的界限,扩大艺术形象的容量,加深画面的意境。通过联想,人们在审美对象上看到自己或与自己有关的经验,美感往往显得特别强烈,从而使审美对象与审美融合为一体,在产生联想过程中引发了美感共鸣,其感情的强度总是激烈的、丰富的。

(七) 富于幽默法

幽默法是指广告作品中巧妙地再现喜剧性特征,抓住生活现象中局部性的东西,通过人们的性格、外貌和举止的某些可笑的特征表现出来。幽默的表现手法,往往运用饶有风趣的情节、巧妙的安排,把某种需要肯定的事物,无限延伸到漫画的程度,造成一种充满情趣、引人发笑而又耐人寻味的幽默意境。幽默的矛盾冲突可以达到出乎意料,又在情理之中的艺术效果,引起观赏者会心的微笑,以别具一格的方式,发挥艺术感染力。

(八) 借用比喻法

比喻法是指在设计过程中选择两个各不相同,而在某些方面又有些相似性的事物,"以此物喻彼物",比喻的事物与主题没有直接的关系,但是某一点上与主题的某些特征有相似之处,因而可以借题发挥,进行延伸转化,获得"婉转曲达"的艺术效果。与其他表现手法相比,比喻手法比较含蓄隐伏,有时难以一目了然,但一旦领会其意,便能给人意味无尽的感受。

(九) 以情托物法

艺术的感染力最有直接作用的是感情因素,审美就是主体与美的对象不断交流感情产生共鸣的过程。艺术有传达感情的特征,"感人心者,莫先于情"这句话已表明了感情因素在艺术创造中的作用,在表现手法上侧重选择具有感情倾向的内容,以美好的感情来烘托主题,真实而生动地反映这种审美感情就能获得以情动人,发挥艺术感染人的力量,这是现代广告设计的文学侧重和美的意境与情趣的追求。

(十)悬念安排法

在表现手法上故弄玄虚、布下疑阵,使人对广告画面乍看不解题意,造成一种猜疑和紧张的心理状态,在观众的心理上掀起层层波澜,产生夸张的效果,驱动消费者的好奇心和强烈举动,开启积极的思维联想,引起观众进一步探明广告题意之所在的强烈愿望,然后通过广告标题或正文把广告的主题点明出来,使悬念得以解除,给人留下难忘的心理感受。悬念手法有相当高的艺术价值,它首先能加深矛盾冲突,吸引观众的兴趣和注意力,造成一种强烈的感受,产生引人入胜的艺术效果。

(十一)偶像法

在现实生活中,人们心里都有自己崇拜、仰慕或效仿的对象,而且有一种想尽可能地向他靠近的心理欲求,从而获得心理上的满足。这种手法正是针对人们的这种心理特点运用的,它抓住人们对名人偶像仰慕的心理,选择观众心目中崇拜的偶像,配合产品信息传达给观众。由于名人偶像有很强的心理感召力,故借助名人偶像的陪衬,可以大大提高产品的印象程度与销售地位,树立名牌的可信度,产生不可言喻的说服力。偶像的选择可以是驰名世界体坛的男女高手,还可以选择政界要人、社会名流、艺术大师、战场英雄、俊男美女等。偶像的选择要与广告的产品或劳务在品格上相吻合,不然会给人牵强附会之感,使人在心理上予以拒绝,这样就不能达到预期的目的。

(十二)谐趣模仿法

这是一种创意的引喻手法,别有意味地采用以新换旧的借名方式,把世间一般大众所熟悉的名画等艺术品和社会名流等作为谐趣的图像,经过巧妙的整形履行,使名画名人产生谐趣感,给消费者一种崭新奇特的视觉印象和轻松愉快的趣味性,以其异常、神秘感提高广告的诉糖效果,增加产品的身价和注目度。这种表现手法将广告的说服力,寓于一种近乎漫画化的诙谐情趣中,使人赞叹,令人发笑,让人过目不忘,留下饶有奇趣的回味。

康佳铂晶电视网络广告(如图 5-14、图 5-15 所示)以逼真的壮阔场面带给人无与伦比的视觉震撼,强烈的视觉刺激让受众随画面的继续而精神振奋起来,达到了感染受众的效果。该广告在新浪新闻频道中投放,开始以普通网幅出现,但马上扩展成大画面播放,结束之后又还原成普通网幅固定于页面之中,与网页结合非常紧凑。

图 5-14　康佳铂晶平板电视网络广告(1)

图 5-15　康佳铂晶平板电视网络广告(2)

三、网络广告的多媒体设计

(一)网络广告的多媒体设计概述

由于网络所具备的强大技术优势,其内容可包括二维动画、三维动画、影像及声音等。如果直观地理解,网络广告的多媒体主要是一种应用,集报纸、广播、电视三者之长于一体,实现文字、图片、声音、图像等报道手段的有机结合,使受众能够全方位、以多维方式接收信息。广告的手段更具综合性、直观性、形象性,受众在接受广告内容时可以方便地联想和跳转,更加符合人们的信息接受习惯和思维规律。

(二) 文字与静态图片网络广告设计

1. 文字与静态图片网络广告设计要求

一般来说,企业希望通过网络广告来达成的目的包括:树立企业与品牌形象、促进网下销售和网上交易,这就要求在设计创作网络广告时做到以下几点。

(1) 主旨明确、制作精美。

由于网络广告在同一时间水平展开的信息量较少,因此要求构思巧妙,能够激发浏览者在短时间内的想象力。一般情况下,消费者并不了解他们将要购买商品的特性,其购买行为通常受到广告出现的频率或是广告创意巧妙与否的影响。传统媒体广告,特别是电视广告,主要是作形象性宣传,消费者无法得到有关产品的性能、技术等详细指标,只有凭印象去购买商品。网络广告是一种互动的双向式广告,可以更多地采取平行、对话的方式与网民沟通,针对目标消费者的特点与需求,将产品的特点、性能、功能、规格、技术指标和价格,包括售后服务和质量承诺等内容显示在网页上,以便受众查询,帮助他们做出理性的选择。

(2) 创意巧妙、控制大小。

由于网民的特点,网络广告要特别注意突出主题、制作精美,力求做到生动、有趣。只有在制作时对画面、文案、交互效果以及时序等进行精细编排,才能够滞留受众的注意,增加广告的诉求力。

为此,要充分了解网络广告的各种特点,并在制作过程中善于利用。首先要打破单一视觉的局限,加入音乐或其他多媒体的应用特性,整体上追求韵律感与视听刺激的强度,这样就能使作品更生动活泼,更具吸引力,使受众对广告产品产生更浓厚的兴趣。其次,要善于利用网络所特有的超链接技术和交互效果,这可以使受众了解得更多,并得到其真实的反馈,促成购买行为的发生。再次,网络广告具有易修改、更换快速等特点,可以利用这一特点,不断向受众提供各种不同风格的网络广告,以符合网络受众的求新求异、对新事物特别敏感的特性。网络受众虽然在整体上具有共性,但仍然存在个性差异。要利用网络广告容易制作的优点,制作不同风格的网络广告,分别置于不同的页面,以满足不同层次及不同需求的目标消费者的需要。制作时需要注意的是,文件大小要适当,以避免广告的下载时间过长,受众可能等不及就会跳到另一页面去。

2. 文字与静态图片网络广告设计构成要素

(1) 色彩。

色彩可用亮度、色调和饱和度来描述,人眼看到的彩色光都是这三个特征的综合效果。亮度是光作用于人眼时所引起的明亮程度的感觉。色调是当人眼看到一种或多种波长的光时所产生的彩色感觉,它反映颜色的种类,是决定颜色的基本特性。饱和度是指颜色的纯度即掺入白光的程度,或者说是指颜色的深浅程度,对于同一色调的彩色光,饱和度越深颜色越鲜明或越纯。通常把色调和饱和度统称为色度。亮度表示某彩色光的明亮程度,而色度则表示颜色的类别与深浅程度。色彩的功能主要有以下几种。

① 色彩的认知功能。色彩帮助我们辨识、区分事物,与黑白画面相比,彩色图像能真实地反映现实中的色彩状况,使我们了解更多的信息,也具有令人信服的真实性。网络广告借助对色彩的不同选择与运用,能使浏览者迅速识别认知。

② 色彩的注目性功能。为了赢得更多的浏览者获得更多关注,适当地运用色彩是至关重要的。

明亮、绚丽的色彩引人注目。强调某些区域,弱化另一区域,使某一色彩成为屏幕上的焦点,也能引导更多的注意。

③ 色彩的表述功能。色彩可以使我们以特定方式感受事物,用中间色能更好地表述活动中的客观、公正,用暖色表述欢乐吵闹、情绪高涨的节日,而用冷色调来反映手术室或实验室的冷静高效的活动。色彩可以诱发人们产生各种情绪,可口可乐的外包装为红色,洋溢着热情健康的活力气息,表达了独特的品牌个性。

(2) 文字。

文字在网络广告中是信息内容的主要表现手段之一。因为图片的传输与下载速度较慢,人们往往追求速度的同时不得不舍弃一些图片。这时候,文字就成为信息传达的唯一载体。一个以信息内容为主体的网络广告,文本更是占突出地位,图像则起到配角作用。广告受众一般只是寻找某些特定的信息,而不是什么都看。他们会掠过一行行文字,这时如果是有趣而生动的文字,则会大大提高文本内容的吸引力。文字设计的好坏,直接影响到网络广告的视觉传达效果和浏览者的兴趣。

文字除了传情达意之外,还具有图形之美,并且已经具备了雅致、严谨的美感和精确性,达到了形式与功能的平衡。在文字基本骨架不变的基础上,其形式可以千变万化。现在计算机系统均能安装多种英文字体以及中文字体,进行字体设计时可以用字体设计软件修改现存的字形或创造新字形。

① 点阵字体。点阵字体也称位图字体,是在一个矩形点阵内来表示一个字的笔画形状,点阵字体的存储量需求大,但在显示时不需要附加其他处理技术,而直接把文字的形状显示出来,所以速度快,最适合做屏幕显示之用。点阵字体的字形效果取决于它的大小和分辨率,当点阵文字被放大或缩小后,在显示和打印时,字形的边缘就会出现锯齿状,显得很不光滑。

② 矢量字体。矢量字体也称轮廓字体,矢量文字由以数学方式定义的图形组成,字形可以缩放到任何尺寸,并能够保持原先的清晰和光滑。

因此,如果需要产生色彩鲜艳、效果鲜明的文字,可以使用位图字体,如果想创建可任意缩放而不改变原有质量的文字,则可以使用矢量字体。

③ 文字的易读性和可读性。易读性指文字的易识别性。文字字号大小以及文字与背景的明度差都可影响易读性。网络广告中文字的主要功能是在视觉传达中向浏览者传达产品或劳务信息,要达到此目的,首先考虑的是文字的整体诉求效果,给人以清晰的视觉印象。因此,在设计中,要避免繁杂凌乱,减去不必要的变化,使人易认、易懂。

④ 文字的个性创造。文字的个性创造是指根据广告的企业和产品特征及性能的要求,突出文字设计的个性色彩,创造与众不同的独具特色的字体。有的内容要求高雅古典,如女性用的化妆品、饰品等广告;有的要求活泼轻松,则可以运用有节奏、有韵律感的意大利体或行书、草书;有的要求怪异现代,则可以运用琥珀体或文鼎霹雳体,给人一种强烈的独特印象和刺激感;如果是传统产品,名酒广告则可运用篆隶等表达民族风味的书法字体;如果是家用电器、摄影器材则可用带金属质感的仿宋体、方正姚体、黑体等字体。

(3) 图像。

图像是网络广告必不可少的元素,和文字共同使用的时候,能提高视觉传达的效果,加速信息内容的传递。图像包括照片、插图、装饰图案、象征符号等。经过编辑或变形的图像可用来强调现实或扭曲现实,来告知、说服或吸引浏览者给人留下深刻的印象。

数字图像依照其图像元素的构成方式可以分为位图图像(Bitmap)和矢量图形(Vector)两类。

① 位图图像。位图图像也叫栅格图像、光栅图像,它是由许多小方格式的不同色块组成的,这些小色块称为像素(Pixel)。每个像素都被分配一个特定位置和颜色值,它们组合起来就产生了位图图

像。所以当我们编辑位图图像时,修改的是像素,而不是对象或形状。位图图像的优点是色彩和色调变化丰富,可以逼真地模拟出大自然中的色彩,同时也可以自由地在各软件之间转换。它的弊端是图像缩放或放大时会产生失真现象。另外,位图图像文件的数据庞大,在网上传播速度比较慢。目前常用于制作、编辑位图的软件有 Photoshop、Painter 等。位图图像与分辨率有着很大的关联。分辨率是指单位区域内包含的像素数目,其单位是 PPI(或 DPI)。分辨率越高,图像质量也越好;反之,分辨率过低,图像就会模糊,遗漏图片细节。因此,在制作图像时,要根据最终输出尺寸和品质的要求,选择最适当的分辨率设置,在可接受的品质范围内,尽量降低分辨率,减少文件的数据量,从而节省制作时间和成本。

② 矢量图形。由 Adobe illustrator 或 CorelDraw 之类绘图软件创作的图像称为矢量图形,也叫向量图像,它是以数学的向量方式来记录图像内容的。例如画一条线段,矢量数据只需记录两个端点的坐标、线段的粗细和填充色彩等。矢量图与图像使用的分辨率无关,所以我们可以将图形中的任何元素进行任意的放大、缩小、移动、旋转、改变颜色等,这些修改丝毫不会影响图形的清晰度和光滑度。另外,我们可以在不同分辨率的输出设备上输出它们,而不会有任何质量损失。因此,矢量图形是文字和缩略图形的最佳选择。

在 Web 浏览器中,其内部支持的格式很少,常见的有 GIF、JPEG 和 PNG 三种文件格式。

GIF 格式是由 CompuServe 公司设计的,是网上最流行的图像格式,也是第一个内部支持图形格式。它采用可交换的图像文件格式,可以方便地将图像通过调制解调器从一台计算机传输到另一台计算机上。GIF 格式是一种"非失真式"的压缩格式,在用于彩色和灰度图像时,损失的是图像的色彩,而不是图像的像素。因为 GIF 格式最多只能保存 256 种颜色,如果原先的图像超过 256 色,保存成 GIF 格式之后,就会降到 256 色。由于 GIF 的压缩比例小,因此它能清晰地对卡通画进行压缩。GIF 格式还可分为静态 GIF 和动态 GIF 两种。静态 GIF 其实就是一幅单帧画面,它可以被设置成交错方式显示,即在浏览时先以低清晰度显示在 IE 页上,然后慢慢变清晰。动态 GIF 则是将多幅静态 GIF 图片进行叠加处理,使之在浏览过程中被连续地播放出来,形成动画效果。另外,GIF 格式还可分为不透明 GIF 和透明 GIF 两类。在处理 GIF 图像时,将图像中的某种或某些颜色指定为不显示,那么网页的图形就会透出背景图案,产生透明效果。这样,经过透明处理的 GIF 图像就可以与页面背景融为一体,达到完美的整体显示效果。直到今天,网上所显示的大多数图形文件都是 GIF 格式的。

JPEG 的全称是 Joint Photographic Experts Group,它是由 JPEG 专家组为缩小连续色调图像的文件长度而开发的。同 GIF 格式相比,JPEG 格式具有更高的压缩比例。它是一种"失真式"的压缩方式,在压缩过程中,损失的是像素而不是色彩,因此它对图像的质量有一定的损害。用户可以根据需要,在把图像存储为 JPEG 格式时出现的对话框中选择压缩后的图像质量,一般而言,中度或低度设置对浏览器来说是比较适合的。JPEG 格式能保存真彩色图片,因为它支持全彩的 16.7 百万色(24bits)。因此,对于真彩色照片之类的图像,采用 JPEG 格式存储较好。另外,该格式还可以被设置成隔行显示,即浏览网页图形时会一行隔一行地显示,下载多少就显示多少,直到图像完全显示在网页中。在动画方面,JPEG 格式明显不如 GIF 格式,因为 JPEG 格式不允许在一个文件中包含多幅图像。如果需要在 Web 页面上的同一个地方运行 JPEG 图像序列,则必须使用其他的应用程序。在 Web 上,JPEG 格式常见的用途包括产品照片、3D 再现环境以及精致的阴影图形的存储。

PNG(Portable Network Graphics)即便携式网络图片,是一种新兴的网络图形格式,具有 GIF 格式的许多优点,如透明背景、交错显示、跨平台等。除此之外,它的色彩支持到 48bits,又采用"非失真式"的压缩方式,做到了既保住色彩,又保住像素,在这方面明显优于 GIF 格式。另外,在对动画图形的支持上,PNG 格式明显弱于 GIF 格式。因此,这种图形格式尚未被普遍采用。

3. 文字与静态图像网络广告设计技巧

(1) 色彩技巧。

网络广告在同一时间水平展开的信息量较少,这就要求色彩能吸引浏览者视线并能在即刻间揭示其意义。

① 色彩的主色调。在进行广告创意时,针对不同的产品、不同的广告目标对象,在色彩处理时有一个整体色调,即某个色彩在画面上占优势,可以左右整体色彩效果,一个好的网络广告不一定要有复杂的结构和图像,色彩运用得当会产生很强的感染力,令人赏心悦目。色彩的主色调确定是画面和谐的重要方法之一,画面中有一个占支配位置的、强烈的色彩倾向,色彩关系就是调和的。

比如,肯德基和可口可乐以红色为形象色,红色的刺激性特别强,能表达出快乐热情的气氛、给人留下深刻的印象。蓝色,给人科学的、理智的形象感受,体现着一种宁静的、沉着的气氛,在网络广告中,常用于家用电器、厨房用具等方面。

② 色彩的重点色。重点色能够破除整体色调的单调之感,在画面中加入与原来色彩在色相、明度、纯度上都有较大差异的色彩,形成视觉中心,使画面充实、完整,加强主题的表现力。将小区域的高明度、高纯度的色彩置于大区域低明度、低纯度的色彩背景之上,正如很多人家中的布置,墙壁涂成乳白色或米色等,而用鲜艳的装饰物装点环境,如窗帘、花束、地毯等。网络中,重点色的使用尤为重要,网络上信息多采用单色文字传达,在大篇幅单色文字的适当位置加入一处不同色彩的点缀,可以刺激视觉、引发兴趣。另一方面,背景的低明度、低纯度在多种后期制作的编辑中也会提供方便。不至于对前景与背景施以同等的注意力。

③ 色彩的调和。网络广告中色彩可以通过明暗和面积大小来进行处理。大面积的灰色可搭配小面积的高明度、高纯度色彩。在一个主色调的网络广告中,画面中的局部色块应融入主色调之中,同时使局部色块明度提高,拉开和背景的明暗对比。色彩对比也是使色彩调和的手段之一,在为了显示广告主体与背景的反差时,常用到色彩对比,比如黑与黄、红与绿、蓝与橙等,其中的补色对比是因为补色间产生的色彩残像又重复地作用在对方色彩上,使得在视觉上如同增加了双方色彩的纯度,使补色的双方显得越发鲜艳强烈。

(2) 图像设计技巧。

网络广告一般放在页面中显眼的位置,但所占面积一般都不大,所以,应当把图片放在最需要的地方,做到少而精。否则,浏览者不会有足够的耐心和时间去点击你的网络广告。另外,为了利于在网络上传输,一般应将其存储成 GIF 各式或 JPEG 格式,其存储量最好在几 KB 到几十 KB,视觉呈现必须足够简单,在屏幕减少很多时也能够被阅读。

① 前景和背景。一般情况下,照片中人物为前景,建筑、天空或草地为背景,书页上的文字、插图为前景,而纸张则为背景。前景不如背景稳定,背景似乎在前景背后继续延续。正因为前景背景有不同的特性,所以可以通过有目的地将前景与背景反转来达到令人意想不到的效果。比如,可以设计一个图案使得受众被迫将部分的背景感知为前景。还可以通过电子特效,改变前景与背景的关系。也就是通常说的叠画,两个叠画的画面很难看清哪个是前景,哪个是背景。

另外,计算机屏幕经常被分隔成多个单独的屏幕空间,这是因为有限存储空间及显示(运行)速度技术的限制。画面越小,所需数码信息越少。网络广告使用分割屏幕具有同时呈现信息的优势。

② 图形(图像)深度。如何使网络广告中的二维静止图片产生深度错觉呢?最直接的办法是部分重叠,一个物体被另一个物体部分地遮盖,那遮盖者一定是在被遮盖者的前面。

一般来说,人或物相对于画框边沿显得越大,它看起来离观众越近;人或物相对于画框边沿越小,它就显得越远。在同一屏幕内小物体看起来比大物体距离我们更远;当屏幕内图像大小相等时,则位于高处的图像感觉较远。在计算机中运用"拥挤效果"或"质感"来生成有深度的画面,通过远处物体的拥挤效果来感知深度。

再有,在色彩处理上也能强化图像的深度错觉,暖色调靠前而冷色调退后,高度饱和的色彩比低度饱和的色彩看起来近,在一个很暗的背景上,较亮的色彩看起来较近,而不太亮的色彩则显得较远。

③ 图形设计基调的确定。图形的选择和创意是为表现内容服务,总的基调应是在整体协调的基础上,包含局部的对比,寓变化于统一之中。图形的风格应与主题内容相协调。譬如,运动产品类广告,图形设计要求体现运动的动感、生命感以及力与美的结合等。而娱乐艺术方面的网络广告的图形可以采用表现主义的方法,朦胧而充满诱惑力。如果图片与网络广告主题不相干,就会扰乱视线,削弱信息达能力,产生不协调的感觉。因此,在网络广告的图形设计中必须透彻内容,选取与主题意境、风格一致的图片,以作为文字信息传达最强有力的辅助手段。

(3) 文字设计技巧。

文字设计是否成功,不仅在于字体、样式本身的书写与主题内容相协调,也在于排列组合是否利于浏览者的视线流动,是否利于浏览者进行有效地信息识别。

① 图文结合。图像通过视觉效果引导访问者,文字的内容则决定网络广告能够吸引人的内核。图形和文字既有视觉形式,也有内涵,但有时文字可以被当做图形来欣赏,图像也可以被当做文字来阅读,图形与文字相融合可以超越它们原有的内涵。

抠像于画面之上的文字常被感知为前景,文字背后的图像为背景,通过文字与图形的结合可以营造有着无限深度的三维空间。

另外,网络广告一般幅面较小,文字是主要传达广告信息的表现手段。有时为了避免所占空间太大或是传输速度太慢,画面可以简单一些,利用一些突出的图形来表现主要的、关键性的信息,如红与黑的色块组合构成强烈对比,或如著名搜索引擎网站"搜狐"的标识设计就是一只狐狸的形象,生动明了,与"搜狐"站名也有相当关联,令人过目不忘。画面在网络广告中的主要任务就是凸显文字,便于浏览者的视线尽快注意到主要信息。图文结合的另外一种途径就是把文字当成图形来用,比如把字体加粗、字体组合成图形等。

② 大小结合。网络广告中的文字大小要搭配得体,相映成趣。因为网络广告本身的面积就小,其中的文字要提高视觉传达的效果就必须注意文字要素的大小适宜。可以调节行间距、字间距来调整画面的适合度,同时文字还是构建边框的理想工具,这些边框既可以包围空间,也可以划分空间,为文本或图像创造视觉中心。文字设计充满大小和色彩变化,产生节奏,感除横向和纵向的维度,还通过叠印产生前后空间关系。

另一方面是利用网络的超文本链接,网络广告不仅供人看,还要通过各种表现手段吸引人们点击,第一层面的广告,可以小一点,主要作用就是吸引目光,诱使点击,下一层面的广告则可以大一些,表达主要信息。这一层与下一层必须相互联系并融为一个整体,第一层面既要把关键信息表达清楚,又能吸引上网者的注意,第二层面收费相对要低或者为零,则可作具体介绍商品或企业自身。

(三) 网络视频非线性编辑

视频是由一幅幅单独的画面序列(帧 frame)组成,这些画面以一定的速率(f/s)连续地播放,使观看者具有图像连续运动的感觉。视频信息已成为人们日常生活中不可缺少的组成部分。视频广告也成为网络广告中最为常见的一种形式。视频广告的制作通常使用非线性编辑系统制作,最后输出为网络中所需的 AVI、WMV、RM 格式的文件。

视频非线性编辑系统采用先进的数字压缩技术、高容量的存储设备,以高性能的计算机为平台,以其高画质、低损耗、多功能、低价位的优势迅速进入电视领域。非线性编辑系统是多媒体技术进入数字电视领域的表征。现在各个电视台和节目制作单位都将非线性编辑用于后期节目制作,加速后期节目制作数字化的进程。

1. 线性与非线性的概念

传统的模拟线性编辑技术是利用摄录机、编辑机等对模拟视频信号进行摄取、加工。数字非线性编辑技术是应用计算机技术将视频信号数字化记录,以数字视音频为编辑对象,以图表方式检索素材,编辑过程由硬件配合软件处理。数字非线性编辑技术的硬件包括基于高速CPU的计算机平台解码、SCSI硬盘阵列和高效动态视频图形采集压缩编解码等,其软件基础多是以UNIX,Windows NT,OS/2为平台开发的各种图形、图像编辑制作系统。长达数小时的数字视音频文件被自动标识索引目录,存储在SCSI硬盘阵列上。这些信息的索引目录以图表方式显示在高清晰显示器上,供编辑人员检索定位。

由于素材信息的标识索引,因此编辑人员可以任意调用、编辑它们。用Alpha通道可合成多达十余层的动态叠加画面,每层画面中还可以独立应用多种滤镜特技,形成多种纷繁复杂的合成效果。编辑人员无须考虑素材在硬盘物理地址中的先后顺序与长度,无须考虑图像拷贝修改的次数与质量,当代表素材的图标在编辑机上列好后,便可由计算机自动进行编辑、重放、录制,无须人工干预。

2. 非线性编辑中的相关概念

(1) 文件。

在非线性编辑系统中,所有素材都以文件的形式存储在记录媒体(硬盘、光盘和U盘)中,并以树状目录的结构进行管理。每个文件被分成标准大小的数据块,通过链表进行快速访问。在这一基础上,非线性编辑系统快速定位编辑点的功能才能被充分发挥。编辑工作中主要用到两种文件:素材文件和工作文件。素材文件可粗略分为静态图像、音频、视频、字幕和图形文件等几大类;工作文件包括用来记录编辑状态的项目(工程)文件和管理素材的库文件等。素材文件中除了可记录画面和声音数据以外,还能够保存素材的名称、类别、大小、长度及存储位置等信息,极大地方便了节目的制作和素材的管理。

(2) 图像。

通常可以用多种格式保存数字化彩色静态图像文件,而且不同格式的图像可互相转换。图像文件资源极其丰富,兼容性也比较好,一般可在不同的非线性编辑系统之间转换。编辑中较常用的是录制三维动画的TARGA格式、平面图像处理用的TIFF格式和彩色位图图像BMP格式的文件。

(3) 图形。

字幕文件是计算机内部生成的矢量图形文件,它与图像文件的主要区别在于,任何时候都可以对图形对象进行修改,调整其大小、位置、色彩和层间覆盖关系。矢量图形文件与图像文件不同,不是记录屏幕上每个像素点的色彩信息,而是记录关键点的坐标、颜色和填充属性等参数,因此在磁盘上占用的空间比较小。

(4) 音频。

声音在非线性编辑系统中多以不压缩波形文件的形式保存。在音频数字化时,模数转换的采样频率和采样深度影响系统中存储的声音信号的质量和音频素材所占用的磁盘空间。采样频率越高,采样深度越大,录制的声音质量就越好,相应占用的存储空间也越大。目前多数电视台播出时采用单声道电视伴音信号,一般采样频率在22kHz以上,采样深度16比特即可满足要求。随着对伴音质量要求的提高,部分电视台已过渡到使用立体声音频信号进行部分节目的播出,相应地需要选择CD质量或更高的DVD质量的声音处理方式,即以44.1kHz的频率采样,16比特记录的立体声信号。

(5) 视频。

一般用分辨率、帧速率和色彩数等参数作为描述数字视频信号的指标。分辨率反映画面的清晰度。分辨率为 352×288 的电视图像与分辨率为 720×576 的电视图像的画面质量有明显的区别。在电视节目后期制作中,要求图像分辨率为 720×576(PAl 制)。PAl 制电视节目的帧速率为 25fps(帧每秒);制作多媒体光盘出版物时一般选 15fps 的帧速率。电影和 NTSC 制式电视的帧速率分别为 24fps 和 30/29.97fps。描述每一像素的字节数决定了最多可同屏显示多少种颜色,一般为 256 色、65536 色和 16777216 色(即真彩色)。色彩数越多,能表现的彩色层次越丰富。

第三节　网络广告的制作

一、网络广告制作软件

目前,网络上的展示类广告大部分是使用 Adobe Flash 制作的。在 Macromedia 公司 1996 年推出 Flash 之前,肯定想不到这款软件会对互联网产生如此巨大的影响力。不仅在 Web 领域,在具备广阔发展前景的移动互联网领域,Flash 也展现了无穷的魅力。在数字设计领域处于领先地位的 Adobe 公司,正是看中了其无限宽广的发展前景,终于在 2005 年 4 月 18 日以换股方式花费 34 亿美金收购了 Macromedia 公司。在记者采访 Adobe 总裁沙塔努·纳拉延、询问收购 Macromedia 公司的主要动机是什么时,他的回答只有一个单词:Flash。

Flash 是互联网的产物,由于该软件采用矢量动画的概念,大大缩减了文件量,使得动画得以在网络上流畅运行。此外,该软件本身强大的功能和人性化的创作方式,使得无论是新手还是设计专业领域的高手,在经过短时间学习后,都可以轻松做出漂亮的动画。Flash 的应用领域非常广泛,可用于网站整体制作或网站导航设计、MV、电子贺卡、网络游戏等。在广告设计领域,Flash 被认为是制作品牌展示类广告如通栏广告(Banner)、按钮广告(Button)、鼠标感应弹出框、画中画(PIP)、摩天大楼(Sky scraper)、对联(Bi-Skyscraper)、焦点图广告(Focus Picture)、弹出窗口(Pop Up)、背投广告(Super Pop Under)的主流制作软件。

由于 Flash 可以使用 ActionScript 脚本语言进行交互设计,因此可以制作出形式新颖、可以和消费者互动的交互广告和游戏广告。ActionScript 是 Macromedia(现已被 Adobe 收购)为其 Flash 产品开发的一种简单的脚本语言,是一种完全面向对象的编程语言,功能强大,类库丰富,语法类似 JavaScript。在第三届全国大学生广告艺术大赛上获得网络类一等奖的丁桂儿脐贴网络广告就是使用了 ActionScript 脚本语言。该广告的初始画面是一卷挂着的不断往下滚动的动态卷纸,这让人想象到宝宝拉肚子止不住时父母不断使用卷纸的疯狂状态,配合宝宝的哭声音效,受众能感觉到父母的焦躁,当将鼠标移到卷纸上时,鼠标手势变成了一盒丁桂儿脐贴,卷纸停止下拉,声音也骤然停止。该广告将消费者的状态和消费场景勾勒得生动形象,通过交互形式显示了产品立竿见影的效果,不禁让人拍案叫绝(图 5-16 所示)。

图 5-16 丁桂儿脐贴交互网络广告

二、网络广告制作流程

网络广告作为一种全新的广告形式在现代经济生活中发挥着日益重要的作用。网络广告也是网络媒体企业的主要经营活动。在一定的软件和硬件等运行环境的基础上,可以进行网络广告的制作,其制作流程中一般包括策划、创意、结构设计、素材的采集和制作、集成制作、测试等几个步骤。以下主要介绍网络广告素材的采集和制作及网络广告集成制作。

(一)网络广告素材采集和制作

网络广告以下主要介绍网络广告教材的采集和制作及网络广告集成制作。素材的采集和制作是网络广告设计制作的重要基础,好的素材的获取有赖于制作者的文化艺术素质、创意及工作态度,取决于各种软硬件的正确选择和熟练掌握使用,以及日常对大量素材的留心收集和整理。

不同类型的数据文件的制作方法及其所需软硬件环境各不相同。文本文件可通过字处理软件录入并编辑,声音文件可通过声卡录制而后应用相应的工具进行编辑,图形图像文件可用绘图工具绘制或数码相机摄像获得,视频文件可用视频卡捕捉,动画文件可用二维、三维动画制作软件或含动画制作功能的多媒体创作工具制作。

(二)网络广告集成制作

在具体网络广告的策划、创意、结构设计完成基础上,进行素材的采集和简单制作,就可以进行网络广告的集成制作。

1. 图片和文字的输入

通过一般的文字输入和处理软件可以很方便地把相关的文字信息输入到广告制作中,当然如需要对文字进行修饰美化,必须借助 Cool3D 等字体制作软件,然后再导入到制作环境中。图片的输入相对简单,在素材采集到各种图形图像文件在格式适合的情况下,一般都可以通过软件的导入选项顺利载入制作平台,如需要进行格式转换,则可以借助 ACDsee、美图看看等图像浏览软件进行简单处理即可。

2. 图形绘制和图像处理

通过电脑绘制的矢量图形一般都要转为标准图像格式用于网页设计。Photoshop 以其强大的图像处理功能见长,且具有很强的兼容性,支持多种图像格式。最新版的 Photoshop 中附带专为处理网页图形的 ImageReady,弥补了针对网页设计的不足。

3. 网页动画的制作

网络广告表现形式的发展速度令人吃惊,而且潜力无限,两三年前网上还充斥着静态的网幅广告,如今的网幅广告却以动态的居多了。网页动画技术的引进,使网络广告变得异常生动。

制作动画网页的 GIF 动画,最简单的办法可以用 Photoshop 生成一个包含全部动画元素的文件,对于每一个独立的帧,先隐含不必要的对象再分别导出成单个的 GIF 文件,最后用 GIF Animator 这类网页动画软件将各帧组合成动画文件,也可以安装 Photoshop 的动画插件,直接在 Photoshop 文件上生成动画。当然,如果用 Adobe Imageready 和 Macromedia Fireworks、Flash 这样专门为网页图像设计的软件可以直接制作动画 GIF。

4. 影像及声音的输入和编辑

数字影像输入的最好办法是用数字摄像机拍摄,然后直接存入电脑的硬盘备用。声音需通过声卡输入。当然,一些传统的影音资料都可以通过专门的硬件设备进行格式转换输入电脑。随着互联网传输速度的不断提高,计算机处理速度不断加快,流媒体技术的不断发展及应用,真正能体现网络多媒体优势的数字影音被广泛采用。

为了增加影像在可接受的速度下运行的机会,设计时一般采用小画面模式,例如,采用 320×240 像素点显示,或者干脆采用 160×120 像素点显示;最后制作一般采用了一种或更多的文件压缩方法。但是即便这样,在网上播放影像文件需稳定的高传输速率。

5. 完成各广告要素及不同文件、页面间的链接

最后的步骤就是完成各广告要素及不同文件、页面间的链接,为 WWW 提供 HTML 文档。HTML 允许文档创建者在文档中嵌套指向其他任何文件的链接指令。当用户点击鼠标激活这些嵌套的链接时,就可以直接跳转到该链接所指的文件。无论该文件存储在本地还是远程计算机里,都可以利用 HTTP 超文本传输协议跨空间在网上的不同页面间自由切换。

大多数通用文本编辑器及文字处理软件都能编辑 HTML 文档,只要该编辑器或字处理软件能把文档以纯文本方式储存即可。一些专门的网页制作软件和多媒体制作软件也具备强大的链接编辑功能,常用的有 Dreamweaver、Firework 等。

(三)网络广告测试

网站能够迅速产生有关广告主的目标市场及广告效果的详细信息,网络能为广告主提供前所未有的测试能力。随着软件技术的成熟,网络广告主对网页浏览者进行跟踪和归类的能力也有了进一步的提高,网上营销人员可以对浏览者关于某一广告的浏览权进行限制。这样,营销人员就可以确信,实际浏览本公司信息的人数和他们为之付出的网上广告投入相匹配,广告主还可以在任何时候获得详细的统计数据。

三、网络广告制作注意事项

由于受到网络带宽的限制,数据量过大的网络广告往往会因为下载时间过长而使消费者厌烦,甚至会直接影响网络广告所在媒体的使用体验,因此对网络广告大小的控制就显得尤为必要。此外,由于适应了网民的个性化和互动性需求,并能有效提高广告的趣味性和创意感,交互广告才越来越深受人们喜爱。

(一)影响网络广告大小的因素

1. 位图图片

图片因为包含的色彩较多,导入 Flash 后会占用相应的空间,直接影响 SWF 文件的大小,因此很多设计师往往会采用压缩图片质量的方法使网络广告变小,其实这个方法是万般无奈时才用的,因为图片压缩所节省的字节数远远不及损失掉的图片质量有价值。同样是图片,不同格式占用的文件量却大有不同,初学者会使用 JPG 格式或者带透明底的 PNG 格式的图片,但在一个限定为 20KB 的广

告中用了 PNG 或 JPG 图片,文件大小也就难以控制了。因此,我们通常用 BMP 格式来代替 PNG 或 JPG,在需要用透明底图片时,只需将 BMP 打散,然后用抠图的方式将透明部分去掉即可。

2. 矢量图形

很多人认为矢量图形没法再进行压缩。其实,矢量元素的复杂程度、节点数量和节点类型都是影响文件大小的因素。两点之间,直线最短,同样一条直线,如果中间添加一个点,文件 K 数就会大一点,积少成多,最后文件的数据量就会让人难以接受。因此,在制作时,应当尽量简化图形,将多余的节点一一删除,用直线代替弧线或者转化为贝塞尔曲线。

3. 动画帧数

动画占用的帧数会影响文件数据量,因此,我们可以通过缩短动画时长来减少数据量。在时长无法减少的情况下,我们可以将补间动画转变成关键帧,虽然在动画的连续上会有一些损失,但在视觉上不会有太大差别。

4. 背景

背景的处理技巧是影响数据量的关键因素之一。我们可以通过重复利用元件的方法使其排列成所需背景,通过对各个元件的属性参数的调节来实现预期效果。

同样一个效果,实现的途径有很多种,我们要选择最简洁、效果最好的那一种。在制作完成后,要仔细检查有无多余图层、多余元件或无用动画隐藏在背后,这些都会有效减少广告的数据量。

(二) 交互动画

交互技术是 Flash 最为突出的性能之一,通过 Flash 的交互设计能实现人与广告的互动,比如通过按钮来控制声音、影片的播放,通过鼠标键盘或触屏来玩游戏,这些都需要借助 ActionScript 语言来实现。"尖端的交互设计+高超的 AS 编程技巧+良好的美工+优秀的创意"可以打造出令人瞠目结舌的广告作品。

ActionScript 是一套相对完整的语言,多用于 Flash 的互动性、娱乐性、实用性开发,网页制作和 RIA 应用程序开发。对于广告设计师来说,学习编写动作脚本并不需要对 ActionScript 有完全的了解,使用者的需求才是真正的目标,有了设计创意之后就可以根据需要选择恰当的动作、属性、函数和方法。要使用 ActionScript 的强大功能,最重要的是了解其工作原理,包括 ActionScript 语言的概述、元素以及用来组织信息和创建交互影片的规则等。

Flash 8 中的 ActionScript 语言是一种面向对象的语言,是实现 Flash 交互性的核心技术,可以实现对影片的动态控制。ActionScript 通过动作和运算符来控制影片中的对象,通过事件响应机制来处理各种应用。使用 ActionScript 语言可以制作出交互性非常强的极具吸引力的 Flash 动画。ActionScript 是一种面向对象的程序语言,可以用于普通动画中的播放效果控制,也可以用于开发 Flash 多媒体课件和网络高级应用程序。ActionScript 通过事件处理机制来响应鼠标和键盘事件,实现用户对 Flash 动画的控制和操作。

ActionScript 实现的 Flash 交互性动画,主要包含对象、事件和动作三个基本要素。对象就是指行为的执行对象,是指对哪个对象进行操作。事件就是执行行为的条件,是指在满足什么样的条件下执行行为。行为也称动作,是指对象的具体行为动作。

根据添加脚本的位置不同,ActionScript 脚本分为帧脚本和元件脚本。帧脚本是指脚本添加在具体的帧上,可以在关键帧和空白关键帧上添加脚本。添加脚本的帧上会显示一个标识。元件脚本主要有按钮脚本和影片剪辑脚本,按钮脚本是指在制作按钮时添加的脚本,而影片剪辑脚本是制作影片剪辑时添加的脚本。

Flash 中的 ActionScript 事件主要有鼠标/键盘事件、帧事件和影片剪辑事件。ActionScript 事件的命名格式是:"on"+事件名称,例如,onpress 表示按下鼠标事件。ActionScript 鼠标事件是指鼠标点击或移动时发生的事件。ActionScript 键盘事件的主要格式为:onKeyPress("which key"),其中"which key"表示点击的是哪个按键。

第四节　网络广告的发布

作品是承载广告信息的载体,媒介是消费者接触广告信息的接触点,在广告设计制作完成后,就需要将作品通过媒体发布出去,广告的效果亦是发布之后才可以进行测评的。

一、网络广告的发布途径

在作品设计制作完成之后,广告主或广告代理商如何通过网络发布企业的广告?网络发布广告的渠道和形式众多,各有长短,企业应根据自身情况及网络广告的目标,选择网络广告发布渠道及方式。目前,一般有以下几种方式发布网络广告。

(一)官网、App、微信

除了与网络媒体直接联系投放外,网络广告也可以直接发布在企业官网、官方 App 以及公众账号上,这不但是一种企业形象的展示途径,也是宣传产品的良好工具。在公司官网上发布广告,是一种和消费者直接进行沟通的方便、快捷、成本较低的方式。但大部分公司的官网访问量过少,因此,该种方式的广告效果差异很大。如今,随着移动互联网的发展,一些公司开发了自己的 App 或者在微信上建立自己的公众平台,App 和公众账号是与消费者联络的最直接平台,而微信公众账号更是可以和粉丝建立更为紧密的关系并提供直接的服务,因此,借助恰当的形式将广告置于其中,效果较佳。

(二)电子邮件和电子邮件列表方式

在 Internet 中到处都充满了商机,就像传统广告中的邮寄广告一样,网络世界中另外一种广告发布形式正在被更多的商家所利用,即电子邮件广告。传统的邮寄广告是广告主把印制或书写的信息,包括商品目录、货物说明书、商品价目表、展销会请柬、征订单、明信片、招贴画、传单等,直接通过邮政系统寄达选定的对象的一种传播方式。电子邮件广告是广告主将广告信息以 E-mail 的方式发送给有关的网络用户。

Internet 还有一种可供使用的资源,就是电子邮件列表。电子邮件列表非常流行,在 Internet 上有 10 万多个邮件列表,或超过这个数字,因为没有人知道确切的数字,其中对外公开开放的超过 5 万多个。如果要使用电子邮件列表的话,可以有两种选择。

一种是建立自己的邮件列表服务器。邮件列表服务器可以生成相当于大宗邮件的电子邮件。假定某公司在一个有 3000 名客户的地区新建了一个办事处,现在想把这个消息发送给这些客户,就可以使用电子邮件列表:向自己的电子邮件列表服务器发送一个消息,服务器就会把这一消息和该地区 3000 名客户的 3000 个电子邮件地址混合在一起并发出 3000 个地址相互独立的电子邮件消息,这样不仅比邮局投递快捷省力,而且无须邮票。

另一种方式是租借其他公司的电子邮件列表。利用电子邮件列表需要收集足够的电子邮件地址,这往往要花费很多时间和精力,一种越来越大众化的获得电子邮件地址的捷径是从其他公司租借电子邮件列表。这种列表是最常用的商业广告列表,它可以使发送的电子邮件相当于传统广告中的直接邮寄广告。有的公司提供的电子邮件列表常常是那些自愿加入的、想要接收特定主题的电子邮件广告的人。如果能租借到这样的电子邮件列表,就可以向目标客户发送电子邮件广告,而不用担心会激怒他人,并且所花费的费用要比采用普通邮寄广告方式廉价得多。

邮件列表向我们提供一种新的广告形式,弥补了站点网幅广告信息量有限、对用户点击依赖程度高的弱点,这也许会带来网络广告发发展的新机遇。

(三) 网络报纸或杂志方式

在 Internet 日益发展的今天,新闻界也不落人后,一些世界著名的报纸和杂志,如美国的《华尔街日报》《商业周刊》,国内的《人民日报》《文汇报》《中国日报》等,纷纷将触角伸向了 Internet,在 Internet 上建立自己的主页。而更有一些新兴的报纸与杂志,干脆脱离了传统的"纸"的媒体,完完全全地成为一种"网络报纸或杂志",反响非常好,每天访问的人数不断上升。由此可见,随着计算机的普及与网络的发展,网络报纸与杂志将成为网民信息获取的重要渠道,在这些网络杂志或报纸上做广告也是一个较好的传播渠道。

(四) 网络广告联盟平台

网络广告联盟又称联盟营销,1996 年发端于亚马逊书店推出的一种会员制营销,根据这一营销方式,任何网站都可申请成为亚马逊书店的联盟会员,在自己的网站上推荐亚马逊书店经营的图书,书店根据网站实际售出书籍的种类和已享折扣的高低给予网站 5%～15%的佣金,正是借助于这一营销方式,亚马逊书店奠定了其在网络零售业第一品牌的地位。联盟平台帮助广告主实现广告投放,并进行广告投放数据的检测统计,广告主按照网络广告的实际效果向会员支付广告费用。通过连接上游广告主和下游中小网站,联盟平台为广告主提供了高效的网络营销推广,同时也为中小网站提供了可靠的广告收入来源,因此网络广告联盟成为目前广告主投放网络广告的重要渠道。

(五) 友情链接方式

采用友情链接的方式发布网络广告,需要从网站的访问量、在搜索引擎中的排名位置、相互之间信息的补充程度、链接的位置、链接的具体形式等方面加以关注,这些都是在建立友情链接时需考虑的事情。

1. 发出邀请函

首先,礼貌地开头,尽可能地找到对方网站管理员的名字,用他们的名字与其联系。称赞他的网站提出的某个观点,这样可以抓住对方的注意力,使他们立刻感到温暖。不能这样开头,"请参观我的网站,地址为 http://www.yoursite.com,如果你给我一个链接,我也将给你一个链接",他们可能不会去访问。其次,告诉他们你已经有一个链接指向贵方的网站,并且给出那个网页的 URL 地址,如果你给对方一个有价值的链接,也许还有对网站的简单介绍,那么你可能得到更多的"巧克力"。不一定用你的网站首页建立友情链接,任何一个子网页都可以(这要看对方网站提供友情链接的形式),用户可从你的子网页"跳到"首页。再次,告诉对方你的网站提供什么产品或服务,你已经浏览过他们的网站,并知道贵方的网站访问者对什么感兴趣,与他们建立链接的理由就是你的网站与他们有着相同或相近的主题,也就是说,可以提供其他有价值的信息给贵方的访问者。

2. 向谁发函

你需要与那些访问量大的网站建立链接,一个有效的办法就是在搜索引擎中查找网站,然后浏览结果列表前面的网站,这些就是你所需要的,选择与你的主题相似或互补的网站。你希望链接的网站有着很好的排名位置,也就意味着,他们选择对象是非常苛刻的,实际上,他们想要建立友情链接的网站是他们认为有用的站点,大有"不要给我们打电话,我们会给你去电话"的味道,所以不要总是不厌其烦地要求,除非你提供大量免费的、有价值的资讯。

3. 选择对方网站

如果你为了增加网站访问量而敞开你的大门,与任意网站建立友情链接,这样不会给你带来任何好处。建立友情链接不仅是为了增加访问量,还应对你的网站内容起补充的作用,以便更好地服务你的用户,如果你链接了大量低水平的网站,用户将不会再来了。

4. 信守承诺

互惠链接一个基本的原则就是诚实。事实上,网站管理员很少有时间来查看已建立互惠链接的网站,他们信任其他的网站管理员,所以,不要把其他网站的链接随意地删除,维护他人利益的同时,也保护了自己。

二、网络广告发布的误区

(一)只考虑购买网站的首页

广告主投放网络广告的最终目的或者是为了扩大产品的市场知名度,或者是增加销售量和销售额,为公司赢得利益。每种产品,只有找准市场,定位准确,才能在激烈的竞争中立于不败之地。在投放网络广告时,也应该将网络广告投放到适合公司产品的相应页面上。

但目前的情况是,各网站首页的广告价格都比较高,这在客观上误导了对网络媒体缺乏认识的广告主,使他们误认为网站首页的广告效果要比其他页面好。虽然网站首页的访问量一般都比较高,能产生大量的页面浏览量(Pageview),但是由于网站首页的访问人群存在主题不明确、目的性不强的特点,在客观上造成广告缺乏针对性,导致广告的效果不理想,同时也造成资金的浪费,最终使广告主对网络广告失去信心,放弃对网络广告的投放。

一般说来,首页广告的点击率永远是最低的,选择内容与自己业务密切相关的分类页面投放,则能够过滤掉那些对企业缺乏商业价值的访问者,不必为无效的广告显示付钱。

(二)仅以 Pageview 为站点选择的主要衡量标准

目前在我国,比较知名的门户网站有新浪、网易、搜狐等,比较著名的专业性站点有联众游戏等,它们之间的区别不仅仅表现在内容上,也表现在它们所吸引的用户人数、用户类别和用户特征上。所以,广告主在选择网站的时候,应该首先考虑网站及网站访问者的特点是否与自己的产品和活动符合,其次才应该是该站点的访问量。只有在选择好适合自己产品和活动的站点后,这样所了解的该站点的访问量才有可能成为有用的浏览量。这一观点在 CNNIC 历次发布的《中国互联网络发展状况统计报告》中得到了验证。

(三)广告投放的量越大,广告效果就一定越好

如何用最少的广告费换取销售的大幅增长,是所有广告主在进行广告投放时所面临的问题。由于目前网络广告的平均费用较传统媒体而言还是比较低的,所以在广告投放上,很多时候,广告主相信只要在某个页面上投放的量越大,所得到的广告效果就一定越好。目前我国的网络广告主要按照 CPM(即千人印象成本)来计算价格,广告的效果是随着广告投放的量不断上升,但是这种上升并不是线性的,它是有一定阶段性的。显而易见,开始时广告的效果与广告的投放是随着广告投放的上升而不断上升,但是当广告投放达到一定数量时,广告的效果可能就不会再有很大的变化。因此在某个固定的浏览量很大的网站上投入大量的广告,可能可以很快地达到所需要的浏览量,但是仔细考虑这些广告受众,我们会发现最终换来的只是大量的重复受众,这并不是广告主的目的,他们需要的是覆盖不同的受众人群。所以,在广告的投放量上需要有一个投放数量的考虑,并不是在浏览量最大的站点上投放最大的量,就一定可以达到广告主的目的。

三、网络广告发布责任与规范

当前网络广告中存在一系列问题,如:有些网站发布虚假广告,欺骗消费者;有的网站发布法律、

法规禁止或限制发布的商品或服务的广告;有些特殊商品广告发布前未经有关部门审查,内容存在着严重的问题;一些网站在广告经营中存在着不正当竞争行为等。

我国现行的《广告法》等相关法律、法规对网络广告没有明确的规定,这是造成网络广告行业混乱的根本原因。要把网络广告发布监管落到实处,就必须把网络广告纳入法律的控制范围内。

中国目前对传统广告市场的准入采用的是严格准则主义的立法模式。对从事广告经营活动的企业和个人,除了具备《中华人民共和国企业法人登记管理条例》《中华人民共和国独资企业法》,还应该具有国家工商总局制定的《广告经营者、广告发布者资质标准及广告经营范围核定用语规范》所规定的资质标准。2000年5月,北京市工商管理局发布了《关于对网络广告经营资格进行规范的通告》,通知规定了已经办理《广告经营许可证》的广告专营企业可从事网络广告的设计、制作、代理业务,也可在自办网站上开展广告发布业务;各类合法网络经济组织可以作为一种媒体在因特网上发布由广告专营企业代理的广告,但在发布广告前应向工商行政管理机关申请办理媒体发布广告的有关手续;网络经济组织在具备相应资质条件的情况下,也可直接承办各类广告。网络经济组织承接广告业务的,应向工商行政管理机关申请办理企业登记事项的变更,增加广告经营范围,并办理《广告经营许可证》,取得网络广告经营资格。

网络广告发布者则一般为网络服务提供者(Internet Service Provider,ISP)。ISP可分两类:一类是网络中介服务者。网络中介服务者根据对网上传播信息实际控制能力不同,又包括IAP(接入服务提供者)和IPP(网络平台提供者)。另一类是网络内容提供者(Internet Content Provider,ICP)指自己组织信息,通过网络向公众传播的主体。如果网络广告发布者应知或明知是侵权违法广告而发布,那么主观上就有过错,应承担共同的侵权责任。当然,应知和明知是两种不同的心理状态:明知即故意,故意侵权,概莫能外;应知即过失,民法上即指疏忽大意,违反了审查义务。通常预见,尽到一般人的审查义务,只有存在重大过失的情况下,才承担共同侵权责任。

《广告法》规定,对广告主可处以广告费用1倍以上5倍以下的罚款,对负有责任的广告发布者应没收其广告收入。《反不正当竞争法》也规定,对"经营者利用广告或其他方法,对商品作引人误解的虚假宣传的,监督检查部门可以根据情节处以1万元以上20万元以下的罚款"。行政责任中还应增加行为责任和信誉责任。经济行为责任指义务违反人以其经济行为受到某些限制作为代价承担责任的方式,就是限制或剥夺从事某种经济活动的资格和手段,防止他们在以后的该种经济活动中继续做出危害行为,同时也是为了清除其危害行为造成的不良社会影响。我国《刑法》也规定,"广告主、广告经营者、广告发布者违反国家规定,利用广告对商品或服务作虚假宣传,情节严重的,处2年以下有期徒刑或者拘役,并处或者单处罚金"。

中国广告协会互动网络委员会经国家工商行政管理总局和国家民政部的批准成立,并于2007年6月13日在国家工商行政管理总局举行了成立大会并发布了《中国互动网络广告行业自律守则》。公约与法律手段结合,可以对违法网络广告实现有效的控制。我们可以利用中国广告协会互动网络委员会对网络广告开展监控,受理业者或消费者的投诉。对违法网络广告的广告主、广告经营者和发布者进行调查曝光,以加强行业自律。建立第三方中介组织的评估和检测机制促进网络广告的监控管理。第三方中介组织通过提供准确公正的各项网络广告的统计数据可以使利害关系人及时发现并纠正网络广告中出现的问题。这在一定程度上也督促了网络广告发布者审查义务的认真履行,最终完善了网络广告的审查制度,健全了法律监督管理机制。

第五节　网络广告的效果分析

一、网络广告效果的四种类型

对于广告主来说,广告说到底还是企业的一种经济行为、一个行销工具。既然是经济行为,要考虑其投入和产出的比率,花出的钱是不是有效果,是不是值的,这是个非常现实和重要的问题。作为新兴的广告形式,网络广告也不例外,其效果仍然是企业关注的焦点。特别是在当今网络广告勃兴的初期,这个问题可以说影响着网络广告的前途命运。

网络广告的效果是指网络广告作品通过网络媒体刊登后所产生的作用和影响。其效果主要有以下四类。

(一) 传播效果

网络广告的传播效果即消费者对网络广告作品本身接触和认可的程度。广告首先需要让消费者接触到,如果消费者根本就接触不到你的广告,广告效果就无从谈起。在广告效果的类别中,传播效果评价在实践中的发展是最为完善的,如电视广告的收视率、收视占有率、累计达到率、毛评点,以及由此衍生出的千人成本等。对应的评测指标有广告曝光次数(Advertising Impression)等。

(二) 销售效果

网络广告的销售效果即广告活动促进商品(或服务)销售的提高效果,是广告活动的终极目标,也是广告主最为重视的效果,包括销量增加、市场占有率扩大等。对应的评测指标有转化次数与转化率(Conversion & Conversion Rate)等。

(三) 心理效果

网络广告的心理效果是指网络广告对受众的心理认知、情感和行为的影响程度。广告在到达受众之后,会通过其诉求内容、画面、音效等进一步影响受众的大脑和心理,这种影响可能在有意识或者无意识的情况下发生。通常广告并不能直接导致预期行为,而是在传播信息、建立品牌关联、引导需求等方面的作用更大,通过引发受众情感,形成对广告及品牌的认知和态度,引起购买意愿等影响受众心理的中间过程,直接或间接导致预期行为的发生。它不是直接以销售情况的好坏作为评断广告效果的依据,而是以广告对企业形象及产品品牌的影响程度为基础的,比如企业知名度、美誉度的提高等。心理效果与传播效果最显著的区别在于,传播效果仅考查广告到达受众"眼球"的情况,而心理效果研究深入到对受众"大脑"或"心理"的认识。点击次数与点击率(Click & Click Through Rate)可以有效衡量网民对广告或商品感兴趣的程度。

(四) 社会效果

网络广告的社会效果是指广告对社会文化、道德、伦理、价值观和环境所产生的影响。该效果虽然与广告的商业效果关联较远,但需要引起策划者的高度注意。如果一个广告没有注意其伦理、道德、宗教以及文化方面的影响,很可能在投放之后引起非常严重的后果及强烈的社会争议,未雨绸缪是避免出现此种问题的最好方法。而那些具有良好社会效果的广告可以给企业带来经济上和声誉上的丰厚回报。

二、网络广告效果分析的价值和意义

网络广告效果贯穿于整个网络广告活动的全过程,包括网络广告调查、网络广告策划、网络广告创意和制作、网络广告发布和实施等活动。完善科学的评估体系对于广告主、代理公司和媒体来说都

是非常有用处的。

对于广告主来说,只有了解了到达率、千人成本、广告频次和点击率之后,才能对企业的整体营销进行相应的调整,科学安排下一阶段的工作。因此,可以说,客观有效的效果评估结果不仅可以对企业前期的广告运作做出客观的评价,而且能够对企业今后的广告活动也起到有效的指导作用。

对于代理公司来说,只有通过检测和评估,才能分析和了解公司制作的广告所产生的实际效果,了解自己公司的优势和不足,才能挖掘公司潜力,提高广告水平,开发更多的广告客户,提升地位,创造更大效益。

对于媒体来说,广告效果的评估过程也是他们了解自己媒体优势和了解自己媒体受众的心理需求、行为习惯的过程。

具体来说:网络广告效果测评的意义有以下三个方面。

(1) 有利于完善广告计划。

通过网络广告效果的评估,可以检验原来预定的广告目标是否正确,网络广告形式是否运用得当,广告发布时间和网站的选择是否合适,广告费用的投入是否经济合理等,从而可以提高制订网络广告活动计划的水平,争取更高的广告效益。

(2) 有利于提高广告水平。

通过收集消费者对广告的接受程度,鉴定广告主题是否突出,广告诉求是否针对消费者的心理,广告创意是否吸引人,是否能起到良好的效果,可以改进广告设计,制作出更好的广告作品。

(3) 有利于促进广告业务的发展。

由于网络广告效果评估能客观地肯定广告所取得的效益,因此测评可以增强广告主的信心,使广告企业更精心地安排广告预算,而广告公司也容易争取广告客户,从而促进广告业务的持续快速发展。

三、网络广告效果分析的特点

由于网络广告是建立在计算机、通信等多种网络技术和媒体技术之上,所以在效果测评方面显示了传统广告所无法比拟的优势和特点。

(1) 网络媒体的交互性使得网络受众在观看完广告后可以直接提交个人意见,广告主可以在很短的时间内得到反馈信息,然后就可以迅速对广告效果进行测评。

(2) 广告主可以利用网络上的统计软件方便准确地统计出具体数据,而且网络广告受众在回答问题时可以不受调查人员的主观影响,这样网络广告效果的测评结果的客观性与准确性大大提高。

(3) Internet是一个全天候开放性的全球化网络系统,网络广告的受众数量是无限庞大的,因此网络广告效果调查能在网络大范围内展开,参与调查的目标群体的样本数量能够得到保证。

(4) 网络广告效果测评在很大程度上依靠技术手段,与传统广告测评相比,耗费的人力、物力比较少,相应的广告成本就比较低。

但在目前情况下,网络广告的效果评估仍然存在着诸多问题。据国外媒体报道,麦肯锡曾发布报告称,尽管网络广告已引起大量消费者注意,但很多广告商对投放网络广告的态度比较勉强,原因之一是认为"缺乏有效的网络广告效果评估方式和适当的运作能力"。麦肯锡一共对涉及5个商业领域的410名市场营销主管进行了调查。在那些已经投放网络广告的广告商中,52%的广告商称网络广告业务的最大阻力是"缺乏有效的效果评估方式",41%的广告商称缺乏内部运作能力,33%的广告商称很难说服主管,24%的广告商称缺乏相应数字工具,18%的广告商称广告代理商缺乏运作能力。

我国的效果评估比起发展程度和水平较高的美国网络广告市场更加不容乐观。广告浏览、点击率、CPM、CPC、CPA等各种各样的数字被广告代理公司或者网络媒体作为广告效果评估的结果提交给广告主,然而,当广告主面对这些数据报告的时候,无异于陷入一轮又一轮的信息轰炸之中。通过这些数据,广告主甚至可以追踪每次点击,但如何对这些数据进行归类、分析,从而了解消费者的行为,并判断怎样的消费行为能够帮助自己提高销售额和利润呢?追求精准营销的广告主一方面需要客观评价网络媒体广告价值的数字报告,另一方面更需要对这些数字进行科学的解读,而解读的前提在于是否已经在业内形成相对统一的判断标准。参考国际公认的评估体系,并由国内主流互联网厂商、相关研究机构以及监管机构等根据中国互联网及网民的特点加以完善,并共同予以推动才能催生这一标准尽快出炉。同时,第三方研究机构的数据解读也将成为互联网广告市场规范化与标准化的重要推动力量。

有关单位在这方面进行了不断探索,由99click、奥美世纪、易观国际、天极传媒、金山等业内知名企业联合起草、中国互联网协会网络营销工作委员会主办的《中国网络营销(广告)效果评估准则》意见稿中,详细规定了网络广告效果测评的指标、流程、道德规范及惩罚机制等,这也是该委员会首次以行业准则的方式来规范、引导日益复杂的网络营销市场,和会员单位一起推动网络广告市场的科学健康发展。该标准在一般大家熟知的广告展示、广告点击的基础上,加入了点击后行为的分析,比如到达率、转化率、路径分析等,与国际上网络广告效果分析行业通行法则相吻合,可帮助广告买卖双方减少无效用户收录,科学、翔实、客观地反映了网络广告有效流量全貌,对网络广告的长期发展具有一定的参考指导价值。

四、网络广告效果分析的主要测评指标

(一)广告曝光次数(Advertising Impression)

广告曝光次数是指网络广告所在的网页被访问的次数,该指标通常和广告所在媒体的访问热度关联密切。这一数字通常用Counter(计数器)来进行统计。中国互联网协会网络营销工作委员会成员大会上公布的《中国网络营销(广告)效果评估准则》意见稿中,广告曝光次数被称为"广告展示量"(Impression)。统计周期通常有小时、天、周和月等,也可以按需设定。被统计对象包括Flash广告、图片广告、文字链广告、软文、邮件广告、视频广告、富媒体广告等多种广告形式。广告展示量的统计是CPM付费的基础。

假如广告刊登在网页的固定位置,那么在刊登期间获得的曝光次数越高,表示该广告被看到的次数越多,获得的注意力就越多。在运用广告曝光次数这一指标时,应该注意以下问题。

首先,广告曝光次数并不等于实际浏览的广告人数。在广告刊登期间,同一个网民可能光顾几次刊登同一则网络广告的同一网站或页面,这样他就可能看到了不止一次这则广告,此时广告曝光次数应该大于实际浏览的人数,并不相等;还有一种情况就是,当网民偶尔打开某个刊登网络广告的网页后,也许根本就没有看上面的内容就将网页关闭了,此时的广告曝光次数与实际阅读次数也不相等。

其次,广告刊登位置的不同,每个广告曝光次数的实际价值也不相同。通常情况下,首页比内页得到的曝光次数多,但不一定是针对目标群体的曝光,对于内页比如我们访问新浪网内的汽车频道的页面,虽然内页的曝光次数较少,但目标受众的针对性更强,实际意义更大。

最后,通常情况下,一个网页中很少刊登一则广告,更多情况下会刊登几则广告。在这种情形下,当网民浏览该网页时,他会将自己的注意力分散到几则广告中,这样对于广告主的广告曝光的实际价值到底有多大,我们也无法精确认知。

所以,得到一个广告曝光次数,并不等于得到一个广告受众的注意,这个指标只可以从大体上来反映一个广告的效果。

(二) 点击次数与点击率(Click & Click Through Rate)

网民点击网络广告的次数称为点击次数。点击次数可以客观准确地反映广告效果,是网络广告最基本的评价指标,也是反映网络广告效果最直接、最有说服力的量化指标。点击次数除以广告曝光次数,就可得到点击率(CTR)。

如果刊登这则广告的网页的曝光次数是 5000,而网页上的广告的点击次数为 500,那么点击率是 10%。点击率是网络广告最基本的评价指标,也是反应网络广告效果最直接、最有说服力的量化指标,因为一旦浏览者点击了某个网络广告,说明他已经对广告中的产品产生了兴趣,与曝光次数相比,这个指标对广告主的意义更大。但是,在某种程度上说,单纯的点击率并不能充分反映网络广告的真正效果。

(三) 网页阅读次数(Page View,PV)

当浏览者点击网络广告之后即进入了介绍产品信息的主页或者广告主的网站,浏览者对该页面的一次浏览阅读称为一次网页阅读。这里的该页面是指点击广告后进入的广告主的页面。而所有浏览者对这一页面的总的阅读次数就称为网页阅读次数。这个指标也可以用来衡量网络广告效果,它从侧面反映了网络广告的吸引力。

广告主网页阅读次数与网络广告的点击次数事实上是存在差异的,这种差异是由于浏览者点击了网络广告而没有去浏览阅读点击这则广告所打开的网页所造成的。目前由于技术的限制,很难精确地对网页阅读次数进行统计,在很多情况下,就假定浏览者打开广告主的网站后都进行了浏览阅读,这样的话,网页阅读次数就可以用点击次数来估算。

(四) 转化次数与转化率(Conversion & Conversion Rate)

转化率最早由美国的网络调查公司 Ad Knowledge 在《2000 年第三季度网络广告调查报告》中提出。"转化"被定义为受网络广告影响而形成的购买、注册或者信息需求。转化次数就是指由于受网络广告影响所产生的购买、注册或者信息需求行为的次数,而转化次数除以广告曝光次数,即得到转化率。

网络广告的最终目的是促进产品的销售,而点击次数与点击率指标并不能真正反映网络广告对产品销售情况的影响,于是,引入了转化次数与转化率的指标。

Ad Knowledge 在《2000 年第三季度网络广告调查报告》中提出了"转化率"的概念,该公司将"转化"定义为受网络广告影响而形成的购买、注册或者信息需求。转化次数就是指由于受网络广告影响所产生的购买、注册或者信息需求行为的次数,而转化次数除以广告曝光次数,即得到转化率。

Ad Knowledge 的调查表明,尽管没有点击广告,但是,全部转化率中的 32% 是在观看广告之后形成的。该调查还发现了一个有趣的现象:随着时间的推移,由点击广告形成的转化率在降低,而观看网络广告形成的转化率却在上升。点击广告的转化率从 30 分钟内的 61% 下降到 30 天内的 8%,而由观看广告的转化率则由 11% 上升到 38%。该公司高级副总裁戴维德·瑞曼(David Zinman)认为,这项研究表明浏览而没有点击广告同样具有巨大的意义,营销人员更应该关注那些占浏览者总数 99% 的没有点击网络广告的浏览者。根据 Ad Knowledge 发布的报告中,点击网络广告的用户中,转化率达到 61%。

所以我们可以得知,网络广告的转化次数包括两部分,一部分是浏览并且点击了网络广告所产生的转化行为的次数,另一部分是仅仅浏览而没有点击网络广告,但受网络广告影响所产生的转化行为的次数。由此可见,转化次数与转化率可以反映那些浏览而没有点击广告所产生的效果,同时,点击率与转化率不存在明显的线性关系,所以出现转化率高于点击率的情况是不足为奇的。

转化率是对网络广告效果的一次重新界定,是对过分看重点击率的广告趋势的一种理性思考。国内对于转化率有很多误解,网络广告的最基本也是最直接的评价指标是点击率,但现在越来越多的人怀疑它。应该说一方面网络广告本身的创意整体不够吸引网民,另一方面由于恶意点击致使竞价排名受到威胁,也使点击率的可信度下降,于是就出现了与点击率相关的指标——转化率,它是用来体现网站运营效果的另一个重要指标,是该广告在说服访客采取所期望行为的能力,许多网站也承认"转化更多的访客"是其网站最重要的目标。

据调查表明,随着时间的转移,观看广告的转化率呈上升的趋势,那么为什么现在大家认识点击率的普遍度比转化率要广呢?一方面是关注的人数不多,根据对网络工作者的调查显示,有超过66%的人不知道他们自身网站的转化率是多少;另一方面,其计算比较复杂,转化率这个工具是通过对网站在一定时间内的访问量、平均订单金额和订单数量进行自动计算,得出网站的顾客转化率、总销售金额和平均每个访问者带来的销售额。

因此,转化率是从顾客入手,真正分析了受网络广告影响的受众人数,是一个最科学的指标,对于广告主同样具有重要的意义。因为忽略了点击广告的毕竟不到1%,而99%的受众可能是企业的主要客户来源。忽略了这一点,就不能对自己的消费者有一个真正的了解。广告主可能为了点击率少付了一笔钱,但将来可能损失更多。

(五)二跳率

二跳率是由我国本土第三方网络广告分析服务提供商99click所提出的,是有效评测流量质量的指标。

第一跳:当网络用户到达被监测网站时,被称为第一次跳转;第二跳指到达第一次跳转页面后,如果用户再点击链接进入网站深层页面,则被称为"二跳"。二跳的次数即为"二跳量"。二跳量与浏览量的比值称为页面的二跳率。这是一个衡量外部流量质量的重要指标。"二跳率"由于其科学的统计方法,已经越来越多地得到广大广告主的认可和青睐。目前很多主流的网络广告主都已经在使用99click的"二跳率"指标。

二跳率和点击率的最大不同就在于,二跳率可以有效检测恶意点击或点击欺诈。恶意点击就是网站为了提高广告的点击量、多赚钱,采用软件等技术手段或者自己进行恶意点击的方式。这在当前过分重视点击率的情况下在我国网络广告界普遍存在。所以人们对点击率开始不信任,认为可能存在虚假流量和虚假点击的情况。

二跳率是专业网站流量分析系统的杀手锏,虚假广告的克星。直观地说,如果访问者通过某一广告链接进入到网站页面(广告主页面)后,再次点击了其他页面链接,则为产生二跳;若访问者点击进入网站后径行离开,则没有产生二跳。对于产生了二跳的访问者,很有可能会成为广告主的客户;而没有产生二跳的访问来源,则很有可能成为无效的广告投放。"二跳率"如同为决策者平添了一双火眼金睛,让那些虚假的广告无处遁形。《中国网络营销(广告)效果评估准则》,就给予"二跳率"明确定义:作为中国网络广告营销效果数据分析指标之一,二跳率通常反映广告带来的流量是否有效,是判断广告是否存在虚假点击的指标之一,也能反映着陆页面对广告用户的吸引程度。2005年6月至8月间,新东方在线花费巨额广告费进行网络推广,同时使用了二跳率的效果评测服务。当时有两家网站平均每天都能带来数千次的点击,其中一家是另一家的两倍。但第一家的二跳率不到4%,而第二家高达30%以上。新东方在线CEO孙畅说:"一周后我们就终止了同第一家网站的合作。"如果仅凭点击次数,没有二跳率,新东方在线有可能做出完全相反的选择。

五、网络广告的计价方式

网络广告的计价方式是我们在进行网络广告投放和评价网络广告效果必须要了解的内容。由于网络的技术性特点,网络广告的计费相比传统广告就显得更为科学,针对网络广告的不同效果、媒介的特征以及广告主的要求,网络广告的计费出现了多样化和精确化的特征。目前网络广告的计价方式主要有以下几种。

(一)每千人印象成本(Cost Per Mille,CPM)

每千人印象成本是利用载有网络广告的网页被浏览的次数的方式来衡量网络广告的效果。网页被浏览的次数越多,表明网络广告的效果越好。CPM指标比较符合业内人士的惯性思维模式,即按照传统媒体测量广告效果的方式来衡量网络广告的效果,操作便捷,广告主不需要太多的网络广告知识就可以知道所投放的网络广告的触及范围和人数。千人印象成本是指网络广告所产生1000个广告印象的成本,通常以广告所在页面的曝光次数为依据。它的计算公式为:CPM=总成本/广告曝光次数×1000。

CPM指标的不足之处在于,每个网络访客可以多次点击载有网络广告的页面,而且访客是否注意到网络广告还是个未知数。利用CPM指标来衡量网络广告的效果,能在一定程度上反映网络广告的触及范围和受众数量,但是效果容易被夸大,可信度不高。至于每CPM的收费究竟是多少,要根据主页的热门程度(即浏览人数)划分价格等级,采取固定费率。国际惯例是每CPM收费从5美元至200美元不等。

1998年新浪网率先推行CPM模式,各大网站纷纷效仿,到2000年新浪放弃CPM模式转而采取传统的固定版位模式,其中原因值得深入探讨。目前视频网站广告与普通网页广告的收费水平均为每千人浏览成本(CPM)10～20元左右的水平。

(二)每点击成本(Cost Per Click,CPC)

每点击成本,就是点击网络广告1次广告主所付出的成本。其计算公式为:CPC=总成本/广告点击次数。

该种计价方式是利用网络广告被点击并链接到相关网址或详细内容页面的次数来衡量网络广告的效果。网络访客能主动点击广告主的网络广告,表明其对该广告感兴趣,也表明广告引起了目标受众的关注,找到了合适的目标受众。针对合适的受众传递商业信息,从这个意义上而言,CPC指标衡量网络广告的效果更加准确有效。但是CPC指标也存在一定的缺陷:网络访客点击广告可能源于对广告内容的兴趣,也有可能源于对广告的制作水平和创意感兴趣。假如访客点击广告仅仅因为广告的制作和创意做得好,而不是因为访客对广告的内容感兴趣,那么就说明广告没有到达预期的效果。

此外,是否用户点击了才说明广告有效果?假如用户看到了广告,而且主要信息也获得了和记住了,并没有去点击广告,是否意味着广告就没有效果?美国当前的展示类广告点击率不到0.2%,广告对于剩余99.8%的人产生的长期影响是不能被传统的监控和评估方式跟踪到的,这样就很难产生非常让人信服的结论。根据尼尔森和NetRating关于网上广告的调查数据,家庭上网者平均仅0.41%点击了网上广告,而公司上网者只有0.23%点击了网上广告。

(三)每回应成本(Cost Per Response,CPR)

此种方式充分考虑了网络广告实时反应、直接互动、准确记录的特点,利用网络访客的回应(可以是在线填表、发出电子邮件等)次数来衡量网络广告的效果。交互直接是网络媒体相对于传统媒体的一个技术优势,通过电子邮件或在线填表及时地收集和汇总受众的需求和意见,及时地反馈给企业,实现企业与受众之间的信息交流。能给企业或产品提意见的受众才是真正的目标受众,从这个意义来说,CPR指标衡量网络广告效果更加准确。CPR指标也存在自身的缺陷:目标受众的反映很难进行量化衡量,同时,这种方法比较适合那些具有促销性质的广告,对于企业形象广告不太适合。

(四)每行动成本(Cost Per Action,CPA)

该种计价方式是利用网络访客在线购买产品的次数来衡量网络广告的效果。CPA指标对于广告主比较有利,能较清楚地量化到网络广告的销售效果,但是完全否定了网络广告对企业或产品的品牌建设作用,有失偏颇。

所谓每行动成本就是广告主为每个行动所付出的成本。其计算公式为:CPA＝总成本/转化次数,如一定时期内一个广告主投入某产品的网络广告的费用是 6000 元,这则网络广告的曝光次数为 600000,点击次数为 60000,转化数为 1200。那么这个网络广告的千人印象成本为 CPM＝6000 元/600000×1000＝10 元,该网络广告的每点击成本为 CPC＝6000 元/60000＝0.1 元,这个网络广告的每行动成本为 CPA＝6000 元/1200＝5 元。

CPM 是目前应用最广、使用起来最简单的指标。广告主投放网络广告的费用是一个明确的数字,而广告曝光次数是由 ISP 或 ICP 直接提供的,所以 CPM 能够很容易地计算出来。然而 CPM 的真实性要受到质疑,这是因为广告曝光数字是由 ISP 或 ICP 提供的,它们为了宣传其网站经营效益,必然要夸大曝光数字。这样,网络广告的 CPM 的客观性要降低,不能真实地反映网络广告的成本。CPC 也是目前常用的指标,这一数据的产生是基于点击次数计算出来的,而点击次数除了 ISP 或 ICP 提供外,广告主是可以自己来进行统计的。所以利用 CPC 在一定程度上限制了网站作弊的可能,在很大程度上提高了评估的准确性。但是如果一个浏览者点击了广告而没有进行下一步的行动就关闭了浏览器,那么广告效果只是停留在曝光上,CPC 的数值就比实际情况偏小,这是不科学的。由于 CPM 和 CPC 两个指标都存在一定的局限性,所以有人提出了 CPA 指标。CPA 指标对于广告主是最有借鉴意义的,因为网络广告的最终目的就是促进产品的销售,这是通过消费者的行动来实现的。但是由于目前技术的限制,很难将那些在网络广告的影响下产生实际行动的数字准确地统计出来,所以这个指标应用起来受到了很大的限制。

(五) 买断时段方式(Cost Per Time, CPT)/平台费(Flat Fee)

该种计价方式为每广告位的时间成本,比如包天、包月、包时。CPT 是目前国内互联网广告计费形式的主导,是传统媒体广告购买模式的延续,它使得网络广告的计费模式更趋近于传播媒体的购买模式。广告主可以根据自身需求在特定时间段选取特定广告位进行有针对性的宣传。

CPT 在技术上可以看做是 CPM 的变形,以适应国内广告主在广告购买上的方便,但由于网络媒体区别于传统媒体的广告效果可记录性,CPT 无法精确体现互联网便于衡量广告效果的优势。不管效果好坏、访问量多少,一律一个价,这种方式对于网站和广告主来说都有些不公平。尽管许多大站都采用 CPM 或 CPC 来进行收费,但中小网站仍然使用 CPT 来收费。

(六) 按业绩付费(Pay-For-Performance, PFP)

按业绩付费主要包括 CPC、CPL、CPS 等定价模式。CPL(Cost Per Leads)是以搜集潜在客户名单多少来收费。有的叫按导航收费,如通过联盟网站上的广告 Banner 播放,访问者到达广告指定的网站,进行应答询问或调查、提供其他信息、注册会员等事先约定的事宜时,向联盟网站主支付事先约定佣金费用的方式,有效业绩以 24 小时唯一 IP 为准,佣金费用一般设定为××元/IP 注册。CPS(Cost Per Sales)每销售成本:以实际销售产品数量来换算广告刊登金额。

在我国,目前业界计费有两大特点:第一,多种计费方式并存发展,新的计费方式陆续推出。在网络发展之初,没有人知道如何给网络广告定价,CPT 因为与传统广告收费模式相似,得以广泛应用。但由于 CPT 不能精确衡量广告效果和体现广告价值,随着广告主的需求提高,CPM 千人成本被提了出来。千人成本由于结合了网站的特点和广告主的需求,又能和传统广告形式的效果评估进行有效对接,因此受到了欢迎。随后,我们看到了 CPC 模式的诞生和流行,这是广告主首先提出来的,当然我们也知道搜索引擎的出现和飞速发展,使得 CPC 的广告方式大行其道。现今,CPC 是搜索引擎唯一的广告模式。今后,各种各样的效果评估指标和收费方式还会源源不断出现,这也是网络广告的巨大魅力所在,体现了网络营销带给企业的多种价值形式。

第二个特点是在当前,CPM、CPC、CPT三种收费模式占主导。CPM是被广泛接受的方式。从趋势上说,CPC模式增长较为迅速。对于客户来说,投放广告的目的不尽相同,从类型上可以有品牌广告、促销广告、产品广告、活动信息告知甚至公关活动、跨媒体推广等。品牌广告是提升品牌形象的,对于大品牌特别适用。产品广告是提升品牌和提高产品知名度、促进产品销售的。活动信息告知则是将促销、打折信息告知消费者。因此,针对不同的网络广告目的,在进行网络广告评估时应当有不同的评估体系和标准。如对于品牌形象广告来说,更重要的指标是CPM,其次才是CPC,CPA;对于以促销为目的的活动,可以采用CPC。不同的评估体系是媒体在拉动媒体价值上创造出来的,同时也满足了客户的需求。因此,在实际的网络广告效果评估中,往往会运用几种指标进行综合衡量。

思考与练习

1. 网络广告策划包含哪些内容和程序?
2. 如何利用口碑进行病毒性网络广告传播?
3. 使用Flash软件设计和制作一个以"节能减排"为主题的公益通栏广告。
4. 网络广告的发布途径有哪些?
5. 目前我国网络广告效果测评的问题有哪些?

参 考 文 献

[1] 陈刚.网络广告[M].北京:高等教育出版社,2010.
[2] 屠忠俊.网络广告教程[M].北京:北京大学出版社,2004.
[3] 姜旭平.网络整合营销传播[M].北京:清华大学出版社,2007.
[4] 赵智锋.我国网络调研存在的问题与对策[J].经济论坛,2009(6):34-38.
[5] 于潇.网络广告的口碑传播策略分析[J].新闻界,2007(6):101-102.

第六章　网络媒体经营实务

> **学习目标**
>
> 1. 熟练掌握网络媒体运营的战略选择评价与实施。
> 2. 了解各类网络媒体的营利策略。
> 3. 运用典型案例分析网络游戏、网络视频、网络广告的运营模式。
> 4. 分析企业微博、企业微信的运营与管理。

随着互联网的迅猛发展,其作为一种媒体形式已渗透到社会生活的各个领域,并产生着极为广泛的影响,同时,互联网也给信息传播带来了根本性的突破和变革。网络以其信息量大、传播速度快、覆盖范围广以及交互性和受众主动性等诸多优势,日益成为文化传播活动、社会经济活动的重要载体,被称为继报刊、广播、电视之后的"第四媒体"。在经济的飞速发展和传媒业的急剧变革过程中,网络媒体给传统媒体带来了巨大的冲击,改变了整个传媒的格局。网络媒体作为一种组织形态,我们可以从多个视角去理解它。随着传媒产业的发展,网络媒体的经济属性也开始为人们所关注,网络媒体与传统媒体的运营既存在联系又存在区别,其产品和服务也具有自身特点,本章将以此为出发点深入探讨网络媒体的经营与管理。

第一节　网络媒体经营与管理概述

一、网络媒体的形态与特征

(一)网络媒体的含义

互联网是目前世界上最大、最流行的计算机网络,同时也是目前影响最大的一种全球性、开放性的信息资源网。它借助专门的通信界面和规程,使不同类型的计算机之间、不同国家和地区一系列的局域网、校园网以及其他国家的各种类型的网络等组成庞大的计算机网络体系,存放和传输海量信息,供世界各地的网络用户查询和使用。网络媒体成为现代媒体产业中不可或缺的支柱之一。

但是,究竟何谓网络媒体呢?学术界和实务界从不同的角度出发,给出了多种定义。

网络媒体是"通过计算机互联网络传播信息(包括新闻、知识等信息)的文化载体,目前主要指互联网,也称因特网"。[1]

网络媒体是"借助国际互联网这个信息传播平台,以电脑、电视机以及移动电话等为终端,以文字、声音、图像等形式来传递新闻信息的一种数字化、多媒体的传播媒介"。[2]

还有观点认为"可以将所有起到传播媒介作用的网站称为网络媒体,从是否完全商业性运作的角

---

[1] 匡文波. 网络媒体概论[M]. 北京:清华大学出版社,2001.
[2] 雷跃捷,等. 互联网媒体的概念、传播特征现状及其发展前景[J]. 现代传播,2001(1):97-101.

度,可以将网络媒体分为商业性网站和非商业性网站"。[1]

以上定义基本遵循两种思路,要么将网络媒体视作传播新闻信息的媒介,要么将其看作商业性和非商业性网站。然而,这两种界定都是不全面的,都难以揭示出网络媒体的整体性和内在规定性。首先,网络媒体是一种多功能性的媒介或中介系统;其次,网络媒体不仅仅传递新闻性信息;再次,网络媒体并不是网站本身,网站是一种媒介机构。

那么,通过以上的简单梳理,我们认为,网络媒体是一种基于互联网的以数字化、信息化为主体的人类信息传播与沟通的媒介系统。在这一界定中,涵盖以下几方面内容。

1. 网络媒体是一种媒介系统

就网络媒体来说,我们可以将网络首先看成是一个媒介系统。所谓媒介系统,指的是"大众传播媒介被设想为是个独立、开放的系统,这个自成一体的媒介系统,与政治、经济等系统一起,构成了一个社会大系统"。[2]

作为一个媒介系统应该包含许多不同类型的媒介,从文字到声音再到图像,以不同的传播形式为代表的各种媒介共同组成了媒介系统。一个新媒介的产生,在自身与系统中找到了自己的立足点之后,也同时会给其他的媒介带来一定程度的冲击与威胁,但有冲击并不意味着新媒介就要取代原有的媒介,各种先后出现的不同媒介,都会依据其本身固有的特色和优势,发挥着各自在媒介系统中的功能,在相互依存与相互竞争中,给媒介系统带来新的活力,从而促进整个媒介系统的发展。

如今的网络媒体,是集文字、声音、图像和视频等各种传播形式为一身的新媒介,它集合了报纸、广播和电视等以前传统媒体的各种优势,以一种方位的形态展现在众人面前,因此,我们可以将网络看作是一个浓缩了的大众传播的媒介系统。在这个媒介系统中,对于同一个信息的传播,既可以在网络上搜索到如纸质媒体般的详尽的文字描述和图片展示,也可以通过下载或在线收听、收看相关的声音记录以及图像视频。

当几乎所有的传统媒体——无论是报纸、广播还是电视,都开始开通自己的网站,成立自己的电子版的时候,人们发现在网络上不仅可以看到传统媒体上所有的内容,甚至由于网络对信息的海量容纳,还可以看到传统媒体上因为各种原因而没有发布的内容。于是,网络就像是一个大众传播媒介系统的缩影,报纸、杂志、广播、电视、电影等各种媒介,都可以在网络这个无限广阔的新媒介中找到自己的一块领地,并共同构成这个新的媒介系统。

2. 网络媒体传播着海量信息

正如通常被称作的"网络"一样,互联网就像一张巨大无比的网,几乎将整个地球都"网罗"在其中,将触角伸及全世界社会生活的方方面面。同时,这张"大网"也将我们社会生活中所涉及的各方面信息都网罗其中,从经济到政治,从文化到体育,几乎只要你能想得到的,都可以在网络上搜索到相关的信息。

在互联网中,任何一台联网的计算机,都可以成为这个庞大网络中存储器的一部分。大量的不同形式的信息,无论是文字、声音的,还是图片的、视频的,都可以在被编辑之后,存储在服务器的硬盘之中,当服务器连接上网络,信息就可以在客户端和服务器之间进行传播。因此,当全球数以亿计的计算机联网后,整个网络的存储空间可以说是无比巨大的,而更重要的是,每天都还有新的计算机融入互联网这个大家庭,不断有新的存储空间增加进来。网络上信息的丰富性和可选择性,扩大了人们的视野,给人们以更多的选择。

---

[1] 卢佳,宋培义. 探索网络媒体发展之路[J]. 现代传播,2004(3):81-83.
[2] 斯蒂文·小约翰. 传播理论[M]. 陈德民,等译. 北京:中国社会科学出版社,1999.

当然,网络媒体的这种海量信息,是以信息的数字化为根本的。网络媒体中的各种信息以"比特"这种数字化形式存储于计算机的硬盘中,无论是数字、文字、图片、声音还是视频,甚至包括虚拟现实,都可以在数字化后通过0和1这种最简单和基本的形式表示出来。这种数字化信息占用空间小、易保存,可以通过网络进行无限制的复制与流动,媒体中存储海量信息也因而成为可能。

网络媒体的数字化特征也因而带来了网络媒体的信息化。网络媒体以数字化信息为基础,拥有了目前其他传统媒介无法比拟的信息传播优势。在网络媒体中,有着涉及社会生活方方面面的海量信息,这些信息的传播突破了空间的界限,在世界上任何一个角落,只要有网络,信息就可以通过网络传送到那里。信息在以前所未有的速度在网络世界中迅速传播着,甚至已经可以达到即时的传播效果。信息的传播方式也变得格外方便快捷,不需要印刷机,不需要大型的转播设备,只要拥有一台可以联网的计算机,就可以把想要传播的信息放到网络中去,让它通过网络瞬时达到世界各个角落。信息的传播在网络媒体中得到了在其他传统媒体都得不到的自由与解放。信息的价值得到了最大限度的开发和利用。因而可以说,信息化是网络媒体的生命力所在。

3. 网络媒体的机构属性

网络媒体作为大众传播中的"第四媒体",经过几十年的发展,已经形成了一个相当繁荣的局面,不同规模、不同性质、不同种类、不同专业性的网站不断涌现,使得网络媒体已经在社会生活中担负了越来越重要的作用与使命,承担了越来越重要的社会责任。

首先,一部分网络媒体如传统媒体一样,具有事业性质、企业管理的双重属性,这部分媒体主要是以传统媒体为主要背景建立的网站,如各大报纸、电视台等设立的网站,这些网站隶属于传统媒体的一部分,是传统媒体的庞大机构中的一个分支,因而在属性上与其背后所依托的传统媒体并无不同。这部分网站目前的主要功能是作为传统媒体的电子版以及传统媒体的一个扩展的平台,其网站的主要内容、网页编排、舆论引导等,都是围绕着传统媒体服务,以传统媒体为主导的。这类网站中虽然也会有广告出现,带有商业的性质,但其主要功能和目的,仍旧是扩大传统媒体的信息容量和影响力,成为传统媒体与受众的一个互动平台。

其次,商业网站则主要是指那些以营利为主要目的的大型综合门户网站,包括门户网站和专业网站两大类,其中最具代表性的如Google、雅虎、新浪、淘宝等。由于这些商业网站无论从信息量上,还是从信息的发布速度上都有大大超过传统媒体的优势,因而成为人们阅读新闻、搜索信息的主要选择。而专业网站虽然在信息的种类上不如其他网站那么丰富,但因为其内容的专业性、集中性,也往往成为人们查找相关信息的首选网站。由于营利是商业网站的主要目标,因此商业网站无论是内容的选择与编排,还是页面设计等,往往会更加灵活和自由,会更加迎合受众的需求和口味。另一方面,相对于传统媒体网站来说,虚假信息和低俗倾向更为严重,在网站的公信力与权威性上要低于传统媒体的网站。

最后,政府网站是指那些以政府部门为背景建立的网站。这类网站是政府部门公开政务、贴近群众,为群众服务的一个窗口。政府网站是政府职能部门工作的一个延伸部分,让群众可以通过网站了解政府部门的职责、提出自己的合理建议等,此外,在线办公也已经成为一些政府网站的重要功能之一。政府网站不同于商业网站和传统媒体网站,它是一种隶属于政府部门,完全非营利性的,为公众服务的网站。

当然,作为大众传媒,网络媒体也如传统媒体一样承担着一定的社会责任,同时,又因为网络媒体在传播效果和社会影响力上已经凸显出越来越重要的作用,这也就要求网络媒体承担更重要的历史使命和现实社会责任。因此,网络媒体同传统媒体一样,也具有社会属性、政治属性和娱乐属性等。

(二)网络媒体的基本形态

在技术的推进下,网络媒体的发展呈现出多种形态。目前,网络媒体的众多形态中对人们影响较大的有如下几种基本形态。

1. 网络聊天

网络已经成为人们交往的不可替代的重要工具,并且日益成为一种时尚趋势。但网络空间是一个无物理性的类"空间",当我们"进入"网络时,身体是不在场的。因此面对面互动中的面部特征、身体语言、身份等非语言线索全部缺失。[①] 这是一种传统互动理论无法解释的交往方式。而它对现有的社会交往和生活的影响也是未知的。现有的网络互动方式有两种类型:一是异时性交往,包括电子邮件、新闻组、BBS 等;二是共时性聊天模式,包括网络聊天(IRC)、多用户在线实时交互(MOOs)和多用户对话(MUDs),其中的网络聊天是与现实面对面(FIF)互动最具对应性的网上交往方式。

互联网作为电脑所架构的社会网(Computer-Supported Social Networks,CSSN),同时也是一种架构人际关系的新媒介。它与电话、电视和报纸等其他媒介相比,有其独特的一面。通常,我们总是利用电话与原来熟识的亲友联系,只是少数情况下,才与陌生人交谈。此外,在大部分的情形下,电话只是个人之间一对一的沟通媒介。相对的,电视或者报刊等媒介,则只有在少数特殊的情况下,才会被个人用来与另外一个人传递信息;更为重要的是,过去的媒介都只有单向传播的功能,而互联网则提供了一种远程的群体交流,它可以是一对一、一对多或者多对多等各种形式,而且交流的群体成员可以是完全不相识的。同时,互联网以它自己的特性,创造出一个与现实空间不同的网络空间,让人们的交流从时间和空间中抽离出来,并产生交流的临场感。这些使互联网和由此带来的网络空间的人际交往与互动比现实空间的人际互动具有更多的特色和魅力。

2. 虚拟社区

从总体上看,国内外学者倾向于从两个层面阐述网络虚拟社区的含义:即网络虚拟社区一方面是指网站建设者利用网络为网民提供的网上交换空间;另一方面则是指建有网络信息系统的居民生活社区,即有社区网络依附其上的网络化社区。人们赋予网络虚拟社区双重含义的主要目的在于阐释未来网络社会的机理,即网上交往的空间(网上社区)及依附于它的现实生活空间(网络化社区),以构成未来全新的社会生活环境模式。

网络虚拟社区与"社区"本身存在密切的关系。从双方相同点来看:都是人们在一定位置上的互动和由这种互动产生的群体;都是指一定空间的团体中的人们,由重要的社会行动联结而产生的情感上的统一体。而双方的差异也十分明显:一是在空间分布上,参与交流的跨地域性不同;二是成员之间的交往媒介或媒介环境存在差异。此外,双方在去时间性、互为主体性、技术性和开放性方面具有极大不同。

国外最早的虚拟社区是 1984 年布兰德(Brand)和布瑞兰特(Brillant)创建 The Well,首次实现了"虚拟邻里关系"的交互讨论和协商,1990 年 The Well 引进赛博空间(Cyberspace)的名称,成为最著名的虚拟社区之一。国内目前比较大型的虚拟社区有:网易社区(netease.con)作为中文网络社区的始祖,版面众多,速度快,线路稳定;E 龙社区(elong.com)与 mail.con 做资产整合后有极强的经济实力,社区内推行所谓"e 龙币",为电子商务做前期储备,也是一种创新;西祠胡同(xici.net)目前红红火火,在社区被 E 龙收购后,以大量提供个人讨论区吸引了一定的网络文学资源,收罗了大量的网络名人为其"掌门";天涯社区(tianyaclub.com)一直生机勃勃,其栏目划分比较注重个性,版主个人魅力很强,其中的"诗词比兴""舞文弄墨""关天茶社"等吸引了一大批层次比较高的网友,整个社区显得相对比较典雅亲和。

3. 电子公告牌/电子公告栏(Bulletin Board System,BBS)

作为一种强势发展的网络形态,BBS 是基于 BBS 软件系统建立的电子数据库。互联网与 BBS 系统的联姻,产生了网络论坛(或称 BBS 论坛、电子论坛)。网络论坛是 e 时代虚拟空间中重要的多元言

[①] 吴满意. 网络媒体导论[M]. 北京:国防工业出版社,2008.

论空间,甚至被称为"网上社区的灵魂"。[①]

1978年,科瑞森(Krison)和苏斯(Russ Lane)编写了一个新系统,即"计算机公告牌系统"(Computer Bulletin System)。他们未曾想BBS在20年后风靡世界,成为虚拟社区最成熟的形态、网民信息传播汇集的平台。他们的初衷只是为一些电脑爱好者提供便捷互动的工具。20世纪80年代后,BBS软件不断完善,RBBS-PC作为第一个实用的BBS软件也在此时诞生并广泛运用于BBS操作中。进入20世纪90年代,随着网络技术的发展和普及,基于Web的BBS系统在互联网中风生水起,使用这一平台交流的网民数量超过百万。

随着"水木年华"在国内学者中口耳相传,BBS开始进入国内,并于1996年之后迅速发展起来。不仅是以BBS为主的论坛网站聚集了蒸蒸日上的人气,同时,强国论坛等网站论坛也不断涌现,在21世纪初的传播领域发挥着不可替代的作用。

4. 博客

博客(Blog)一词源于"Weblog"(网络日志)的缩写,它是使用特定的软件在网络上出版、发表、张贴文章的一种形式。因其操作简单,也被称为傻瓜化的个人信息发布方式。

作为一种网络信息交流方式,到目前为止,博客还没有一个公认的统一的定义。有人认为,博客是每周7天,每天24小时运转的言论网站,这种网站以其率真、野性、无保留、富于思想而奇怪的方式提供无拘无束的言论;也有人认为,博客是互联网上继E-mail、BBS、ICQ(IM)之后,出现的第四种网络交流方式;还有人认为,博客代表着"新闻媒体3.0"(旧媒体→新媒体→自媒体)。此外,还有人认为博客是网络时代的个人"读者文摘"、博客是"草根记者"等,这些都是人们对于博客的一些形象的比喻和定义。而有"中国博客教父"之称的方兴东总结认为:博客是一个"快捷易用的知识管理系统",博客是新型的"协同媒体",博客是"不停息的网上旅程",是"个人网上出版物(社区)",是"网络中的信息雷达系统",是"人工搜索引擎",是"专家过滤器",是"自组织网络生态"。[②]

2006年Twitter的出现把世人的眼光引入了一个叫微博的小小世界里。时下,在博客基础上而发展起来的微博成为网络媒体形态的重要潮流。微博,即微型博客(MicroBlog)的简称,是一个基于用户关系的信息分享、传播以及获取平台,用户可以通过Web、Wap以及各种客户端组建个人社区,以140字左右的文字更新信息,并实现即时分享。Twitter是最早也是最著名的微博网站,根据相关公开数据,截至2010年1月份,该产品在全球已经拥有7500万注册用户,美国总统奥巴马、美国白宫、FBI、Google、HTC、DELL、福布斯、通用汽车等很多国际知名个人和组织在Twitter上进行营销和与用户交互。在国内,2009年8月份中国最大的门户网站新浪网推出"新浪微博"内测版,成为中国门户网站中第一家提供微博服务的网站,微博正式进入中文上网主流人群视野,国内著名的微博有:品品米、随心微博、follow5、easytalk、SwiSen、叽歪、同学网、聚友9911等。

5. 播客

播客,即英文的Podcast或Podcasting,这个词源自"iPod"与广播(Broadcast)的合成词,"iPod"是美国苹果公司设计的便携式数字音乐播放器。播客指的是一种新型的在互联网上发表音频文件、允许用户订阅并自动接收新文件的方法,也指用此方法来制作的音频节目,代表使用这一传播方式的类人。[③]

"播客"不仅是一种新技术,也是一种新兴的传播理念。它将广播变成了一种完全平民化的传播形式,人人都可以做广播,成为播者,制作出带有自己特点与风格的"广播"节目,使普通人也可以成为

[①] 杜骏飞. 存在于虚无:虚拟社区的社会实在性辨析[J]. 现代传播,2004(1):73-77.
[②] 方兴东. 对博客的误解担忧和污染[N]. TOM科技方兴东专栏,2003年11月13日.
[③] 李红艳. 播客——网络时代的广播新武器[J]. 中小学信息技术教育,2006(2):66-67.

电台主持人,并将其上传到互联网进行发布。同时,每个人也都可以根据自己的喜好兴趣订制自己喜欢的"广播节目",甚至还可以同步下载到 MP3 等"随身播"接收设备上,从而实现了广播节目从制作、传播到接收,都可以达到"随时、随地、随意内容"这一理想境界。[①] 如果说博客主要以文字和图片信息为主,对传统的纸质媒体进行了一场数字化的革命,那么播客则是以音频信息为主,对传统的广播进行了一场数字化的挑战与冲击。

2001 年,RSS 发明者戴维温纳(Dave Winer)在 RSS2.0 说明里增加了声音元素。之后,温纳的公司 UserLand Software 把这项功能内嵌到其博客软件中。2004 年 2 月 12 日,镜报文章《听觉革命:在线广播遍地开花》中涉及"Podcasting"这一概念,但是没有提及"自动—同步"这个概念。2004 年 8 月 13 日亚当·科利(Adam Curry)的"每日源代码"(Daily Source Code)正式拉开 Podcasting 革命的序幕。"每日源代码"、iPodder 软件以及亚当的个人魅力使其当之无愧地被尊奉为"播客之父"。2004 年 9 月 15 日,丹妮·格瑞(DannieJ Gregoire)直接使用"自动—同步"这一概念,来描述亚当·科利提出的"自动下载,同步播放"这一想法。格瑞还抢注了和 podcasting 相关的一系列域名,podcasting.net 就是其抢注众多域名中的一个。2004 年年底 2005 年年初,美国国内的一些非营利性的广播电台发现,podcasting 的形式很适合他们制作的讲故事、专访、评论、对话等节目。在中国,播客的开始要比欧美晚,国内第一家播客网站"土豆网"(tudou.com)诞生于 2004 年年底,目前热门的播客网站有优酷、56、六间房、酷 6 等。

6. 闪客

"闪客"是网络新文化一族。所谓"闪"就是指 Flash(英文单词本意是指闪光、闪现),而"客"则是指从事某事的人,闪客就是指做 Flash 的人。所谓"闪客",也指经常使用 Flash 的人。"闪客"这个词源起于"闪客帝国"个人网站。关于闪客,一位研究者这样描述:每当夜幕降临,他们选择了"闪光",用一种叫 Flash 的软件,把隐藏在心里那些若隐若现的感觉做成动画,也许是段 MTV,也许是段伤感的故事,也许仅仅是一个幽默……这些作品传播到网上,博得大家开怀一笑,或是赚取几滴眼泪……日复一日,乐此不疲。

因为 Flash 简单易学,而且文件容量大多仅几百 KB,这种由 Macromedia 公司开发的软件无疑很适合当今的网络,因此越来越多的普通人开始编辑设计自己的"Flash",行家们也认为做闪客无须太高深的技术,只要有足够的想象力,有创意,懂得一定 Flash 软件知识,就可以尝试。

闪客作为一群利用 Flash 来表达自己情绪和意见的人,他们的作品不仅仅是一种供人消遣的娱乐方式,还体现着作者对生活、社会乃至文化的关注与体会。闪客从诞生到成长,都贯穿着个人的、平民的色彩。闪客的流行迎合了网络时代自由创作、简单轻松的特征,符合年轻人追求个性的要求,同时,也产生了巨大的商业价值。除了大家熟知的《东北人都是活雷锋》以外,中国内地创作的《大话三国》、中国台湾知名的《阿贵》系列等 Flash 动画已经成了网民们喜闻乐见的作品,由 Flash 衍生出来的虚拟形象还在现实中广为流行。

(三)网络媒体的特征

作为跨媒体的数字化媒体形式,网络媒体除具有传统媒体的"共性"特点之外,还具有鲜明的"个性"特点,以下分别从优势和劣势两个方面阐述。

1. 网络媒体的优势

(1)即时性。

即时性是网络传播时效性强的形象表述。互联网传输文字、声音、图像不受印刷、运输、发行等因

[①] 栾轶玫. 广播进化:从"传统广播"到"播客广播"[J]. 山东视听,2006(4):5-7.

素的限制,瞬间能够将信息发送给用户,具有即时发布、即时传递的特点,被称为最快速的传播媒体。此外,网络媒体的信息来源广泛,制作发布简单,易于操作,突破了传统媒体在时间、地域和技术上的限制,尤其是对突发事件的报道,能够做到随时随地发布信息,信息传播的时效性超过其他大众传播媒体,带来了信息传播的速度革命。

20世纪末,网络媒体对突发事件的报道,就不断创造了发稿时效第一的纪录。如,北京时间1999年5月8日清晨5点50分,中国驻南斯拉夫大使馆遭到以美国为首的北约的导弹袭击。国内新闻网站中第一个对此作出反应的是人民网。该网站9点25分发布了使馆被炸的第一篇报道;11点55分发布电话采访《人民日报》驻南斯拉夫记者白岩松,报道《光明日报》记者许杏虎、朱颖已殉职。中央电视台在12点的《新闻30分》中对该事件加以报道,新华社在午后才向新闻媒体发稿。近几年来,滚动快讯让网络传播的时效性进一步体现。随着网络图文直播、音频直播和视频直播的出现,网络传播的即时性日臻完美。网络媒体为凸显新闻时效性,对突发事件的报道有时甚至将新闻电头的时间精确到分钟。即使是日常新闻报道,新闻内容页面一般都标注了精确到秒钟的发布时间,一些新闻列表的每个标题后也标注发布时间。

(2)海量性。

传统媒体的信息传播存在容量有限的缺点,因为传统媒体的信息发布是平面的,单位节目时间和版面信息的传播数量是有限的,而网络媒体所储存和发布的信息容量是巨大的,互联网独有的链接特性使得信息传播的深度和广度大大扩充。

就新闻传播而言,网络媒体可实行全天24小时发稿,人民网、新华网等新闻网站和新浪网、搜狐网等门户网站实行全天候发稿已有近10年时间。网络媒体的每日发稿量(包括条数和篇幅)远远大于传统媒体,如新浪网仅新闻频道首页的新闻链接总量就高达800多条,各栏目还源源不断地滚动播出新闻,发稿量可见一斑。点击打开任何一条网络新闻网页,呈现给读者的除该新闻的内容之外,还有关键词、相关新闻和新闻专题等链接,广为集纳追踪报道和相关信息,全面报道事件始末,极大地丰富了新闻外延和背景资料,让读者充分享受新闻盛筵。除非人为清理或服务器在没有备份的情况下遭到破坏,理论上网络媒体所发稿件将以数字形式长期保存在资料存储容量巨大的服务器上。在这种意义上,网络媒体简直就是一个浩瀚的新闻数据库。

网络媒体的海量性,还体现在具有强大的检索功能及易复制、易存储等特点。网络媒体细致的信息分类、强大的信息储存和检索功能,也为受众提供了传统媒体不能提供的便利,面对"海量"的信息,受众能够根据自己的需要进行信息的选择与保存。谷歌、百度等专业搜索引擎及一些网站自有的检索工具,使网上查找新闻变得十分便捷。读者可以通过复制粘贴、下载、收藏、打印网页等方式复制、存储所需资料。

(3)全球性。

与传统媒体相比,网络媒体打破了国家的界限,具有更高的开放性,开创了更为广阔的传播空间,只要不存在语言障碍,任何人可以在世界任何地方查询和使用网站的内容和信息。网络媒体的这一特性,不仅表现在传播范围的全球性,而且表明它还具有一种使用上的开放性特征。

"网络传播无国界",网络传播空间理论上没有国家和地区的限制。任何一个国家或地区,如果不采取特别的技术措施对境内外个别有害网站实施封锁(事实上通过代理服务器可突破封锁),世界上任何一个网站登载的内容,都有可能供全球网民访问、浏览和下载。同样,世界上任何一个具备上网条件的地方,均可轻松浏览全球网站。1998年,美国独立检察官斯塔尔的"克林顿性丑闻"调查报告首先通过互联网公诸于世,著名网站Yahoo!、AOL等以最快时间转载,长达4个多小时的克林顿供证录像视频在互联网上随后播出,斯塔尔报告的主要内容通过电子邮件广为传播,这一案例成为世界新闻传播史上史无前例的"第一次"。网络媒体传播的全球性,在使一些网络媒体"走出国门"的同时,使一些目标受众为特定语种读者的网络媒体提升了全球影响力。如香港的星岛环球网、新加坡联合早报网等中文网站,纷纷跃入全球华人的视野范围内。从另一个层面来说,网络媒体传播的全球性,也为跨国企业和世界品牌开展全球性的营销传播提供了媒体平台。

(4) 互动性。

所谓互动性是指信息传播者与信息接受者之间进行的直接的沟通,互动是网络传播的本质,也是网络媒体超越大众媒体的根本特性。在大众传播时代,信息传播者与信息接受者是严格区分的,大众传播是单向的传播,由传播中心向数量庞大的群体同时发布信息,针对性不强,很难进行直接的反馈和互动。①

网络媒体的信息平台打破了传者与受者之间的界限,通过互联网的链接,形成了非线性的传播模式。受众不仅可以自主选择信息,而且能够表达意见、发表看法。受众也可进行信息的交流与反馈,从而参与信息的传播,实现传者与受者的无差别化。网络媒体使媒介与受众的关系和地位发生了深刻的变化,受众与传播者真正实现了双向沟通传播。

网络传播是媒体与受众、受众与受众之间的多向性、互动性传播,包含"一对一""一对多""多对一""多对多"的传播方式,体现了大众传播和人际传播相结合的传播方式,是网络媒体的特性和优势。网络论坛、讨论区、留言板、聊天室、电子邮件、ICQ 及 MSN 等即时通信软件,吸引着大量网民积极参与传播信息、评论新闻、讨论新闻话题等活动,极大地提高了网络新闻传播的社会影响力。1999 年 5 月 9 日,人民网开通"强烈抗议北约暴行 BBS 论坛",不久改版为"强国论坛",截至目前,已有 482004 人注册为该论坛用户,同时在线浏览人数最高达到 209211 人。近年来,网络论坛在"刘涌案""孙志刚事件""宝马撞人案"以及"虐猫女事件"等几起社会新闻事件上,发出了强大的声音,产生了巨大影响。

(5) 多媒体性。

网络所拥有的一大特性是多媒体性,它使网络媒体有能力在技术上实现多媒体传播。网络传播的多媒体性是指互联网运用数字技术,兼容报纸、广播和电视多种媒体的传播手段,全面刺激受众的多种感官。网络传播采取文字、图片、音频、视频、flash 动画等多种形式,丰富了传播手段,使信息传播更为直观、形象、生动,增加了现场感和冲击力。由于传统媒体只能实现单媒体传播,受众选择了什么媒体,就只能选择这个媒体所具有的传播方式,所以报纸、电视和广播一直处于一种"三分天下"的格局之中,彼此不能涵盖,而网络媒体集文本、声音、图像等传播形式于一体,这就打破了传统媒体之间的界限,使网络媒体作为一个整体的概念,不再有现实生活中传统媒体三足鼎立的势力划分。

(6) 新媒体特性。

网络媒体既具有大众传播的优势,又兼具小(窄)众化、分众化传播的特点,通过强大的信息技术把不同的媒体形态融合,体现了媒体变革最明显的特征。近年来,互联网融合报纸运作模式产生了网络报纸。随着网络流媒体技术的发展,互联网融合电台技术产生了网络电台,融合电视技术产生了网络电视台,融合移动通信技术产生了网络/手机短信、手机网站,变革编辑理念和模式产生了博客,基于互联网的新媒体层出不穷,异彩纷呈。世界杯赛事期间,网上流量急剧增长。湖南卫视节目《超级女声》连续两年不停地以 P2P 技术直播,上海文广传媒除了 IPTV 外,也广泛使用 P2P 技术。

另外,传统的大众媒体因为媒体的特性,无法针对个人实施营销,但是在网络媒体中,采用计算机数据库的设计,网络可以对网民进行分辨,再根据其过去的行为和习惯,提供他们最感兴趣的信息,或是用不同的方法对其进行销售。

---

① 高丽华. 新媒体经营[M]. 北京:机械工业出版社,2009.

网络媒体所具有的诸多优势必然对传统媒体产生巨大的冲击。

2. 网络媒体的劣势

(1) 网络普及不及传统媒体。

目前,网络的普及率低于大众媒体。影响网络普及的原因主要有四个方面:一是网络用户的素质,即不懂电脑或网络,与受教育程度有关;二是硬件限制,没有上网设备或者无法接入互联网,与居民的收入水平及社会经济水平相关;三是主观上不感兴趣等;四是互联网方面的原因,互联网的质量不佳使人远离网络。其中网民不懂电脑或网络是非网民不上网的最主要原因,有近半数的非网民都受此限制。[①]

此外,据中国互联网络信息中心(CNNIC)发布的《第33次中国互联网络发展状况统计报告》显示,截至2013年12月,我国网民规模达6.18亿人,全年共计新增网民5358万人。互联网普及率为45.8%,较2012年年底提升了3.7个百分点,普及率增长幅度与2012年情况基本一致,整体网民规模增速持续放缓。[②] 在互联网普及率方面,与发达国家相比还较低。相对于传统媒体的覆盖率,网络的普及程度有限,且网络用户主要集中在城市和经济相对发达地区。图6-1为中国网民规模与互联网普及率。

图6-1 中国网民规模与互联网普及率

(2) 媒体受众分布不均衡。

目前的网络使用者主要集中于年轻族群,且男女比例呈现不平衡的现象,对于以女性或者年龄较大的消费者为主要目标的产品不适合在网上开展营销,这些问题有待于网络普及化之后才能解决。

(3) 网络尚未成为主力媒体。

网络媒体虽具有互动特质,但是它需依赖使用者主动查询、阅览,需配合其他大众媒体,或依靠网络搜索、在线广告等方式,将网址告知网络使用者,否则使用者很难得知网站地址。鉴于此,网络媒体还无法动摇传统媒体的地位。

除了上述劣势以外,网络媒体还存在诸如抄袭复制现象严重、公信力不高、容易侵犯知识产权、带宽瓶颈制约、信息垃圾泛滥等问题,还有很大的品质提升空间。

二、网络媒体的经营管理和战略分析

随着传媒产业的发展,网络媒体的经济属性也开始为人们所关注,在探讨网络媒体的商业性特征

---

① 中国互联网络信息中心.第21次中国互联网络发展状况统计报告[R].2008年1月.
② 中国互联网络信息中心.第33次中国互联网络发展状况统计报告[R].2014年1月.

之前,有必要先了解一下经营管理的基本知识。

(一)经营管理基础

1. 战略管理

"战略"最早用于军事领域,指对全局性、高层的重大问题的筹划和指挥,其具有全局性、可行性和目标性等特征。

战略管理不是只管理制定有关组织主要问题决策的过程,还要保证战略的实施并发挥作用。战略管理包含三个主要元素:战略分析,即战略人员利用战略分析了解组织的战略地位;战略选择,它涉及对行为可能过程的模拟、评价和选择;战略实施,即如何使战略发挥作用。在实际应用中,战略分析、战略选择、战略实施三个阶段并不是都按直线排列的,各元素之间是互相联系的,有可能评估战略时就开始实施战略了,也可能战略分析是一个持续的过程,与战略选择或战略实施重叠在一起。①

2. 组织设计、人力资源管理

当人们彼此作用以履行有助于达成目标的必不可少的职能时,一个组织便出现了。所谓组织,应该是一个外部环境相联系的、有明确目标的、精心设计的、协调的活动系统。任何组织都面临如何进行组织结构设计这个问题的挑战,结构变化要反映新的战略,或反映对其他因素,如环境、技术、规模、生命周期以及文化等变化的适应。图 6-2 为组织活动图的一个例子。

图 6-2 组织结构图的一个例子

所谓人力资源管理,是指运用科学方法,协调人与事的关系,处理人与人之间的矛盾,发挥人的潜能,使人尽其才,事尽其人,人事相宜,以实现组织目标的过程。简而言之,是指人力资源的获取、整合、激励及控制调整的过程。包括人力资源规划、人员招聘、绩效考核、员工培训、工资福利政策等。现代人力资源管理以"人"为核心,把人作为活的资源来加以开发,注重人的心理与行为特征,强调人与事、事与职的匹配,使人、事、职能取得最大化的效益。

组织设计和人力资源管理是企业开展经营管理的重要基础,一个有效的组织结构和人力资源管理体系在很大程度上会影响到企业管理的业绩。对于当前的中国网络媒体来说,这两方面的建设显然还存在极大的缺陷,当然对于不同类型的网络媒体也各有不同。

3. 产品管理与营销管理

所谓产品,即是能够提供给市场以满足需求和欲望的任何东西。② 大多数产品具有以下主要的组成因素:主体产品或物品本身,相关服务,价值。产品的复杂性随着产品特征、消费者状况以及消费者对于产品的感受而呈现出极大的不同。当我们在讨论网络媒体经营管理时,隐含的前提是,新闻信息产品可以被看做为一种复杂的产品,因为这些产品需要特定的知识才能得以创造,或是作品基于一些抽象的概念从而要求消费者具有欣赏理解这些概念的能力。与一般意义上的产品相同,网络媒体

---

① 巢乃鹏. 网络媒体经营与管理[M]. 福州:福建人民出版社,2007.
② 菲利普·科特勒. 营销管理(第 11 版)[M]. 上海:上海人民出版社,2006.

可以提供网络财经新闻、网络社会新闻、网络时事政治新闻等多个网络新闻产品系列;而如果我们将网络媒体所提供的各种服务,诸如 BBS 服务、E-mail 服务等也视作产品,即服务性产品,则我们可以将网络媒体的产品组合扩展为包括网络新闻产品、网络服务产品在内的产品系列。

所谓营销管理,是指为了实现各种组织目标,创造、建立和保持与目标市场之间的有益交换和联系而设计的方案及对其进行的分析、计划、执行和控制。营销管理存在于一个组织与其他任何一个市场发生联系之时,营销管理的任务是按照一种帮助企业达到自己目标的方式来影响需求的水平、时机和构成。营销管理过程就是分析市场机会,研究和选择目标市场,制定营销战略,设计部署营销战术及实施和控制营销努力过程。

4. 网络媒体的经济属性

传媒的产业属性,可以说突出地表现在它占有"稀缺的资源",这资源就是信息。正是这种稀缺,使得传媒产业的主产品,也就是新闻和信息长期以来成为供不应求的商品。虽然现在有信息爆炸和过剩的说法,但更准确的表述应该是:相对的过剩,绝对的短缺。在当前经济发展和社会发展的过程中,网络媒体既要以社会效益优先,也不能排除经济效益,在其经营管理中要遵循经济规律,其经济属性体现在以下两个方面:一方面,"企业经营"是网络媒体的客观要求;另一方面,市场的激烈竞争是网络媒体经营管理实施的原因。

(二)网络媒体运营战略分析

为了有效地应对市场环境中的变化,网络媒体需要在进行战略选择时着眼于关键性的影响要素。战略分析是对网络媒体所面对的战略状况的理解。这种理解可以作为后来选择明智的方案的一个良好的背景,并且可以更深入地分析实现战略的诸多困难。

1. 网络媒体运营环境分析

网络媒体的经营可借鉴时下许多行业都行之有效的环境分析步骤:

第一步,对网络媒体的环境性质进行初步了解。网络有要发生变化的迹象吗?它会怎么变化?它难于理解呢,还是易于理解?这种分析会为我们指出以后的分析应将重点放在什么地方。

第二步,考察外部环境的影响。其目的是找出过去哪些环境因素影响了网络媒体的发展或经营状况。

第三步,通过结构分析找出在网络媒体环境中发生作用的关键要素,并分析这些关键要素为什么很重要。

第四步,分析网络媒体的战略地位,也就是与其他竞争对手相比,本网络媒体的地位如何。

第五步,通过以上四个步骤的分析进一步了解网络媒体可能会遇到的机会及其不得不面对的威胁。

能灵敏地感觉环境变化的能力是很重要的,因为环境要素的变动标志着战略也需要做出相应的变动,它们会给出机会也提出挑战,显然,那些对环境变化敏感的网络媒体,往往比不敏感的网络媒体经营得好。

2. 网络媒体资源和战略能力分析

为了弄清楚战略能力,有必要按不同的详细程度分析和考虑网络媒体。任何网络媒体的能力基本上是由网络媒体设计、生产、营销它的产品或服务的各种行为决定的。它是对这些各种各样的价值行为和它们之间的联系的一种了解,这些行为及行为之间的联系在评估战略能力时非常重要。对网络媒体资源问题的考虑并不限于作战略分析,详细地进行资源规划和开发也是成功实施战略的重要组成部分,可以帮助确定与网络媒体的战略能力相匹配的战略方向。

(1) 资源评估。

这一过程确认网络媒体是否拥有"维持"战略的资源,可以看到有些资源存在于网络之外。所以,需要对资源进行定性和定量的评估。

(2) 价值链分析。

利用这种方法可以将资源和使用这些资源的战略目标联系起来,这对了解战略能力很重要,因为这要求一种资源评估以外的分析,并且详细地分析资源是怎样被利用、控制和联系在一起的。通常可以在这一过程中而不是在资源本身发现经营好或坏的原因。

(3) 比较研究。

战略能力很难用绝对形式来估测,事实上,如果涉及竞争优势或货币的价值,一般总是用相对的形式来衡量。最常使用的形式是纵向比较——一段时间内的增长或降低;或者是行业比较,即在同类的网络媒体或同行业的网络媒体之间进行比较。现在还通用第三种比较——与最佳业绩比较,即与网络媒体行业中业绩最好的进行比较。

(4) 均衡。

网络媒体的战略能力被破坏常常不是因为某个活动或者某类资源的问题,而是因为这些资源的比例不合适。例如,太多的新产品会产生现金流向问题或者管理层都来自同一背景,而这也是我国网络媒体常见的一种弊病。传统媒体网站的管理人员通常都来自母媒体或是政府部门,背景结构相近,在面临战略选择时往往会欠缺多种资源的综合考虑。

(5) 确认关键问题。

如果在做其他的分析之前只是一味地将关键问题(如优势和劣势等)列示出来,则很难进行资源分析或者即使分析也会毫无结果。确认关键问题很重要,作为一种方法,它是从其他分析中总结出关键的战略性认识的最佳开端。

资源的概念提醒我们:资源配置提供了战略能力,战略分析中最重要的问题是了解网络媒体相对于其他竞争者的战略能力,网络媒体相对于其他竞争者的核心竞争力在资源分析中也是重要因素。

三、网络媒体运营的战略选择评价与实施

随着市场环境的变化,网络媒体需要在运营中适时地进行战略选择,战略评价是帮助管理者及时了解哪一特定的战略管理阶段出了问题,此后,才能顺理成章地采取行动,即战略实施。

(一)网络媒体运营战略的选择

战略选择涉及网络媒体未来的决策及网络媒体对在战略分析中所发现的压力和影响进行处理的办法。战略选择将面临诸多因素的影响:如网络媒体决策者的决策能力、判断能力、对待风险的态度、可供选择的战略方案、原有战略的影响、竞争者的状况、媒介文化、传播文化与社会文化等。所以战略在未来环境下的可行性是战略选择的重点,直接关系到战略实施的现实可行性。网络媒体运营中的战略选择包括以下过程:其一,分析网络媒体目前实施的情况;其二,对被选战略方案的评价;其三,分析发展前景;其四,评价一致性;其五,选定媒体新战略。

(二)网络媒体运营战略的评价

战略评价是战略管理的最后阶段。由于外部及内部因素处于不断变化之中,所有战略都将面临不断的调整与修改,所以管理者需要及时地了解哪一特定的战略管理阶段出了问题,而战略评价是获得这一信息的主要方法。战略评价活动包括:重新审视外部与内部因素、度量业绩、采取纠正措施。战略是否与组织目标相适应,是否与组织所处的产业环境相协调,这些都需要通过对战略进行评价。战略评价一般通过战略的适应性、可接受性、可行性三个标准来进行。

(三)网络媒体运营战略的实施

1. 品牌经营战略

网络媒体有可能采取的经营战略包括品牌经营战略、联合经营战略、资本运营战略等。

品牌经营战略是现代组织、企业发展的核心战略,现代化的管理者需要以"企业家精神"来管理、发展业务,其中一点就是建立品牌经营战略。品牌战略要求决策者能够从组织、企业战略发展的高度看待自身的发展,在赢得经济效益的同时重视社会效益的积累,在此基础上建立包括文化背景、情感、消费者认知等无形维度的品牌。对于网络媒体而言,品牌的生命力在于其鲜明的特征,品牌定位的目的也在于创造和渲染网站的个性化特征。

2. 联合经营战略

联合经营战略已经成为企业实现扩张战略的重要手段。企业可以通过联盟和购并迅速扩大自身的经营规模,实现资源共享、优势互补和多元化经营目标。通过联盟,可以在企业之间形成资源共享机制,提高资源利用率,使联盟各方均获得收益。通过购并,企业可以迅速扩大经营规模,抢占市场份额,实现优胜劣汰。在网络媒体领域,常用的联合经营战略有以下形式:第一,网络媒体与传统媒体的联合经营,传统媒体的内容和品牌与新兴媒体企业的技术相结合,多种媒体之间形成相互补充和共存的局面,拓展了更为广阔的经济增长空间;第二,网络媒体购并,如搜狐和ChinaRen的购并,实现了搜狐品牌向ChinaRen校园消费群体的深入,同时也充分利用了ChinaRen健全的"校友录"职能;第三,网络媒体与电信运营商的联合经营,与电信运营商的联合经营是网络媒体增值服务的重要组成部分。

3. 资本运营战略

资本运营战略是为谋求风险和营利能力之间的特定平衡,争取资本增值的最大化而进行的对资本结构、融资和投资的运筹。网络媒体的资本运营是在媒介产业资本运营的大背景下进行的,网络媒体作为媒介产业的新兴的媒介形式,它的发展无法独立于媒介产业的整体性的发展趋势,所以网络媒体的资本运营战略与媒介产业资本运营战略是互动的。资本运营战略使得网络媒体得到充分的资金保证,有助于盘活网络媒体的可经营性资本和无形资本,是网络媒体应对WTO的机遇与挑战的战略选择。

四、网络媒体的组织机构设计及人力资源管理

网络媒体作为现代社会的一种组织形态,必须有其系统化的有机结构,以及能满足组织未来发展要求的人力资源。

(一)网络媒体组织设计

常见的网络媒体组织设计形式有以下三种。

1. 网络媒体的职能型结构

围绕基本职能组建部门是当前各种网络媒体最为普遍采纳的一种组织设计方法,基本思想是围绕网络媒体必须完成的核心职能来对相对分工、相互关联的相关岗位职责进行"集成"开展业务活动。这种组织结构简单、直观、合乎逻辑。图6-3是目前网络媒体中常见的组织结构形式。

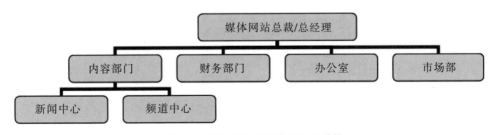

图6-3 网络媒体的职能型组织结构

从我国目前网络媒体的组织架构来看,绝大部分的网络媒体都沿袭传统的企业职能型结构,其中最为重要的部门当属内容部门。

2. 网络媒体的事业部型组织结构

这类组织结构类型在网络媒体中比较少见,因为它对组织的规模有一定的要求。在我国网络媒体中,采用事业部组织结构比较典型的代表是新浪公司。图6-4是新浪公司的组织结构。[①]

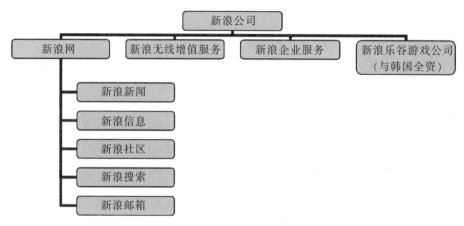

图6-4 新浪公司的组织结构

3. 网络媒体的矩阵(团队)型组织结构

矩阵型组织结构是指整个组织的架构,以产品业务来区分。在网络媒体的实际运营过程中,可以从组织内部看到矩阵式组织结构的雏形,更恰当的词应该是"团队型组织结构",在完成一项具体任务时组成的临时团队结构。如新浪网在进行"9·11事件"、伊拉克战争等报道过程中,需要比平时多两倍甚至更多的编辑参与有关专题的制作,此时,就需要多个频道支援。图6-5为新浪网新闻中心的组织结构。

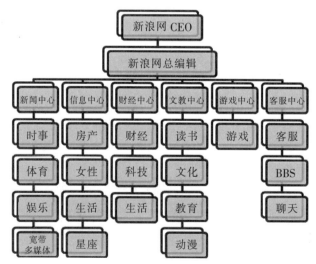

图6-5 新浪网新闻中心的组织结构

[①] 陈彤. 网络媒体现状与新浪网的网络媒体实践[C]. 中国网络传播学年会演讲稿,2004.

(二) 网络媒体的人力资源管理

1. 网络媒体人力资源管理的现状

人力资源规划是预测组织未来发展的要求,以及为满足这些要求而提供人力资源的过程,组织的环境以及人员都是不断变化的,要建设好一个有竞争力的人力资源队伍,组织就必须具备战略眼光,未雨绸缪,做好人力资源规划和管理工作。

就现状而言,我国网络媒体人力资源管理的现状主要存在以下问题:一是体制上没有厘清关系,人力资源管理相对落后;二是岗位设置欠完善,人才配置没有做到有的放矢和人尽其才;三是难以发现与吸引人才、难以使用人才、难以留住人才,人才流动异常频繁;四是不注重员工的培育、激励和约束,制度创新不足,无法充分调动员工积极性。[1]

2. 网络媒体人力资源管理的对策

在企业拥有的各项资源中,人力资源是最重要的资源,企业之间的竞争,归根到底是人才的竞争。对于网络媒体来说,只有有效地开发人力资源和科学地管理人力资源,才能获得迅速发展。

(1) 正视现实,转变观念。

网络媒体应从根本上将营利能力放于首位,制定符合企业实际情况的商业运作模式和企业发展战略。在此基础上,确定企业切实可行的人力资源规划方案,使企业人力资源管理工作获得明确的指导性方针。

(2) 提高网络媒体管理者的自身素质。

优秀的管理团队应拥有较强的业务素质、高瞻远瞩的策划能力、独特鲜明的人格魅力,这些将直接有效地促进人力资源管理水平的提高,纳入贤才、能者居位、员工稳定等欣欣向荣的景象才会出现。

(3) 进行企业激励机制、约束机制等管理创新,从制度上保证科学地吸引、发现、使用和留住人才。

具体来说,可以采取以下措施:如切实推行股票期权制度,全面制定出一系列员工福利与健康保险计划,推行有效的培训计划,进行有效的管理机制创新等。

第二节 网络媒体营利策略

传统产业投资经营成功的关键是依托正确的营利策略,网络媒体也必须寻找到合理有效的营利策略与其经营方向和市场定位相适应。伴随着互联网媒体的商业化运营实践,网络媒体一直在探寻有效的营利策略,从而获得互联网媒体持续营利的有效途径。

一、媒体营利策略

媒体营利策略是指互联网通过丰富的内容资源吸引广告主,将媒体的广告位出售给广告主,从而收取广告费用,它是互联网媒体最直接的商业营利方式。互联网媒体一方面通过丰富的内容资源获得广泛的受众,另一方面又将这些受众的注意力资源出售给广告主,获得广告收入。

影响网络媒体营利涉及四个因素:媒体内容、广告经营、受众偏好和媒体品牌,因此,网络媒体的媒体营利策略可分为以下几个方面。

---

[1] 易海燕. 新闻网站人力资源管理四大问题[C]. 中国新闻研究中心(www.cddc.com.cn),2005年6月21日.

(一)网络信息与内容经营策略

面对海量的信息,受众的选择不断增多,内容已经成为网络媒体提高核心竞争力的最重要的手段,高质量、高性能、具有针对性的内容在网络媒体的价值链中具有更高的议价能力,成为吸引受众最有效的方式。网络媒体服务的用户流量与广告收入之间形成正比,流量的绝对值越大,广告收入就越大;反之,广告收入则减少。从这个意义上说,媒体内容从根本上决定了网络媒体服务的用户流量,因此深刻影响着网络媒体的营利。

1. 内容产品营利的条件

从2003年年底开始,美国和加拿大的118个新闻网站中,64%的网站开始获利,转亏为盈的一个关键因素是网络媒体经营者和上网用户已逐渐接受信息内容有价的观念。信息内容无异于网络媒体的产品,内容的生产、加工、营销、服务不仅实现了网站的信息传播功能,而且实现了受众的信息交易。网络媒体的信息强调"内容为王",即通过内容产品、内容服务和内容带给消费者的体验等获得营利。[1]

网站的经营活动始终是围绕产品的生产以及相关营销手段而展开的,网站的内容直接影响到网站的营利,也影响到网站竞争力的高低。内容产品的经营包括两种方式:一是通过内容吸引注意力,从而吸引广告的投放;二是直接将内容销售实现收费。两种方式都要求网站的内容产品有相应的价值,因此,内容对网站经营而言至关重要。

目前,中外网络媒体实现信息内容营利的形式有三种:新闻和信息内容打包向其他网站或媒体销售;用户付费方能浏览网站;用户付费进行数据查询。

内容产品实现收费应具备以下条件:第一,信息质量高,内容独特性高(即替代性要低);第二,付款机制方便完善,消费者付费观念健全;第三,上网费率低,速度快;第四,要有明确的市场区隔;第五,内容不易被仿冒及复制。

2. 内容产品与服务产品的开发

(1)内容产品。

市场营销的产品包括核心产品、有形产品和附加产品。网站的内容产品也不例外,要创造出与众不同的核心利益,网站就要开发具有独创性的内容。此外,网站的内容产品所包含的附加利益是多重的,用户在接收内容产品时所使用的界面、网站的整体氛围、网站提供的服务系列等,都可以成为附加利益为内容产品增值。从有形产品的角度看,网站通过改变内容产品的包装方式使内容产品发生演变,如,利用数据库对内容产品重新包装满足受众长期的需求,并对数据库查询服务进行收费。此外,还可以采用技术性再包装,如将文字、图片内容重新包装为Flash新闻等,提升网站的品牌价值。

(2)服务产品。

针对不同的用户,网站提供的服务包括个人服务、企业服务和社会服务。

个人服务包括电子邮件、游戏、交友、个人主页等形式,面向个人用户的服务是网站经营的重要项目,也是培养长期用户的基础。

企业服务包括为企业提供网络专供信息、网上直播、与政府和企业联合开办网上专题等业务,新浪、搜狐等商业网站都开展了此类服务。一些媒体网站也开始将眼光转向企业级用户。

社会服务是针对社会用户如社团、现实世界的社区等提供服务。社会服务既可以在网络平台上实现,也可以在网络之外实现。

---

[1] 高丽华. 新媒体经营[M]. 北京:机械工业出版社,2009.

3. 内容产品的渠道

网络信息可以直接销售给受众,也可以通过其他内容发布平台实现内容销售。

(1) 直接销售渠道。

针对个人用户的直接销售,关键在于内容平台的再开发。目前的短信订购和宽带新服务就属于此类平台。短信订购是将放在网站上的免费内容通过手机这一新的渠道进行发布,这也是一次销售渠道的成功开发。宽带网络不仅提供了新的信息平台,而且使网络的娱乐功能得到极大提高,大大地扩展了网络所能承载内容的范围。电影、音乐、教育等内容在宽带平台上可以得到充分发展,在线游戏、影视作品在线观看及下载、音乐在线收听与下载等已经成为新的消费热点。

(2) 辛迪加渠道。

辛迪加渠道是电视节目发行模式在网络媒体的应用。这种方式在国外已经很普遍,网络媒体通过辛迪加能够实现资源共享,新闻稿件、深度报道、专栏作家稿件等由网站联合刊登或购买。信息内容可以面向大众市场,也可以面向小众市场。

在国外,通过辛迪加渠道,网站不仅可以丰富内容、降低成本、增加收入,还可以通过点击辛迪加稿件,增加点击量。在国内,许多媒体网站采取类似的方式,即通过各种有偿的方式将新闻提供给不具备新闻采访权的商业网站。

(二) 网络媒体广告经营策略

广告是当前网络媒体最主要的收入方式之一。受众是媒体的稀缺资源,网络媒体通过提供信息吸引尽可能多的受众,从而达到吸引广告商、出售广告版面而获得广告收入的目的。

1997年中国出现第一则商业性网络广告,至今已走过十多年时间,网络广告成为中国互联网产业的支柱性商业模式。随着网络技术的进步和媒体形态的发展,在以品牌图形广告和付费搜索等为主要广告形式的基础上,视频广告、页面关键字广告、社区营销广告、游戏内置广告等网络广告新形式相继出现。

网络广告经营策略重点从媒体的广告产品、广告价格、销售渠道和广告业务推广等几个方面入手。

1. 广告产品的创新与资源整合

(1) 创新广告表现形式。

网站除了做好传统广告资源的经营,如旗帜广告、按钮广告、弹出式广告等,还要在广告形式创新上下工夫。开发新的广告形式,不仅能使网站令人感觉耳目一新,而且能够最大限度地吸引受众注意,给广告主和媒体双方带来实际效益。网络视频广告、竞价广告、大尺寸广告、流媒体广告等新的广告形式都先后给商业网站带来新的营利机会。

(2) 扩大网络营销的内容。

除了传统的网络广告形式,网站还能够为广告主举办网上活动、在线互动调查、网络论坛和网络征文活动,使网络广告的内容得以扩大。网上活动不仅具有节省资金、人力、空间的优点,还能够使创意执行层面更宽广。如网上路演、网上公关、网上促销等活动,都是多媒体科技与网络宣传完美结合的商务服务形式。

(3) 加强自身的广告资源整合。

广告销售应整合自身的媒体资源,将各频道的优势结合起来,形成合力,集中力量影响目标消费者和广告主,达到单一频道所不可能达到的效果。此外,要根据一定的标准,对各类产品广告进行整体布局,合理分配在相关频道或网页的相关位置。

2. 采取科学的定价方式

网络广告的定价模式直接影响到网站的广告经营和广告主的广告效果,价格太高,会抑制企业的广告需求,使广告量达不到饱和;价格太低,又会影响网站的广告经营。网络媒体很少提供单一的计价模型,应根据媒体受众数量、收入目标和广告主的客观需要灵活组合,多样化媒体产品,以增强产品的竞争力。媒体网络广告的价格制定应考虑诸多因素,如网站受众的数量、受众对于广告主的价值水平、网站内容采集和形成的难度和成本、定向能力、广告在网站和网页中的位置以及网络广告数量等。网络广告常用的定价形式有包月定价、成本定价、效果定价和混合定价四种主要形式。

3. 开拓网络广告的销售渠道

网络广告的销售主要采取网站自主销售和代理销售的方式。自主销售就是媒体建立自己的销售队伍,将广告销售给广告客户或者媒体购买公司;代理销售主要通过网络广告公司、加入广告网络等方式销售广告。

近年来我国从事网络广告代理的广告公司发展迅速,一些广告公司实行分行业代理的方式,代理公司的发展进入了专业化分工阶段。广告代理公司深入了解某一个行业广告主的宣传需求,并进行一系列的专业化网络营销服务,也是未来服务型网络广告代理公司的发展趋势之一。

4. 加强广告的销售与客户服务

除了直接的销售工作以外,网络媒体还应重视长期的市场营销工作,网络媒体经营与产品营销有很多共同之处,媒体应结合行业特征,综合使用多种方式加强与广告主的联系。一方面,网络媒体要从广告推销转向客户服务与管理,致力于根据客户需求提供专业化的服务;另一方面,还应借助大众媒体的公信力积极进行形象宣传和广告推广,培育和扩大自己的受众群,争取广告客户资源。

(三)注重受众偏好策略

受众对媒体的态度形成受众的偏好结构。网络媒体不可能完全按照受众偏好的内容经营媒体,但是需要对受众、内容、广告作交叉分析,根据分析结构来了解媒体经营,使受众的结构,特别是受众的职业和爱好分类与内容分类和广告分类大体相似。

网络媒体服务的内容所聚集的用户应该是能够给广告主带来广告效益的最有价值的用户。寻找到这部分用户后,要对其进行有针对性的广告投放,这样可以最大限度地拓展营利空间。

(四)媒体品牌经营策略

互联网的信息化特征决定了网络媒体的发展速度和发展空间都非常可观,面对海量的网站和网页,要想赢得经营的成功必须依靠品牌效应。网络媒体的品牌塑造策略重点包括以下几个方面。

1. 以目标受众为中心,为品牌定位

品牌的建构必须和用户的生活相联系,即给消费者提供利益或者新的体验。在网络媒体的品牌塑造过程中,定位至关重要,而切中目标受众、明确网站的类型和提供的服务则是定位的关键。在此基础上,通过创造品牌的差别化优势,打造网络媒体品牌。

2. 突出品牌个性

网络媒体的价值在于它与众不同的独特性,避免趋同性。突出品牌个性是品牌经营的重要策略。品牌个性主要体现在三个方面:品牌印象、产品特色和服务的多元化。

3. 开展品牌延伸,塑造品牌形象

网络媒体的品牌延伸是媒体品牌管理和品牌战略的重要内容,品牌延伸不仅有助于提升品牌知名度,更是品牌自身发展的需要。在激烈竞争的市场环境中,媒体一方面推出新产品,另一方面把原有的品牌资产发扬光大,形成媒体品牌延伸的策略规划。我国主要的网络媒体很多是依托传统媒体而推出的网站,如人民网、新华网、央视网等都是传统媒体的一种延伸,这些传统媒体在读者群和观众

中有深厚的基础,享有品牌资产优势,应充分发挥其原有品牌的优势。

品牌的构建是一个长期的、持续的过程。管理品牌资产不仅要提高品牌的知名度,更重要的是塑造品牌的形象,培养消费者的品牌忠诚度。品牌形象的塑造取决于三个方面:第一,产品特征。包括与产品直接相关的和不直接相关的。不直接相关的包括价格、使用该产品消费者的形象、品牌的人格、使用该产品的感受等。第二,从消费产品所得的益处。包括功能性的、体验性的以及象征性的好处。第三,顾客对这些产品的态度。品牌在这三个方面的表现最终决定了其品牌形象。一个好的品牌,应该是根植于顾客心目中的、受到喜爱的并且是独特的品牌。

4. 品牌再造

在全球品牌国际化的竞争时代,品牌早已成为一种新的国际语言进入千家万户,如何让品牌长久地充满活力、保持年轻是许多国际企业长期面临的战略管理课题,品牌再造是国际化品牌竞争的必然。中国互联网所面临的市场越来越大、越来越多元化,面对全球网络业的发展及挑战,中国的网站若想参与国际竞争、塑造国际品牌形象,也必须走品牌再造之路。

2004年,出于品牌国际化的战略发展需要,新浪开展了品牌再造工程。伴随着"一切由你开始"(You are the one!)的新浪新口号,新浪宣布了新的品牌宣言,阐释了新的品牌目标内涵以及新的商业模式和管理沟通模式。品牌再造工程改变的不仅是一句企业口号,更多的是体现企业文化、管理模式、沟通模式、品牌形象以及产品设计、开发等各方面理念的转变。

二、服务营利策略

服务营利策略是指网络媒体运用自身的媒体优势开发出各种有偿服务吸引用户,从中获得收益的一种方式。服务营利是目前网络媒体营利的主要途径,也是最有开发潜力的营利途径。网络媒体现有的服务营利方式包括:搜索引擎、电子商务、数字娱乐、无线增值服务等几个方面。

在互联网不断普及的同时,互联网应用服务市场也空前活跃,以门户网站、网络游戏等服务为代表的第一代互联网应用模式已经成熟;以搜索引擎、网络视频等为代表的新兴应用模式正进入快速增长期;基于Web 2.0技术的新一代互联网应用出现,如视频分享、网络社区等,用户对互联网应用的参与程度正在不断加强。

影响网络媒体服务营利的包括以下三个因素。

一是差异化。差异化决定了服务的不可替代性,也成为成功营利的关键点。差异化表现在内容、气氛、风格、体验、服务方式等多个方面。足够的差异化能够使某种服务产生垄断,最终实现媒体向用户收费。例如淘宝出现之前,易趣的差异化服务形成了垄断,因此易趣在C2C市场可以实现收费的营利,而淘宝的诞生让易趣有了替代性服务,C2C市场整体服务的差异化下降,向用户收费的模式随之消失。

二是用户的黏性,即用户对待某项服务产生的持久兴趣的能力。可以说,网络媒体服务的差异化让用户选择了该项服务,黏性则是用户对该项服务产生的忠诚度,用户的黏性在很大程度上决定了网络媒体服务营利模式是否成功。

三是用户支付服务费渠道。目前,影响国内电子商务发展的原因,除了产品质量、销售渠道等信任问题,还与我国网上支付的普及程度不够有很大关系。目前的网上支付途径还有存在用户网上支付过程复杂、不安全等多重问题,较大的开发潜力。即使用户愿意进行网上交易,但是往往由于支付途径的限制而不能完成交易,从而影响网上交易服务的快速发展。反过来,网上购物的兴起可以推动众多如网上支付和网上银行等相关网络应用的快速发展。

(一) 搜索引擎服务

搜索引擎是对互联网的信息资源进行搜集整理,向用户提供查询结果的系统,包括信息搜集、信息整理和用户查询三部分。目前国内搜索引擎市场的商业模式主要包括提供搜索引擎技术支持服务、地址栏搜索服务、竞价排名服务、登录/固定排名服务等。其中竞价排名服务是主导,占有较高的收入比例。

截止到2013年12月,搜索引擎用户规模达4.90亿人,与2012年年底相比增长3856万人,增长率为8.5%,使用率为79.3%,如图6-6所示。①

图6-6 2012—2013年中国搜索引擎用户数及网民使用率

搜索引擎的快速增长得益于以下几个因素:首先,随着互联网的快速渗透,网络应用的日趋丰富,产生了更多的信息需求,这些信息需求直接带动了搜索量的增长;其次,随着网络信息量的与日俱增,海量信息丰富了人们的信息来源的同时,也给人们获取信息造成了困扰,而专业搜索、垂直搜索等搜索引擎,凭借日趋精准化、人性化的信息检索服务提升了网民的使用率和认同度,助推了搜索引擎的快速发展。

用户规模的快速增长,表明搜索引擎作为互联网入口地位的提升,同时由于搜索引擎营销的低成本、目标用户的精准性、营销效果的可视性等优势日益获得广告主的认同和青睐,未来搜索引擎的营销价值和市场规模都将进一步提升。

(二) 电子商务

中国电子商务经历了十多年的发展,逐步走出了最初的冰冻期。与国外电子商务发展程度相比,中国的电子商务还处于成长阶段,但是,我国电子商务的快速增长和新模式的出现带动了整个电子商务应用的前进。

电子商务营销不同于传统的商业营销,通过鼓励用户尝试,将零散用户汇集成巨大的商业价值。目前,我国几大电子商务企业将互联网和庞大的中小企业联系在一起,为中国数千万中小企业和中小网站提供了切合实际的商业模式和收入模式。

总体来看,我国电子商务用户规模逐步增长。增长得益于以下三个因素:首先,电商企业开始从"价格驱动"转向"服务驱动",企业从单纯的价格战转向服务竞争,提升了网络购物的消费体验;其次,整体应用环境的优化,如网络安全环境的改善、移动支付、比价搜索等应用发展,为网络购物创造更为便利的条件;最后,网络购物法规的逐步完善,2013年政府加快了网络零售市场的立法进程,新《消费者权益保护法》将网络购物相关的个人信息保护、追溯责任等内容纳入,保障了消费者网络购物的基

---

① 中国互联网络信息中心.第33次中国互联网络发展状况统计报告[R].2014年1月.

本权益。

(三) 数字娱乐

数字娱乐由于其自身不可替代的优势,迅速成为网络媒体不可缺少的娱乐性产业,包括网络游戏、网络文学、网络视频等形式。

1. 网络游戏

网络游戏市场在国内的发展已经比较成熟,众多运营商都在网络游戏产业中获得利益。据CNNIC第33次互联网络发展报告统计,截至2013年12月,中国网络游戏用户规模达到3.38亿人,网民使用率从2012年的59.5%降至54.7%,如图6-7所示。与上年相比,网络游戏用户规模增长仅为234万,增长空间有限。但是与整体网络游戏用户发展规模不同,手机网络游戏用户呈现快速增长趋势,这意味着中国网络游戏行业内用户向手机端转化进一步提升。

与此同时,中国网络游戏行业也要面临一些问题。第一是用户增长率的放缓,且增长主要集中在手机网络游戏方面,营利能力较强的手机网络游戏从2012年的33.2%增至2013年的43.1%;第二,用户对于网络游戏行为更为理智,偏向付费模式的网络游戏用户逐步增加,而在游戏产品选择方面主要以朋友介绍以及自主判断为主,这将影响未来网络游戏的营利模式以及营销针对性;第三,中国是网络游戏大国,但并不是强国,主要表现在产品出口较少,进口游戏用户使用率高于国产游戏,而这种状况也将推动中国网络游戏公司向专业性迈进,未来游戏产品的研发与运营将逐步细分。

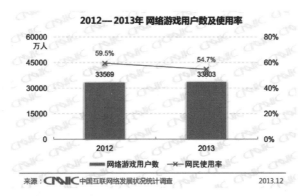

图6-7 2012—2013年中国网络游戏用户数及网民使用率

手机游戏是中国刚刚发展起来的市场。随着科技的发展,手机的功能越来越强大。手机游戏不再是规则简单的游戏,而是发展成为具有很强的娱乐性和交互性的复杂形态。未来十年内,手机游戏将有较大的发展空间。

2. 网络文学

截至2013年12月,我国网络文学用户数为2.74亿人,较2012年年底增长4097万人,年增长率为17.6%。网民网络文学使用率为44.4%,较2012年年底增长3个百分点。网络文学发展环境逐步完善取决于两个原因。一方面,版权保护力度加大,促进网络文学行业健康发展。三中全会政策条文强调对知识产权及版权的保护,加大打击网络文学盗版力度,有利于提升正版网络文学企业的盈利能力。另一方面,大众对网络文学的认可,提升了网络文学作品的价值,进而提升网络文学的盈利能力,盈利方式从早期的用户付费、线下出版,进一步扩展到游戏、动漫、影视等行业。

3. 网络视频

随着宽带点播的普及和视频网站的兴起,网络视频获得迅速发展。截至2013年12月,中国网络视频用户规模达4.28亿人,较上年底增加5637万人,增长率15.2%。网络视频使用率为69.3%,与上年底相比增长3.4个百分点,如图6-8所示。

网络视频用户数继续呈现快速增长趋势,得益于以下几方面的改善:首先,网络建设和视频设备为网络视频提供了更好的使用条件;其次,网络视频内容更为丰富,吸引更多网民在线收看视频;最后,网络视频与传统电视媒体的深入合作,带动了网络视频的播放。

中国网络视频行业发生显著变化:战略层面上,视频网站并购和整合力度加大,出现跨行业、线上线下等方面的整合,不断改变着网络视频行业格局。产品层面上,视频企业不但加强了PC端和移动端产品的优化升级,而且加强了与客厅娱乐相关的业务推进,围绕"家庭娱乐"推出了与网络视频相关的机顶盒、路由器、互联网电视等硬件产品,力求打赢"客厅争夺战"。网站内容层面上,不少视频企业一方面加大自制剧的开发,以降低版权购买成本、减少亏损,另一方面加强线下热播剧目的购买力度,以吸引新客户、增加广告收入。

网络视频作为越来越被认可的媒体表现形式,市场价值、广告价值和受众规模仍将持续提升。从行业角度来看,网络视频媒体与传统影视媒体之间逐渐由竞争走向合作,网络作为实现影视节目二次传播的新渠道,在新的媒体格局中占据重要位置。同时,传统新闻媒体、电视台和影视媒体纷纷拓展网络视频传播渠道,直接助推和带动了网络视频产业的规范化发展。国家网络电视台的加入,将促进网络视频产业进一步规范化、有序化发展。随着国家对网络视频行业发展的市场规范逐步建立、监管力度的不断加强,市场环境将得到进一步优化。

图6-8 2012—2013年中国网络视频用户数及网民使用率

(四) 无线增值业务

无线增值业务包括移动增值业务、WAP服务、手机游戏等。随着技术的成熟,开展增值业务已经成为网络媒体主要的营利方式。

2000年6月19日,《人民日报》网络版(同年8月改称"人民网")日文版、英文版imode手机网站在日本正式开通,成为国内第一家实现手机上网向订户发送短消息的网站。目前,伴随着通信技术的发展和终端性能的提高,用户不仅可以使用手机界面去浏览网页上的新闻和消息,而且能够接受图铃下载、手机游戏、天气预报、财经行情、交友聊天等多项服务。图片和铃声对于新手机的购买者和新用户来说实现比较方便,能够很快地体现个性化的特色。随着新用户成为成熟用户,信息浏览类、游戏娱乐类、沟通社区类无线业务将很快增长,这些新业务将成为WAP市场进一步发展的动力。

中国移动互联网整体行业保持强劲发展态势,移动终端的特性进一步体现,行业内应用发展呈现新的特点。其中,交流沟通类应用依然是手机的主流应用,在所有应用中的用户规模和使用率均第一,但用户主要集中手机即时通信上,微博、社交网站、论坛等应用的使用率均有所下降;休闲类娱乐应用发展迅速,手机游戏、手机视频和手机音乐等应用的用户规模大幅上升,增长态势良好;手机电子商务类应用渗透率虽然相对较低,但领域内所有应用的使用率全部呈现快速增长。

(五) 即时通信

即时通信在我国的发展十分迅速,由于我国的文化和电信资费等原因,我国九成(86.2%)的网民都使用这项网络服务。即时通信服务使人与人之间的互动更为频繁和紧密,使服务对用户的吸引不只存在于内容更在于关系,用户一个人的转移成本变成了一群人的转移成本。可以预见,具有较高黏性的即时通信服务未来的市场发展前景十分广阔。

目前,腾讯 QQ 在我国即时通信的竞争中已经稳居领导者的市场地位,市场份额遥遥领先,创新能力极强。MSN 已经稳定在办公型即时通信领域的领导者地位,清晰的定位逐步建立了 MSN 在这个领域的品牌影响力。雅虎通和 Skype 凭借先进的技术在国内市场不断努力,但因为起步较晚,错失良好发展时机,用户规模偏小。网易泡泡、搜狐搜 Q 等门户派即时通信工具市场表现欠佳,在即时通信市场处于较为被动的处境。在新兴的即时通信企业中,Lavalava、阿里巴巴贸易通等专用 IM 工具成功拓展细分用户群,盛大圈圈主要应用于盛大网络游戏,专用 IM 是未来市场发展的一个关键突破点。

(六) 网络社区

中国的 Web 2.0 市场经过几年的发展,已经初具规模,并成为互联网媒体营利的主要集中区域,网络社区是 Web 2.0 的主要应用。网络社区是指包括 BBS/论坛、贴吧、公告栏、群组讨论、在线聊天、交友、个人空间等形式在内的网上交流空间,同一主题的网络社区集中了具有共同兴趣的访问者。网络社区就是社区网络化、信息化,是一个以成熟社区为内容的大型规模性局域网,涉及综合信息服务功能需求,同时与所在的信息平台在电子商务领域进行全面合作。

网络社区不仅能够获取信息而且成为用户情感寄托的方式,发展势头迅猛,在网络社区中悄然兴起的"人人网""开心网"等新型的 SNS 社交网站发展更是势不可当,成为网络媒体营利手段中的生力军。

截止到 2013 年年底,中国使用社交网站的网民数达到 2.78 亿人,在网民中的渗透率达到 45.0%。虽然社交网站用户使用率下降,但社交已发展成为各种互联网应用的基本元素,如网络购物、游戏、视频等服务纷纷引入社交元素以促进发展。

社交网站是帮助人们建立社会性网络的互联网应用服务,一般都为用户提供了自我表现、网络交际等功能,也包括一些基本的网络应用。社交网站的用户关系由现实中延伸或在网站平台上逐渐培养,用户可以通过多种方式与他人构建关系,进行互动,这些连接关系可以是内容、话题、互动应用等多种方式。

随着互联网普及率的提高和网民对于网络应用的深入,越来越多的互联网用户将现实生活中的人际关系延伸到网络中。各类社交网站因需而起,在竞争中快速发展,病毒式营销、口碑相传的推广方式推动了中国社交网站用户规模的迅速增长。通过内容黏着、互动应用和人际关系在网络上的维护与拓展,社交网站正在发挥平台化、工具化的作用,逐步成为广大网民休闲娱乐、获取资讯、传播信息的重要渠道。

第三节 网络游戏的运营与管理

网络媒体的经营与管理在实际应用中涉及诸多领域,接下来的几节内容将重点选择最具代表性的网络游戏的经营与管理、网络视频的经营与管理、网络广告的经营与管理等展开论述。

一、网络游戏及其分类

网络游戏是指基于互联网的、可以多人同时参与的计算机游戏。网络游戏是近年发展迅速,并产生巨大商业效益的互联网应用之一。

追溯历史,网络游戏的发展经历了以下三个时期:第一个时期,以 PLATO(Programmed Logic for Automatic Teaching Operations)为平台的免费网络游戏(1969—1977);第二个时期,专业游戏开发商和发行商涉足网络游戏(1978—1995);第三个时期,规模庞大、分工明确的游戏产业市场(1996 年至今)。

网络游戏分为大型多人在线游戏、多人在线游戏、平台游戏和网页游戏。

大型多人在线游戏(MMOG)——游戏运营商使用互联网构建的支持众多玩家在同一场景进行游戏的虚拟空间,用户通过在虚拟空间中建立的人物实现与其他玩家或服务器端的互动。

多人在线游戏(MOG)——游戏运营商使用互联网构建的虚拟空间,游戏对战通常在一个有人数限制的房间中进行。

平台游戏——通过社区的特征,将一些线下或者单机类别的游戏整合到一起,为玩家在网络上寻找其他玩家共同玩游戏的平台。平台游戏则是指平台中所包含的游戏。

网页游戏——基于网站开发技术,以标准 HTTP 协议为基础表现形式的无客户端或基于浏览器内核的微客户端游戏。

根据网络游戏的内容,还可将网络游戏分为角色扮演类、动作类、益智类以及其他类。

二、网络游戏的营利模式

当前,我国网络游戏市场主要呈现以下特点:网络游戏的快速发展得益于庞大的用户基数与用户的深度挖掘;网络游戏产品走向融合,游戏产品实行互补策略;寡头企业优势相对明显,网络游戏运营商面临市场洗牌。

网络游戏产业的快速发展,离不开网络游戏运行的基础支撑和网络游戏产业其他环节的支持。网络游戏产业链的环节包括网络游戏开发商、网络游戏运营商,以及销售渠道和最终用户。从 2006 年开始,"免费"成为网络游戏的主流,在免费使用的模式下,网络游戏逐渐形成了以游戏内置广告、虚拟物品交易、虚拟道具交易平台、虚拟货币第三方支付平台等为主的营利模式。

(一)网络游戏广告

网络游戏广告是在游戏中植入与产品或服务相关的信息,广告信息本身就是游戏的内容,通过反复地展示游戏中的广告信息,加强消费者对品牌的认知和记忆。

网络游戏广告分为以下三种类型。

1. 游戏内置广告

游戏内植广告包括品牌或产品植入、任务定制和线上线下互动几种植入方式。

品牌或产品植入类广告是将广告内容作为游戏本身的一部分融于大型游戏之中,也可以将产品(服务)作为游戏中的一个道具。

在 2008 年美国总统大选阶段,一款被称为"疯狂飙车"游戏的玩家进入游戏时发现在赛道边有一块广告牌非常引人注目。这是一张巴拉克·奥巴马的海报,印有请玩家们去 vote forchange.com 的投票邀请。这并非游戏开发商的政治声明,而是奥巴马支持阵营所做的付费广告。在曾经风行一时的开心农场游戏中,就有金典牛奶、乐事薯片的植入式广告。植入式广告不仅可以使每位玩家收到不同的广告,而且每次玩游戏时都会有所改变以确保相关性和多样性,甚至有时游戏广告比现实世界更加精妙。

任务定制类植入广告是应广告主要求对某些产品进行网络游戏的定制与开发。这种游戏定制通常由专业广告公司和游戏开发商合作,针对某一个品类或者几个品牌的产品进行游戏开发,往往成本较高。

线上线下互动类植入广告是玩家与游戏实现互动,甚至是完成在线交易。这种方式适合与游戏内容相关性极大的产品(服务),如游戏道具、虚拟物品交易;也适合针对玩家的个人服务,如餐饮服务。

2. 互动游戏广告

互动游戏广告是指通过计算机游戏为某种产品、机构或观点做广告和促销。广义的互动游戏还包括广告主通过向游戏制造商以赞助的形式支付费用而向玩家提供免费的游戏,赞助对象有网络休闲游戏、手机下载等。

这类广告偏于硬性传播,玩家必须硬性地接受企业或品牌信息;由于玩家性别、年龄、成长环境、受教育程度和社会阶层不同,对产品的需求也存在差异,必须根据需求量身定做游戏;精心设计的游戏可以提高网站访问量,强化品牌信息。

3. 电子竞技赞助

电子竞技赞助是指通过赞助电子竞技赛事、选手、组织,将品牌与被赞助对象的形象挂钩,并与玩家进行沟通。电子竞技赞助的实质是通过电子竞技提供的人与人对抗创造的娱乐价值与玩家进行情感沟通。

网络游戏广告的优势主要体现在以下几个方面:网络游戏是优质的广告传播载体,便于开展"一对一"营销,玩家对于游戏广告的接受度较高,具有定向传播的特点,广告效果显著,具有巨大的市场机会。

网络游戏广告的劣势也不容忽视:游戏广告的受众群体狭窄,广告信息的时效性较弱,制作成本相对较高。

(二)为用户提供增值服务

1. 虚拟物品买卖

当前,大多数免费网游运营商采用了"免费游戏+虚拟物品买卖"的营利模式。用户免费进入游戏,但需要付费购买游戏的虚拟道具、装备等增值服务。这种模式的优点在于玩家可以根据游戏需要,自主选择需要购买的虚拟物品,既突出了游戏的娱乐本质,又可以降低游戏用户的机会成本,加大玩家的流动性,并促进游戏技术的开发。

典型的例子就是韩国 Nexon 公司开发由盛大公司代理的"冒险岛"。在该游戏中玩家可以购买一个"守护神",它会立刻使玩家所扮演的角色复活,而不必从"复活重生点"跋涉回来;玩家也可以购买免费用户无法拥有的装备以便于在各个地图之间移动而无须等待"通行巴士"。再如大家熟知的腾讯QQ 游戏亦是如此,付费用户可以得到种种特权,如专属道具、麻将换牌、踢出其他玩家等。

除此之外,有的游戏还允许游戏玩家之间进行装备的交易,游戏公司为玩家们创建一个交易的市场并从中盈利。比如,Sony 公司在"无尽的任务 2"游戏中创建了被称为"交换站"的交易市场,它要求玩家交纳 1 美元的挂牌费用后才可以在"交换站"出售游戏装备,并且买卖双方交易价格 10% 作为过户费。该公司甚至还提供了第三方支付以确保交易的安全性。最终"无尽的任务 2"取得了不菲的收益。

2. 点卡、月卡销售

点卡销售是网络游戏最早的营利模式,也是网络游戏运营商采用的传统营利模式。游戏玩家通过购买点卡对游戏账户进行充值,游戏点数则根据在线玩游戏消耗的时间进行扣除,游戏运营商通过网络、手机或实体等销售渠道出售游戏点卡和月卡以实现收入。这种方式便于玩家灵活掌握游戏时间。

3. 会员费用

网络游戏玩家通过给特定账号充值成为某一游戏平台的会员,根据不同的收费标准,会员被分为几种等级,拥有不同的特权。这些特权包括超级权限、会员礼包、个性化的游戏功能、趣味活动和职业选手指导等。

4. 周边产品开发

一款游戏获得成功后,其效益肯定会超出游戏本身,形成一个市场巨大的周边产业链。在网络游戏行业,周边产品是网络游戏公司授权开发制作的与游戏相关的系列产品,如日常用品、服饰、食品、饮料、玩具和出版物等。例如腾讯公司推出的QQ游戏中,包括毛绒玩具、游戏中人物的玩偶、服饰、甚至化妆品等各种周边产品。游戏运营商与传统行业取长补短或强强联合,通过价值链非关键环节外包,或者嫁接外部资源的方式对各自品牌不同的消费者领域形成影响和冲击,利用各种的知名度扩大市场份额以及品牌影响力。

这样的例子不胜枚举,暴雪、EA,都极为重视周边,也收获了丰厚的利润。周边产品作为游戏的衍生物,对游戏本身起着积极的作用。从十余年的发展情况来看,国内游戏市场中周边产业的发展速度远远赶不上游戏本身的发展速度,从而在某种程度上影响了游戏盈利模式向多元化的发展。合理开拓周边市场将成为新时代游戏发展的新动力。从对用户的调查来看,在最近的一年内曾经购买过游戏周边产品的用户中,有接近半数的用户每一两个月就要购买一次游戏周边产品,甚至有16.0%的用户每个月购买游戏周边产品的次数不止一次,这说明国内的游戏周边产业拥有巨大的潜力。

三、网络游戏发展展望

我国网络游戏营利模式从最初的"收费网游"发展到"免费网游",单一营利模式长期占据主导地位,IGA和周边产品等新型营利模式刚刚兴起,发展未成气候。针对目前网游营利的现状与困境,网游企业应在对原有营利模式改进的基础上,寻求各种营利模式间的有效融合,并通过市场的竞争和政府的监管去除营利模式中不合理的因素,从而实现企业快速、持续的发展。①

(一)促进各种营利模式间的融合

网络游戏的各种营利模式都不是孤立存在的,相互之间围绕网游这一核心价值有着千丝万缕的联系。各种模式如果能够有效融合,必将有助于网游企业实现快速、持续营利。在此,我们不妨尝试着对目前现有的网游营利模式作一个融合规划。

第一,前期,做好宣传推广工作。根据著名的二次销售理论,游戏运营商第一次销售的产品为游戏,获得玩家的注意力;第二次销售的是玩家的注意力,获得广告收益。"免费网游"可以最大限度地提升游戏在线人数,确保了受众数量基础,那么广告商在游戏中做广告并为此付费就是理所当然的。游戏运营商在前期应结合游戏特点,向相关广告商推广游戏创意,鼓励其在游戏中做植入式广告,游戏广告费收入可有效破解"免费网游"资金回笼慢的难题。

第二,中期,待网络游戏正式进入市场并获得市场认同后,网游企业再根据玩家的喜好推出周边产品,并根据游戏进程及时调整设计思路。如此便在传统的点卡销售和道具销售的基础上,实现了游戏衍生价值的开发。

---

① 王颖. 中国网络游戏盈利模式研究[J]. 北方经济,2010(12):34-36.

第三,后期,各种营利模式共存,相互补充,确保网络游戏总体营利稳步增长。

(二) 完善网络游戏产业相关政策

近年来,出于对网络游戏市场健康发展的考虑,政府陆续出台了一系列规范网游市场、保护消费者虚拟财产安全、控制青少年上网时间等方面的政策,这些政策对于整个行业健康规范的发展起到了重要的推动作用。今后,政府监管部门还应以扶持和规制并进为原则,为网络游戏产业的进一步发展营造更为优良的环境。

第一,加强对网络游戏产业秩序的监督管理,积极开展相关产业政策的研究和制定工作。加强对盗版的打击力度,同时积极引导企业加强行业自律。严厉打击"私服""外挂"等违法行为,保护知识产权,鼓励、引导、扶持软件企业发展国产游戏。

第二,加强自主创新力度和本土人才的培养。政府应引导各类社会资本进入网络游戏产业领域,加大对核心技术产品的研发投入,提高国内网络游戏行业的自主创新能力。

此外,网络游戏人才队伍在国内经历了从无到有,从弱到强的发展过程,但至今依然缺乏以下五个方面的高质量人才:原画人才、2D 人才、3D 人才、游戏策划人才和程序设计人才。因此,加快培养网络游戏产业发展需要的人才队伍已成当务之急。

第四节 网络视频运营与管理

一、网络视频与视频网站

网络视频是指在互联网上传播,内容形式以 WMV、RM、RMVB、FLV 以及 MOV 等类型为主,可以在线通过 RealPlayer、Windows Media Player、Flash、QuickTime 及 Divx 等主流播放器播放的文件内容。① 业界也将网络视频称为"微视频",特点是短、快、精、随时、随地、随意性和大众参与性。

网络视频网站是以网站或者客户端为媒介,提供视频播放、分享服务的网络平台服务商。网站的视频内容主要由合作媒体提供以及用户上传分享。网络视频网站分为以下四种类型。

视频分享类网站。该类网站定位于微视频的传播与分享,国内规模较大的优酷网、土豆网、六间房、我乐网等皆以此为主要运营模式,也称作"播客"模式。"播客"(Podcasting),即在互联网上发布音频文件并允许用户订阅 feed 以自动接收新文件的方法,或用此方法来制作的音频文件节目。视频播客称为 Vcast(Videocast),或者 VideoSharing,即按照播客的方式传播和分享视频。

视频点播与网络电视。由网站运营商与合作媒体协商播放内容,由网站提供播放平台,在不同频道内循环播放各类节目,供不同受众自由选择。PPlive 是这类视频分享网站的代表。

视频搜索类网站。国外巨头介入的视频搜索类网站有百度、Google video 等,国内则有 OPENV、SOSO 视频搜索、新浪爱问视频搜索等。

视频专业类网站。随着视频技术和带宽的发展,视频旅游、视频教育、视频交友等专业化的视频网站将获得一定的发展,越来越多的行业利用网络视频开展信息传播活动,网络视频的专业化内容制作具有一定的发展空间。

二、网络视频的营利模式

2005 年,国外网络视频产业进入高速发展期:以 YouTube 为代表的视频分享类网站访问量短期

---

① 艾瑞.中国网络视频核心企业竞争力评估报告[R]. 2008 年 1 月.

内迅速攀升;传统门户网站纷纷开始提供网络视频服务;传统媒体公司如迪斯尼、新闻集团高度重视并大量投资网络视频。

2006年,在网络、终端、技术、用户以及投资等五大因素的合力推动下,我国网络视频市场从量变到质变,进入快速发展阶段。软银、凯雷、IDG等国际顶级风险投资机构相继进入网络视频领域,2006年累计投资1亿美元以上。2007年上半年,悠视网、酷6网、土豆网、PPStream、我乐网等11家视频网站融资近1亿美元。

研究网络视频的经营情况与营利模式,首先要了解视频网站的产业情况。在网络视频产业链中,参与者众多,同时竞争也较为激烈,主要由内容提供商、网络平台运营商、技术提供商、分销渠道、广告主、用户等构成。由于网络视频产业链处于形成初期,平台、技术、内容和渠道必须加强合作,为网络视频产业的发展构建一个有序、健康的市场环境,使产业的市场价值得到最大体现,最终实现产业链各环节的共赢。

目前,国内网络视频的主要收入来源分为两部分,一类是企业付费,一类是个人付费。企业付费收入是指各类网络视频运营商通过提供视频服务从企业端所得到的广告收入,如视频贴片广告;个人付费收入主要以用户付费点播收入为主,还有一些网络视频网站通过移动增值、视频搜索以及其他网络服务获得收入。

(一)网络视频广告

网络视频广告以丰富的图像、声音、动作等在第一时间吸引受众的注意力,并以丰富的视听感受给用户留下深刻的印象。它的优点显而易见:第一,能够充分掌握受众信息,分析其爱好、兴趣实现精准投放;第二,网络视频广告具有交互性,便于广告主吸引目标受众参与;第三,广告制作和投放成本低廉;第四,可以提供全方位的广告效果监测信息,为广告主的投放评估提供依据。

目前,网络视频广告主要有以下几种形式。

前置式贴片(Pre-rolls)广告。前置式贴片之若是早期在线视频广告常用的形式,把15～30秒的电视广告翻版加到视频短片之前,通常在用户等待缓冲的正式视频内容前播出。

半透明的活动重叠式(Overlay)广告。通常出现在视频底端的1/5处,受众可以根据兴趣点击广告从而获得更多的咨询,广告播出时视频会暂时停止。如果受众不感兴趣,广告将在10秒钟后自动消失。

指示器(Ticker)广告。常出现在屏幕底部,一般在整个视频中保留,在视频的最后部分提供一些可点击的选择菜单,菜单会直接引导视频广告或其他视频内容。如果受众点击屏幕下方的Ticker,视频就会自动停止,然后弹出一个新屏幕,显示公司的宣传片;如果不点击广告,受众可以通过短片最后的终端页面预览即将播出的新片段。

爬虫式(Bugs)广告。类似指示器广告,但广告不会在视频内容整个播放过程中出现,而是当受众观赏视频短片时,一个爬虫似的小图标爬过画面,驻足在画面的下方。

播放器桌面式(Player Skins)广告。这种广告略有侵犯性,但不会对观看造成任何影响,它会把一个正在播放的视频包围在中间,吸引受众点击画面上的广告。

无论采用何种形式,网络视频广告均应充分利用互联网的交互性和网民的创造性,使用户主动参与广告创作,增加广告黏性,深化广告效果,使网络视频广告的制作、发布、传播更加符合互联网的特性。

(二)视频订阅和视频点播

视频订阅和视频点播业务是视频网站的主要经营内容。视频点播(Video On Demand)VOD是一种可以按用户需要点播节目的交互式视频系统。用户不必将视频节目下载到本地,而是将视频节目以数据流的形式用编解码器在线播放,一般采用流媒体形式。

网络视频的内容经营需要解决两个主要的问题:一是网站必须有足够的视频内容吸引用户,二是市场终端、用户习惯等方面的培训需要一定的时间。

(三) 视频搜索

运营商通过视频搜索为广告主提供了以视频插片、竞价视频、分类视频为主的营利模式,例如,国内的OpenV视频搜索网站的营利模式,兼顾"视频"和"搜索"两者的营利点,不仅提供全新、准确的广告展现平台,而且还可以进行竞价排名。

(四) 多元化经营

随着技术平台的日趋成熟,视频网站向着成熟化、专业化的方向发展,探索出更丰富的营利模式。除了网络广告、视频点播、视频搜索外,与电子商务平台的整合,与游戏企业的联盟,以及与电视媒体合作进行网络直播等都是网络视频拓展业务的重要渠道。

三、网络视频发展展望

网络视频行业的比拼不再是单项的比拼,更是一场综合实力的较量。视频网站都必须找准自己的优势资源,尽快打通产业链上下游。

第一,上游需要有良好的视频内容支撑。美国互录之所以取得成功,最核心的因素是股东背景导致它可以低成本获得大量优质的影视剧内容,因此创立仅仅一年便实现营利。而新兴的视频网站借助互联网的凝聚力,集合影视、音乐创作和创新来源,与影视制作中心合作,包装和推广原创作品,也能走出一条良性循环的道路。[①]

第二,中间需要有极强的技术创新优势,良好的客户体验。首要在服务内容上吸引客户,无论是通过普通搜索引擎找来的,还是通过口碑传播和社交网站推荐来的,要有足够的服务使之驻足于此,尽可能地满足客户的物资和精神需求。"一站式"服务是视频网站提升客户黏合度的最佳方式。这就需要加强与网络游戏、教育、旅游等相关联产业的融合,例如和网络游戏相结合,视频网站可以进行游戏攻略、技术的演示等。

第三,下游有强大的市场营销和视频分销能力。在"三网融合"的国家战略下,视频内容将通过PC、电视和手机三种渠道送达用户。PC端的用户将通过看网络广告获得免费视频内容,电视端的用户则通过VOD点播的形式付费看没有广告的精品内容,而手机用户则通过移动运营商来观看付费流媒体。

可以设想,谁整合的速度最快、整合效果最优,谁将在这场比赛中胜出。通过整合产业链上下游,网络视频行业将出现几家综合的大媒体平台。它们采购内容、分发内容,同时还介入内容的生产。

第五节 网络广告运营与管理

一、网络广告及其分类

按照广告的形式,网络广告分为品牌网络广告和付费搜索广告。

(一) 品牌网络广告

品牌网络广告包括品牌图形广告、固定文字链广告、分类广告、富媒体广告和电子邮件广告等

---

① 王乐鹏,李春丽,王颖. 网络视频的运营模式及发展趋势探讨[J]. 市场论坛,2010(12):82-83.

形式。

1. 品牌图形广告

品牌图形广告分为以下几种类型。

网幅广告。有旗帜广告和按钮广告两种,可以是静态的图形,也可以是多帧图像拼接为动画图像和交互式多媒体广告形式。

插页式广告。又称"弹跳广告",广告主选择自己喜欢的网站或栏目,在该网站或栏目出现之前插入一个新窗口显示广告。

全屏广告。在页面下载时出现,广告占据整个浏览器的幅面,拥有强大的视觉冲击力。

赞助式广告。广告主对网站内容或栏目赞助,或在特别时期赞助网站的推广活动,适合于网上公共关系、品牌栏目、促销活动。

电子公告牌广告。在访客多的BBS(电子公告板)上发布广告信息,或开设专门的信息区研讨解决有关问题、传播信息等。

巨幅广告。在新闻内容页面出现的大尺寸图片广告,用户认真阅读新闻的同时也对广告予以关注。

视窗广告。将电视广告制作成网络广告播出,用户可以通过互联网实时收看,还可以下载以供随时收看。

2. 固定文字链广告

文字链广告以一排文字作为一个广告,点击进入相应的广告页面,主要的投放文件格式为纯文字广告形式。文字链广告形式灵活,可以将广告文字安排在页面的任何位置,是对浏览者干扰最少、最有效果的广告形式。

3. 分类广告

分类广告在相对固定的版面位置把广告按性质进行分类排列,以便读者查找。分类广告的内容多为租让、出售、招商、家政、搬迁、招聘等与人们日常生活紧密相关的小规模商业信息。

4. 富媒体广告

富媒体广告相对于传统网络广告而言的新特性在于包含音频、视频、动画、交互、产品展示、游戏等,明显提升了网络广告的效果。富媒体广告包括插播式富媒体广告、扩展式富媒体广告和视频类富媒体广告等形式。

5. 电子邮件广告

电子邮件广告包括邮件列表广告和邮箱主页广告。

邮件列表广告。利用网站电子刊物服务器电子邮件列表,将广告加在每天读者订阅的刊物中发给相应的邮箱用户。

邮箱主页广告。将广告投放在免费电子邮件服务的网站上,广告会出现在个人邮箱的主页上。

6. 其他形式广告

除以上形式外,品牌网络广告还包括数字杂志类广告、互动游戏式广告、IM即时通讯广告、互动营销类广告。

(二)付费搜索广告

付费搜索广告是利用搜索引擎营销开展的广告活动。搜索引擎营销是根据用户使用搜索引擎的方式、利用用户检索信息的机会将营销信息传播给目标用户。分为以下两种形式。

1. 固定排名搜索广告

固定排名搜索广告是指通过用户在进行关键字搜索时,广告客户的网站将出现在关键字搜索结果页面中的固定位置,并按照预先确定的价格支付广告费。这种广告针对性强,品牌效应好,点击率高。

2. 竞价排名搜索广告

竞价排名搜索广告是关键字竞价广告的通称,广告主在购买该项服务后,通过注册一定数量的关键词,按照付费最高者排名靠前的原则,以点击次数为收费依据。

二、网络广告运营策略

广告是当前网络媒体的主要收入之一,网络媒体是注意力经济,遵循"双重出售"的媒介特征。尤其是商业网站,其内容生产只是为了营造注意力和影响力,最终目的是广告经营。受众是媒体的稀缺资源,网络通过免费出售信息,吸引尽可能多的目标受众,达到吸引广告商、出售广告版面的目的。

网络广告经营策略重点从媒体的广告产品、广告价格、销售渠道和广告业务推广等几个方面入手。

(一)广告产品的创新与资源整合

广告产品的创新与资源整合可从以下三方面着手。

1. 创新广告表现形式

与传统媒体广告不同,从网络广告产生之初,广告形式就在不断创新之中。网站除了做好传统广告资源的经营,如旗帜广告、按钮广告、弹出式广告等,还要在广告形式创新上下工夫。开发新的广告形式,不仅能使广告主耳目一新,而且能够给媒体带来实际效益。网络视频广告、竞价广告、流媒体广告等新广告都先后给商业网站带来新的营利机会。

2. 扩大网络营销内容

除了传统的网络广告形式,网站还能够为广告主举办网上活动、在线互动调查、网络论坛和网络征文等活动,使网络广告的内容得以扩大。如网上活动的类别有网上路演、网上公关、网上促销等,是多媒体科技与网络宣传完美结合的商务服务,不仅具有节省资金、人力、空间的优点,还能够使创意的执行层面更宽广。扩大网络营销的内容,不仅使广告主的广告活动更加丰富,而且使网站的服务更加全面,广告资源的开发和利用更加充分。

3. 加强自身广告资源整合

广告销售应整合自身的媒体资源,将各频道的优势结合起来,形成合力,集中力量影响目标消费者和广告主,达到单一频道所不可能达到的效果。此外还要根据一定的标准,对各类产品广告进行整体布局,合理分配在相关频道或网页的相关位置。

(二)采取科学的定价方式

网络媒体很少提供单一的计价模型,应根据媒体受众数量、收入目标和广告主的客观需要灵活组合,多元化媒体产品,以增强产品的竞争力。媒体网络广告的价格制定应考虑到诸多因素,如网站受众的数量、受众对于广告主的价值水平、网站内容采集和形成的难度和成本、定向能力、广告在网站和网页中的位置以及网页的广告数量等。广告价格的制定是十分复杂和艰难的流程,需要根据多种因素来分析和计算,高估和低估媒体的价值对于后续的经营都是非常有害的。

1. 包月模式

早期一些网站采取这种方式,即根据广告位置和广告形式,以天、月或年等时间段为单位,对广告主征收固定费用。包月模式收费简单,但由于广告费用与浏览人数没有关联,对于广告主和网站都有失公平。

2. 成本定价模式

成本定价模式也称为 CPM(千人成本)法,按照广告页面在计算机上显示 1000 次为基准进行收费。与包月制相比,CPM 的定价方式把广告投入和浏览人数直接挂钩,体现了广告的投资效果,而且媒介购买操作简捷,用户接受程度高。

3. 效果定价模式

效果定价模式是根据广告产生的效果制定广告价格。包括 CPC、CPA、CPP。

CPC(每点成本)是按照广告图像被点击并链接到相关网址或页面来收费。CPA(每行动成本)是指按网络广告投放的实际效果,即按回应的有效问卷或订单来计费,而不限广告投放量。CPP(每购买成本)是指广告主为规避广告费用风险,只有在网络用户点击旗帜广告并进行在线交易后,才按销售笔数付给广告站点费用。

4. 混合定价模式

广告价格将 CPM 和 CPA 或 CPS(每销售成本)结合起来,以广告显示次数为基础进行收费,如果广告带来了点击、回复、甚至销售,广告主要再付出额外的费用。这种方式兼顾广告主和媒体的双重利益,容易被接受。

无论采取何种定价模式,都应该基于需求和供给的状况,适当的情况下可以根据广告主的特殊要求采取特别的收费方式。

(三)开拓网络广告的销售渠道

网络广告的销售主要采取网站自主销售和代理销售的方式。自主销售就是媒体建立自己的销售队伍,将广告销售给广告客户或者媒体购买公司。代理销售主要通过网络广告公司、加入广告网络方式销售广告。

网络广告公司分为三类:以技术为主的网络公司,传统广告公司成立的互动广告部门,为广告主提供事前调查、策略分析、策略执行、网站维护和追踪、广告创意、设计等全方面服务的专业性网络广告公司。这三类广告公司都能够为网站的广告销售提供从技术到业务的帮助,必须加以重视。

广告代理公司深入了解某一个行业广告主的宣传需求,并进行一系列的专业化网络营销服务,也是未来服务型网络广告代理公司的发展趋势之一。

通过广告网络进行代理销售也是拓宽网络广告销售渠道的有效方式。广告网络也称网络广告联盟,由于绝大多数中小型和专业的网络媒体没有专门的销售力量,加入广告网络不仅可以开拓销售市场,同时解决了广告管理与审计等问题,不失为一种明智的选择。

(四)加强广告的销售与客户服务

除了直接的销售工作外,网络媒体还应重视长期的市场营销工作,网络媒体经营与产品营销有很多共同之处,媒体应结合行业特征,综合使用多种方式加强与广告主的联系。

一方面,要从广告推销转向客户服务与管理。为广告主和广告公司提供所需信息,在销售通路、媒介策划等方面与广告主进行深度合作,允许客户使用第三方广告管理系统,保证广告运作的科学性和有效性,树立服务意识,提高服务方式和方法、服务的质量和水平、服务的效率和效果。

另一方面,增加广告推广力度。借助大众媒体的公信力进行形象宣传和广告推广,培养和扩大自己的受众群,提高人们对网络和网络广告的认识,争取广告客户资源。

三、网络广告的发展展望

(一)网络广告将更加注重分析受众心理

网络广告的胜利就是要更注重受众的心理。网络广告是一种以消费者为导向、个性化的广告形式。消费者不只是被动的接受,而是主动选择。根据自己的需要,消费者可以选择是否接收、喜好、接受广告信息。以前,我们往往会将产生效果的网络广告视为其简单的生产过程,而忽视了受众的接受程序,这将直接关系到网络广告企业的利益。如果没有将受众的感受放在首位,那么创造的网络广告也有可能将遭受抛弃,广告效果也会大打折扣的。①

(二)网络广告将加强个性化策略的实施

网络广告可以根据特定利益团体或个人的需求,进行广告的投放,这样用户对网络广告不仅不会产生任何情绪,反而会感到非常有用,从而有效增加网络广告的成功率与转化率。根据不同年龄层次的不同需求,个性化的网站广告能迅速抓住受众的切入点,有效引起受众的好奇心和参与性,从而诱发受众的交易行为。如近两年来正成为互联网热点的博客,被视为继 E-mail、BBS 和 ICQ 之后出现的第四种网络交流方式。博客拥有特定的浏览群。针对博客上不同性质的浏览群投放相关网络广告,网络广告内容的关注度自然会提高,目标顾客和潜在顾客也会大量存在。

(三)强迫性广告日趋衰落,更多交互定向传播

初始阶段的网络广告基本上是把大众传播中常用的形式照搬到网上,而由于网络上受众有更多主动权,这种传播的强制性较传统广告更低,往往受众对诸如横幅式广告、按钮式广告、弹出式广告等以传统表现手法出现的网络广告视而不见,即便有些"哀求广告"(网站主人哀求点击,以支持网站发展)得到更多是访问者的置之不理。随着国内宽带网络建设速度的加快,用户能享受接入速度更高的宽带业务,网络富媒体广告、上下文广告形式产生成为可能并在快速升温。

(四)网络广告与互动游戏结合,增强品牌虚拟体验

游戏与网络广告的结合有三种方式:广告对象是游戏道具或场景;广告对象是登录网络游戏的界面;现实的广告对象促销转换为游戏内部的虚拟促销活动。这一方面利用受众重复玩游戏的心理加强广告信息传播效果,另一方面隐蔽的信息传达、潜移默化的形象塑造、虚拟的品牌体验无形中会诱使受众由游戏者变成潜在消费者甚至品牌忠诚者。

(五)网络广告将注重与传统媒体的结合

尽管互联网广告具有互动性、费用便宜而且传输范围广等众多优势吸引着广告商,但网络广告也具有一定的局限性。网络广告虽然没有时间限制和地域限制,但在中国互联网分布不平衡。因此,网络广告的受众是很有限的。而传统媒体却可以更好的扩展,从而遍及全国。比如:电视广告节目的收视率总是排在第一位。网络广告能够得到进一步的普及,还需要有很长的路要走。因此,广告的制作商不仅将关注点置于互联网上,而且应适当地接纳传统媒体,必要时还应该把网络广告与传统广告进行结合。网络广告的更新是比较迅速的,因此,我们可以把新产品放在互联网上传播,这是低成本的消费。但是如果是品牌形象以及老产品,广告商可以将其通过杂志和电视的形式进行传播。需要注意的是,在报纸上登广告,必须重视企业产品名称,一旦读者有兴趣,可以主动去搜索网络,从而进一步了解产品的详细信息。

第六节 企业微博运营与管理

一、企业微博

大型微博在黏住普通用户的同时,也把目标放到了企业身上。2011 年 6 月,新浪微博效仿 face-

---

① 陶应虎.当前网络广告发展的思考[J].市场周刊·理论研究,2012(8):3-5.

book 的品牌页面,为商家推出了专属空间企业微博;而腾讯微博也在同年 10 月推出了企业版腾讯微博官方网站,即"微空间",目标群体为"企业 QQ"的收费用户。

何谓"企业官方微博",新浪微博的解释是"为企业、机构用户量身打造的服务平台。它具有更丰富的个性化页面展示功能设置,更精准的数据分析服务,以及更高效的沟通管理后台",并"期待新浪微博企业版能够帮助企业更便捷地与目标用户进行互动沟通,提升营销效果转化,挖掘更多商业机会"。而在腾讯微博《企业微博运营指导手册(初级版)》中,直接把企业微博运营等同于微博营销。但笔者认为,用更宏观的眼光来看,企业微博的作用不仅仅是营销,它还是公司和产品信息发布的新渠道、危机公关的重要平台、与其他企业和客户建立良好关系的桥梁、低成本的"扩音喇叭"。

一般来说,一个企业官方微博有独特的符合企业形象识别的微博名称、头像、皮肤、基本资料,已取得互联网微博平台的官方认证,并有明显认证标志,有一定数量的关注人数、粉丝和微博文。总之,企业官方微博是企业品牌推广与形象建构的工具之一。因此,本书所指的企业微博的含义是:企业为了塑造良好的品牌形象,推动网络互动营销,在互联网微博平台中建立的专属微博空间,已取得互联网平台官方认证,并具备微博客基本要素。图 6-9 为网络营销模式优劣势对比。

网络营销模式	成本	传播性	互动性	精准性
网络广告	★★★★★	★	无	★★
搜索引擎	★★★★	★	无	★★★★★
E-mail	★★	★	★	★★
SNS	★	★★★★	★★★★	★★★★★
博客	★	★★★	★★★	★★★★
微博	★	★★★★★	★★★★★	★★★★★
注:星号越多,代表在这一特征向量中的特征值越大				
@2010.5iResearch Inc.			www.iresearch.com.cn	

图 6-9 网络营销模式优劣势对比

二、企业微博的运营原则

企业开通官方微博之后,需要关注的是官方微博该如何运营、运营人员应遵循什么原则。

(一)恰当的功能形象定位

在微博中,企业是一个有血有肉、有感情、重个性、张扬自我的形象,要想用户主动"拉取"企业信息,企业微博就不能以冷冰冰的面孔示人。在企业开博之前就应该确定各个官方微博的功能和形象,是品牌、子品牌、官方粉丝团,还是招聘、客服等,是亲和、幽默还是渊博严谨,但无论将定位何种形象,都应该回归人性,而不是机器人的语言充斥屏幕。微博形象是影响粉丝信任的一大因素,恰当的形象有助于潜移默化地将粉丝对微博的好感移植到品牌的产品中来。[①]

(二)恰当的价值主张

品牌微博传递的实为一种价值观和生活方式,网友关注一个企业微博,很大程度上是对品牌所传递的价值观和生活方式的认同和共鸣。因此,在发布微文时,为每条微博赋予独特的价值主张,而非人云亦云,这在相同和相似信息冗余、泛滥的微博圈中就显得十分重要。尤其是冷笑话、语录等信息,

---

① 马婕.企业官方微博运营策略研究:以新浪微博为例[D].华中科技大学,2012.

在对人气企业微博的调查中发现,语录段子类微文极少有原创信息,基本上是转发草根名博已经发表过的微文,新鲜性匮乏,陈旧信息反复出现,这是同一条微文在企业微博这里的转发量和评论数远不如原发的草根名博的原因之一。

(三) 恰当的运营人才

要想有独特的原发内容和价值主张,不是任何运营人员都能做到的,他们需要自身具有极强的娱乐精神,并且熟悉网络流行语言和用户心理,并具备策划网络事件的能力。人才是企业微博成功的核心要素。另外,有人认为企业微博发布流程应该遵循:选题规划、话题调研、申报确认、征稿组稿、一审、二审一系列程序。作为有实力的大企业和重要的系列专题微文,可以进行上述繁复的规划和审查,但平时只要遵循一般规范和核心价值理念,微博运营人员不应受到强烈的束缚,条条上报将影响他们反应的速度和积极性,而应给他们一定的"放权"。例如凡客诚品的官方微博"VANCEL 粉丝团"微博运营人员虽然有考核指标,但没有具体的量化标准,只是让公司和员工对官方微博的工作效果有个直观的认识。

(四) 恰当的目标受众

不是每个企业、每个产品都具有各年龄人群的普适性,企业微博运营人员应该根据产品、品牌的定位,为自己的受众推送个性化的信息。如果产品的购买者和使用者不使用微博,那么就不应该跟风式地把人力物力投入其中,而应转投其他推广渠道。

(五) 恰当的方式

有人认为,轻松有趣是微博成功的要素,这个说法有一定道理,但微博也是一个重复信息冗杂的地方,不是所有轻松有趣的微文都能获得良好的传播效果。许多企业微博常常转载一些已泛滥的新闻、笑话和语录,却收效甚微。此外,一些金融机构,如招商银行矩阵式入驻新浪微博,却一直未找到合理的推广方式。其实微博只是一个碎片化媒体,不适合深入思考,不允许长篇大论,也就难以形成良好的讨论氛围,不如让微博职能化,如充当客服媒介,或许是一条出路。每个品牌都需要寻找自己的推广方式,不是所有品牌都可以借鉴某些成功的微博营销案例。

(六) 恰当的时机

一条传播力广的微文极少是偶然的,大都是运营人员精心的分析、策划造就而来,虽然最后的传播效果仍要到最后时刻才能盖棺定论,但随意摘抄的微文仍是不能比肩的。工作日还是周末似乎并不会影响微文的传播效力,但不同的时刻对微文的传播效力却是有影响的,中餐时间和傍晚18时至晚上23时之前,这两个时段是人们浏览微博最集中的时段,同时,节日、节点性事件、突发新闻等都有可能成为恰当的时机被应用,考验的还是运营人员的眼光和策划功力。

三、企业微博的管理策略

以下将从内容管理、互动管理、活动管理、危机管理等角度阐述企业微博的管理策略。

(一) 企业微博的内容管理策略

一条微文的传播广度与它蕴含的传播价值有关,微文的转发量和评论数与这条微文的类型、长短、形态、时机有关,促销类、笑话语录百科类一般传播力较强,字数在两行以内的短微博比三行、四行的长微博更能博得网友关注,加视频、图片的微博比纯文字的微博占的面积更大、更吸引眼球,在12时至13时和18时至22时发布微文会被更多的网友转发或评论。但内容有价值的微文却能够打破这些常规,"内容为王"的定律同样适用于微博圈。

1. 策划有趣而独特的内容

对于微博这样短、平、快的 Web 2.0 媒介来说,浅层次的、有趣的、新颖的内容易于被病毒式传播。

但如果仅仅只是为了增加本品牌的曝光率而发布抄来的微文,这其实是对传播资源的浪费。内容也不是等来的,必须有组织、有计划地策划,在业界被称为"主动运营"。一些企业微博的经验是让本品牌加入到互动参与当中来,他们会关注一些有影响力的名人、明星,列出微博名单,随时检测他们的微博动态,当检测到一些与本品牌及产品相关的微文时,转发及评论他们的微文,与他们互动。当然要真正与明星形成互动对话氛围是有一定困难的,需要明星的配合,但企业微博真正更需要吸引的是公众的目光。节日、节点性事件都可以事先预料,这也是运营人员很好的策划素材。使用"♯"号话题功能也是主动运营的一个手法,虽然目前各家微博尚不支持由用户建立完整的话题的功能,用户建立的话题只能通过搜索功能呈现,但这种方式仍然增加了品牌微博的曝光机会,也是目前许多企业微博使用的手法之一。

企业微博在"精"不在"多",一条有价值的微文胜过随手转来的段子语录。当然,最重要的是企业微博发布的绝大多数微文应该尽量找到与本企业及产品的契合点,并使用网络语言,与创意相结合,使微文闪耀个性的光芒。同时,运营人员需要到微博之外的各类相关网站、垂直网站寻找内容,实现内容的丰富多彩。一味地做促销活动也只能营造虚假繁荣,且会让用户有广告垃圾充斥屏幕之感,不可取。

此外应增加微文原创比例,否则满目尽是转发的各类微文,给访客的印象就是杂乱无章、没有实质内容。

2. 杂志化运作

在微博营销业界,随视传媒提出"微杂志"的运营概念,就是"将微博按照特定并具有阅读价值的内容,按周期进行分享,与目标人群沟通,潜移默化植入品牌与产品信息"。微杂志就是以标签的形式将每一条内容划分为一个个小栏目,使微文更有规划和整体性,也让粉丝建立起对微博的定势期待,同时提升视觉美观度。一些网络社区早已践行"杂志化"策略,如百度贴吧等,但百度贴吧主要由网友自主管理,所以每个主题贴吧情况不一,有的是在贴吧顶部设置版块,但帖子主题不要求也贴上内容版块标签,有的则要求每一篇帖子主题前也加上标签。与微博不同的是顶部的版块只是针对本贴吧内的帖子,而非全站搜索,内容比微博更集中。

3. 重视反馈与学习

企业微博形象是需要长期维护的,在积累经验的基础上,不断调整策略,让品牌和产品达到预期的目标和效果。基于此,必须高度重视反馈、重视数据,建立官方微博运营数据库,每隔一段时间将前一段的微文进行整理归类,统计话题类型、转发量、评论数、结构构成、正负面态度等,并分析哪类内容具有更高的传播力,哪类内容吸引力欠佳,哪类内容发挥了什么作用,从而精确地得知粉丝的态度,以指导后续微博建设。

例如,一些团购网站微博,把时下一些段子、语录与品牌的相关产品放到一起,但从下面网友的评论来看,却极少人会注意到其中的团购链接,达不到品牌宣传、购买转化的效果。因此微博运营人员亟须软件来测试每条通过微博植入广告链接进入本网站的概率,以便及时调整微博运营策略。

知己知彼,才能百战不殆,在了解自己的同时,也要学习同行,研究其他企业官方微博的运营特色、策略和成功案例、失败案例,去粗取精,防微杜渐。

(二)企业微博的互动管理策略

微博平台中提供的互动方式是多样的,包括关注、评论、转发、私信等,企业微博的互动对象也包括本品牌其他入驻微博、名人微博、普通粉丝微博等。有人认为当今网络时代品牌的传播原则是互动参与,互动是官方微博增强传播力的必要途径。互动在网络社区中确实能够推动对话的继续,并营造讨论氛围。

1. 明确角色，全员参与

企业在开博前就应该对品牌微博有总体规划，哪个微博充当何种角色，是新闻发言人、公告板还是客服等。企业微博作为有一定影响力的、代表企业形象的官方新媒体，具备一定议程设置功能，是公众的信息来源之一。企业微博应发挥资源优势，将信息与品牌结合，增加品牌曝光率。企业微博又因为拥有一批关注自己的粉丝而具备成为意见领袖的潜质，应当争取成为意见领袖，引导舆论。

品牌集体入驻微博已被许多企业采用，新浪微博品牌馆中的"群英会"栏目就是集体入驻的品牌的展示区。同时，企业领导、员工应主动关注企业官方微博，为活跃对话气氛出一份力，而企业微博也可以将领导、员工的故事作为微文素材，发挥官方微博的激励作用，实现双赢。许多企业的领导人，如小米公司的雷军、京东的刘强东等都在微博上积极宣传本企业的新闻、产品，倾听大家的声音。

事实上，调查显示，诸多人气企业官方微博极少关注其他个人或官方微博，这并非是一个好现象。微博圈生活不是存在于孤岛之中，关注其他官方微博有助于互动参与，把微博真正玩起来，体现微博社区的本质属性。否则微博就与其他单向度媒体无差别了，显示不出其互动快捷方便的特色。新浪微博企业版和腾讯微空间都提供了左右侧投票功能，企业完全可以利用此功能进行民意调查，提升自己的产品和服务。

2. 发掘大号，尊重粉丝

有影响的名人微博是企业可以借助的"东风"。如把微博称作"围脖"为凡客首创，凡客最初开设企业官博时就与新浪协议：凡客制造印有新浪微博LOGO的围脖，有明星开通微博就赠送给他们。此活动让许多明星名人收到了此款围脖，不少人在微博上发照片，增加了凡客的曝光率。最初，凡客微博粉丝仅有4000时，曾向新浪微博粉丝数居首的姚晨粉丝群发送过一条微博："打算给姚晨的21万粉丝们一点儿福利，但愿姚晨粉丝们出来说句话，怎样操作得好？"这个话题立刻让两大粉丝群展开热烈讨论，并引发了大量的转发和评论。

与名人互动可以发挥明星效应，得到其粉丝的响应，而与普通粉丝互动的帖子转发量和评论数非常低，这是否意味着可以忽视普通粉丝呢？答案当然是否定的，普通用户才是品牌的根基，而非明星。尊重普通用户是企业微博一个十分重要也十分必要的品质，一些企业微博在主页下方应用了留言板，但不少企业对于上面网友的提问、留言却置之不理，这非常不利于维护企业与粉丝的长期关系。因此官方微博应主动及时回复网友的评论、提问、私信，以塑造亲和、主动的正面形象。

有时，一些官方微博与普通网友的互动也能达到很好的传播效果，网友也能够为官方微博提供微文素材。在Twitter上有如拉手网发布了一条为粉丝征婚的微文，这条微文引发了网友200多次转发和100多次评论，多数网友祝福他找到对象。拉手网在其后也专门开设话题♯拉手帮♯，酌情帮助普通粉丝发布及转发微文。不过此类话题不宜多，否则就模糊了企业微博的性质。过企业官方微博与普通用户互动而成功推广了自己品牌的案例。American Apparel的官方微博曾收到一条自由摄影师马歇尔的留言，他在自己微博中发布了他的妻子每天身穿American Apparel的照片，American Apparel非常喜欢这组照片，决定以这些照片为基础推出一支新广告，并在马歇尔的微博中植入一条宣传婴儿服装的特殊网幅图像广告。此举使马歇尔的微博成为American Apparel点击率最高的在线广告，也让该品牌表现出极强的接近性，提升了品牌尊严。

有些微博运营人员会对自己的微文或其子品牌、职能微博发布的微文进行二次转发，以增加转发量和评论数，有时只是不加评论的"空转"，这样做虽然能够一定程度上扩大传播面，但仍是把自己当做传统推广渠道的表现，如能对粉丝在微博下的评论进行再评论转发，既与粉丝互动，又能实现二次传播。

(三) 企业微博的活动管理策略

活动营销一直是 Twitter 的拿手好戏，2007 年 3 月美国 SXSW 音乐节便是 Twitter 的第一次大型活动营销，并获得成功。把微博访问直接转化为购买是大多数企业的期望，目前，企业微博活动的形式主要有转发降价、转发秒杀、微团购、限时、限量促销，收听、分享获取优惠券等多种电子商务模式至今仍是较新颖的电商模式。事实证明，这些方法为企业提供了快速增加转发量、评论数及粉丝数的一大"利器"，因而受到越来越多团购网站、电子商务网站及实物产品公司的追捧。为了吸引更多的企业到微博平台创新电商模式，互联网公司尚未与做活动的企业分成，这种低成本高效率的方式吸引了一些企业的尝试。最早试水腾讯微博微卖场的易迅网相关负责人透露，在腾讯微卖场的投资回报率是 1∶15，不过在初级阶段，这还只是企业拓宽销售渠道的一个尝试和补充。

对于互联网公司来说，在微博中嵌入电子商务也刚刚在起步阶段，且为了用户体验，他们对微博的各个推荐位都是十分谨慎的，如果不是极为重要非上不可的商业合作，一般在主页中不允许广告出现，即便有类似广告也须经过层层批准，只有少数公益性质的，如 2011 年 7 月海南香蕉滞销，会在微博发起团购，并在右侧上热门话题。其他企业仍主要靠自己的品牌美誉度和微博运营人员的创意、策划来吸引网友。

2011 年 11 月腾讯开通微卖场，首批尝鲜的易迅、好乐买等企业也通过微在卖场获得了大量的流量和曝光，"好乐买官方微博一周的时间内新增了近 8 万粉丝，平均一秒钟就有 2 位粉丝加入。而易迅微卖场的点击率和浏览量均有 100 倍以上的增长，最高时刻为 2 分钟内有接近 5000 次的浏览量。易迅的粉丝也在上线的 5 天之内增长了 6 倍"。

企业要善于制造营销事件，不露痕迹的宣传。曾经在 2005 年，必胜客制造的事件营销——"吃垮必胜客"成为互联网事件营销的一个经典案例，该帖内容是某顾客不满必胜客水果蔬菜沙拉的高价，提供了用盘子多盛食物的"秘籍"，在众目睽睽下堆出一个"沙拉塔"，以此方式让必胜客"倒闭"。随着帖子点击量和转载量的急速飙升，必胜客的顾客流量也迅速增长。明眼人都看出来，这其实是必胜客的事件营销手段。当时还不存在微博，如今这样有趣的事情若是在微博上传播，传播速度和广度显然要超过之前的网络媒体，或许为企业带来更丰富的客源。

整合传播应成为微博营销的途径，微博毕竟有 140 字以内的限制，且不是专门的电商、团购网站，过多的广告信息会让用户厌倦，转发秒杀等手法刚开始会有新鲜感，但毕竟中奖的概率小，许多网友也只是跟风，并未想清楚自己是否需要一件商品，这些因素都有可能导致这些促销手段不能持久。但微博作为一个补充的营销渠道却是可以尝试的，也期待互联网公司和企业挖掘出更新的社会化媒体营销手段。

(四) 企业微博的危机管理策略

我国的网民人数居世界第一位，我国也是"网民平均年龄最年轻的国家之一"。微博成为继即时通信、天涯、猫扑之后最大的网络流言集散地。由于微博比早前的网络媒体门槛更低，流通更便利，公民表达意见变得更自由，也更容易迅速聚集成千上万的网友围观，对某些事件口诛笔伐，推动事件升级，极大地满足了人们参与社会事务的愿望，使其尝到舆论监督的甜头。网民又是极易被煽动的，网络社会同样遵循二八法则，极少数的意见领袖能够影响大多数网友对事件的判断。网民容易出现单向的偏激情绪，对流言指责的对象来说，谣言可畏。这让普通民众尤其是政府、企业对微博又爱又恨。

企业微博危机的主体可以是企业和员工，表现方式可以是："产品质量危机、品牌危机、信用危机、市场价格危机、环境危机、管理危机、社会责任危机"等。危机源头可能是不恰当的微博言论、不确定的资讯转发及来自其他媒体、网友对企业的负面报道和批评。

1. 防御危机,功在平时

微博虽然是一个新媒体,但仍遵循传统公关理论。纵然流言可畏,但只要事先做足了应急预案,危机便能够早日发现,早出方案化解。首先就是识别企业和产品的弱点,利用各类软件监测舆论,建立完善的危机预警系统和应对方案,明确企业内部应对危机的反应流程和责任人、决策人。

2. 及时反应,坦诚沟通

民众是智慧的,永远不要低估民众的力量,在遭遇网络危机时,企业不能依靠缄默、封堵的手法,而是必须说真话,如果所说不是事实,一旦被网民揭发,企业只会陷入更大的危机之中。沟通也远胜于沉默,微博同样存在"沉默的螺旋"效应,快速反应才能占据话语主动权,同时传播良性信息,赢得媒体的肯定。"展开行业公关沟通,全力保护市场完整"也是十分必要的,取得上游、下游合作伙伴的支持和信任是产业链持续合作的必要保证。

3. 承担社会责任,维护企业声誉

冰冻三尺非一日之寒,良好的声誉是防范危机的有利之盾,良好的声誉则需要在平时点滴积累。声誉管理是"对企业声誉的创建和维护,是指企业以正确决策为指导,通过声誉投资、交往等手段,从每个员工做起,建立和维持与社会公众的信任关系的一种现代管理方法。声誉管理的核心是企业对社会责任的遵守与履行"。只有推动行业良性发展,在赢利的同时兼顾环境,支援公益事业,关怀企业员工,利用新媒体宣传公益,才能提高企业的生存能力。

第七节 企业微信运营与管理

一、企业微信

2011年1月,腾讯正式推出基于QQ用户的微信。它不仅通过网络快速发送语音短信、视频、图片和文字,支持群聊、"扫一扫""查找附近的人",而且跨越了运营商、硬件和软件、社交网络等多种壁垒,实现了现实与虚拟世界的"无缝连接",使移动终端成为新的社交节点。微信使智能手机的功能得到发挥,将人际传播和大众传播融为一体,成就了一种全新的传播类型。

2012年8月18日,腾讯公司又推出了一项新业务,即微信公众平台,它和微信是一脉相承的,它主要是针对一些企业、媒体、明星等团体用户而设定的。现阶段,使用该微信公众平台,可以享受到很多的个性化服务,比如消息推送、品牌传播等。由微信强大的功能和社交关系链衍生了巨大的商机,从而吸引了大批企业入驻微信,建立了企业的微信公众平台。

二、企业微信的运营原则

从2011年面世起,微信用户的数量迅速增加,2012年3月底,微信用户数量突破1亿人,在同年9月17日微信用户突破2亿人,截止至2013年1月15日,微信用户的数量已突破3亿人。2012年微信更是超过微博成为社会化网络的No.1。作为现阶段最活跃的即时通讯工具,微信凭借其多样化的功能和强有力的社交关系链吸引了大批企业的青睐。相较于微博,微信有着更强的黏性和更精准的目标定位,这让微信成为企业继微博之后的又一营销利器。

微信公众平台维护的是客户关系,微信推送的信息是否是用户感兴趣的,是否有价值,推送的时间是否得当,推送方式是否润物细无声,都是问题。针对目前企业微信公众平台运营中普遍存在的问题,对于企业微信公众平台的运营,有以下几点需要特别重视。

(一)重视定位

中小企业微信公众平台作为一个服务客户的工具,给用户提供什么服务或者是带来什么价值,都要进行定位并体现出来,这样才有利于发展针对性的用户群。企业的产品和企业文化已经给企业的微信公众平台定位了,所以,这里指的定位是定内容的风格和角色的风格。内容方面,如果我们的企业是做创意家居用品,不妨放些有趣味性的内容,例如创意奇趣的建筑设计、创意艺术、创意家具等。角色风格就是对运营微信公众平台的人进行定位,运营者是作为普通客服来与用户交流,还是以一个性格鲜明的企业代表与粉丝交流,所以内容和角色风格才是企业进行公众平台定位时应该重视的焦点。[①]

(二)重视内容

不论是网站、微博、邮件列表,任何平台都应以内容为王,内容是一个平台生存的最大武器。精彩的内容,实用的信息是吸引目标客户的最大法宝。微信公共账号规定每天只能发送1~3条信息,这无疑对信息的内容提出了更高的要求,应该尽量将内容做到精彩和实用。对于很多的中小企业来说,选择微信公众平台这一阵地,就是希望把企业的影响力延展向微信,达到推广品牌的目的,在这种情况下,微信信息的选材就变得非常重要了,最好是选择那些大多数人都比较感兴趣的题材,但是不要只是把公司网站的内容照搬到微信上,信息应该短而精,有趣。同时,应该尽量把微信的信息做得更加的生动和有趣,比如可以融入动画元素、制作更多的图文信息等,如此,不仅更加方便客户阅读,也在无形中加大了企业自身的形成力度。

(三)重视时间

因为通过微信公众平台每天发送的信息是有限的,所以更要重视每次发送信息的时间,如果能够把握住更精准的时间,就可能会赢得更多的潜在客户。周末是低谷期,重要文章不要选周末发。而从当天的发布周期来看,上午9点到10点,中午13点,下午17点,晚上21点和23点是用户上网的密集期。这其中,又以晚上21点和23点的访问量最大。因此,运营者主动推送时,一定要仔细推敲时机。

(四)重视互动

微信的价值是透过互动来体现的,而不是信息推送。增加互动,目的是增加微信的粉丝量,增进与用户的沟通,最终促成通过微信下订单。增强互动就需要知道受众需要怎样的互动话题,需要怎样的互动形式,进而确立良好的互动关系。在具体运营时,平台运营者可以把公司的一些公益活动、关注度高的活动在微信上进行推介,邀请粉丝用户参与,这样可增加黏性,同时还要去寻找一些粉丝感兴趣的话题,然后利用奖励吸引粉丝参与,提高互动粉丝的福利,但切忌商业味太浓的东西直接植入,这容易导致反感而被取消关注。

(五)其他方面

除了以上几个方面外,在运营微信的过程中,还必须遵守一些原则:

第一,不能发与微信号主题无关的垃圾广告。

第二,不能发色情、暴力以及触及政治等敏感话题的信息。

第三,不要用强迫或奖励用户把信息分享到朋友圈。

第四,不要欺骗用户,发送不带真实性的信息。

第五,转载注明出处。

---

① 毛艳琼,李丽萍.浅谈微信公众平台中小企业的运营[J].中小企业管理与科技,2014(2):306-307.

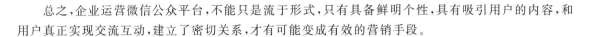

总之,企业运营微信公众平台,不能只是流于形式,只有具备鲜明个性,具有吸引用户的内容,和用户真正实现交流互动,建立了密切关系,才有可能变成有效的营销手段。

三、企业微信营销与管理

(一)企业微信营销模式

微信营销为何能得到企业的认可?要搞清这个问题,我们必须先了解微信营销的模式。

1. 漂流瓶——品牌活动式,提高品牌知名度

漂流瓶是一种和陌生人简单互动的方式。通过"扔一个",用户可以发布语音或者文字并投入大海中以便其他用户捞取;通过"捡一个",用户则可以获取其他用户发出的信息与之展开对话。

成功案例:招商银行"爱心漂流瓶"。微信用户只要捡到招商银行漂流瓶并进行简单互动,招商银行就会通过"小积分,微慈善"平台为自闭症儿童提供帮助。这项慈善活动在吸引大量参与者的同时,也提升了招商银行的形象。

2. 位置签名——草根广告式,吸引周边用户

微信用户可以随时改变自己的签名档,而这对企业来说无疑是一个免费方便快捷的移动广告位。企业附近的微信用户则可以通过"查看附近的人"这一基于LBS的功能插件发现企业的位置、用户名和签名档等内容。

成功案例:饿的神微信签名档。通过将自己想让客户知道的信息置于签名档,周围的客户只需点击"查看附近的人",商家的信息便会强行进入客户的眼中,客户也可以与商家进行互动,完成微信订餐等活动。

3. 二维码——O2O折扣式,打造忠实客户群体

2011年年底,微信3.5版本加入了二维码的新功能,用户通过扫描或在其他平台上发布二维码即可拓展微信好友,这对企业来说无疑是宣传营销的有力载体。企业设定自己品牌的二维码并公开发布,而微信用户则可以通过扫描二维码关注企业信息,获得相应的折扣和优惠。

成功案例:大悦城"微生活会员卡"。腾讯微信—微生活会员卡首场针对地标购物中心的大型活动。在这次活动中,微信用户只需用微信扫描朝阳大悦城专属二维码,即可免费获得朝阳大悦城微生活会员卡,享受众多优惠特权。

4. 开放平台、朋友圈、微信公众平台——社交分享式,实现口碑营销

开放平台和朋友圈是有效的社交平台。通过开放平台和朋友圈,微信用户可以在会话中调用第三方应用进行内容选择和分享,实现信息的广泛传播。而微信公众平台是腾讯在微信的基础上新增的功能模块,是对开放平台和朋友圈的细分和延伸,它有利于企业实现精准将信息推送给目标人群,再借助用户的开放平台和朋友圈,实现企业信息的病毒式传播。

成功案例:美丽说×微信。通过与开放平台的"对接",用户无需离开聊天窗口即可获取美丽说的图片、价格、购买链接等信息。用户可将美丽说发布的内容分享到微信中,并通过开放平台、朋友圈、微信公众平台实现社会式分享,促成信息的病毒式传播,达到有效口碑营销的效果。

这四种营销模式在企业营销中有着不同的优缺点和使用范围,如表6-1所示。

表 6-1　微信营销模式的优缺点及适用范围[①]

营销模式	优点	缺点	适应范围
漂流瓶	操作简单,趣味性强	针对性弱,用户每天捡漂流瓶的次数有限	有较大知名度的产品或品牌借此扩大品牌影响力
位置签名	有效吸引附近客户	覆盖范围小	便利店、餐馆等位置决定生意的商店
二维码	吸引对产品感兴趣的用户,诱导其产生消费行为	须由用户主动扫描	与用户关联较紧密的产品
开放平台、朋友圈、微信公众平台	有利于形成口碑营销并实现产品信息的病毒式传播	只有客户对产品感兴趣才会对产品信息进行分享,对企业所发布的营销信息有较强要求	口碑类产品

(二) 企业微信营销管理

微信营销虽然火热,但如何合理利用微信进行营销是企业所必须关注的问题。微信营销是把双刃剑,合理地利用将会为企业带来意想不到的收获,但如果使用不合理,将会引起客户的反感,给企业带来巨大损失,这就像快书包 CEO 徐智明说的"微信玩不好,会伤人"。那么,企业如何合理的利用微信营销? 有以下几点建议。

1. 推送信息频率的适度性

为了让客户及时了解相关信息,企业会向其粉丝推送产品和活动信息,但"轰炸式"的频繁信息推送会造成顾客的极大反感。试想,如果客户一天接收到数条来自同一官方微信的推送信息,信息内容可能甚至都差不多,他会作何感想? 过快的推送节奏极有可能迫使客户取消对企业官方微信的关注。那么什么样的节奏才算适度呢? 据调查,企业推送信息频率为两三天一次为宜。

2. 推送信息内容的可读性

除了注意推送信息的频率,推送信息的内容同样需要注意。纯陈述性的信息很容易让客户感到枯燥,进而失去阅读的兴趣。长此以往,客户即使收到企业推送信息也不会有阅读的念头,他甚至会因为这种垃圾短信式的"骚扰"而取消对企业微信的关注。因此企业在推送信息时必须注意信息的可读性和趣味性,如使用风趣的言语、丰富的表情符号等,要让客户有兴趣读取信息,让他们将读取推送信息作为一种享受而不是视觉的摧残。

3. 微信客服的可亲性

微信营销具有信息交流互动性的特点,客户和企业可以随时进行交流互动,这就要求企业的微信客服具有良好的可亲性。客户与企业的交流具有私密性,这导致同一时间可能有多位客户与企业客服进行沟通,企业客服应耐心、详细地回答每一位客户的问题并为之提供相关的建议。如果企业微信客服态度不佳,客户将对企业产生反感并可能将与客服的聊天记录放到网络上,这将会对企业的形象造成极坏的影响。

4. 客户管理系统的科学性

微信营销并不是简单的信息推送、获取粉丝,而是商家通过提供客户需要的信息对自己产品进行推广的点对点的营销方式,这就要求企业有科学的客户关系管理(CRM)系统,通过用户分组和地域控制有针对性地向目标客户推送信息,而不是对所有粉丝群发信息。除此之外,随着企业的发展,粉

---

① 戚蕾,张莉.企业微信营销[J].企业研究,2013(6):51-52.

丝的数量可能大量增加,企业需及时完善其CRM系统。微信营销作为微时代企业营销的利器,其营销优势不言而喻。但微信营销究竟能为企业带来多大的利润空间?这还得看企业如何有效利用微信这一平台。只有正确合理地利用微信营销才能为企业带来丰厚的收获。

本章小结

作为"第四媒体"的网络媒体是一种基于互联网的以数字化、信息化为主体的人类信息传播与沟通的媒介系统,有其不同于传统媒体的形态与特征,因其不同的组织结构会使用不同的经营模式和管理方式来实现其特定的运营目标,网络游戏、网络视频、网络广告、企业微博、企业微信都是基于网络媒体平台和传媒产业链条的重要形态,只有在科学有效的经营与管理策略指引下才能在市场竞争中取胜。

思考与练习

1. 网络媒体给传统媒体带来了怎样的冲击?
2. 请结合产品的概念讨论一下你对网络游戏产品的理解。
3. 试结合你对网络媒体的认识谈谈当前中国网络媒体的组织结构类型有哪些。
4. 收集国内外实力网站的成长案例,分析媒体品牌的经营策略。
5. 请结合一个企业微博的具体案例,分析其营利模式。

参 考 文 献

[1] 匡文波.网络媒体概论[M].北京:清华大学出版社,2001.
[2] 斯蒂文·小约翰.传播理论[M].陈德民,等译.北京:中国社会科学出版社,1999.
[3] 吴满意.网络媒体导论[M].北京:国防工业出版社,2008.
[4] 高丽华.新媒体经营[M].北京:机械工业出版社,2009.
[5] 彭兰.网络传播概论[M].北京:中国人民大学出版社,2001.
[6] 雷跃捷,辛欣.网络传播概论[M].北京:中国传媒大学出版社,2010.
[7] 雷跃捷,等.互联网媒体的概念、传播特征现状及其发展前景[J].现代传播,2001(1):97-101.
[8] 卢佳,宋培义.探索网络发展之路[J].现代传播,2004(3):81-83.
[9] 杜骏飞.存在于虚无:虚拟社区的社会实在性辨析[J].现代传播,2004(1):73-77.
[10] 戚蕾,张莉.企业微信营销[J].企业研究,2013(6).
[11] 李红艳.播客——网络时代的广播新武器[J].中小学信息技术教育,2006(2):66-67.
[12] 栾轶玫.广播进化:从"传统广播"到"播客广播"[J].山东视听,2006(4):5-7.
[13] 胡正荣.产业整合与跨世纪变革——美国广播电视业的发展方向[J].国际新闻界,2000(4):5-7.
[14] 王一波.丹麦政府推进信息化建设的政策措施[J].全球科技经济瞭望,2001(12):19-21.
[15] 巢乃鹏.网络媒体经营与管理[M].福州:福建人民出版社,2007.
[16] 陶应虎.当前网络广告发展的思考[J].市场周刊·理论研究,2012(8):3-5.
[17] 王乐鹏,李春丽,王颖.网络视频的运营模式及发展趋势探讨[J].营销市场,2010(12):82-83.
[18] 王颖.中国网络游戏营利模式研究[J].北方经济,2010(12):34-36.

第七章　网络出版实务

> **学习目标**
>
> 1. 熟练掌握网络出版选题策划实务。
> 2. 熟练掌握电子书相关理论知识和电子书制作软件。
> 3. 学会运用 ZineMaker 软件制作电子杂志。
> 4. 理解手机报的相关理论知识并掌握彩信版手机报的制作方法。

网络出版(Net Publishing/Web Publishing/Online Publishing/Internet Publishing)是指"互联网信息服务提供者将自己创作或他人创作的作品经过选择和编辑加工,登载在互联网上或者通过互联网发送到用户端,供公众浏览、阅读、使用或者下载的在线传播行为。其作品主要包括:①已正式出版的图书、报纸、期刊、音像制品、电子出版物等出版物内容或者在其他媒体上公开发表的作品;②经过编辑加工的文学、艺术和自然科学、社会科学、工程技术等方面的作品"。[①]

根据网络出版的内容和媒体形式,网络出版可以分为:网络新闻出版、网络学术出版、网络教育出版、网络文学艺术出版、网络娱乐游戏出版[②]。按照性质的不同,也将网络出版分为:网络图书、网络杂志(网络期刊)、网络报纸等。本章将重点讲述网络图书与网络杂志的相关内容。

第一节　网络出版选题策划

无论是传统出版,还是网络出版,选题永远是出版的核心。网络出版是将图、文、音、像等信息同时整合出版的全媒体型出版物,它较之传统出版,更加强调各种资源的综合利用,更加依赖于各种多媒体技术,更加要求内容的多种表达形式。因此,网络出版的选题策划是一个全方位的系统工程。选题策划的前瞻性使这个环节与内容选题、读者定位、市场前景预测、售后服务、信息反馈等方面密不可分,因此网络出版的选题策划其实存在于网络出版的整个运作之中。

一、网络出版的基本特征

1. 传播超时空化与开放化

网络出版从传播的广度和深度上,真正做到了任何人在任何时间、任何地点自主选择、编写和出版内容,面向全世界的任何受众进行随时随地的信息传播和交流。

2. 内容多元化与个性化并存

网络出版打破了一直处于话语权垄断地位的传统出版体系,任何组织和个人都可以在法律许可的范围内成为网络出版的主体。人们可以借助网络这个虚拟平台,根据个人喜好发表自己的观点和

[①] 匡文波. 手机媒体概论[M]. 北京:中国人民大学出版社,2012.
[②] 赵东晓. 网络出版及其影响[M]. 北京:中国人民大学出版社,2008.

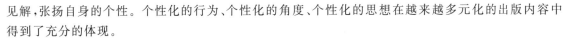

见解,张扬自身的个性。个性化的行为、个性化的角度、个性化的思想在越来越多元化的出版内容中得到了充分的体现。

3. 表现形式多媒体化与高端技术依赖性

网络出版融合文字、声音、图像、动画等多媒体元素将内容表现得更加形象和立体,各种内容甚至可以根据受众的需要自由地组合与切换。但是,这种多媒体化离不开各种高端技术的应用,如网络版权保护、互联网支付技术等高科技手段,可以说,这些高端技术的成熟与否直接决定着网络出版的发展前景。

4. 信息即时化与交互化

网络出版的出现,导致了传统出版固有环节的变革和创新,真正实现了"三位一体"的即时化出版。出版流程的缩短大大刺激了普通受众对于网络出版的热情,同时也实现了信息即时沟通和反馈的交互性。这是一种全新的传受关系和出版模式,也是网络出版最大的特点及优势。

5. 成本低廉化与交易网络化

网络出版从设计到发行减少了许多传统出版物必经的环节,同时节省了管理、营销和运输等方面的开销,大大减少了网络出版的成本。由于网络出版从产品形态到流通方式都完全实现了网络化,因此也促生了网络出版的电子交易平台。受众只需要通过网上银行或者支付宝等方式实时付款,就可以直接下载或者运用网络出版物,这也是网络出版的显著特征之一。

6. 信息储存量大与应用随意化

传统出版物由于受到版面和成本的限制,信息储存量有限。而网络出版则可以运用多媒体的方式,从受众的听觉、视觉,甚至感觉等多个层面来展示内容,其强大的信息量是传统出版物无法比拟的。同样,网络出版物携带方便,可以随时随地的打开和应用,甚至可以根据自身的阅读习惯和思维方式来设定和选择网络出版物,这是传统出版无法企及的优势。

二、网络出版选题策划的基本步骤

选题是网络出版的灵魂,是整个出版过程的"指挥棒"。选题成功与否,成熟与否,直接关系到网络出版的成败。因此,网络出版的选题策划是任何一个不容忽视的系统工程。

一般来说,网络出版的选题策划分为以下几个步骤。

1. 基础准备

基础准备即对各种信息进行筛选和选择利用。选题策划是一个创意工作,而创意往往离不开全面的信息。如何在信息爆炸的网络中收集到有用的信息,是选题策划的第一步。出版者需要具有"眼观六路,耳听八方"的能力,经常阅览电视、互联网等媒体上的最新信息,尤其关注与自己倾向的选题相关的内容,并从中筛选出有用的信息进行即时记录,以备随时查用。

2. 选题设计

选题设计主要指在掌握大量信息的基础上,根据自己或团队的判断,选择新颖的方向,确定选题,并尽可能详尽地构思出出版物的总体结构。同时,在确定选题的时候,应注意主题是否能够体现自身所在媒体或企业的特色,以特色出品牌,以品牌闯市场,是目前很多网络出版选题策划的主要方向。其次,还要注意把握时代发展的脉搏,只有能够顺应时代的潮流,甚至可以站在时代发展前端的主题,才是受众普遍关注和喜欢的主题。

3. 选题论证

选题论证即市场调研及市场定位阶段。成功的选题运作往往需要洞悉整个网络出版市场与受众需求的走向,因此,确定选题之后就要进行认真深入的市场调查。其目的就是希望能通过对市场的仔细调查对选题的主旨、内容、形式、市场前景及可行性等多个方面进行全方位的论证,并进一步完善选题。

4. 生产制作

有很多学者认为,生产制作阶段应该单独列出,并不属于选题策划的环节,因为进入这一环节,标志着一个项目的投资正式开始。在这一环节,主要控制的就是生产费用。而生产费用的整体规划其实也可以列在选题策划之中,只有进行详细的成本核算、确定前期投入和后期盈利的明显差异,才能够吸引到更多的投资,一个网络出版物的发展永远离不开背后强大的资金支持。

5. 营销策划

选题策划的最后一个环节是营销策划。营销策划已经成为选题策划的一部分,在网络出版物发布之前就已经开始了。所以,营销策划应分为两个阶段,即出版前的营销策划和出版后的营销策划。在网络出版物发布之前,应策划好整个出版物的出版宣传造势,将网络出版物的知名度向更广阔的受众群体和更开阔的范围延伸。同时也要考虑到宣传出现的频率,注意选择最佳的宣传时机,以期达到最好的宣传效果。网络出版物发布之时,一定要注重目标受众的反馈信息,以便及时更新营销方案。

总之,网络出版的竞争,归根结底是选题创意的竞争,是卖点的创意、内容的创意、表现形式的创意、宣传造势的创意以及营销方式的创意等,所有因素综合构成了网络出版物的市场竞争力。

三、网络出版的受众群体

可以说,出版是为了受众服务的。因此,一切网络出版选题策划的前提都必须考虑受众的需要。不同的受众群体往往有着不同的阅读需要及兴趣爱好,因此对于受众群体的划分就变得格外重要。无论是电子书、电子杂志等类图书形式的网络出版,还是网络游戏、网络音视频等流媒体网络出版,都需要根据自身特点选择主要的受众群体。

一般而言,受众群体有三种常见的划分方法。首先,按年龄阶段来划分,可以分为儿童受众、青少年受众及中老年受众等。这些不同年龄阶段的受众,一般都有不同的心理特点,他们的个人需要和兴趣习惯也不相同。

其次,受众群体按职业的不同,可以分为干部受众、教师受众、工人受众、农民受众、学生受众等。受众从事某一行业的工作,就需要掌握本行业的专业知识和基本技能,因而在对于网络出版物的选择必定具有特殊的要求。同时,随着不同职业的不同情况,也会延伸出不同的休闲时间和喜好的休闲内容,这些都可以作为选题策划时的具体方向去考虑。

再次,按照受众接受教育的程度不同,可以将受众分为专家型受众、高层次受众、中等层次受众和低层次受众。由于每类受众人群对网络出版物的兴趣和需求不同,所以针对不同受众人群的策划也有所不同。

四、网络出版的内容风格

网络出版在确定主要受众群体之后,就可以根据市场调查和受众分析的结果有针对性地进行内容风格的设计。不同的受众群体一定有他们特有的心理需求和消费倾向,这些信息恰恰是网络出版内容风格定位的关键。网络出版的内容风格大致可以从以下几个方向去进行更加细致的选题策划。

1. 旧选题,新角度

当人们的生活中充斥着各种各样、无处不在的信息,他们反倒常常会感觉手足无措,甚至迷失方向。这个时候的人们恰恰更加需要对他们来说具有某种新型引导性的信息内容。这就需要出版者能够在旧选题中寻找到更加新颖的角度，来吸引受众的注意。

2．专业化、权威化

如今的社会，人们的生活节奏很快，没有人愿意花大量的时间阅读或使用对他们帮助不大的网络出版物。相较于很多内容之流于表面的网络出版物而言，那些深度研究或者更加专业化的内容就会更得受众的认可和支持，同时也更具有独特性，只有独特才更具有价值和分量，才更能吸引更多的受众重视和喜爱其产品。

3．体验化、刺激化

在体验化时代，集各种多媒体技术为一身的网络出版物被赋予了更多的含义和更高的期待。很多人之所以选择网络出版物就是为了追求一种满足好奇的体验。网络出版物的优势在于可以利用多媒体技术对受众的视觉和感官进行有力的冲击，在第一时间唤醒他们的当场体验。

五、网络出版的营销策划

一个畅销网络出版物的成功从来都不是偶然的，它背后一定有着出版者一系列精心的营销策划方案。网络出版的营销策划一般分为两个阶段，即出版前期营销策划和发行后期营销策划。

网络出版物是数字化、网络化的出版物，它的营销活动一定离不开网络的各种新型工具。网络出版物的网络营销可以从多方面来策划。首先，可以充分利用各种搜索引擎，以通过购买关键词的方式在搜索结果中投放广告，当网络用户搜索与之相关的关键词时，就可以在第一时间看到网络出版物的相关信息。其次，还可以利用在各个门户网站或者网络视频网站投放广告的方式宣传自己的网络出版物。再次，可以利用微博、微信等网络平台充分宣传自己的网络出版物。建立自己的官方微博、微信平台，充分利用其图片、文字、视频分享的功能，通过一系列的营销活动和广告宣传吸引微博、微信用户的关注，通过与用户的大量互动，形成一个大面积的讨论圈，从而引起更多受众的注意。当然，网络出版物也可以利用传统媒体进行营销推广，在报纸、电视、广播中建立一定的舆论氛围，与网络营销相结合充分扩大网络出版物的影响力。

总之，网络出版物的营销其实也是一种媒介的整合营销传播，它不仅仅是网络出版物相关信息在不同媒介中的重复推广，更是充分发挥多种媒介的不同优势，形成一种互补的全方面协作，从而就达到最好的营销效果。而且，在网络出版物发布之后，应该更加注重对网络用户的全方位服务，只有提升了用户体验的满意度，才是网络出版物最好的广告。

第二节　电子书设计与制作

一、电子书的概念及特征

（一）电子书的由来及概念

"电子书"（e-book/electronic book/digital book），其实是一个不断变化和延展的概念，它最早出现于 20 世纪 60 年代末，由美国著名的软件设计师安准斯·温达（Andries Van Dam）在美国布朗大学提出。但电子书一词的普遍使用，或者说，现代意义上的电子书则出现于 1998 年。[①] 当时的美国 NuvoMedia,Inc. 公司和 SoftbookPress 发布了第一代电子阅读器 RocketE-Book 和 Softbook，它是一种类似

[①] 璩静．第十次全国国民阅读调查结果日前在北京发布［EB/OL］．（2013-04-23）［2014-02-05］http://www.gov.cn/jrzg/2013/04/23/content_2387746.htm.

于传统图书形状的、便于携带的大容量图书阅读器,这种设备专为阅读而设计,较之传统的书籍,操作简单,界面更具个性化,同时可以减去人们携带大量厚重书籍的负担。但此时所谓的电子书更倾向于专用电子阅读器等硬件设备,直至21世纪初开始,随着数字出版的快速增长和受众阅读需求的增加,电子书已经俨然成为一种全新的知识信息传播载体,人们对电子书的关注点也从简单的电子阅读器慢慢转向以内容为主的电子书概念。如今的电子书一般有两层含义,一种是指将文字、图片、声音、影像等信息内容数字化的出版物,另一种是指植入或下载数字化文字、图片、声音、影像等信息内容的集存储介质和显示终端于一体的手持阅读器。[①]

(二)电子书的发展现状

1. 网络出版初具规模

目前,国内从事电子书出版的网络公司较多,一些网络公司已经拥有了大量固定的读者群体,电子书出版已具有品牌优势。同时,多家电子书商务网站也发展迅速,并形成了各自独具特色的服务体系和网上交易的商务模式。

2. 版权保护有待加强

由于目前我国国内对于电子书的版权保护并没有特别完善的法律法规,致使电子书盗版十分猖獗。很多网站肆意转载、上传大量的电子书,供读者免费下载阅读,大多数网络用户也没有养成付费购买电子书的意识,这就使得电子书的版权保护面临着一个非常不利的局面。

3. 格式纷繁复杂,无统一标准

电子书的文件格式一直没有一个统一的标准,目前市场上的电子书格式杂乱不一。不同格式的电子书对于阅读器都有一定的要求,不同的阅读器之间有时候也不能相互兼容。这就严重影响到了读者的阅读体验,也不利于电子书市场的整体发展。

(三)电子书的特征

与纸质书籍相比,电子书具有以下几个特征。

1. 传播速度快

电子书通过互联网这个平台,直接面向所有受众快速传播,同步发行,这就省去了传统书籍出版、发行、运输的时间,其在网络中的内容搜索的速度也比传统书籍用受众肉眼检索的速度快。

2. 容量大,安全性高

电子书最大的特点之一就是其高容量,纸质图书因受到版面和价格的限制,其内容容量有限,而电子书则没有体积、重量等限制,信息含量丰富,本身却占用空间较小。同时,电子书不易损坏,又易保存,也不存在传统图书库存不足或绝版的问题。

3. 阅读体验丰富

电子书通过电子设备进行阅读的时候,其文字大小、颜色等都可以根据个人需要和阅读习惯进行调节,甚至可以附加语音朗读和背景音乐。随时随地地阅读制作优良、设计精美的多媒体电子书对于所有受众而言都是一种全新的阅读体验。

4. 制作方便,成本低廉

电子书的编辑、出版、发行等一系列过程都是通过电脑完成,实现了"三位一体"的出版方式。人们甚至可以通过一些电子书编辑软件自行设计和制作电子书,这就在很大程度上有效地避免了资源浪费,大大降低了知识传播的成本。

---

① 安小兰.电子书概念辨析及其意义[J].出版发行研究,2012(12).

5. 市场风险小,销售价格低

电子书低廉的成本使得电子书不再像传统图书一样背负较高的市场风险,相较于传统图书逐渐走高的价格,电子书价格一直保持稳定。据调查,国民总体能够接受一本电子书的平均价格为 3.27 元[①],而市场上的许多电子书定价甚至低于平均价格。

二、电子书的设计与制作

(一) 电子书常见的几种格式

我国电子书产业发展迅猛,国内外不同电子阅读器和阅读软件的开发与应用也使得电子书的存在格式多种多样。下面仅就几种常见的格式进行简单的介绍。

1. EXE 文件格式

这是目前受众普遍认可也最为流行的一种电子书文件格式,同时也是制作最为复杂的一种格式。制作这种格式的电子书,需要运用到的制作工具也是最多的,但效果也最美观。它最大的特点就是功能多、阅读方便、制作出来的电子书相当精美。其具有的传统纸质图书翻页效果和便捷的章节检索功能,备受受众推崇。这种格式的电子书不需专门的阅读器支持就可以阅读,所以它对运行环境并没有很高的要求。但是,这种格式的电子书也有自身的缺陷,如很多相关制作软件制作出来的 EXE 格式的电子书都无法正常播放 Flash 和 Java 及常见的音视频文件,需要 IE 浏览器支持等。

2. PDF 文件格式

PDF 文件格式是美国 Adobe 公司开发的电子文件格式。阅读这种文件格式的电子书通常需要安装该公司的 PDF 文件阅读器 Adobe Acrobat Reader。当然,如今也有很多阅读器可以打开 PDF 格式的文件,如 Foxit Reader Pro 等软件。PDF 格式的电子书在很多系统中都可以自主运行,而且它可以不依赖操作系统的语言和字体及显示设备,阅读起来非常方便。对于受众而言,这种格式的电子书最贴近传统纸质图书的质感和阅读效果,甚至可以"逼真地"展现原书的原貌(扫描影印等方式),尤其是很多格式中容易出错的表格、图表等内容,在 PDF 格式中可以得到完美展现,信息安全性很高。PDF 格式的电子书还可以使用该公司出品的 Adobe Acrobat 来进行简单的制作和编辑,但是这种格式只能通过超链接的方式来解决其自身不支持 CSS、Flash、Java 等基于 HTML 各种技术的缺陷。所以它只适合于浏览静态的电子书。

3. TXT 文件格式

这是一种制作最为简单的电子书文件格式,这种格式的制作工具最多。在 2004 年之前,它是电子文本最主要的存在格式。2004 年之后,随着电子杂志和网络报纸的流行,多种电子书格式开始出现,在一定程度上影响了 TXT 文件格式的市场。它最大的特点就是阅读方便、制作简单,这种格式电子书中内嵌了阅读软件,所以无需安装专门的阅读器就可以阅读。但是作为各种电子书的原始载体,除了基本阅读外,TXT 文件格式不具备其他多媒体功能,更无法支持 Flash、Java 及常见的音视频文件等。

4. JAR 文件格式

JAR 格式的电子书仅限于在手机上阅览,体积比 TXT 格式文件稍大,实质上却只是将 TXT 格式的文本,转码后通过手机电子书制作软件,将功能实用性进一步提升,产生的 TXT 电子书的升级版本。它相较于 TXT 文件格式的电子书而言加入了书签分节的功能。但仅限于在手机上观看,不能在

---

① 王新荣. 制约电子书普及的因素[EB/OL]. (2011-11-01)[2014-02-05] http://www.qikan.com.cn/Article/xwah/xwah201111/xwah20111126.html.

电脑中阅览。这种格式的电子书即便是在低端手机产品中也可以运行，而且不需要其他的阅读器，因此备受手机用户的青睐。手机相较于其他的电子书阅读设备而言，更加方便随身携带，因此 JAR 格式的电子书阅读人群也相当广泛。

5. EPUB 文件格式

EPUB 是英文 Electronic Publication（电子出版）的缩写，这种文本格式的电子书基本上是由 XHTML 加上 CSS 格式来设计内容版面，然后根据独特的架构将内容和相关资料设定包装在一个压缩文件内，以减少占用空间的一种格式。它采用了一种较为自由的开放标准，可以根据阅读设备的特性和读者的阅读习惯来以一种最合适的方式显示文本内容。这一特点也使得 EPUB 格式在众多的阅读设备和阅读软件中备受青睐，以 Google、Apple 等为代表的许多大型公司都以 EPUB 作为其数字图书的格式，由此可见，这种格式的电子书在不久的将来会具有更大的发展潜力。

（二）制作电子书的必备软件

制作电子书其实就相当于制作一个不太复杂的网页，所以，如果受众想亲自设计并制作出一本精美的电子书，那么首先就必须掌握最基本的网页制作方法。同时，必须下载并会应用一种或多种电子书编译软件。一本优秀的多媒体电子书的制作相当繁琐，制作电子书一般需要以下几种必备软件。

- 一款文字处理软件（如 Microsoft Word、WPS Office）；
- 一款图形图像处理软件（如 Photoshop、Fireworks）；
- 一款网页制作工具（如 Dreamweaver、Frontpage）；
- 一款电子书制作工具［如（EXE 格式）ebook edit pro3.31 汉化版、eBook Workshop1.4 美化版，（CHM 格式）QuickCHM 2.6，（PDF 格式）Acrobat］。

如果受众对自己制作的电子书质量和细节要求严格，亦可以利用以下几种软件进一步完善自己的作品。

- 一款动画制作工具（如 GIF Animator、Fireworks、ImageReady、Flash）；
- 一款网站前台脚本编辑工具（如 EditPlus、NotePad、TextPad、XML Spy）。

（三）制作电子书的流程

上述软件中有一些软件需要经过系统的学习才可以完全掌握和应用，对于许多初学者或者没有任何软件基础的受众来说，具有一定的难度。因此，如果想要制作自己的电子书，也可以通过一些操作比较简单、内容相对完善的实用软件来完成。如今比较流行的有 eBook Workshop1.4、eBook Edit Pro 3.31、eBook Pack Express 以及 WebCompiler2000 等。

电子书的设计与制作其实与传统图书的出版发行流程相似，大致可以分为以下几个步骤。

1. 选题

电子书的选题策划与纸质书籍类似，其选题策划的好坏直接关系到该书发布到互联网之后是否能够拥有极大的阅读量。一本好的电子书的策划，可以吸引大量的读者和买家；一本失败的电子书的策划，将得不偿失。因此，在制作电子书之前认真做好电子书的选题策划尤为重要。

（1）读者与市场定位。在电子书选题策划的环节中，读者定位应该处于首要位置。可以说，选题策划的主要依据就是根据读者的阅读需求和阅读习惯。据调查，我国目前的电子书受众群体大多集中在 12 岁到 40 岁之间。不同的消费群体一定有不同的文化需求和阅读习惯，因此，必须先明确自己的目标读者群体，然后通过充分的市场调查来确定选题。

（2）内容与风格定位。一本电子书能否吸引广大读者阅读或者下载,除了封面、书名、作者等"第一印象"外,最重要的部分就是它的内容。无论图书市场如何发展,"内容为王"的选题宗旨永远不会改变。在信息高速传播的大环境下,电子书的内容几乎已经涵盖了人们能够想象到的方方面面。因此,如何从已经被开发利用过的内容中,寻找到新的选题点和热门点,捕捉到独特的卖点,并做好最契合的服务,才是电子书出版者应该考虑和探究的问题。

2. 资料的收集与校对

当选题确定了之后,就要根据该选题从互联网上收集、下载相关的资料和图片等。互联网中有海量的信息资源,但信息质量参差不齐,需要进行严格的校对和整理工作。在收集和校对过程中,需要整理出电子书的大致结构,尤其是电子书的目录,还需要构思出电子书的整体设计风格。

3. 设计

将已经编辑整理好的资料按照自己喜欢的风格进行设计,可以使用 PhotoShop 或 Fireworks 等图形处理工具,设计出电子书的封面、内文版式等,还可以根据个人需要设计出自己个性的 logo 图标。这一步相当于传统图书的装帧设计。大致包含以下部分：

- 电子书封面的设计；
- 电子书目录的设计；
- 电子书内容模板的设计。

一个精美的电子书封面往往能够凭借良好的"第一印象"吸引到许多受众,因此电子书的封面设计也越来越受到大家的重视。一般的封面设计需要运用到 Photoshop 或者 Fireworks 等专业图片处理软件,但是,对于没有软件设计基础的普通受众而言,最简单的制作方法就是从网上下载与图书内容相契合的现成图片,然后利用普通的图像处理软件进行简单加工。

对于电子书目录的设计需要通过 Dreamweaver 等网页设计软件进行处理,插入之前设计好或者下载好的图片,然后根据图书章节的数量插入适当大小的表格,以定位各章的标题。

电子书模板的设计与目录设计相似,一般都可以使用设计目录时使用的切片,只不过在格式的处理上面稍微需要改动一下。对于没有软件基础的初学者,也可以使用电子书制作软件中一些设计好的内容模板。

4. 制作

把所有最基础的东西设计制作完之后,就可以开始制作电子书了。首先要先插入封面,在插入封面之后最好在不同分辨率下分别进行测试,查看浏览效果,并将封面放置于页面窗口的正中央。然后插入提前设计好的目录。最后是图书内容,一般的软件都有自带的内容模板,设计者也可以将自己设计好的模板放在软件自带文件夹 Templates 里面,在制作时,就可以使用自己设计好的模板一章一章的制作。

5. 打包

使用一款制作电子书的软件将所有与图书有关的 HTML 页面、图片、目录等部分全部录入,然后打包编译,将编译好的电子书存成文档,至此一本电子书完成就全部完成了。

以上是制作电子书的基本流程。对于电子书质量没有过高要求的初学者完全可以一个人完成所有的流程。也许很多人不会一步步的遵循从选题、编辑、设计、制作到打包的步骤,但是明白整个流程及其运作方法可以使所有人在制作电子书时表现得更专业。

(四)几种常见的电子书制作软件

古人云:工欲善其事,必先利其器。电子书的制作软件种类繁多,以下只简单介绍几种目前较为流行的制作工具。

1. eBook Workshop(E书工场)

作为目前最流行的电子书制作软件,E书工场的应用与操作非常简单,只需要将整理好的HTML页面文件、图片和Flash等内容通过统一的设定捆绑在一起,就可以形成EXE文档格式的电子书。这个软件采用文件流技术,将所有的文件都在内存中释放和读取,因此,不会产生垃圾文件。同时,软件所使用的界面简洁明了,操作方便,其中还内置有十余种电子书模板供初学者选择。另外,制作的电子书还可以根据个人需要,部分或全部加密,以保护制作者的利益。但是,E书工场有一个很大的不足之处,就是对于如何添加封面不明确。往往对于初学者来说,无法通过网页设计软件自行设计封面和目录,而E书工场对于此类问题没有明确的解决方案。同时,它的另一个缺点就是导入的文本不能自动换行,导致做出的电子书阅读极不方便。所以,在制作时,需要先将文本转换成为网页格式,再进行制作。本节案例中EXE格式的电子书即使用该软件制作完成。

2. Adobe Acrobat

制作PDF格式的电子书需要运用Adobe公司的Adobe Acrobat来创建。目前用来制作PDF电子文档的软件比较多,Acrobat的功能最强大,而且在中文支持方面也做得比较出色,尤其在安装了中文简体字库以后,制作纯中文的PDF文档更是十分方便。但Adobe Acrobat属于商业软件,正版价格昂贵,而且文件的体积非常大,不适合很多用户使用。

3. JBook Maker(JBM)

JBM是目前所有可以将TXT格式的电子书转换成JAR格式电子书的软件中最好用的一个。它无需安装便可直接使用,且文件占用空间非常小,这在同类的JAVA书制作软件里面是很少有的。但此软件目前最新的版本是1.06,已有很长时间没有进行更新了。在使用此软件进行编辑的时候,只有unicode编码的TXT文件才能正常使用。

4. ebookPK

这是一件可以将已经制作好的电子书继续按照自己的喜好进行DIY制作的电子书制作软件,它非常适合喜好追求个性的初学者使用。该软件最大的优点就是它可以生成多种格式的电子书,不仅仅包括平时常见的DOC、TXT、HTML等格式,还可以生成JAR、CHM与UMD格式的电子书。同时,它在软件内设置了电子书生成向导,即便是初学者,也可以按照指导逐步完成电子书的制作。软件具有各种格式的互转功能,也就是说,只要是ebookPK支持的格式(TXT、JAR、CHM、PDF、UMD、DOC、HTML),它都能互相转换。此外,ebookPK还有一个很方便的功能,它不但可以使用本地资源制作电子书,还可以利用庞大的网络资源,例如初学者可以直接输入小说网站某小说的URL地址,软件会自动抓取网页上的文字,直接生成电子书。

(五)电子书设计与制作案例

案例 7-1

> 使用软件为:软景HTML制造机和E书工场(可从网络上自行下载)。
> 在运用软件制作电子书之前,有一个必要的步骤就是先要生成合适的文本。首先,需要将自己制作或者从网上下载好的文本转换并保存成.txt格式的文本文档,如图7-1所示。

图 7-1　txt 格式文档

上述文档保存之前还需要做好分页的工作。所谓分页,其实就是指将文字本身的章节之间加入固定的几行空格区分开来(一般为 2 行到 4 行案例中为 3 行,如图 7-1 所示),这样,在之后的制作中,就可以使一整本书呈现出多章节的页面,而不是长篇累牍的只在一个页面里显示出来。其次,每个分页的第一行为该章节名称。

接着,打开软景 HTML 制造机(可通过阅读帮助文件自行深入学习,也可根据下述讲解直接进行简单的操作)。界面如图 7-2 所示。

图 7-2　"软景 HTML 制造机"软件主界面

(1) 在"添加文本的区域"点击"添加",然后加入已经整理好的.txt 文本文档。

(2) 在"分篇方法"中选择"3 个或更多连续空行作为标记"案例中为 3 行分篇方法即上述"分页",此处,整理好的.txt 文本文档每章之间空几行,就选择几行作为标记。

(3) "行对应方案"选择"10"。

(4) 模板一栏可以根据个人喜好以及文档内容的风格来自行选择,此处有软件的内置模板十余种,可供参考〔该案例中使用的是"内置样式九(粉色的花)"〕。

(5) 标签模板。在软景的模板中,每一款都已经增加了标签的功能,对于使用文字链接的网页来说,在这里可以不选择。

(6) 在"生成索引文件"前打上对号。

(7) 其他原始参数保持不变(如有疑问,可自行学习"帮助手册")。

全部设定之后的页面如图 7-3 所示。

图 7-3 "软景 HTML 制造机"设定完成界面

(8) 点击"开始",之后会弹出一个小窗口,在添加文本的区域填写书名或者目录名。如图 7-4 所示。

图 7-4 设置"总标题"界面

(9) 点击"OK",确定后会在所选择的输出位置生成若干个网页,其中有一个是 index.htm,也就是索引文件。如图 7-5 所示。

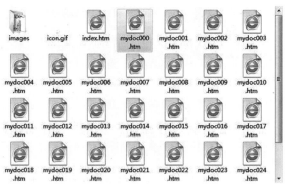

图 7-5 索引文件"Index.html"

接下来软件会询问是否打开文件,选择"是"之后,系统会自动打开浏览器,打开 index.htm 页面,点击任一行,都会在浏览器里打开相应的章节。如图 7-6 所示。

图 7-6　电子书"index 页面"

至此,已经完成了电子书制作流程中的目录页。目录最好的制作方法是利用网页制作软件进行处理,但是对于初学者来说,软景 HTML 制造机会更加便捷和实用。

然后,启动 eBook Workshop,这里用的是 V1.5 版。打开界面如图 7-7 所示。

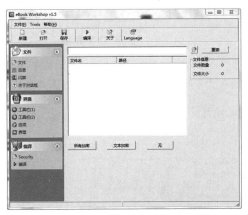

图 7-7　"eBook Workshop"软件主界面

在操作以下步骤之前,应先认真阅读"使用说明"。

(1) 点击"重读"旁边的文件夹按钮,选择通过软景 HTML 制造机制作完成并输出的文件夹。如图 7-8 所示。

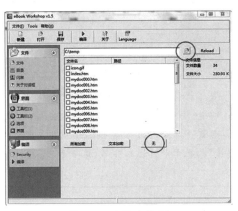

图 7-8　文件夹选择

如无特别需要加密的内容,为反编译方便,点击"无"。

(2)点击左侧的"目录"一栏。这里在左侧随便选择一个文件,然后点击上部"从文件夹创建"按钮。如图7-9所示。

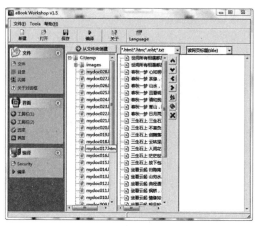

图 7-9　"目录"选项界面

(3)闪屏是电子书被打开时会出现的一个画面,为 BMP 格式的图片,如果不必要的话,建议不要用这个选项。因为文字类电子书的优势在于它的体积很小,如果加上比较大的启动画面的话,整本书的体积也会变得臃肿起来。

(4)点击左侧的"工具栏(1)"一栏。其中的选项是生成电子书的浏览选项,可以全选,也可以根据个人需要进行选择。如图7-10所示。

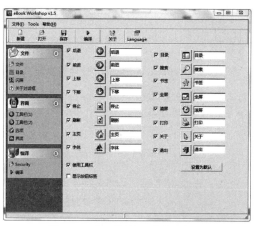

图 7-10　"工具栏(1)"选项界面

(5)点击左侧的"工具栏(2)"一栏。"标志"其实就是个广告链接,如果作品想要在网络上发布的话,可以有一张图片链接到相关的博客或是个人空间的地址上(案例中未选择"可视"一栏)。"背景"一栏也可根据个人喜欢进行选择。"状态栏"相当于个性化的签名,是一个可以充分展现个人特色的地方。如图7-11所示。

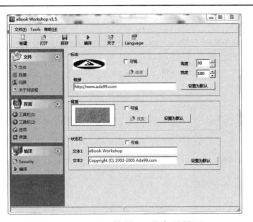

图 7-11 "工具栏(2)"选项界面

(6) 点击左侧的"选项"一栏。在"标题"处填写电子书的书名。在"主页"和"默认"两处选择 index.htm。其余选项保持不变。如图 7-12 所示。

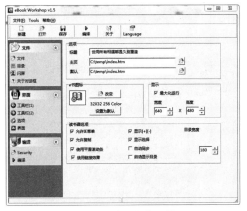

图 7-12 "选项"选项界面

(7) 点击左侧的"界面"一栏。此处是软件自带的十余种使用界面,可以根据个人喜好进行选择(案例中使用了"Love"界面)。如图 7-13 所示。

图 7-13 "界面"选项界面

(8)点击左侧的"编译"一栏。选择输出的文件夹并为电子书命名,然后点击"编译"。如图 7-14 所示。

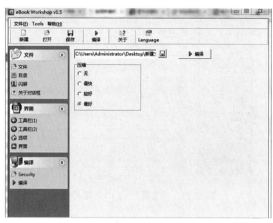

图 7-14 "编译"选项界面

至此,自己动手制作的电子书就已经全部完成了。找到保存电子书的文件夹,打开制作好的电子书观看最终效果。案例最终效果如图 7-15 和图 7-16 所示。

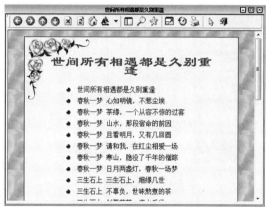

图 7-15 电子书首页页面效果

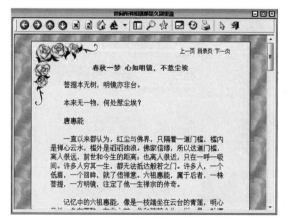

图 7-16 电子书章节页面效果

第三节　网络杂志设计与制作

随着互联网的产生和发展,一种全新的杂志类型——网络杂志应运而生,它通过互联网进行出版和发行,使用计算机等设备进行阅读,采用多媒体技术进行设计和制作。这种杂志综合了文字、图片、声音、视频、超链接及网络交互等表现手法,效果犹如在电脑屏幕上翻看纸质版杂志一般,生动自然,再加上杂志本身为读者提供的网络索引、随机注释等个性化服务,受到广大杂志爱好者的喜爱和追捧,并被誉为 21 世纪的代表性数字媒体。

一、网络杂志的概念及发展概况

网络杂志是网络时代一种新兴的媒体形式。在出现之初,网络杂志只是以邮件的形式、定期连续的将整理编辑好的信息发送到订阅者的电子邮箱之中,这种类型的网络杂志界面简单,主要以文字为主,偶尔配有少量的插图,一般都没有多媒体效果。这一类形式的网络杂志以美国的《Salon》和《Slate》为代表。两个杂志均创办于 1995 年,迄今为止依然运营,并拥有大量的注册用户。《Salon》杂志(如图 7-17 所示)以披露独家新闻内幕著称,它一直坚持以文字作为自己最主要的传播媒介,完全没有声音、视频等多媒体内容,就连偶尔出现的插图也是以素雅见称。《Salon》在创刊词中指出:"这是一份关于书籍、艺术和理念的互动杂志。在这里,你找到的不仅是作家、艺术家和思考者,而且还有动态的读者社群,以及渴望探究文化议题的志同道合者。"因此,《Salon》杂志除了定期出版杂志内容外,还设有专门的读者与作者的讨论区。

图 7-17　《Salon》网络杂志主页面

《Slate》杂志(如图 7-18 所示)原是微软公司旗下的一本杂志,它的主编是当时著名的政治评论家、前 CNN 主持人迈克尔·金斯利。《Slate》杂志一开始只是专注于阳春白雪的文化评论,后来借助"9·11"事件的发生,形成了自己对当前时事独特、犀利又略带诙谐幽默的评论风格,并为它赢得了大量的用户,成为当时唯一在读者量上能和《时代》杂志及《华盛顿邮报》平起平坐的网络杂志。借助这次机遇,《Slate》杂志又适时推出了美食、运动、旅游等栏目,将该杂志的读者群进一步扩大。2004 年 12 月,《Slate》被《华盛顿邮报》收购。2005 年,《Slate》被评为仅次于《华盛顿邮报》《纽约时报》和《华尔街日报》的第四大媒体,并与《Salon》杂志一起成为 2005 年评选的美国最好的 10 个期刊网站之一。

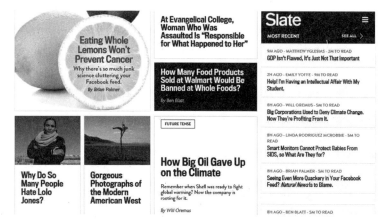

图7-18 《Slate》网络杂志主页面

中国内地的网络杂志起步较晚,业内对于谁是中国第一份网络杂志一直没有具体的定论。1995年1月,《神州学人》月刊发行了杂志的电子版,面向出国留学人员,定期更新网络内容。但这种网络杂志只能算传统杂志的辅助内容,与目前所发行的多媒体的互动杂志有很大的区别。

后来,也有人将已经出版的传统印刷杂志扫描到电脑中,制作成传统杂志的电子版,供读者付费阅读。这类网络杂志在内容上与传统杂志一致,只是需要以网络化的形式阅读而已,并没有充分发挥网络杂志的优势。中国最早的网络杂志应该是1999年的《青草》杂志,它定位于精英人士,以言论观点为主,但这本网络杂志由于经营资金问题在2007年被出售。

中国真正意义上的网络杂志诞生于2003年。2003年,Xplus、Zcom等以杂志为主题的网络杂志门户网站纷纷出现,《男人志WO》《爱美丽ME》等个性化的多媒体网络杂志相继产生,中国的网络杂志开始了快速发展的时期。这一阶段也产生了很多网络杂志平台,其中以Xplus、Zcom、Poco三家网络杂志平台规模最大。2005年,许多企业、明星开始涉及网络电子杂志,如金山软件、杨澜、鲁豫及徐静蕾等,进一步推动了中国网络杂志的发展。与此同时,越来越多的普通网络杂志爱好者也开始尝试利用电子杂志平台提供的制作软件自主编辑制作杂志,中国网络杂志才慢慢进入成熟时期。

如今的网络杂志,大多指的是"以网络为平台,模拟杂志翻阅形式,定期发布,集Flash动画、视频短片和背景音乐、声音甚至3D特效等各种效果于一体,可在线阅读或下载离线阅读的互联网产品。它具有与传统杂志一致的外表和形式,也被称为互动杂志、多媒体杂志、数字杂志。"[①]

二、网络杂志的特点及类别

(一)网络杂志的特点

1. 低门槛、低成本

所有传统杂志的出版发行都必须经过国家新闻出版总署的严格审批。而网络杂志则不存在刊号的问题,任何组织或个人都可以通过互联网发行自己的网络杂志。同时,网络杂志的制作与出版过程全部通过互联网来完成,资金投入少,内容更加丰富,发行量却十分惊人。这样的低门槛、低成本的优势,吸引众多媒体纷纷加入到网络出版物的行列之中。

2. 深度互动交流

网络杂志可以利用音视频、Flash动画、超链接等多媒体方式弥补纯文字、图片在语言和思想表达

---

① 张庶卓.国民阅读调查[EB/OL].(2013-04-18)[2014-02-05] http://news.china.com.cn/live/2013-04/18/content_19580548.htm.

上的不足,带给读者更深层次的、更加丰富的内容。另外,网络杂志可以在读者阅读杂志的同时,得到即时的反馈意见,为今后的杂志内容设计提供更加具有针对性的信息。

3. 个性化定制服务

网络杂志的多媒体性及其互动性已经实现了杂志受众的细分。以 Xplus 互动杂志平台为例,电子杂志分为女性精选、男性精选、财经房产、娱乐热点等 9 大类共 40 种不同细分题材的杂志。读者可以根据自己的喜好和需求来下载或在线阅读各类杂志,于是就构成了多个细分的阅读和受众群体,实现了准确的受众细分。

4. 表现效果丰富灵活

网络杂志采用先进的 P2P 技术,以音频、视频、Flash 动画等多媒体的方式呈现,使杂志内容更加生动灵活。同时,网络杂志中便捷的电子索引、随机注释等服务,也满足了越来越多的受众对于文化生活更高、更细致的要求。

(二) 网络杂志的类别

目前互联网上的网络杂志种类繁多、数量庞大,按照制作技术来划分的话,主要分为使用 Flash 制作和使用 PDF 软件制作两种类型。国内的网络杂志大多数是以 Flash 技术为基础制作的,这种杂志的优点就是集文字、图片、声音、视频等内容为一体,形成丰富灵活的表达效果,深受读者的欢迎和好评。但这一类的杂志也有自身的缺陷,那就是它只适合于读者在电脑上阅读,在手机或其他设备上阅读有时会存在无法打开的情况。国外的杂志很多是以 PDF 格式存在的,这种格式的网络杂志就不存在阅读设备的限制,但是它需要专门的阅读器 Adobe Reader 才能打开,同时不能在杂志页面中添加音视频等元素,只能以文字和图片的表达方式为主。

如果按照内容来划分的话,网络杂志大致可以分为:第一,关注男性和女性日常生活、工作状态、心理情感等问题的网络杂志。这一类的杂志从人们的日常生活入手,很容易引起读者的喜爱和共鸣,从中找到生活工作中可以借鉴的经验教训,还可以寻求情感的宣泄与倾诉渠道。其中知名的杂志如《爱美丽 ME》《男人志 WO》《恋爱 ING》等。第二,关注时尚生活潮流和娱乐资讯的网络杂志。这一类的网络杂志在内容选择方面更加倡导个性、自由、快乐、时尚等元素,是当前社会主流人群,尤其是年轻人最喜欢的杂志类型。其中的知名杂志如《环球时尚资讯》《风尚志》《嘉人》等。第三,关注数码产品和数字游戏的网络杂志。这一类杂志的主要读者是 IT 专业人士及青年群体,他们随着新媒体的发展而成长,电脑、游戏、手机等新兴媒体已经成为他们生活中不可或缺的一部分。其中较为知名的杂志有《计算机世界》《数字生活》《漫秀》等。第四,关注汽车和户外旅游的网络杂志。随着中国经济的发展,人们的生活水平有了普遍的提高,喜欢和购买汽车的人也变得越来越多,因此对于喜好汽车的人来说,相关的杂志就有了很大的用户市场。同样,生活水平的提高也促使人们更加愿意到户外旅行,开拓自己的视野。户外旅游类杂志则给这类人群提供更多有用的信息和出行方向。此类杂志中的知名杂志有《世界汽车》《旅途中国》《行游天下》等。第五,关注财经房产类的网络杂志。现代人的生活压力逐渐增大,理财观念也变得越来越强,因此,较之其他类型的杂志,财经房产类的杂志反倒以其实用性和预测性越来越受到成年人的欢迎,其中知名的杂志有《环球企业家》《新理财》等。

三、网络杂志的设计

(一) 网络杂志的构成

现在的网络杂志从视觉效果上来说,与传统纸质杂志差别不大,也包括封面、目录、页面和封底等几部分。但是由于网络杂志只能借助电脑或者电子阅读器来阅读,不能在真正意义上实现纸质杂志的翻阅等动作,所以它在页面的部分又添加了一些必备的操作按钮,如上下翻页、目录、封面、封底等。

同时,很多网络杂志的页面还有方便读者与出版商互动的即时交流系统和留言板等功能。

此处以《眼睛想旅行》和《瑞丽裳》两本网络杂志的页面为例讲解,如图7-19和图7-20所示。

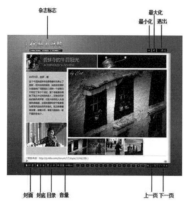 

图7-19 《眼睛想旅行》网络杂志的页面操作按钮　　图7-20 《瑞丽裳》网络杂志的页面操作按钮

在上图中可以看到,网络杂志中图文的版式设计与传统纸质杂志非常相似。不同的是,网络杂志的页面背后有一个全屏大小的背景图,背景图的上下方分别放置着不同的按钮,用于页面的阅读操作。《眼睛想旅行》代表的是网络杂志发展初期时的简单操作页面,《瑞丽裳》则代表了如今加入更多交互功能(如"联系我们""更多内容"等按钮)的网络杂志操作页面。由于网络杂志至今没有一个统一的页面布局格式,因此这里选用的只是两种较为常见的布局方式。

(二)网络杂志的设计过程

网络杂志的设计过程与传统杂志相似,也需要经历杂志创意构思、材料收集整理、文案撰稿、版面设计等几个阶段,唯一不同的是,网络杂志的整个设计过程,都是运用互联网多媒体技术来操作和执行的。

首先,与所有的出版物一样,网络杂志的设计之初必须对整个杂志有一个整体的主题规划和栏目策划。网络杂志除了要有绚丽多彩的设计效果,还必须有真正吸引受众的内容。因此,对于网络杂志的主题和栏目的主要内容都应该在这个阶段进行详细深入的筹划。在确定选题和内容之后,将所需要的文字和图片信息进行收集整理,之后就可以进入平面设计的阶段。

网络杂志和传统纸质杂志一样,都非常重视整个页面的设计。目前大多数的网络杂志在页面上的设计几乎和传统纸质杂志相同,也分为左右两页,甚至还专门制作了网络杂志的翻页效果。这样读者在阅读时,就像在翻读真正的纸质杂志一样,唯一不同的是这本杂志是在电脑上阅读的。网络杂志之所以这样设计,是为了迎合大多数受众阅读纸质杂志的习惯,使他们对网络杂志这种新兴事物从内心产生一种亲和力。

在平面设计的阶段,需要注意以下几个地方。

第一,封面设计。网络杂志不同于传统杂志的地方,就是它是"第一眼"杂志。当网络杂志在网页上呈现时,是以其封面示人的,其内容和封底都要在下载之后才能够看到。所以,网络杂志的封面设计就变得尤为重要。如何能在瞬间吸引到受众的眼球,刺激他们去下载或购买网络杂志,是平面设计师需要考虑的一点。因此,在封面设计时,页面的内容不仅要贴近和反映整个杂志的主题内容,还必须具有一定的视觉冲击力。通常在一个网络杂志平台中,即便是同类型的网络杂志也会有几十种之多,只有封面的设计更加独特新颖,更具有的冲击力,才能在页面中的几十本杂志中脱颖而出,成为读者的首选。同时,封面设计除了能吸引读者之外,还应该具有一定的辨识度,能让该杂志的网络读者依据它长期统一的封面风格来识别和选择新一期的杂志。

第二，版式设计。网络杂志中的文字和图片的设计与传统杂志非常相似，不同的是，网络杂志可以利用各种多媒体技术，加入更多生动灵活、绚丽夺目的元素和特技效果。尤其网络杂志不受页数的限制，可以在同一页面中加入更多的内容信息，形成独特的第四维空间。如图 7-21 和图 7-22 所示中《瑞丽裳》的一个页面，如果在传统纸质杂志中，所有内容就仅限于此，可是在网络杂志中，就可以通过随意点击页面中所有衣服的任何一点，详细查看他们的具体款式、品牌和价格。甚至很多网络杂志在版式设计的过程中会添加一些多媒体动画特效，鼠标在页面中每一次随意的滑动，都会出现不同的特技效果。这种版式设计在传统纸质杂志中根本无法实现。而如何利用多媒体技术将网络杂志特有的页面表现手法带来更多新意，是需要平面设计师考虑的问题之一。同时，也应注意不能做到"水满而溢"。过度使用特效和绚丽的版面，也许不仅不能吸引更多的受众，反倒会增加受众对于杂志本身的反感，甚至会影响受众阅读杂志内容的耐心程度。

第三，色彩设计。不同主题的网络杂志必然会有适合的色彩风格选择。一个有层次、有跳跃性的色彩搭配，会产生更有空间感的效果，形成强有力的视觉冲击。色彩搭配是体现整本网络杂志风格的关键。一般来说，每个页面的色彩不宜过多，太多会让人有眼花缭乱的杂乱感，而标题和主色块的颜色应该保持一致，给人整体统一的感觉。其他的色彩选择要能够突出或凸显整个页面的重点。当然，也有很多杂志喜欢将标题的色彩与整个主色调形成鲜明的对比，以便更能突出主题。杂志的受众如果更加年轻化，色调则应彰显一种鲜艳、明快的青春感。受众偏成熟化的杂志，可选择稳重温润、张弛有度的色彩搭配。页面中其他的色彩都是点缀，不可以喧宾夺主。

第四，字体设计。不同的杂志在字体设计方面也会根据自身杂志的主题而使用不同的字体，如一些针对年轻女生的杂志可能会使用较为可爱的幼圆字体或者卡通字体，一些漫画杂志使用的字体可能会更加多元化。但是，还有很多网络杂志都存在文字字号和字体方面的设计不足，字号太小或者字体分辨率低都会直接影响到受众的阅读体验，甚至字体的频繁变换也并不适合大多数读者的传统阅读习惯。

图 7-21 《瑞丽裳》网络杂志的页面色彩效果　　图 7-22 《瑞丽裳》网络杂志的页面多媒体效果

在平面设计完成之后，就可以根据需要进行各种多媒体设计，如在一些页面中插入适当的动画视频，给不同栏目插入不同的背景音乐，在需要设置链接的页面设置一些互动链接等，这些多媒体元素的选择和设计都必须贴近整个杂志的主题和内容，而且应该做到通过多媒体设计提升自身杂志设计品质的作用。

在完成以上步骤之后，就可以利用网络杂志制作软件进行更加详细具体的修改和调整，最终合成输出整本 EXE 格式或者 PDF 格式的网络杂志读物。最后，将制作好的网络杂志发布到互联网上，供读者下载或购买。

四、网络杂志的制作

(一) 几种常见的网络杂志制作软件

1. ZineMaker

ZineMaker 适合所有无网络技术的初学者制作自己的 DIY 网络杂志。它的界面简单,操作方便,内置有多套 Flash 模板、特效模板和定制模板,能接受音视频、Flash 动画和 SWF 格式的多媒体内容,同时采用了 128 位高强度加密技术,能严格保护杂志内的 Flash 文件不被恶意破解。初学者只需要将选择好的图片、文字、音视频等内容进行简单的堆叠,逐个放置在特定位置中,就可以直接生产一本精美的 EXE 格式网络杂志。

2. XPlus 麦客

"XPlus"麦客是"Xplus"网络杂志平台在购买 ZineMaker 之前独家开发的一款网络杂志制作软件。它包含"大师版"和"精灵版"两个版本。其中"大师版"的操作最为简单,只要选择自己喜欢的背景音乐、底纹和各种排版方式,再将图片导入到模板中,就可以预览发布了。而"精灵版"最大的特色就是可以在页面中添加录音,它有专门的录音功能,录音成功之后,在杂志页面的右上角就会出现"此页有录音"的标志。此外,"精灵版"还可以对各种素材、文字等进行更加个性化、独具专业特色的设置,方便的操作也更适合初学者。

3. Zcom 杂志制作大师

Zcom 杂志制作大师 Zcom 网络杂志平台独家开发的一款网络杂志制作软件,与它的客户端浏览软件相互独立,受众可以根据制作软件提供的快速体验向导来帮助自己制作网络杂志,整体工具操作简单。它最大的优点就是可以添加目录页,Zcom 杂志制作大师的网站中有大量的、不断更新的模板供初学者和广大受众选择使用,用户还可以通过向导面板上的快捷按钮对杂志资源进行重新规划。

4. PocoMaker

PocoMaker 又叫"魅客",它是一个可以制作电子相册、网络杂志、网络图书的多功能软件。它支持模板替换,也可以添加目录模板,并且提供了图层的多层操作和文字特效等功能,是一个可以快速生成网络杂志的软件。

(二) 网络杂志制作软件 ZineMaker

1. 文件夹介绍

这里主要学习 ZineMaker 这个网络杂志软件。在学习各种页面操作之前,需要简单介绍一下 ZineMaker 安装路径中的几个比较重要的文件夹及其使用(如图 7-23 所示)。

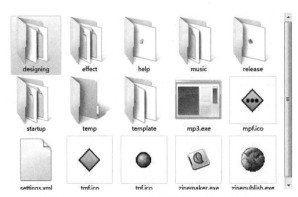

图 7-23 ZineMaker 安装路径中的文件夹

(1) designing 文件夹(如图 7-24 所示),点开文件夹可以看到几个 Flash 的 FLA 格式文件,其中包括封底信息、电子邮件和按钮的 FLA 格式文件。在"其他按钮"的文件夹中,还有标准(简化)、硬书脊(简化)和硬书脊的 FLA 格式文件。有 Flash 动画基础的用户,可以将这些文件导入 Flash 中进行更为个性化的修改。

图 7-24　designing 文件夹

(2) effect(特效)文件夹(如图 7-25 所示)。网络杂志制作过程中运用到的页面特效都被放置在这个文件夹中。用户也可以将自己在网上下载好的 EFC 格式特效文件放在此文件夹中。在之后制作网络杂志时,就可以通过 ZineMaker 界面中的"页面特效"一栏选择添加自己喜欢的特效。

图 7-25　effect(特效)文件夹

(3) music(音乐)文件夹。在 ZineMaker 界面中,通过"导入音乐"的命令导入并显示在附加文件和页面设置下面的音乐文件都被保存在此文件夹中。即便是关闭 ZineMaker 界面,音乐文件也不会被删除。下次打开 ZineMaker 界面时,文件依然存在。

(4) template 模板文件夹(如图 7-26 所示)。该文件夹是 ZineMaker 中最重要的文件夹之一,它是存放所有页面模板的地方,用户需要将自己下载好的所有页面模板都放置在这个文件夹中,这样在使用 ZineMaker 制作网络杂志时就可以有更多的选择。在所有的模板中,建议用户按照模板类型进行分类,例如分为目录模板、图文模板、视频模板等。

图 7-26　template 模板文件夹

2. 页面操作

ZineMaker2006 的界面大致分为菜单栏、工具栏、编辑栏和 XML 编辑栏。如图 7-27 所示。

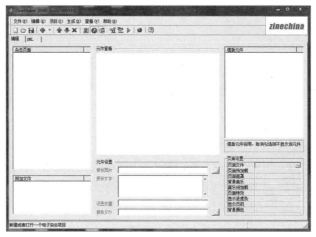

图 7-27 "ZineMaker2006"软件主界面

所有的基本操作都可以通过点击菜单栏中的按钮来完成。其中需要注意的有以下几点：

（1）导入音乐时 ZineMaker 支持的格式为 mp3、wav 格式文件。

（2）导入视频时 ZineMaker 支持的格式为 avi、wmv、asf、flv、dv、dvi、mov 和 mepg 格式的视频。

（3）导入特效时 ZineMaker 支持的格式为 swf 和 efc 格式的特效文件。

（4）打开最近项目时 ZineMaker 支持的格式为 mpf 格式文件。

（5）执行菜单栏的"编辑"按钮下的任何命令（如"页面上移"等）时都必须选取需要执行操作的页面才可应用各项功能。

工具栏的图标在菜单栏的下面，主要包括新建杂志、打开杂志、保存、添加模板等按钮。编辑栏是 ZineMaker 界面最重要的一栏，所有网络杂志的具体制作都在这一栏中进行。精通 XML 语法基础的用户可以在 XML 栏修改 XML 语言。

3. 杂志制作

（1）新建杂志。

首先，可以通过点击菜单栏中的"文件"一项选择"新建杂志"，也可以点击工具栏中的" "按钮，还可以使用快捷键"Ctrl+N"来新建杂志页面。这时会弹出一个新的窗口（如图7-28所示），这里有四种杂志模板供用户选择，点击任何一个都可以在右边的"预览"栏中看到封面的预览效果（如图7-29所示）。其中标准杂志模板（简化）和标准杂志模板在视觉上模拟了软皮封面的效果。而另外两个硬书脊风格杂志模板（简化）和硬书脊风格杂志模板则模仿了传统纸质杂志的硬皮封面效果。此外，两个简化版还简化了网络杂志中的一些功能按钮和背面杂志信息，如"推荐给好友""联系我们""目录"等按钮。

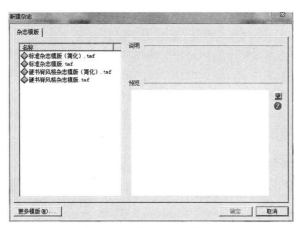

图 7-28 "新建杂志"界面

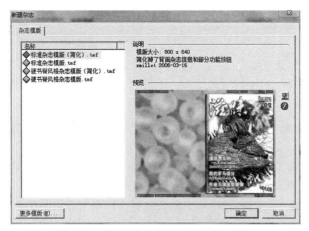

图 7-29 "新建杂志"中的杂志模板选项

在"名称"栏中点击选择适当的模板,右面的"说明"栏中就会有相应的模板说明。确定使用该模板之后点击"确定"按钮,就可以回到主页面。

此时,页面的编辑栏中就会出现已经选择的模板内容,点击"元件查看"中的杂志按钮,就可以浏览效果。需要注意的是,想要查看整本杂志的效果,必须先选择菜单栏中的"查看"一项下面的"动画方式查看",否则"元件查看"中的杂志图片会以静态形式出现。也可以在界面中的"模板元件"一栏点击各个元件逐次进行查看。

(2) 添加页面。

在 ZineMaker 中,可以选择添加模板页面、Flash 页面和图片页面,其中软件自带的所有页面都是以模板形式存在的。

用户可以选择点击菜单栏中"项目"选项下的"添加模板页面"或者点击工具栏中的" "按钮来添加模板页面。每一个页面可以选择一个模板,但是在整本网络杂志中,一个模板可以多次重复使用。为了方便区分,还可以在界面编辑栏中的"杂志页面"对模板名称进行重新命名(选中模板名称,点击右键,然后选择"页面重新命名",也可以选中模板名称后按 F2)。软件自带模板有图文模板和图片展示两种类型,用户也可以自行从网络上下载自己喜欢的模板,然后将其放置在 template 模板文件夹中以方便使用。ZineMaker 没有自带的目录模板,用户可以选择利用 Flash 动画制作软件自制模板,也可以直接从网络中寻找资源,下载使用。

ZineMaker 支持用户添加 swf 格式的 Flash 动画页面,Flash 的尺寸最好是 750×550pixels。用户可以利用 Flash 动画制作软件自行进行制作,初学者可以从网上下载 swf 格式的 Flash 动画,然后将其导入 ZineMaker 中。点击菜单栏"项目"一项下的"添加 Flash 页面",在文件路径中选择并打开自己制成杂志页面的 Flash 文件即可。如图 7-30 所示。

如果有需要整幅图片的页面,也可以通过点击菜单栏"项目"下面的"添加图片页面"来进行添加。用户可以选择自己利用图片处理软件制作好的图片或者从网上下载的图片,但需要注意图片的尺寸为 750px×550px,格式必须是 png 和 jpeg 两种格式中的一种。如下图 7-31 所示。

图 7-30 Flash 文件夹

图 7-31 图片文件夹

(3) 修改模板。

在制作网络杂志的过程中,如果不喜欢软件内置模板的内容,也可以对其模板内的内容进行自定义修改。这里以修改一个图文模板为例,模板如下图 7-32 所示。

从图 7-32 中可以看到,该模板的模板元件一共有四张图片、一个标题和一段文字介绍。因此,在修改模板之前,应该将想要添加的内容和图片事先准备好。首先,先更换背景图片。在"模板元件"窗口中选中"背景图片",此时"元件查看"窗口中就会显示出模板的背景图片,"模板元件"窗口的最下方也会出现图片的尺寸和格式,如下图 7-33 所示。

图 7-32 "图文模板"界面

图 7-33 "背景图片"显示界面

在"元件设置"窗口下方就是"替换图片"一栏。点击此栏后面的文件夹标志"📁",从电脑中选择事先准备好的替换图片,如图 7-34 所示。

图 7-34 "替换图片"工具栏

如果图片大小与需要尺寸不符,就会弹出询问"是否需要切割该图片"的对话框,点击"是"按钮,可以对替换的图片进行裁剪。如图7-35所示。

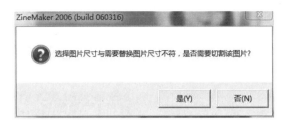

图7-35 询问"是否需要切割该图片"的对话框

为了保证图片的质量,尽量保持裁剪尺寸与使用图片的尺寸相符,裁剪框是按照比例缩小放大的。在图片的右边会显示"选择大小"和"输出大小"。"选择框"中的宽和高的数值就是用户在左图中所选择的宽和高,而"输出大小"是软件需要的图片大小。用户可以通过输出大小的数值来确定自己裁剪图片的尺寸是否适合使用。如图7-36所示。

如果裁剪后的图片尺寸大于或等于输出大小,那么软件会自动将图片压缩到规定尺寸,不会对画面的质量有任何的影响。如果裁剪后的图片尺寸小于输出图片大小,在点击"确定"按钮后,软件就会弹出图7-37所示的对话框,询问是否要输出,点击"是"按钮之后,将输出图片另存为其他名称的图片即可完成背景图片的替换。

图7-36 "裁剪图片"界面

图7-37 "裁剪图片"询问窗口

此时,ZineMaker页面中的"元件查看"一栏所显示的背景图片就是裁剪好的图片。背景图片的修改已经完成。如图7-38所示。

以此方式分别替换"模板元件"中的"图片1""图片2"和"图片3",替换后的效果如图7-39所示。

图7-38 修改好的"背景图片"

图7-39 更换图片后的模板主页面

此时可以发现原本模板中的四个图片都已经被替换成自己喜欢的图片,但是文字标题和描述仍然未变。因此,可以继续替换标题文字和介绍文字。在界面上的"模板元件"中点击"介绍文字"元件,会发现"元件设置"一栏中有"更新文字"一项,将原来模板中的标题文字"fanfan"删除,并改为自己需要的标题名称即可如模板标题为英文,则系统只识别英文。输入中文后,模板中无法显示。如图7-40和图7-41。

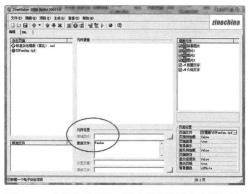

图7-40　"元件设置"一栏中的"更新文字"选项

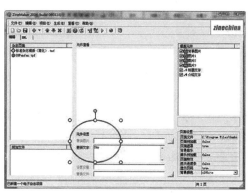

图7-41　更改文字后的页面

以同样的方法,修改"模板元件"中的"介绍文字",只需要在"元件设置"中的"更改文字"一栏中输入自己想表达的文字即可。

返回主界面,点击"杂志页面"中被修改的模板,就可以在"元件查看"中看到修改后的页面模板效果,如图7-42所示。与原模板的对比如图7-43所示。

图7-42　修改后的模板页面效果

图7-43　修改前的模板页面效果

如果用户不需要模板中的某一部分,可以在界面中"模板元件"一栏将该部分前面方框内的对号勾掉即可。只有被勾选的模板元件才会出现在最后的杂志页面上。如图7-44所示,在"模板元件"中去掉"介绍文字"的勾选,"元件查看"一栏中的模板页面就没有了相关的文字介绍。

这种利用模板制作网络杂志的方法非常简单有效,但也有瑕疵。例如,在替换模板文字时,需要注意模板中对更换文字的字数要求,需要尽量在给定字数范围之内添加文字,否则可能会出现显示不全的情况。同样,对于文字的字号、字型、颜色等内容,都不容易进行修改。另外,如果用户不需要模板中的某一部分,直接将其在"模板元件"中勾掉,在模板"元件查看"中的相应部分就会显示为一片红色(如图7-45所示),此时就会影响整个页面的最终效果。如果不想要显示该图片又不希望出现红色的区域,可以用完全透明的PNG格式图片来替换该图片元件即可。

图 7-44　去掉"介绍文字"勾选后的页面效果图　　　图 7-45　去掉"图片 3"勾选后的页面效果图

(4) 修改变量。

ZineMaker 中的变量,是指在模板元件中可以修改的数值、文字等。上面已经介绍了如何修改文字,此处简单讲解杂志界面中功能按钮的可修改变量,如修改杂志的名称、刊号、发行时间等。如图 7-46 所示。

图 7-46　"模板元件"中的可修改变量

当选中"模板元件"中的"zine_title"元件,"元件查看"和"元件设置"中会显示出相应的变量默认信息,如图 7-47 所示。

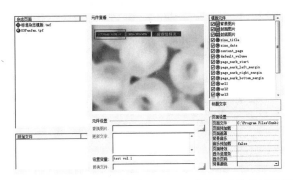

图 7-47　选中"模板元件"中"zine_title"元件后的显示页面

用户只需要在"元件设置"中的"设置变量"一栏修改并填入自己杂志的杂志名称和刊号即可杂志名称必须为英文。以同样的方式，修改"zine_date"变量，在"设置变量"中填入合适的日期，在杂志的最终效果里，就会显示你所修改的内容，如图7-48所示。

图 7-48　修改"zine_date"变量后的现实页面

"模板元件"中的"content_page"一项，说的是网络杂志的目录页面。通常目录按钮默认的目录跳转页面是第二页。有少数的网络杂志为了省事，直接不设置目录。也有很多网络杂志在目录页前面添加一两页广告，而通常传统纸质杂志也都会在自己的目录页前面加一个环衬页面，此时，就需要用户根据自己的目录页码自行修改目录跳转页面。方法是先选中"模板元件"中的"content_page"一项，然后在"元件设置"中的"设置变量"一栏修改并填入自己杂志的目录页码。

网络杂志中经常会有背景音乐，有时也会添加一些Flash动画和音视频，模板自身默认的音量为70，用户也可以根据自身喜好设置"default_volume"一项的音量大小，方法同上。

网络杂志的一大特色就是"互动性"。因此，网络杂志的页面中也会有很多的链接按钮。如按钮"Contact"通常会有一个网页链接，只要在阅读网络杂志的时候点击"Contact"按钮，就会自动登录到相关的网站上去。用户可以根据需要，修改相关链接到自己的个人博客或微博。方法是在"模板元件"中选中"Contact"按钮的链接元件"url3"，然后在下方的"元件设置"中修改并填写"设置变量"中所需链接的网址即可，如图7-49所示。

当然，网络杂志的模板中还有很多变量可以修改，任何可以修改的变量都可以再"元件设置"中的"设置变量"一栏根据个人需要进行修改。

（5）添加音乐。

网络杂志中可以添加大量的音乐，不同的页面、不同的专题都可以搭配与其主题相符合的音乐。首先，需要先从外部导入音乐文件。点击菜单栏"文件"一项下面的"导入音乐"，即可弹出导入对话框，如图7-50所示。

图 7-49　修改"Contact"按钮的链接地址

图 7-50　"音乐"文件夹

选择需要导入的音乐,并点击"导入",如图7-51所示。导入之后就可以在界面中"页面设置"下面的"背景音乐"一栏选择自己导入的音乐。如图7-52所示。

图 7-51 "导入音乐"对话框 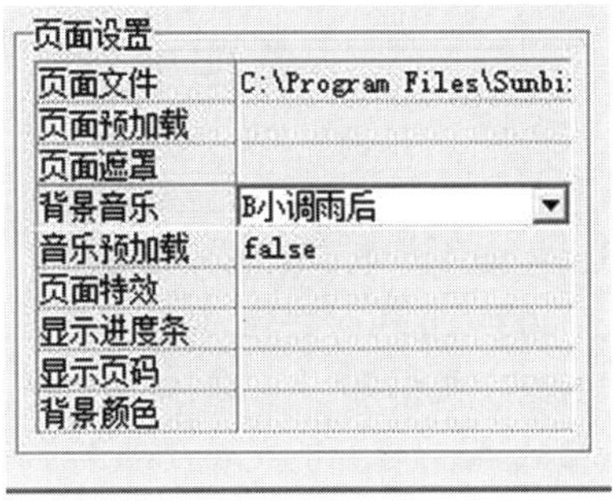　　　　图 7-52 "页面设置"下面的"背景音乐"
　　　　　　　　　　　　　　　　　　　　一栏选择音乐文件

如果想要整本网络杂志都用同样的歌曲,可以选中界面中"杂志页面"里的最上面一个模板(即杂志的总模板),然后在"页面设置"下面的"背景音乐"中选择"同杂志模板"的命令,添加音乐即可。这样制定的音乐就可以在整本杂志中使用了。

(6)添加视频。

Flash动画和视频的导入方法类似于添加音乐,但是想要将它们以更好的画面显示在最终的网络杂志中,就必须将它们放置在视频模板中。在导入动画或视频后,添加一个"视频模板",然后选中该模板"模板元件"中的"video1.flv"文件,在"元件设置"中的替换文件一栏点击文件夹,选择自己导入的动画即可。

(7)添加特效。

网络杂志中的每一个页面都可以添加特效,ZineMaker软件内部也自带多种特效供用户选择。方法是首先在"杂志页面"下选中想要添加特效的页面,然点击"页面设置"下面的"页面特效"下拉框,选择想要添加的特效即可。如图7-53所示。

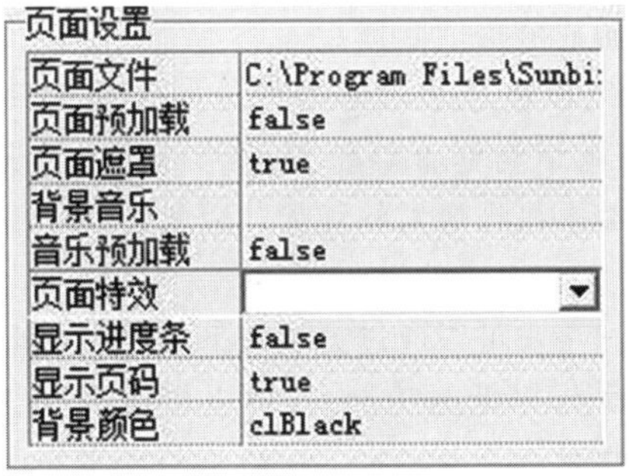

图 7-53 "页面设置"下面的"页面特效"一栏选择页面特效

(8)预览杂志。

在制作完成之后,可以按"F5"或者菜单栏"生成"下面的"预览杂志",观看自己制作的杂志效果。预览杂志的效果与杂志生成之后的效果是一致的,这样方便用户检查自己的杂志是否有不满意或者不适合的地方。如有需要修改的地方,点击"EXIT"退出预览,可继续修改。

(9)生成杂志。

预览杂志后,如果觉得比较满意,就可以点击菜单栏"生成"下面的"生成杂志",软件会自动生成

EXE格式的网络杂志文件,并保存在默认的"release"文件夹中。打开文件夹,点击文件,就可以看到自己制作的网络杂志了。

第四节 手机报(杂志)设计与制作

在传统报业和期刊业都已经显出疲态的今天,作为新兴媒介的手机,却成为很多人生活和工作中获取信息的主要来源地。据统计,2013年,中国的手机用户已超过10亿人次,这就意味着手机在继报纸、广播、电视、互联网之后,真正成为名副其实的"第五媒体"。

手机报是手机作为"第五媒体"进行信息传播的最重要的渠道之一,也是传统纸质媒体以手机终端作为传播载体、寻求新的发展方向和市场拓展的重要途径。所谓的手机报,是指将多家或者独家传统纸质报纸和网络媒介的新闻内容,经过有效的整合编辑,通过移动通信技术平台传播,使用户能通过手机阅读到报纸内容的一种信息传播业务。2004年7月,《中国妇女报》推出了中国第一家彩信版手机报——《中国妇女报·彩信版》,不仅分为精粹版和全文版两个版本,还提出了"彩信加报刊大于等于资讯"的口号,每天在第一时间将传统报纸的新闻内容以彩信的形式发送到订阅者的手机上。之后,国内其他传统媒体也纷纷试水,加上手机自身便携性强、覆盖面广、信息传播速度快和可以随时随地阅读的优势,手机报在短时间内迅速发展起来。

一、手机报(杂志)概述

(一)手机报的类型

手机报根据不同的分类标准,可以分为不同的类型。

根据技术呈现形式,手机报可以分为彩信类、网站浏览类、客户端应用软件类三种。彩信类手机报是将传统报纸或者网络媒体上的信息内容,经过重新整合编辑,通过通信运营商将新闻以彩信的形式,定期地、一次性地发到订阅用户的手机终端上。订阅者只需要开通此项服务,就可以定期收到彩信版的报纸内容,还可以离线观看。其费用以包月形式收取,一般为2元到5元之间,不收取GPRS流量费。但是彩信类手机报容量有限,最大不能超过100K,这就意味着很多新闻需要以新闻摘要或者缩编的形式出现,不利于手机用户的深度阅读。

网站浏览类手机报,即订阅用户通过手机终端登录网页阅读报纸的方式。这类手机报大多是WAP型手机报,它的内容相较于彩信类更加丰富,表现形式更加多元化,而且新闻信息会24小时不间断地及时更新,这是网站浏览类手机报最大的优势。因此,网络浏览类手机报在3G、4G技术时代,成为主流手机报阅读方式。

客户端应用软件类手机报,即用户可以通过预装或下载的客户端软件,离线或在线阅读手机报的内容,这类手机报具有发布全文手机报纸的功能,还可以根据报纸自身的风格特点变更手机报的版面,采用更加多样化的形式播发信息。

根据内容的不同手机报也可以分为新闻时事类、财经类、生活类等,目前我国国内绝大多数的手机报都是新闻时政类手机报。也有部分手机报提供更加深度化、小众化的专业内容报纸,但是受众群体较少,发行量有限。

(二)手机报的用户特点

由于通信运营商的大力支持和推广,手机报从出现之初就得以飞速发展,加上手机报超时空性、多媒体化和个性化服务的即时资讯传播特点,使得手机报的用户普及率非常高。但是,手机报的用户群体也相对固定。首先,大多数手机报订阅者都具有一定学历和知识水平。因为手机报大多以时事新闻和资讯为主,而这一类人群具有较高的阅读和理解新闻的能力,并且对于社会中发生的各类新闻事件具有一定的关注度,他们阅读手机报的主要目的就是获取及时的信息以为他们的工作和日常社交活动提供帮助。第二,手机报的订阅用户年龄成熟化,一般为正在上大学或者已经工作的成年人。这一类人日常接触传统媒体的时间不多,手机报就成为他们获取信息的主要来源。第三,手机报的订阅呈现出明显的城市化分布。在城市生活的人群,手机报中很多信息与自己的切身利益相关,因此,实时更新自己的信息资讯可以为工作和生活提供全方位的服务和指导。

(三) 手机报的局限

1. 阅读费力,信息有限

手机屏幕相对较小,长时间阅读会感觉非常吃力。同时,彩信类手机报含量最高为100K,内容只能以图片和文字形式出现,很多新闻都只给出标题或者摘要信息,缺乏深度和背景资料的分析,大大减小了阅读者的兴趣。

2. 内容同质化现象严重

现在的手机报大多是传统报纸的"彩信版"或"网页版",很多综合性手机报每期发行的内容几乎都一样,严重缺乏自己的原创内容。这样的手机报并没有发挥它独特的优势,新闻讯息的同质化现象会使很多手机报失去竞争力。

3. 广告不断侵袭,技术遇到瓶颈

手机报具有100%的广告到达率,但是如果手机报广告过多,会直接影响手机报的品牌形象,并且造成订阅用户和读者群的严重流失。同时,目前的手机报技术出现了瓶颈,经常会出现各种状况和错误,严重影响了读者的阅读。

4. 监管相对松懈,制度严重缺失

手机报中传播的信息在权威性和可信度上相对较低,有些手机报还存在着一定数目的黄色、迷信、虚假信息,而我国对于整个手机报市场缺乏强而有力的监管制度和监管部门,直到目前仍没有出台一份全国性的手机报监管办法。

(四) 手机杂志

手机杂志是电子杂志的一种表现形态,它和手机报一样,是手机出版的重要表现形式之一。手机杂志是利用手机终端及手机网络技术,通过文字、图片、视频、音频、Flash动画等多媒体技术把传统杂志的内容"数字化",供手机用户在线阅读或者下载阅读。手机杂志充分利用了手机媒体的优势,加入各种多媒体元素,将传统杂志的内容表现得更加生动灵活,加上其绚丽夺目的色彩和海量的内容,以及良好的阅读体验,使手机杂志深受手机用户的喜爱和追捧,并成为手机用户最常订阅的内容载体之一。

从2008年起,中国手机杂志订阅用户的规模开始飞速扩张。很多企业也看到了手机杂志的发展前景,纷纷进入到手机杂志市场。其中做得最好的是VIVA手机杂志平台,目前拥有将近9000万的内地用户,日访问量突破千万,每天有200万本手机杂志被用户下载。它拥有近千种杂志媒体库,并和1300多种期刊签约版权合作。海量的杂志信息给了用户更加多样的选择,也促使更多的手机用户加入到订阅VIVA手机杂志的行列。

手机杂志图文并茂、制作精良,不存在手机报会出现的多种错误和不规范,加上它的选择多元化、阅读成本低廉化、手机阅读快速便捷化等优势,发展前景确实非常乐观。

二、手机报的设计与制作

(一) 手机报的设计与制作流程

1. 信息资源整合

现今的手机报大多缺乏原创内容,信息资讯一般来源于传统媒体和网络媒体。但是手机媒体又不同于传统媒体和网络媒体,手机报一旦发送至用户的手机中,订阅者就只能从上往下的通篇阅读。这就要求手机报的内容在选择上必须具有较高的可读性和吸引力。同时,手机报订阅者希望通过阅读手机报的形式获知更加全面、准确的信息,因此在信息选择时,就必须保证信息来源和信息内容的权威性、真实性。

另外,由于手机报的信息含量有限,将一天中所有重要的信息全部涵盖在有限的空间内,是极其不容易的。所以,这就需要手机报编辑每天浏览大量的新闻,然后对所搜寻的信息进行多次比较和筛选,依其重要性和趣味性挑选出当天最适合发送的内容。信息资源整合的过程相当繁琐,但作用非常重要。这就要求编辑人员具有较高的信息辨识度和敏感度,能够准确地从众多互联网和传统媒体提供的信息中搜寻到用户最想了解的新闻资讯。

根据用户偏好,一般可以从以下四个方面进行新闻信息的挑选:第一,重要性。即近期发生的最重要的时政新闻、经济新闻或者影响较为重大的事件。如"国家放开计划生育政策,允许单独二胎"之类,很多用户普遍关注重要的信息。第二,实用性。即关乎民计民生的一些信息、政策以及互动资讯等新闻事件。如"多地楼市降价跳水,2014 房价暴跌即将开启"等新闻。第三,便民性。即能向用户提供对生活或者工作方面的有帮助的信息。如"上海杨浦人才市场实习生应届毕业生招聘会将于 X 年 X 月 X 日进行"等。第四,趣味性。在保证传播重大、重要新闻的同时,也应加入一些具有趣味性、刺激性的新奇新闻,以便更有效地吸引用户。如"玉皇大帝、阎王或出张氏"等。

2. 内容编辑

手机报不同于其他报纸,它需要在小屏幕的手机上进行阅读,同时鉴于很多手机报是以彩信方式发送到订阅者的手机上,这就使得手机报的信息容量有限,因此,内容编辑就需要对所选取的新闻资讯进行再一次缩编。

首先,新闻的标题要编写得更加醒目,不仅重点突出,还要在第一眼就能吸引到受众的兴趣点,保持继续阅读。其次,所有的新闻都要尽可能地将字数控制在 150 字之内。争取用最少的字数表达最完整的新闻事实。稿件中仅需要突出新闻事实的重点部分,如时间、地点、人物、时间、影响等基本因素即可,不需要深度报道。对于很多重要稿件,尤其是重要时政新闻,如果字数太多,又无法删减,要注意分段处理,以减少读者的视觉疲劳。同时,要注意新闻的质量。对于新闻中出现的数字、人名、官员职位、领导人讲话等重要信息要一再核实,保持新闻的准确性。再次,对于一些重要稿件或者趣味性稿件可以搭配图片进行更加生动形象的说明,但需要保持图片的内容与稿件紧密相连,甚至能够让读者通过稿件对整个新闻有更深度更形象的理解。最后,需要注意对于一些特殊符号的处理和使用。由于订阅者的手机品牌多种多样,在发送手机报的时候无法确定是否所有的符号、文字都能够被用户的手机识别和正确显示,因此,稿件中需要尽可能避免一些特殊符号的使用,对于不得不用特殊符号的新闻,也可以将某些符号用语言或者图片来代替。同时,很多手机也无法识别一些新兴的网络文字用语,如"囧"字,在联通电信版的手机报中就无法识别,所以也应该用其他方法来代替。

3. 图片处理

手机报较之于传统报纸最大的优势之一就是它的多媒体性,所以很多手机报都会在自己的版面中使用尽可能多的图片。但是由于手机报自身的容量有限,通常一份手机报最多使用 3 到 5 张的图片。一般而言,手机报不需要使用高清晰度的图片,只要图片能够反映和表现新闻事实即可,因此,上传的图片应控制大小在 800px×600px 之内,经软件处理之后尽可能压缩至 90K 以内,以方便手机接收。此外,对于手机报中的图片格式也有固定的要求,一般为 JPG 格式或者 GIF 格式的图片。同时,手机报中的图片不可以出现不健康的内容,对于新闻图片中有关政治、宗教的图片,需要进行严格的审查才可以上传。对于一些有版权保护的图片,也需要经过相关部门或者相关领导的审核才能使用。

4. 排版

一般而言，很多品牌手机报都有自己固定的排版格式(如图 7-54 所示)。此处以"河南手机报·新闻周刊"为例，进行详细说明。首先，在手机报的最上方会放置一张刊头图片。这张图片可以是彰显自己品牌的图片，也可以是当版手机报最重要的新闻图片，刊头图片的作用是为了增强订阅者对自身品牌的认可度和认同感，或者凸显某一新闻的重要地位。然后，图片下面有时会配有简单的图片说明，也有很多手机报为了节省文字空间，将图片说明直接设计在图片上。接着，就是对自己手机报品牌的介绍和宣传。一般包括刊物名称、刊号、口号、刊物介绍、订阅方法和资费介绍等内容。这些内容一般较为固定，在每期手机报的图片下面都会有同样的内容，这是为了向更多的潜在客户宣传自己的手机报品牌，并提供更为方便的订阅方法。其次，很多手机报会在刊物介绍的下面给出一些温馨提示或者内容导读，温馨提示一般为天气预报，当天的农历日期和公历日期等信息，导读(如图 7-55 所示)则是本期手机报的重点内容预知。最后，才是这期手机报的具体内容信息(如图 7-56 所示)。

图 7-54 "河南手机报·新闻周刊"手机报的固定排版开头

图 7-55 "河南手机报·新闻周刊"手机报的导读　　图 7-56 "河南手机报·新闻周刊"手机报的正文内容

对于内容的排版格式，需要注意以下几点：第一，手机报会分为不同的部分和栏目，对于不同的部分,一般会在该部分名称的前后使用"="符号来区分层次。在每部分里,都会有不同的栏目,栏目名称一般会用"【】"符号来突出重点。栏目名称下面或旁边才是新闻的标题,新闻标题前面也会用符号">>"来区分。新闻的主要内容和新闻标题之间会有两到三行的空格,这样也是为了方便读者区分主次,也更加符合读者平时的阅读习惯。当新闻中有二级标题或者多级标题时,也会使用其他符号进行区分。同时,不同新闻之间,也有很多手机报在排版时使用"——"(破折号)来作为分割线。第二,图片一般位于新闻标题的上方或者新闻内容的最下方,不能将图片随意放置在文字内,因此编辑含有图片的内容时,需要根据新闻的需要,放置在不同的地方。第三,在所有新闻全部结束时,可以在本期手机报的最下方加上"全文完,谢谢阅读!"或者"下期更精彩,敬请期待!"等语句感谢用户阅读和支持自己的品牌手机报,同时也给用户留下更好的印象。也可把期刊的版权信息、编辑信息等放置在内容文字的最下面,以加深读者对自身品牌的认知。

5. 平台发送

很多手机报的编辑过程都是在 Word 文档中完成的,通过平台发送到用户的手机中就有可能出现一些文字格式信息无法正常阅读等情况。因此,在登录手机报发送平台发送手机报之前,可以先将所有的文本信息放置在记事本文档中,然后再复制粘贴到彩信编辑平台上。完成这一切后,就可以将编辑好的手机报直接发送给订阅用户阅读了。

(二)手机报的制作案例

目前,随着 3G、4G 网络的发展,越来越多的传统媒体已经开发使用了自己的 WAP 模式的手机报。同时,由于彩信模式的手机报因自身容量有限,无法提供更加具有深度和多元化的信息服务,使得大量彩信手机报用户纷纷转向网络版手机报的使用。但是,由于现在人们的工作压力越来越大,生活节奏越来越快,空闲时间也逐渐呈现出"碎片化"趋势,加上 WAP 模式的手机报必须在有网络的情况下才能阅读,彩信版手机报也开始凸显出自己的独特优势。

当前我国制作手机报的软件较少,这里以名为"亘天炫彩2008(个人版)"的软件为例,来进行彩信版手机报的制作。

案例 7-2

在安装"亘天炫彩2008(个人版)"之后,打开软件,可以看到一个彩信制作向导(如图 7-57 所示),这是能够帮助用户快速完成彩信手机报的制作向导,但使用其制作手机报的前提条件是图片和文字已经提前处理和编辑完毕。

图 7-57 "彩信制作向导"窗口

其中可以填写自己的彩信标题,第二项是"选择手机品牌和型号",这一项是针对向个人发送彩信服务的用户来设定的,在该软件上市之初,很多手机还没有如今的各种功能,用户可以通过电脑将手机和互联网连接,然后将自己制作好的彩信发送给别人。由于该软件发行较早,其中的手机品牌和型号都已经无法跟上现在的潮流,所以,在这里只选择"自定义"选项即可。如果需要定义彩信的大小和其他内容,可以在"自定义手机属性"中对于彩信的宽度和高度等信息进行修改。

想要用一分钟甚至几秒钟的时间来完成自己的手机报,也可以选择继续使用彩信制作向导,点击"下一步",此时软件页面如图7-58所示,可以点击"装入图像"插入已经提前做好的图片信息,然后点击"下一步",如图7-59所示。

图7-58 "选择图像"窗口

图7-59 "装入图像"后的窗口界面

彩信制作向导会询问用户是否加入音频信息,如果需要,可点击加入,如果不需要,可直接点击"下一步",如图7-60所示。

当彩信制作向导页面需要添加文字信息时,可点击"装入文本",将已经排版完成的手机报txt格式文档添加进去,如图7-61所示图7-62和图7-63所示。

图7-60 "选择音乐"窗口

图7-61 "建立文本"窗口

图7-62 选择txt格式文档

图7-63 装入文本后的窗口界面

完成以上步骤后,选择"下一步",此时软件界面给出的就是即将完成的手机报所包含的整体信息(如图7-64所示)。

用户可以根据信息提示,查看自己的图像大小是否适当、文字长度是否超过限制字数等问题,如果一切都符合要求,就可以点击完成,生成手机报了。

此时页面显示如图7-65所示。

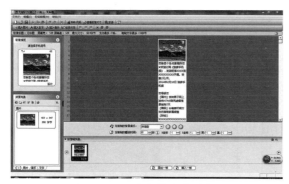 

图7-64　手机报的完整信息　　　　　图7-65　手机报生成效果图

用户可以在界面左侧的"彩信预览"一栏对已经制作完成的手机报进行查看,如果需要修改,也可以进行即时的修改,如图7-66所示。

这是最为简单的制作手机报的方法。前提条件是,用户在使用软件之前,已经将彩信中需要用到的图片、文字全部制作完成,尤其是文字已经按照规定的方法进行有序的排版。很多时候,这一切工作都是在"亘天炫彩2008(个人版)"的用户界面中完成的。即在打开"亘天炫彩2008(个人版)"软件时,在彩信制作向导窗口点击取消,然后进入"亘天炫彩2008(个人版)"的主页面。

软件的主界面与其他制作软件界面相似,都有菜单栏、工具栏、编辑栏,不同的是它的页面中还有信息栏(负责提示制作的手机报整体信息大小)、预览栏(可以直接点击预览手机报的效果)、资源列表(查看具体应用资源)、属性栏(修改当前帧频的相关属性)和帧列表(显示当前手机报的帧数)等相关信息,如图7-67所示。

 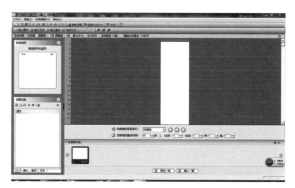

图7-66　"彩信预览"一栏　　　　图7-67　"亘天炫彩2008(个人版)"软件主页面

制作手机报的整个过程都可以通过该页面完成。"亘天炫彩2008(个人版)"的一个优势就是可以在手机报的制作过程中随时对自己的图片、文字信息进行个性化的处理。首先,点击菜单栏"彩信编辑"一项下面的"插入图片",或者直接点击工具栏中的"插入图片"按钮,就可以进入图片编辑页面,如图7-68所示。

点击菜单栏"文件"下面的"打开"或者点击工具栏中的"　　"按钮从文件夹中选取之前想要采用的一张

图片。也可以点击工具栏中的"插入图片"来进行图片选择,如图7-69所示。图片编辑界面中的右侧工具栏是一些图片常用的编辑工具和动画特效添加工具,用户可以通过右侧的编辑工具对图片的颜色、亮度、对比度、透明度、尺寸进行修改,也可以添加滤镜效果、动画效果、遮盖效果等;在图片编辑界面的工具栏中还可以添加文字或对图片进行剪裁。

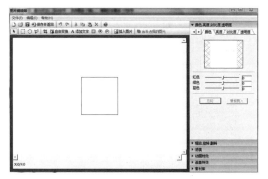
图7-68 "图片编辑器"界面

图7-69 在"图片编辑器"界面打开图片

当打开一张图片之后,可以对图片进行个性化的修改,例如图片的尺寸不可过大,否则会太占手机报的空间。也可以给图片添加一些简单的动画特效,来凸显自己的个性等。如果对自己的制作不满意,点击工具栏中的"?"按钮进行撤销。还可以对图片的大小进行剪辑,甚至改变图片的角度等。手机报顶端的图片一般为报社的标志性图片或者头版头条新闻的相关图片,此图可以根据个人需要进行设计。案例中的图片以报社的标志图片为例,一般标志图片中一定会含有发行手机报的报社或者企业的名称及宣传语等内容,因此,就需要对打开的图片进行相关文字的添加。

点击工具栏中的"A添加文字"按钮,会出现一个文字编辑窗口(如图7-70和图7-71所示),可在窗口中添加需要的文字,并对文字的字体、自行、大小和颜色进行设定。

图7-70 "添加文字"窗口

图7-71 文字添加后的窗口显示界面

图7-72 图片添加文字后的界面效果

图7-73 调整文字在图片中的位置

点击"确定"之后,会发现文字已经出现在图片上,如图7-72所示。

此时,可以根据需要直接点击图片上的文字框,对文字的位置进行合理的调整,一般会将文字放在图片的中上方,如图7-73所示。

当对图片完成个性化设计之后,就可以点击工具栏中"保存并返回"按钮,返回到软件的主界面中,如果选择的图片为GIF之类的冬天图片或者在图片编辑的过程中加入了动画特效,可以在软件主界面左侧的"彩信预览"栏中预览自己的图片效果。如果效果不够理想,可以双击编辑栏中的图片,对图片进行更加完善的修改。当然,想要拥有最好的效果,还是需要通过专业的图片编辑器进行更加仔细的处理,如图7-74所示。

图片添加完成之后,就需要来插入文字。此时,点击菜单栏"彩信编辑"中的"插入文字",或者工具栏中的"A 插入文字"按钮,就可以弹出文字编辑器,如图7-75所示。

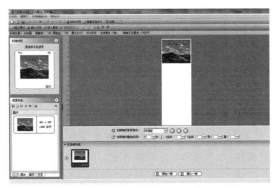
图7-74 添加并修改图片后的手机报效果

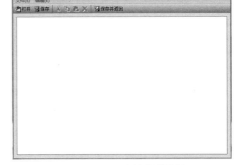
图7-75 "文字编辑器"界面

在文字编辑器中可以对手机报的主要文字信息进行编辑,编辑过程中需要注意的地方都在上文提到过,用户也可以通过别的软件对文字进行编辑处理,并将文字信息保存到.txt格式的文档中。在"文字编辑器"界面直接点击"打开"按钮将.txt文档打开即可。另外需要注意的地方,就是空行。无论是直接在文字编辑器中进行新闻编辑,还是打开的.txt文档,都需要先在开头空两行,这样是为了将文字信息导入整个手机报时,图片和文字之间会出现一定的距离,以突显各自的特点。各个主题之间也需要有相应的空行使彼此之间的区分更加明显,如图7-76所示。

文字编辑完成之后,点击"保存并返回"按钮,回到主页面,如图7-77所示。

图7-76 "文字编辑器"中编辑手机报的文字信息

图7-77 添加文字后的手机报效果

此时编辑栏中出现的就是手机报形式的效果图,也可以通过页面左侧的"彩信预览"查看手机报的效果,点击"播放",拉动右侧的滑竿来查看整个手机报的内容效果,点击"停止"表示查看完毕。预览期间,所有信息都无法进行编辑,只有点击"停止"才可以继续进行编辑。如图7-78、图7-79和图7-80所示。

图 7-78　通过点击"彩信预览"的 　　图 7-79　通过"彩信预览"　　　图 7-80　通过"彩信预览"查看
　　　"播放"查看手机报效果　　　　　　　查看手机报图片效果　　　　　　　手机报文字效果

彩信一般为 10 帧,如果不够可以在页面下方的"帧列表"中点击"添加一帧"继续添加内容,如果内容已经添加完毕,并且预览效果也较为满意,就可以直接点击菜单栏"文件"下的"另存为"保存彩信文件即可,至此手机报的制作已经全部完成。

本章小结

虽然以纸质媒介为代表的传统图书、杂志以及以磁盘为代表的传统音像制品仍然在当今出版业占据主导地位,但以互联网为依托的网络出版已经显示出了迅猛的发展势头,网络出版正在以其独特的优势逐渐成为出版的主流形态。随着互联网和数字技术的不断发展,世界出版行业也迎来了新的机遇和挑战。传统出版业慢慢告别了"铅"与"火",迎来了"光"和"电"。这一场出版业的划时代革命不仅从承载方式的交替、出版流程的再造到内容的个性细化、阅读方式的更新等层面来渗透、改变着传统出版,更是以一种全新的文化生产和传播方式,促使世界出版产业转变产业理念和经营方式。可以说,网络出版以一种独一无二的传播模式对全人类的思想、文化、生活,甚至政治等领域产生了难以估计的影响。因此,熟悉和掌握与网络出版相关的多媒体技术就变得尤为重要。但是,在看到网络出版发展优势的同时,也不能忽略网络出版存在的一系列问题,如网络出版物的版权保护易受侵犯,网络出版物的内容良莠不齐,阅读方式受限等问题有待解决。

思考与练习

1. 网络出版有哪些优势,它是否能够最终取代传统出版?
2. 网络出版选题策划中哪一部分最为重要,应该如何规划最为合理?
3. 不少传统杂志都创办了自己的网络杂志,试分析比较某一本传统杂志与其网络杂志之间的异同。
4. WAP 版手机报的发展优势和缺陷分别是什么?

参　考　文　献

[1] 匡文波.手机媒体概论[M].北京:中国人民大学出版社,2012.
[2] 赵东晓.网络出版及其影响[M].北京:中国人民大学出版社,2008.
[3] 宫承波.新媒体概论(第三版)[M].北京:中国广播电视出版社,2011.
[4] 璩静.第十次全国国民阅读调查结果日前在北京发布[EB/OL].(2013-04-23)[2014-02-05]http://www.gov.cn/jrzg/2013-04/23/content_2387746.htm.

[5] 安小兰.电子书概念辨析及其意义[J].出版发行研究,2012(12):52-55.
[6] 王新荣.制约电子书普及的因素[EB/OL].(2011-11-01)[2014-02-05] http://www.qikan.com.cn/Article/xwah/xwah201111/xwah20111126.html.
[7] 张庶卓.国民阅读调查[EB/OL].(2013-04-18)[2014-02-05] http://news.china.com.cn/live/2013-04-18/content_19580548.htm.

第八章 网络调查实务

> **学习目标**
>
> 1. 了解社会科学定性研究和定量研究的特点。
> 2. 了解社会科学中定量分析的三种主要方法。
> 3. 了解大数据的发展及对传播学的意义。
> 4. 学习调查法和内容分析法的操作过程。
> 5. 学习基本的数据统计分析方法。

作为传统意义的社会科学,传播学的诞生和发展与早期研究者对调查和实验数据的分析利用紧密联系在一起。伴随着传媒的演化,互联网在传输速度和范围的优势使调查法和内容分析法的运用都更加广泛和快捷,在数据的获取上超越了时空限制,从而更加灵活自如,数据处理能力也随着计算机技术而不断升级。伴随着这些发展,新媒体时代的定量研究需要在以往传统研究方法的基础上进行调整,以契合网络平台的发展脉络,并跟上信息时代的发展要求。在这样的趋势下,建立严谨的定量分析思维对于传播学的学习和研究意义重大,定量研究也将为网络时代的传媒研究带来更加广阔的视野。

第一节 大众传播的定量研究方法概述

一、定性研究和定量研究

传播学作为一门社会科学,其研究的对象是社会成员及其所组成的群体的信息传播行为以及信息传播系统。约翰·雷纳德的《传播研究方法导论》将传播学研究方法分为定性研究方法和定量研究方法两大类。

定性研究的内涵是对事物的质的分析,研究目的是去发现、解决问题以及回答为什么会发生,并对现象进行深入的解释,主要用非数字的方式来描述观察材料。对于社会群体的活动,定性研究可以帮助我们获知研究对象的认知、兴趣、态度、行为。定性研究的主要类型有历史批判法、定性观察研究、案例研究、解释性研究、参与观察研究和民族志。

但当研究本身旨在寻求逻辑的精确性时,定性研究的局限性便显现出来。此时需要对具体内容的特点、内外在因素以及这些变量之间的区别和关联进行精确的量的分析,这种研究方法中体现出的精确性和逻辑性就是定量研究的优势所在。定量研究的特点为可预测性、数据处理的精确性、探索性和验证性因素分析的结合等。定量研究可采用一系列"可观察、可测定、可量化"的数据来认识社会传播现象,为我们提供事物发生和变化的依据。

定量研究方法是一种主要运用数字术语来表现观察结果的调查,在社会学领域主要包括三大类型:调查法、内容分析法和实验法。由于定量研究基于严密的数据分析和逻辑判断,使我们得以对研究对象进行科学探讨、检验、解释或预测,所以众多社会学科,如社会学、经济学、营销学、心理学,都大量采用了量化研究的方法。其特点有以下几点:

第一,定量分析采取了实证主义范式,用量化手段(数字和统计)来理解传播现象,其研究目的在于找出相关关系和因果关系,因而其结论具有精确性和概括性,能够了解某个现象或事物在宏观层面上的信息,具有可信度。

第二,定量研究追求"更多样本量、更好的统计显著性、推断出更大的总体",强调客观性和可重复性。

第三,研究结果不会因人而异,不同的研究者只要使用相同的研究设计和研究方法都能得出相同的结论。

第四,研究过程测量的是客观事实,使用的是调查法、实验法和内容分析法,研究者本身从研究中剥离,因而研究过程中不会受到研究者个人因素的影响。

定量研究是西方(尤其是美国)大众传播学领域较早采用的研究方法。社会调查法最早被传播学四大奠基人之一的拉扎斯菲尔德系统应用于受众研究。拉扎斯菲尔德和卡茨于1940年在美国伊里县进行了选民投票影响因素的调查("伊里调查"),发表的研究成果《人民的选择》成为传播学研究史上的一个里程碑,他也因此被称为传播学研究的"工具制造者"。内容分析法起源于第二次世界大战期间美国学者拉斯维尔等人组织的一项名为战时通信研究的工作,拉斯韦尔等人以德国公开出版的报纸为分析对象,运用定量和统计学的方法来进行内容分析,获取德国军政情报,并以此开创了内容分析法。而实验法的采用也可以追溯至"二战"期间,时任耶鲁大学心理学教授的霍夫兰受聘于美国陆军新闻与教育署,主持了一系列的以鼓舞士气为宗旨的有关宣传效果的心理实验,通过实验测量态度改变的程度并以此验证传播效果,成为采用实验法进行大众传播研究的最早范例。

以往传播学多受具有定量传统的社会学和心理学影响,直至20世纪七八十年代欧洲批判学派崛起后,研究者重新审视定性方法在传播学领域的价值。至20世纪八九十年代,文化人类学、民族学、文学批评以及政治学等学科的影响和介入,使传播学定量研究的主流地位受到了挑战。分析这种挑战,研究者发现,定性方法至少在下列三个方面具有重要意义[①]。

第一,描述传播现象。对有关传播的历史过程、事件发展、人的相互关系或相互行为等方面,定量数据很难有所作为,而采用定性方法(尤其是观察和访谈方法)却能将其较清楚地描述出来。

第二,发现理论或形成假设。对某些传播现象,研究者还未掌握第一手资料。在这种情况下,定性方法比定量方法更容易发现理论或形成有意义的假设。

第三,理解现象过程的原因以及现象之间的相互作用。

在传播学研究领域里,定性研究的主流方法包括观察法和访问法。这两种研究方法的特征是,在形式上是非量化的,在内容上是对事件或现象的主要性质和特征的解释。

作为社会科学领域的两种主要研究方法,定性研究与定量研究各自都有自己的特点局限性,质与量本身就是事物的两面,两者并不是相互对立的,而在某种程度上是相互关联甚至是相互补充的。定量研究的不足在于研究结果的片面性(因为现实中存在许多不能量化的影响因素)、统计数字的不可靠(由于技术以及测量工具的不完善等其他原因)会导致研究结论的偏差。从科学认识的过程看,对事物的研究或分析一般都起步于对其质的认识,然后再去研究它们量的差异,在量的分析的基础上再做出进一步的定性分析。由此循环往复的过程中,人们层层深入对事物本身的认识。

网络传播学作为一门新兴学科,不仅吸收了社会学、新闻学、心理学、信息学、语言学等相关学科

---

① 卜卫. 论传播学定性研究方法[J]. 国际新闻界,2006(6):46-51.

的研究方法,而且融合了系统论、信息论和控制论等新学科的现代科学方法,始终带有跨学科综合性研究的性质。在其发展过程中,传播学常常出现方法先行、导出理论的情况,方法尤其是定量研究方法的重要性特别明显。尽管将来的人们对新传播科技中的内容会产生新的反应,媒介的效果和影响力也会随时改变,但是,掌握研究网络传播学的一些基本方法就使得我们可以处变不惊,通过研究,把握媒介的影响力。

二、大众传播定量研究的基本步骤

最常用的定量分析方法有三种:实地调查、内容分析和控制实验。这三种方法的研究侧重点不同,实地调查主要研究传播的受众,内容分析主要研究信息内容,而控制实验着重研究信息与受众的关系,推导因果。许多研究都需要将这三种方法交叉使用,使之相辅相成,取长补短。无论采用何种方法,大众传播的定量研究都是一个严谨而系统的过程,研究者往往需要遵循下列六个基本步骤。

(一) 确定研究课题

万事开头难,选择和确定研究课题是研究过程中最为困难的一步。研究者需要做的工作有:第一,确定将要研究的概念(concepts);第二,预计概念之间彼此联系的关系。例如我们想知道不同的电视新闻制作方法是否会影响新闻对受众的效果,我们需要界定三个概念。首先是不同的制作方法,可将之区分为主持人口播无画面、主持人画外音和记者现场报道等类别;其次要界定每个受众忆起新闻的程度;然后是受众对新闻有趣性的评价。研究的目的是为了了解这些概念之间的联系,换言之,即不同的制作方法是否影响受众对新闻的不同认知,这些制作方法是否导致对新闻有趣程度的不同判断。

在研究中需要对概念下定义,如将在职定义为持有可提供定期收入的工作,将出生地定义为出生时其母亲的常住地而非分娩地点(第五次人口普查)。较为复杂的概念如暴力程度也可根据研究需要下定义,如定义为暴力或侵犯行为的次数。有些概念是定性的,如男性、女性;有些则是定量可变的,有从低到高的量度,如收入水平。任何定量研究中需要观察的概念就是变量。在界定概念后,接着要确定它们彼此之间的关系。如上文提到的,不同的制作方法与受众对新闻的感知之间存在的关系。在一些研究中,研究人员可能以假说的形式提出研究课题。一个或多个假说的提出可以使研究者需要探讨的问题变得更加清晰。如果研究结果验证了假说,这一假说就成为有事实依据的结论。

(二) 回顾前人研究结果

在大众传播研究领域,几乎所有关于媒介影响力的问题都获得了某种程度的探讨并有了一些相关结论。因此,在研究之前有必要回顾一下前人的研究,这样做可以节约时间,避免重复劳动。国内外出版的传播研究刊物林林总总,可以从中找寻到相关课题前人的研究成果。除了学术刊物,书籍、专业会议论文集和政府文件中都会有相关研究报告。研究者计划新课题之前要纵览所有资料来源,确保自己的工作不是对他人研究的简单重复。在互联网高度发展的今天,这项工作变得越来越容易,借助网上的资料库,查询前人研究成果不仅更方便,而且更全面。

(三) 资料收集

资料收集是调查研究的重要组成部分。研究者确定了研究问题,选定了研究方法,资料收集的工作就可以开始了。在定量研究中,研究者以数字形式评估变量,进行实证观察。由于研究人员不可能对全体研究对象进行观察,就要求他们选择数量较小更具备操作性的样本,这个选择的过程就是抽样。

(四) 数据处理和分析

在进行了必要的观察,收集了相关数据之后,需要对数据进行处理和分析。如果是定性研究,研究者在此就可以根据直观结论写出最后报告,不需要进行数据计算。如果是定量研究,就需要录入数据,借助电脑和电脑模式进行数据分析。

(五)获得结论和解释发现

在艰辛的研究工作之后,最大的欢乐莫过于获得结果和对结果作出解释,导出一般性的结论。科学家认为研究是有规律可循的,一般性结论就是规律的体现。

(六)撰写报告

无论是科学研究还是商业调研,其结果都需要以严谨而规范的论述形成文字性材料,这种文字性材料的成文过程就是调查报告的撰写。调查主体在对特定对象进行深入考察了解的基础上,经过对已获取资料的归纳整理和数据分析,得出结论,进而揭示事物本质或得出调查结论,由此形成的汇报性文件即为调查报告。

在使用和评价定量研究方法时常常要涉及一些共同的概念。信度:即研究中测量单位的一致性。如果一种测量方法是可信的,那么这项研究就可重复进行,而其结果都会相同。效度:即一项研究是否确实对研究者所宣称要测量的事物作出了测量。外在效度:即一项研究的概括性和代表性,也就是说一项研究适用于不同的人口总体、环境和时间的程度。研究者可以通过随机抽样,使用同质的样本对象等方法来提高研究的外在效度。内在效度:即一项研究的结果是由预计的条件所决定的,而不受其他外涉因素的影响。内在效度通常取决于研究人员对研究变量及外涉因素的控制程度。

第二节 新媒介催生传播学研究方法的方向性调整

在网络平台上已经出现了一些传统的传播理论难以合理解释的传播现象,因此需要在新媒体背景下进行合理的完善和调整,才能适应新传播形势的发展需要。传播学研究方法主要指的是实证经验主义和思辨批判主义研究方法。前者作为传播学主流研究的方法,是我们研究网络传播的主要方法依据,网络实务研究几乎成了我们新媒介研究的主流。同时,对网络媒介更深层次学理的追问和形而上的批判研究,也日益引起学者的关注。

传播学的经验主义研究是我们研究新媒介的主要方法之一。它是立足于自然科学来解释和研究社会科学的,它的精神轨迹或文化思潮,是导源于科学——进步——发展这一现实趋向的科学主义。经验主义研究最显著的一点,就是把媒介作为工具,作为没有任何价值与意识倾向的客观存在来对待,用一系列可观察、可测定、可量化的数据来认识社会传播现象。它给在价值中立的原则上进行的实用主义管理研究,深深打上了科学主义的烙印。经验主义的研究,自从拉斯韦尔在1948年提出5W模式之后,逐渐地发展成为以后传播学研究的五大领域,即控制研究、内容分析、媒介分析、受众分析和效果分析。这一经典的研究思路也成为我们透视网络媒介的重要依据。

一、向以交互式研究方法为主转变

传统大众传播是专业化的媒介组织运用先进的传播技术和产业化手段,以社会一般大众为对象而进行的大规模的信息生产和传播活动。这种大众传播的特点是,信息是以点对点的单向的、线性方式传播。在传播的时候,大众媒介会根据有限的、不精确的和延时的受众反馈信息,传者对公众需要的估测,以及传播政策的要求传递信息,而且这种传播也被认为是适合大多数受众需要的。为了对传播过程和实质进行形象而抽象的把握,传播学研究中出现了许多传播模式。最早的是拉斯韦尔的5W线性模式和香农—韦弗模式,这是两个典型的线性模式。随后,又出现了一系列对这种模式进行修正的循环和互动模式,如施拉姆的循环模式、德弗勒互动过程模式。最后,还出现了一些相对复杂的系统模式,如赖利夫妇的传播系统模式和马莱兹克的大众传播过程的系统模式等。这些传播模式是对传统媒介传播活动的有效总结和归纳。但是,这些模式存在的问题主要是,它们基本上都是把传者和受众分离开来进行分析的,而且主要是线性的研究思路,这就和网络媒体的现实有很大的出入。

网络传播的出现和发展,拓展了传播的广度和深度,打破了以往人类多种信息传播形式的界限。它通过多点对多点,同时传播海量信息,传播过程具有高度的交互性,而且网络传播中信息则明显地出现了小众化、个性化和多元化的趋势,进而可以做到量身定制的传播。现在,一些传播学者也对网络传播过程进行了探索。

按照加拿大传播学者麦克卢汉的观点,印刷术的发明、电子媒介的出现,都会对社会结构、生活方式乃至思维方式产生影响,但这些影响不是传播内容带来的,而是传播媒介本身造成的。从这种意义上来说,网络这种交互性、个人化的媒介的出现也为传统大众传播学的研究提出了新课题。如果传统的传播理论及方法不能适应新的形势,那么它就将失去意义。因此,以往的线性传播方法必须做出调整,要将传统媒介一对多的传播研究转向一对一、一对多、多对一的研究,由同步及异步传播的分类研究,转变为以交互性研究为主的新方法。

二、向以自由开放的研究控制方法为主转变

在传播学的研究中,考察和分析各种制度和制度因素在大众传播活动中的作用,是一个重要的研究领域,这种研究称为控制研究,也叫把关理论。它包括两个方面:一是媒介外部制度对传媒施加的控制和影响,二是媒介内部对信息生产、加工和传播活动的制约和影响。

作为强调媒介组织在信息传播过程中作用的理论,卢因首创的把关理论研究,强调的正是传者的作用。不论是个人把关还是群体把关,不论是怀特的单一把关、麦克内利的多重把关,还是布里德潜网所指的深层控制,这些观点都一致地强调了传者在信息传递中的优势地位,进一步显现了传、受双方地位上的不平等关系。麦库姆斯和肖提出的议程设置功能假说,通过对1968年美国总统选举期间就媒介的报道对选民的影响的调查研究,证实了他们的假设,即大众传播具有一种为公众设置"议事日程"的功能,传媒的新闻报道和信息传达活动以赋予各种"议题"不同程度的显著性的方式,影响着人们对周围世界的"大事"及其重要性的判断。正如郭庆光所言,该理论从考察大众传播在人们的环境认知过程中的作用入手,重新揭示了大众传媒的有力影响。

在网络传播中,控制方法的研究一直是个难题,上边的把关理论和议程设置理论也要重新审视。传统媒体的网络形式,应该说它的信息传播过程还是存在着媒介的把关和议程设置环节的,现在只是多了网络这个环节罢了。但是,其他网络信息的传播就不一样了。网络是个开放的系统,个人化、自由化是其区别于传统媒体的主要特点。网民在网络中可以自由地交流,信息可以自由传播,传、受关系完全模糊。传媒组织的把关,尤其是意识形态和政治制度上的把关,虽然存在,但是已经被网民自身通过信息自由选择表现出来的把关所弱化。在网络中,人际传播的强化和大众传播的弱化,是一对突出的问题。媒介的议程设置,因为网络信息的丰富和复杂,已经为网民自我判断和选择提供了空间。这样,媒介的议程开始注重引导,不仅仅是先前高高在上的设置。传统研究方法遇到的问题,也促使我们对网络控制研究进行思考。

一般说来,网络传播的控制方式,主要有以下几种,首先,是技术层面的控制,主要是采用设置防火墙和给内容分级的方式,对网络信息进行筛选和过滤。这种技术层面的把关存在的问题很明显:网络上有海量信息,设置防火墙的参数和分等级的标准就很难设定。其次,这种技术上的把关对电脑高手来说,是没有意义的。再有,就是道德引导和法律制度层面的把关。道德把关要取决于个人的素质和修养,而法律制度对以传播为使命的某些人来说是不会起到事先制止作用的,只能起到延时把关的

弱势控制作用。因此,可以看出,通过技术和法律制度的作用,对网络进行硬性控制,并不是明智之举。由于网民成为网络传播的绝对主体,对他们道德修养和个人素质的培养和提高就显得愈发重要。

在网络控制方面,西方的一些做法值得借鉴。它们在中小学中开设网络课程,引导学生养成健康的上网习惯。美国对网络控制采取适应互联网特点的自由、开放的因势利导方式,具有一定的现实可行性。

三、向以传受合一为主的研究方法转变

传统的大众传播中,传者和受众是分离的,传者属于控制研究范畴,受众对应为受众研究的范畴,两者的研究界限十分清楚。传统的受众研究,早期对大众孤立的、分散的、均质的、原子式存在的认识,使之成为传播的靶子。而传者就是整个传播的中心。到了20世纪中叶,拉扎斯菲尔德、罗杰斯、克拉帕等人的传播流研究,肯定了受众在传播中的作用,否定了传者在传播中绝对的中心地位。从上文可以看出,传统媒介传受分离的研究方式,由于考虑到传播效果是主流研究的核心,那么对传者和受众在传播过程中地位的不同认识和评价,就是不可避免的。而基于传媒所有关系的不同则导致了受众在传播中的劣势地位。

考虑到网络传播的具体情况,原来以传者为中心,以传播效果为目的的传播模式必须改变,要将研究的重点分为拥护作为信息的发布者和接受者两种情况来讨论。传统的大众传媒在效果研究中最关注的一点是媒介对受众的作用和影响,在强烈的媒介主体意识支配下,受众选择、处理信息的主动性被忽视。而在网上,传者和受众的界限日益模糊,双方的地位趋于平等,本来意义上的受众消失了,网民研究成为研究的重点之一。

四、从单一媒体向以综合媒体研究为主转变

网络新媒介的出现,使我们的传播学研究必须建立起"大传播"的概念。我们进入了一个多媒体时代,这个多不是单指新媒介的数量,也不是单指单一字符向多功能界面转变的多,而是指新媒介所具有的多种媒介功能的融合意义上的多。比如,报纸改变了以前单纯的印刷品的形态,现在又有了网络版和光盘形态。面对这种情况,传播学无论是从理论上还是研究方法上都应该用一种大传播的视野来审视,研究媒体之间的竞争、媒体之间的融合和它们相伴生的作用。对大传播的研究,应该按照线性和非线性、同步和异步的方法来研究,而不是立足于原有的媒介划分,独立进行。

新媒介对传播学宏观研究的模式和观念层面带来了机遇和挑战,对微观的、具体的操作层面也带来了新媒介时代传播学研究方法的变革,其中最有代表性的是通过网络进行的定量研究。

第三节 新媒体催生的定量研究方法新变化

新媒体(New Media)的概念于1967年由美国哥伦比亚广播电视网(CBS)技术研究所所长戈尔德马克(P. Goldmark)在一份商品开发计划中率先提出:新媒体是相对于传统媒体而言,是继报刊、广播、电视等传统媒体发展起来的新的媒体形态。

此后半个世纪,随着媒介技术的发展,关于"新媒体"的定义不下百种,但新媒体的内涵和外延在这个概念出现后一直处在快速不断的变化扩张中,人们至今对新媒体概念的认识还没有一个定论。

中国人民大学喻国明教授指出,解读新媒体,以下几个关键词必不可少:数字化、传播语境的"碎

片化"、话语权的阅众分享、全民出版(自媒体模式)。①

互联网实验室是在《中国新媒体发展研究报告(2006～2007)》中,就已经按传播网络的不同,列举了新媒体的多种形态。其中基于互联网的有:电子杂志、电子书、网络视频、博客、播客、视客、群组、其他类型的网络社区等;基于数字广播网络的有:手机电视、数字电视、车载电视、公交电视等;基于无线网络的有:手机短信、手机 WAP 等;基于跨网络的有 IPTV 等。媒体的变化将对整个传媒生态链带来影响,针对新媒体的研究手段和方法也需做出相应调整。

清华大学教授熊澄宇用三句话定义了对新媒体的理解:其一,新媒体是一个相对的概念。广播相对报纸来说是新媒体,电视相对广播来说是新媒体,网络相对电视来说是新媒体。其二,新媒体是一个时间的概念。在一定时间段内,总有一种占主导地位的媒体形态。200 年前的报纸、100 年前的广播、50 年前的电视和今天的计算机网络代表着不同时代的新媒体形态。其三,新媒体是一个发展的概念。它不会也不可能终止在某一固定的媒体形态上,新媒体将一直并永远处于发展的过程中。②

由此可见,新媒体并非特指某种媒介形式,而是指一个多元、开放、发展的平台。利用这个平台进行的定量研究必须契合平台的特性而对以往使用的传统调查方式进行改进,并就这一平台对研究过程和结果可能带来的影响做深入了解。

一、网络调查法

传统的调查法包括面对面调查和通过问卷进行的调查,而后者包括通过各种渠道进行的调查,如邮寄问卷、电话调查等方式。互联网的发展,为调查法提供了另一个全新而广阔的平台,让调查的实施拥有了更宽广的范围和更强大的处理能力。从某种意义上讲,是互联网赋予了传统意义上的调查以新的施展空间。

网络调查是指在网络环境下,以互联网为信息传递工具,进行调查设计、资料收集、分析咨询等活动。网络调查既基于传统的统计调查理论,又注入了现代计算机和通信技术的新鲜血液,既具有传统调查的一般性,又具有现代网络的特殊性。迄今为止,网络调查主要有以下方法。

(一) 利用 E-mail 进行问卷调查

以被调查者的电子邮件(E-mail)地址作为样本框,把设计好的问卷以文件的形式随机抽样发到被调查者的电子邮件里,被调查者填好问卷内容后,再通过 E-mail 回复给调查机构。

(二) Web 站点法

将调查问卷设置在访问率较高的一个或多个站点上,由浏览这些站点并对该项调查感兴趣的网上用户按照个人意愿完成问卷的调查方法。调查网站可以对众多的访问者设置一些过滤问题,在问卷填写前来确认其是否符合调查对象的要求,对不符合要求的访问者,程序将自动判断并拒绝其填写问卷,防止大量的无效问卷的产生。而这种方法的缺陷在于问卷窗口的弹出对网友访问网络造成了干扰,拒答率较高。而且这种调查只能反映对该项调查感兴趣的网民群体的态度。另外,同一个网站的用户通常具有某种相似特质,以一个网站的访问者作为调查对象,以其调查结果来估计所有网络用户,会造成抽样偏差。为了减小或避免这种抽样偏差对调查结果的影响,调查者通常会选择多个网站共同发布问卷。如 CNNIC 在完成《我国互联网络发展状况统计报告》的网络调查部分时,就是通过网易、爱奇艺、必途网等多家网站进行问卷投放和网民数据收集。

---

① 喻国明. 解读新媒体的几个关键词[J]. 广告大观(媒介版),2006(5):12-15.
② 熊澄宇. 对新媒体未来的思考[EB/OL]. 中华人民共和国国务院新闻办公室,国家互联网信息办公室,http://www.scio.gov.cn/ztk/hlwxx/06/6/Document/1019762/1019762.htm,2011-09-30.

(三) 专业网站在线调查法

专业网站在线调查法是指通过互联网专业调查网站平台及其在调查系统把传统的调查、分析方法在线化、智能化，将问卷平移至网络界面，并通过后台运算直接进行结果统计，输出可视化结果的一种调查方法。其构成主要包括三个部分：客户（施行网络调查的主体）、调查系统（专业在线调查网站）、参与人群（接受调查的用户）。

网络调查方便快捷、成本低廉，易于对数据进行整理和分析，可将调查者从繁重的问卷录入工作中解放出来，大大提升工作效率。因此，随着网络的普及，网络调查法在当今社会尤其是市场营销领域大受欢迎，网络调查的网站也随之涌现，如问卷星（www.sojump.com）、调查宝（www.surveyportal.cn）、Surveypark 都是较早出现，如今已较为科学和完善的在线问卷调查、测评、投票平台。这些网站的问卷测评功能供注册用户免费使用，用户只需在线创建问卷，然后通过邮件、微信、QQ 等方式邀请受众填写，回收答卷就能进行数据统计分析，完成调查报告。

(四) 网络调查的特点

以上三种不同的网络调查途径在多重调查任务中各自发挥着不同的作用，综合来讲，网络调查的优点主要有以下几点。

第一，减少工作量。大大减少问卷印刷搬运、回收整理等环节的人工操作步骤，特别是通过专业调查网站进行的网络调查，受访者的问卷填写结果可直接进入数据库，使调查人员免去数据录入的繁杂。

第二，节省费用。通过网络完成对受访者的接触，节省调查的通讯和交通费用，提升调查员工作效率。因此网络调查的边际成本很低，而且调查规模越大，网络调查的优势越明显。

第三，克服时空限制。网络调查可有效克服传统调查方法的时空限制，而且被调查对象地理分布越广，越适合进行网络调查。

第四，受访者作答便捷。统计资料表明，对于开放性问题，网络调查比传统的问卷调查具有更高的回答率。这也许和敲击键盘确实比手写文字更快捷省力有关。

第五，无监视压力。无调查员在旁监督，受访者可减少被调查者监督的压力，从而提高数据的客观性。特别是内容比较敏感的问卷，更适合通过网络这种非面对面的调查方式进行。

第六，可设置复杂的跳转逻辑。比如当受访者在问卷中对于家庭的问题回答"没有孩子"，后面与孩子相关的问题都会自动隐藏。

第七，遗漏提醒。网络调查可在受访者提交问卷前，通过软件检查问卷填写的完整性，并提醒受访者完成未作答的问题，从而大大减少因回答遗漏，减少缺失值给统计分析带来的影响。

计算机和网络技术的进步让人们在调查过程中可以克服更多以往难以解决的问题。和以往的传统调查方法相比，互联网为调查提供了全新的平台，也带来了崭新的思路。但是互联网并非一个各方面无懈可击的神器，网络抽样调查及其适用范围至今在业界和学术界仍有争议，主要争议点集中在以下四个方面。

第一，目前我国网络整体普及率还较低，网民年龄、地域较为集中。网络调查因此产生的一个重要问题是，通过互联网调查到的样本能否无偏差的代表所要调查的整体？由于网上调查必须以网络为载体，因此网络调查的对象只能是网民。如果调查的目标总体不局限于网民（例如一定区域或年龄范围内的全体居民、一定层次的在校学生等），调查就会产生严重的抽样框误差。因此网络调查并不能完全取代既有调查方法，而是一种建立在新的平台上，具有独特优势与特点的问题解决方案。但这并不妨碍网络调查在一些特定领域被广泛采用。

第二，网络调查和传统调查方法如面对面调查、电话调查相比，其回复率偏低的问题也总为研究者诟病。据国外实证分析研究结果表明,网络调查的回复率差别很大(从 6%到 80%),回复率高的有:伯奇曼恩(Bachmann)等 1996 年对美国商学院的系主任进行的网络调查,得到的回复率为 53%;斯科夫(Schaefer)等 1998 年对华盛顿大学的教工进行的调查,得到的回复率为 54%;卡普(Couper)等 2001 年对密歇根大学随机抽取 1602 个样本进行的调查,得到的回复率为 41%。低回复率的例子也不少:泰锡(Tse)于 1998 年对香港中文大学教工进行的调查,得到的回复率只有 7%;伯奇曼恩(Bachmann)于 2000 年对美国商学院系主任进行调查,只得到 19%的回复率;史密斯(Smith)对网络咨询协会的会员进行调查只得到 8%的回复率。而由我国学者进行的一项名为"加拿大、中国大陆地区以及中国台湾地区的电子商务发展影响因素研究",分别得到 2.5%、2.05%和 2.1%的回复率。[1] 这种无法得到已经被选入样本中的个体的资料被称为无回应(Nonresponse)。最常发生无回应的原因,是联系不上受访对象或者受访对象拒绝合作。这种情况带来的回应误差作为一种重要的非抽样误差,成为网络调查法难以避开的障碍之一。现代人生活节奏加快,普遍信息负载过量,特别是网络冗余信息过多,或被调查者出于对自身隐私的保护,对于调查问卷类的信息更多抱以负面态度采取回避或拒绝。因此网络调查的"无回应"造成的低回复率不仅需要加倍增大调查问卷的发放范围,更重要的问题在于,过低的回复率使得调查数据的获取接近于依赖"自发性回应"(Voluntary Response)[2]而进行的调查。"自发性回应"调查中,对问卷进行回应的人,更多是对这个话题有强烈感受的人,而非随机抽取的大众,这样的结果可能并不能很公平的代表一般大众的意见。

第三,受访者在回答问卷问题时的状态难以衡量。在以往面对面或者通过电话进行的访谈中,受访者的状态是需要调查者多加留意并予以适当提醒的,这对于避免造成调查结果失真具有重要意义。而网络平台隔离了调查者和受访者,使受访者处于完全自由的状态。这一方面具有积极意义,让受访者在敏感问题的回答上更可能接近自己的真实情况;而另一方面,可能造成回答问题的随意性,对调查结果产生负面影响。对此较为有效的方法是,在问卷中加入一些陷阱问题,测试同一受访者对同样问题(不同表述)回答的前后一致性,以此测试受访者(参与者)是否认真作答,并借此甄别和排除无效问卷。

第四,受访者填写问卷过程中没有调查者参与,无法及时沟通和反馈,所以网络调查问题要精简,易于理解而无歧义。另外研究者需要对问卷的总长度进行控制。研究显示,网络调查问卷的长度要控制为受访者在 12 分钟以内可完成做答,这可减少受访者半途放弃填答的情况。

美国有句谚语:你不必吃一整头牛,才知道肉是老的。这也就是抽样的精髓:从整体(Population)中选取一部分样本(Sample),对样本进行抽样调查(Sample Survey),用抽样调查结果推断整体。而通过网络进行的调查能打破时间、空间的局限,加快各环节的进展,让调查过程从一系列庞杂的体力劳动升级成为技术密集型工作,但是与此同时,调查者必须清楚网络抽样会带来怎样的偏差,并通过合理设计的调查方案,控制这些由调查方式带来的偏差。

(五)组合式调查

面对面调查、电话调查、邮寄调查、网络调查等调查方式具有各自的优势,因此在一些调查项目中,调查者需要根据调查的议题把两种甚至多种调查方法共同配合使用,以发挥每种方法的优点,得到最科学、全面的调查结果,这样的调查被称为"组合式调查"。比如中国互联网络信息中心(CNNIC)发布的《我国互联网络发展状况统计报告》就同时运用了网络调查和电话调查两种方式共同完成,并

---

[1] 方佳明,邵培基.影响网络调查适用性的因素分析[J].管理学报,2006(7):493-497.
[2] 自发性回应是指受访者接触到问卷之后自行决定,是否要对收到问卷进行回应。如就出租车价格的议题对社会民众开展调查,出租车司机更乐于对这个话题发表看法,因此在所有收到的问卷中,来自出租车司机的问卷所占比例会超出出租车司机在所有人群中所占比重。

给予不同的调查方式以不同的内容分工:通过在线问卷投放了解网民的网络使用习惯,而中国网民总量等信息则是通过电话号码随机抽样调查获得,以两种方式共同获得我国互联网当下发展的全貌。另外一项由美国研究者发起的对美国医生进行的调查,在试调查阶段,调查者发现问题回答率偏低。为了寻找原因,调查者进行了两次来自调查总体的医生的焦点小组访谈(Focus Group),访谈中的重要发现是医生需要一种和他们的工作日程有相当相容性的调查方法。通过访谈,研究者了解到,医生希望采用的方法是电话调查或邮寄问卷。这种方法果然奏效,正式调查的回答率比试调查提升了40%左右。因此调查者需要根据调查目的、调查内容和调查对象选择合适的调查方式,如果有必要,合理使用两种甚至更多的调查方法,以组合式调查,将会更全面深入的接近问题的全貌。

二、内容分析法

内容分析法(Content Analysis)指用客观性、数量化的方式将研究对象的文本符号进行编码、记录的研究方法,是一种主要以各种文献为研究对象的方法。在社会科学三大定量研究方法(调查法、内容分析法、实验法)中,内容分析法是唯一一种传播学领域土生土长的研究方法。第二次世界大战期间的美国学者拉斯韦尔等人组织了一项名为战时通讯研究的工作,以德国公开出版的报纸为分析对象,运用定量和统计学的方法来进行内容分析,获取有效的德国军政情报,并以此开创了内容分析法。20世纪50年代美国学者,拉斯韦尔的主要合作者贝雷尔森发表《传播研究的内容分析》,确立了内容分析法的地位。

进入网络时代,网络把人类社会带入一个以PB(1024TB)为单位的结构化和非结构化数据信息的新时代。网络在经年累月的信息传输和存储过程中积累起海量数据,这些数据具有数量庞大、类型多样、内容丰富、结构复杂、变化频繁、质量不一等特点。而内容分析法可以把原来定性研究的问题转为定性和定量相结合的问题来研究,这种研究方法有着其他定性方法无法比拟的系统性、客观性和定量性。因此,内容分析法在分析网络数据方面更是大有用武之地。[1]

(一) 内容分析法的优点

1. 客观化程度高

内容分析法是用客观的、数量化的方式将研究对象的文本符号进行编码、记录的研究方法。作为一种结构化程度最高的社会科学研究方法,其研究结果更加客观。

2. 精确定量

内容分析的结果常常表现为大量的数据表格、数字及其分析。与"大多数电视节目里充斥暴力行为"的主观认定不同,内容分析结果的标准表述是:"在某年某个时间段的某个电视节目里,至少有60%的镜头展示了暴力行为",该种表述是一种客观、系统和定量的描述。

3. 利用内容分析法得出的结论可以进行对比分析

社会科学领域的调查研究,无法避免的是研究者的仁者见仁,智者见智。但是内容分析法具有标准化和客观化的特征,建立在合理操作的基础上,能够把人为影响因素降到最低,方便研究者将自己的研究结论和别人进行对比,另外也可通过内容分析进行跨地区、跨文化之间的对比研究。

4. 可以适用于总体很大的文献研究

在当今信息时代可借助数据查找等技术手段完成内容搜索和统计,减少工作量,同时大大降低手工操作可能出现的误差。在浩如烟海的文献中寻找一个词语在过去是一项繁重的任务,而今借助计算机手段可以很轻松的完成找寻和计数等统计过程。

---

[1] 孙瑞英.从定性、定量到内容分析法——图书、情报领域研究方法探讨[J].现代情报,2005(1):14-18.

内容分析法最大的缺点在于,由于对编码过程要求做到完全的客观和严谨,因此对作者字里行间的含义难以捉摸;另外同样的符号,可能具有多种意义,在这种情况下会出现编码困难。此外出于资料保密的需要或者文献保存的问题,有些资料的难以获取也成为内容分析法的一个障碍。

(二)内容分析法的步骤

作为一种科学性的调查和研究方法,内容分析法需要遵循严谨的研究步骤:

(1)阅读相关文献,回顾前人成果。

(2)提出研究目的,清晰界定研究问题或假设。

资料的收取和分析是繁重而精细的工程,内容分析首先要有明确的意图。这些是在整个研究过程开始前,必须确定好的方向性框架。这将有助于明晰资料的收集范围。

(3)抽取样本。

在分析过程中,很难做到对全部内容进行普查,在这种情况下,必须确立好抽样框,用科学严谨的方式进行抽样,应选择最有利于分析目的,信息含量大,具有连续性,内容体例基本一致的文献进行研究。

(4)选择分析单元,建立分析类目。

即确定分析所需的各项考察因素,这些因素都应与分析目的有一种必然的联系,如单词或单个符号、主题、人物以及意义独立的词组、句子或段落及至整篇文献都可以作为分析单位,可对内容出现的时间、出现频率、字数、内容出现的位置进行取样。通过网络进行的取样可以包含阅读量、评论量、转发量、转载量、传播路径等内容。内容分析的核心问题在于建立分析内容的类目系统,这种系统的构成随着研究主题的不同而变化,在有效的类目系统中,所有的类目都应具有互斥性、完备性和可信度。另外在进行网络平台的内容分析时,还特别需要注意妥善备份留存好取样时的原始资料,防止过后因为网络内容更新,而无法找回抽样时获取的内容。

(5)编码。

将文字、选项等非定量信息按照编码规则转化为定量信息,并且录入数据处理软件。

(6)定量数据的处理与统计分析。

数据仅仅是对资料的描述,分析是要找寻规律性的现象、关联以及未来的发展趋势。首先要对分析单元进行编码,把数字语言转换成计算机能识别的符号,在采用计算机处理数据的情况下,再使用统计分析法统计各类别出现频数、语义强度或空间数额。一般认为频数计量法是文献定量研究中使用最广泛的统计分析法,即统计每一变量值的出现频数即所占百分比。而借助更专业的统计分析工具,可以完成对不同地域、国家、文化类型下样本的统计学对比。另外,可以基于已有数据,对未来的变动情况做出合理的预测。

(7)解释与检验。

研究人员要对量化数据做出合理的解释和分析,并与文献的定性研究结合起来,提出自己的观点和结论。分析结果还要经过信度和效度的检验,这样才具有最终说服力。

内容分析法是一种借助于量化方法将非定量的文献材料转化为定量数据的研究方法,在以往常常用于传播者创造文献的分析和解读。在传媒生态发展至 Web 2.0,消费者创造内容(User Generated content,UGC)时代随之来临。而消费者这些有意或无意留下的行为记录中含有海量的消费者信息,具备内容分析的潜在价值,广告人对消费者的购买历史和他们在网络世界留下的行为记录综合起来,并整理成可被分析利用的形式,在广告策划创意、媒介采买、产品设计、营销方式选择等领域,成为基础性的决策依据。在全世界范围内,数据对于整个广告界的作用也越来越明显。

由于在数据量上具有的明显优势,近年来社交网络占据了消费者数据的核心和制高点。其中贡献最大的当属美国的Facebook,这个由马克·扎克伯格于2004年创立的社交网站在十年间已经有超过9亿的用户,已经成为第三大人口国,并建立起一套影响全世界的社交图谱(Social Graph),在网络上构建出每个人以及与他人之间的联系。Facebook的传奇不止于在十年间由一个从卧室起家的创业公司发展为拥有9亿用户的公司,更在于这个社交图谱把消费者和市场上的品牌和营销信息紧密连接在了一起,这样的链接本身就暗藏了巨大的商业空间。

在世界范围内以社交网络平台占据庞大用户数据的还有Twitter,Twitter目前已经具有5亿个用户,中国的新浪微博拥有3亿个用户。在我国,人人、微博上的信息已经得到广告人的重视,他们将关键词进行提炼、整理和分析,在广告的创意和设计过程中作为消费者信息的相关参考。

三、Cookie技术

在现代信息技术的支持下,Cookie也成为互联网调查的一项利器。虽然Cookie技术并非三大主流定量分析方法(调查法、内容分析法、实验法)之一,但在很大程度上,它是一个依存于技术层面的名词,借助于互联网,它成为收集消费者信息的重要工具,其作用在定向传播时代也显得更加重要。

计算机语言中,Cookie指的是当你浏览某网站时,网站存储在电脑上的一个小文本文件,伴随着用户请求和页面在Web服务器和浏览器之间传递。它记录了用户的ID、密码、浏览过的网页、停留的时间等信息,用于用户身份的辨别。它可以把用户的上网信息储存在浏览器的存储器中。一旦用户浏览某个使用Cookie技术的网站超过一定时间,网站就会把相关的信息下载到用户的浏览器上并存储起来。网站站长可以借助Cookie技术收集消费者信息。企业可以更详细地了解消费者的上网特征甚至购买行为,Cookie已经成为收集消费者信息的优秀工具。通过Cookie与电子问卷调研等手段收集的信息结合在一起,调研者就可以了解用户上网特征,包括用户人口统计数据、消费心理数据等,并利用这些数据进行精准广告投放。这些数据对消费者真实网络访问情况的还原程度很高,而且后台数据的搜集、处理是通过计算机自动完成,大大省去了进行数据整理和统计的时间。比如我们在上网时常常碰到的情况是,如果在网上搜索过汽车相关的信息,或者浏览过汽车类网站,很快就会有来自各网站的汽车类展示条幅或视频推送广告出现在屏幕上,这就是基于Cookie技术的广告定向投放。

这样的技术已经成为当下互联网广告精准投放的法宝。如易传媒相似人群(look-alike)技术就是一套实时分析计算并扩大补充目标人群数量的技术,该技术将6大维度(即人口属性、上网时间、上网场所、地域/IP、浏览历史、点击历史)与每一个Cookie展现的互联网行为的相似程度相匹配,找寻最相近、最匹配的人群为"类目标受众",进行人群扩大及补充,使广告投放效率最大化。

第四节　大数据助力传播学研究

一、大数据的产生和发展

大数据(Big Data)这个概念最早提出于20世纪80年代,随后的20多年里,伴随着互联网和IT技术的发展,美国企业界、学术界对它不断地加以探索和研究,2010年推出了《规划数字化的未来:美国总统科学技术顾问委员会给总统和国会的报告》,再到2011年麦肯锡咨询公司发布的研究成果《大数据:下一个创新、竞争和生产率的前沿》,将这个概念进行大范围的推广。直到2012年3月29日,奥巴马宣布将投入2亿多美元立即启动"大数据发展和研究计划(Big Data Research and Development Initiative)",

从而引起了产业界、科技界和政府部门的高度关注。① 在维克托·迈尔-舍恩伯格及肯尼斯·库克耶编写的《大数据时代:生活、工作与思维的大变革》中"大数据"的定义被归纳为4个V:海量的数据规模(Volume)、快速的数据流转和动态的数据体系(Velocity)、多样的数据类型(Variety)和巨大的数据价值(Value)。大数据首先要考虑的应该是"大"——海量的数据规模。谷歌执行董事长艾瑞克·施密特曾说,现在全球每两天所创造的数据量等同于从人类文明至2003年间产生的数据量的总和。另外,舍恩伯格提出了大数据时代的三大思维变革:不是随机样本,而是全体数据;不是精确性,而是混杂性;不是因果关系,而是相关关系。②

在新闻领域,数据新闻奖(Data Journalism Awards,DJA)2012年首度设立,它是国际上第一个表彰数据新闻领域优秀工作的专业竞赛;美国政府早已利用Google分析国内流行感冒的发病趋势。进入2013年,大数据被越来越多地提及,它已经上过《纽约时报》《华尔街日报》的专栏封面,进入美国白宫官网的新闻,并频繁出现在互联网、移动互联网、电商、电信、金融等领域的大佬们的话语中。

基于互联网Web 2.0背景的"大数据"时代已悄然来临,这为社会科学研究的数据收集与分析提供了前所未有的机遇。数据科学让我们越来越多地从数据中观察到人类社会的复杂行为模式。"以数据为基础的技术决定着人类的未来",这是巴拉巴西(Albert-Laszlo Barabasi)在《暴发》一书中文版发行所撰写的推荐语。该书提出:"人类行为93%是可预测的",这是大数据时代背景下预见未来的新思维,阐述了如何从大数据中塑造未来美好世界的正能量。

不同于"天空中没有留下鸟的痕迹,但我已飞过",人们不论是网上聊天、购物还是浏览网页、发微信、微博,都会或多或少留下记录,这些记录以数据的形式被存储下来。随着移动互联网的迅猛发展,无论在何时、何地、何处,手机等各种网络入口以及无处不在的传感器等都会对个人数据进行采集、存储、使用、分享。而大量的数据结合起来,通过分析,不难还原出一个人的"样子"——数据化的形象。

很多人在浏览网页时都有这样的体验,网站上的广告位所出现的广告往往是自己最近浏览过的产品,或是最近搜索过的内容,这背后就是大数据在营销上的应用。

二、传播学领域的大数据运用

在传统媒体领域,大数据的运用是互联网技术和传统媒体平台之间双向信息联动的结果。央视作为我国影响力最大、最权威的媒体,已经在积极推动大数据与新闻报道相结合。2014年,央视《晚间新闻》开辟了大数据板块,用大数据洞察社会,从数据中发现新闻。2014年春运期间,《晚间新闻》推出特别节目"据说春运",采用百度地图LBS定位的可视化大数据,播报国内春节人口迁徙情况。通过百度迁徙的数据研究春运人口流向,可以为交通部门制定政策、提供服务作为参考,同时也可以为企业和个人提供参考,具有很大的社会价值。随后的"据说春节"使用了微信大数据播报"抢红包"盛况。2014年3月两会期间,央视《晚间新闻》推出"据说两会",通过360搜索的数据发现"雾霾是什么""怎么预防雾霾"成为两会期间上升最快话题。这种数据说两会的方式更宏观的将老百姓关心的问题提炼并将其直观的表现出来。央视新闻通过"据说春运""据说春节"特别节目做出了大胆创新,从效果来看,让新闻更加贴近观众,提升了节目的信息量和可视性,为电视新闻的创新注入了新的活力。

大数据的统计离不开互联网平台上的各种搜索引擎和社交媒体,它们是进行大数据统计的主要渠道。难能可贵的是很多数据平台的信息是相对开放公开。比如新浪微博的评论数和转发量、视频的播放量和好评分数等,这些都是可以通过公开进行数据统计活动。

---

① 喻国明,王斌,李彪,杨雅.传播学研究:大数据时代的新范式[J].新闻记者,2013(6):22-27.
② 维克托·迈尔·舍恩伯格,肯尼斯·库克耶.大数据时代:生活、工作与思维的大变革[M]. 杭州:浙江人民出版社,2013.

"微博是地球的脉搏",美国《时代周刊》如此评价微博强大的信息传播力。自2009年测试版上线,新浪微博在四年时间里,改变了人与人的交流与生活,改变了媒体圈的信息传播流程,甚至重塑了社会信息的流动模式。微博的影响渗入社会生活的每一个层面,大至政府机关,小至路边摊店,都在微博平台上构建着自己的人际关系圈。建立在这样的影响力之上,微博平台成为大型舆情事件的核心策源地以及越来越多小微话题的发起平台,制造了人们社交生活中争相讨论的一个又一个热门看点。新浪微博作为新兴的社会化平台,其大数据价值也逐渐得到凸显。新浪联席总裁兼首席技术官许良杰表示,在新浪微博6亿个多个用户中,有76.5%的用户是通过手机获取信息,由于手机具备实时性的特点,使信息传播更加透明,新闻延时趋近于等于0,社交媒体正打破信息传播的壁垒。新浪微博在过去3年多时间里记录整个中国社会,小到购买了一杯咖啡、一次购物体验,大到灾难救援,新浪平台积累了海量数据,但是作为平台运营商,如何把这么多纷乱的数据梳理、挖掘、分析是一个很大的挑战和机会。新浪通过研究这些数据能够更精准的为每个用户服务。比如对刚刚抵达泰国的旅游用户推送当地的旅游信息、热门景点以及电话费用信息等。如果微博这样的社交平台能够对用户的特性有比较深刻的理解,就可以把广告推荐变成基于用户需求的精确推送,而不只是强硬的广告推广。

2013年新浪微博与阿里巴巴联姻,其用意之一也在于数据价值的获取:新浪微博6亿个用户有不同的兴趣节点,海量网络数据的背后是拥有各种习惯和爱好、相互联系的人群。用户的购物行为和倾向可以通过后台的数据处理获取。新浪微博正是要在搭建好大数据平台的基础上,实现精准的广告投放。

随着互联网的发展,我国网民数量已经突破6亿个,网民和电视观众这两个群体高度重合。媒体可以利用基于互联网大数据平台的分析结果,一方面通过数据了解观众关注的话题,另一方面用数据为观众进行话题解读。这些就是方兴未艾的"大数据新闻",其兴起及其被受众认可的状况彰显了互联网时代下大数据可视化的广阔前景。如何利用好互联网上丰富的数据资源,从中挖掘出有价值、有意义的信息,是所有媒体未来都应该探索的问题,同时也对媒体人提出了更高的要求。

大数据也为与之相关联的每个领域都带来了新的挑战。互联网尤其是社交网络、电子商务和移动通信把人类社会带入一个以PB(1024TB)为单位的结构化和非结构化数据信息的新时代。大数据的真实价值就像漂浮在海洋中的冰山,第一眼只能看见冰山一角,绝大多数都隐藏在表面之下。大数据所涉及的资料量规模巨大到无法通过目前主流软件工具进行处理和识别,另外大数据的数据结构相对驳杂,是一种非结构化的数据呈现,因此需要相应的非结构化的数据库相对接,无论在数据分析能力还是技术条件层面都提出了新的要求。在当前这样信息超载的时代,对海量信息的处理显得格外重要。无论应用于新闻还是广告、营销,不仅需要较高的信息敏感性,更需要媒体人具备一定的数据挖掘、分析能力,能够从海量数据中及时的挖掘出有效的新闻和消费者信息,发现隐含的规律。"不要被大数据的BIG误导,大数据更强调的不是数据大,而是数据挖掘。"在第十届国家信息化专家论坛上,邬贺铨院士指出,大数据更需要强调数据挖掘利用,如何从海量的数据中挖掘并提炼出隐含的规律和模式,才是大数据时代最为核心的资源和能力。

自2014年开始,"大数据"不再作为概念进行传播,而是作为战略布局深入各地区引领社会经济发展。这都预示着2014年或将成为大数据元年。

第五节　著名网络调查机构

一、中国互联网络信息中心(CNNIC)

中国互联网络信息中心(China Internet Network Information Center,CNNIC),是经国家主管部门批准,于1997年组建的管理和服务机构,行使国家互联网络信息中心的职责,负责管理维护中国互联网地址系统,权威发布中国互联网统计信息,代表中国参与国际互联网社群。

CNNIC的主要职责包括以下方面:第一,互联网地址资源注册管理。经信息产业部批准,中国互联网络信息中心是我国域名注册管理机构和域名根服务器运行机构。第二,负责运行和管理国家顶级域名."CN"、中文域名系统及通用网址系统,以专业技术为全球用户提供不间断的域名注册、域名解析和"Whois"查询服务。第三,是亚太互联网络信息中心(APNIC)的国家级IP地址注册机构成员(NIR)。第四,以中国互联网络信息中心为召集单位的IP地址分配联盟,负责为我国的网络服务提供商(ISP)和网络用户提供IP地址和AS号码的分配管理服务。

CNNIC负责开展中国互联网络发展状况等多项互联网络统计调查工作,除了对国家和政府的政策研究支持,也会为企业、用户、研究机构提供互联网发展的公益性研究和咨询服务。其统计调查的权威性和客观性已被国内外广泛认可,得到国际组织(如联合国、国际电信联盟等)的采纳和赞誉,部分指标已经纳入我国政府年度统计报告。如每逢1月和7月发布《中国互联网络发展状况统计报告》权威公布网民数量、IP和域名等基础资源状况,以及互联网应用情况等中国互联网基础统计信息。

另外,CNNIC的目录数据库服务包括:负责建立并维护全国最高层次的网络目录数据库,提供对域名、IP地址、自治系统号等方面信息的查询服务。

在国际交流与政策调研方面:作为中国国家互联网络信息中心,CNNIC与相关国际组织,以及其他国家和地区的互联网络信息中心进行业务协调与合作,承担中国互联网协会政策与资源工作委员会秘书处的工作。

据2014年1月统计中国互联网络信息中心在京发布的《第33次中国互联网络发展状况统计报告》,截至2013年12月底,我国网民规模达到6.18亿人,全年新增网民5358万人。互联网普及率为45.8%,较2012年底提升3.7%。最引人注目的是,2013年,中国网络购物用户规模达3.02亿人,使用率达到48.9%,相比2012年增长6.0%。

二、艾瑞市场咨询(iResearch)

艾瑞咨询集团是我国最早面向网络,进行网民行为研究和网络广告监测的市场研究机构,于2002年成立于上海。其通过艾瑞网定期公布行业数据,用户行为、网络流量的监测报告,所定期提供的互联网数据报告涵盖了电子商务、搜索引擎、移动互联网、网络视频、网络游戏等互联网领域,并基于互联网数据库开发出一系列互联网平台的专业评估工具、网络营销分析工具、网络用户分析工具、网络服务分析工具。艾瑞市场咨询目前的主要服务产品有iAdTracker(网络广告监测分析系统)、iUserSurvey(网络用户调研分析服务)、iDataCenter(网络行业研究数据中心)等。

艾瑞网面向网络媒体、电子商务、网络游戏、无线增值等新经济领域,为网络行业客户及传统行业客户提供市场调查研究和咨询,每年发布中国网络经济、电信增值等新经济领域数十个行业研究报告,为客户提供有针对性的行业发展趋势分析,其观点和数据报告被广泛应用于各大主流媒体和上市公司财报。另外,艾瑞咨询集团研究院于2009年初成立,其观点和数据报告也被广泛引用,并形成涵盖整个互联网各热点领域的"艾瑞观点"。

三、AC 尼尔森

AC 尼尔森公司(AC Nielson)由阿瑟·查尔斯·尼尔森于 1923 年创建于美国,总部位于纽约,现属荷兰 VNU 集团,在全球的市场研究公司中长期占据领导地位。

AC 尼尔森公司在创立之初即推动了市场调查这一新领域。公司对新产品进行市场测试,斥资进行大规模市场推广和生产前,衡量产品的发展潜力;通过对随机样品的测算来计算产品的销售情况,从而决定市场份额。现在 AC 尼尔森已经为全球超过 100 个国家的客户提供市场动态、消费者行为、传统、新兴媒体监测及分析的服务。

AC 尼尔森是最早(1984)进入中国市场的世界著名市场调查公司,在中国,它的服务对象主要是全球著名跨国公司。AC 尼尔森较早进入中国市场的原因是基于客户的需要,因为任何一家跨国公司在进行跨国经营时,一个重要问题就是即将进入的市场是否能很好地接受来自另一种文化的跨国品牌,新进入的品牌是否会产生水土不服,为了解决这样的问题,跨国公司最先考虑的合作机构就是市场调查公司。跨国公司营销主管对于市场调研的作用有一个形象的说法:市场调研就像是一个灯塔,为我们在信息爆炸、千变万化的市场竞争河流中指明方向。AC 尼尔森也是全球最成功的市场调查公司之一,这家具有九十多年发展历史的跨国公司,调查网络覆盖 100 个国家,客户达 9000 家。遍布全球的客户依靠 AC 尼尔森的市场研究、专有产品、分析工具及专业服务,以了解竞争环境,发掘新的机遇和提升他们市场及销售行动的成效和利润。此外,AC 尼尔森还提供大量先进软件,以及建模和分析服务。这些产品帮助客户综合广泛的信息,加以评估,判断发展机会和计划未来的市场营销活动。

四、Jupiter Media

2000 年 6 月,调查公司 Media Metrix 公司和 Jupiter 通信公司同意合并,交易额达到 4.14 亿美元。他们的研究数据提供网站公司的动场分析数据方面越来越有名气,已经成为网站公司兴衰与否的晴雨表。Media Metrix 500 是网站公司的排放榜,已经成为网站公司的不动产。Media Metrix 跟踪调查的网站数达到 21000 个。Jupiter 公司则拥有不少专门从事诸如消费电子和在线音乐调查的专业市场分析家,该公司主办过不少研讨会,内容包括在线广告,无线通信市场以及互联网对财经服务业的影响等等。合并后 Jupiter Media Metrix 公司将可以挑战大的技术调查公司,其市值将达到 10 亿美元,公司计划扩大其全球的业务范围,包括英国、德国、法国、日本、澳大利亚和巴西。Jupiter Media 是美国最早从事互联网用户访问率(ratings)研究测量的公司,并于 1996 年 1 月发布了第 1 份美国互联网使用情况报告。

五、Alexa

Alexa(www.alexa.com)是一家专门发布网站世界排名的公司。以搜索引擎起家的 Alexa 于 1996 年 4 月创建于美国加州,1999 年被亚马逊收购,成为后者的全资子公司。Alexa 初创时的目标是让互联网网友在分享虚拟世界资源的同时,更多地参与互联网资源的组织。Alexa 每天在网上搜集超过 1000GB 的信息,不仅给出多达几十亿的网址链接,而且为其中的每一个网站进行了排名。可以说,Alexa 是当前拥有 URL 数量最庞大、排名信息发布最详尽的网站。

Alexa 的网站世界排名主要分两种:综合排名和分类排名。综合排名也叫绝对排名,即特定的一个网站在所有网站中的名次。Alexa 每三个月公布一次新的网站综合排名。此排名的依据是用户链接数(Users Reach)和页面浏览数(Page Views)三个月累积的几何平均值。分类排名也有两种分类方式,一是按主题分类,比如新闻、娱乐、购物等,Alexa 给出某个特定网站在同一类网站中的名次。二是按语言分类,目前共分 20 种语言,比如英文网站、中文简体和中文繁体等。Alexa 会给出特定站点在所有此类语言网站中的名次,还会根据网民对网站的评论,在综合排名信息中,用"星"来给网站评一个等级,最高为"5 星"。国内网站排名最靠前的是百度,得了"三星半"。

Alexa 排名已经成为互联网行业最受关注的指数,其高低直观显示了网站受到网友关注的程度。当前世界排名最靠前的网站一到四位为:Facebook、Google、英文网站 Youtube、Yahoo;来自中国的百度、腾讯、淘宝分列第五、第七和第九名。

六、NetValue S. A.

NetValue S. A. 是一家国际互联网用户调查公司,提供最全面的互联网用户调查数据。NetValue 利用该公司发展的专门技术,以最具代表性的固定样本群为研究基础,调查网民的网上活动。NetValue 根据样本群研究,为客户提供可靠数据,帮助他们扩展网上商机,客户包括 Freeserve、MSN、SociétéGénérale、Salomon Smith Barney、雅虎、Modem Media、搜狐、NBCI、奇摩站、Tom. com、21cn. com 及 AD007 等。

NetValue S. A. 于 1998 年成立于法国,现在在法国、德国、墨西哥、瑞典、挪威、丹麦、西班牙、英国及美国均设有样本群。其分公司 NetValue 有限公司则以中国香港为总部,在中国、香港、韩国、新加坡及中国台湾均设有样本群。

NetValue 与模范市场研究社(Taylor Nelson Sofres)合作,在全球多个国家设立样本群,而中国的样本群则依靠央视调查咨询中心(Central Viewer Survey and Consulting Center)提供。各地的调查均依照同一方法进行:先在每个国家进行母体结构基础调查(Establishment Survey),以确定该国的网民人数以及互联网渗透率、主要网络供应商、用户上网时间、网民个人资料及他们的经济情况等。至于有关网民的最新资料,则通过每月随机抽样方式,以电话访问取得。网民成为 NetValue 的样本群之后,会将该公司的专利调查软件 Netmeter TM 下载到他们的家庭电脑,令 NetValue 可测量他们一切网上行为,包括浏览网页、电子邮件、聊天室、档案传送、影音媒体下载、及即时信息传递等。

七、盖洛普(Gallup)

盖洛普公司(The Gallup Organization)由美国著名的社会科学家乔治·盖洛普于 1935 年创立于美国新泽西州。其创始人盖洛普博士作为抽样调查方法的创始人、民意调查的组织者,几乎成为民意调查活动的代名词。公司成立近七十年来,已经成为全球知名的民意测验、商业调查和咨询公司。盖洛普公司于 1993 年进入中国,为中国客户提供战略咨询服务。

盖洛普公司开创了闻名世界管理界的盖洛普 Q12 测评法,该方法是评测员工敬业度最经典、最简单和最精确的方法,也是测量一个企业管理优势的 12 个维度的方法。它包括 12 个问题,盖洛普通过对 12 个不同行业、24 家公司的 2500 多个经营部门进行了数据收集,然后对它们的 105,000 名不同公司和文化的员工态度进行分析,发现这 12 个关键问题最能反映员工的保留、利润、效率和顾客满意度这四个硬指标。这就是著名的"Q12"。

与盖洛普公司一样用盖洛普命名的还有盖洛普民意调查(Gallup Poll),但这是美国舆论研究所进行的调查项目之一,每年进行 20~25 次,总统大选年略多。调查内容包括政治、经济、社会等。采用简单随机抽样的调查方法,在全国各州按比例选择测验对象,派调查员面访,然后统计调查结果,分析并作出说明,提供给用户。作为一种观点的民意测验,它常常出现在各大媒体报端,用于代表民意。

八、央视-索福瑞(CSM)

央视-索福瑞媒介研究有限公司是 CTR(央视市场研究股份有限公司)与 Kantar Media 集团共同建立的合资公司,自 1997 年成立以来,致力于专业的电视收视和广播收听市场研究,为中国内地和香港传媒行业提供符合国际调查标准的、不间断的视听调查服务。在中国视听率调查市场,央视-索福瑞依托央视的强大背景和营销优势一直占据着市场主导地位。

截至 2014 年 1 月,CSM 已建立起 177 个提供独立数据的收视率调查网络(1 个全国网,25 个省级网,以及包括香港特别行政区在内的 151 个城市网),通过测量仪和日记卡的形式对 1204 个电视频道的收视情况进行全天不间断调查;同时,CSM 也已在中国 35 个重点城市及 4 个省开展收听率调查业务,对 449 个广播频率进行收听率调查。近年来,CSM 已经假借其在传统媒体受众分析领域的优势,涉足新媒体受众研究领域。2008 年 6 月,在北京奥运会开幕前夕,CSM 推出"360 度跨媒体研究"和"CCTV.com 奥运全媒体受众效果评估"等项目,首次实现对电视、广播、报纸、杂志、互联网、户外电视和手机电视的跨媒体测量。由此也能看出,在新媒体时代,CSM 的优势在于将传统媒体和新媒体相结合的"全媒体覆盖"。

CSM 在国内传统媒体的影响力无可比拟,每个电视频道都会订阅 CSM 在本地的收视率数据。它像是一位"裁判",在看不见的幕后对一档节目、一部电视剧、一家电视台是否成功进行了评判,决定他们的节目内容是否能赢取观众认可,决定广告收视点以及广告价格。

比如河南电视台作为面向河南省的地方电视台,可向 CSM 购买所有电视台在河南省内的收视数据,而河南卫视则可单独购买其在省外落地省份的收视率数据。

依托其在传统媒体领域的强势地位,CSM 已经展开对新媒体领域的探索。2014 年 1 月,(CSM)与新浪微博达成战略合作,将共同推出微博收视指数,为电视媒体从社会化传播的维度开展节目评估、营销传播提供标准化分析工具。社交化传播是当前国内外电视媒体发展的新趋势,也是电视行业与社交媒体共同关注的热点。这项合作将围绕新浪微博讨论数据,将电视节目的观众收看行为和新浪微博讨论进行对照分析,进行跨媒体的受众调查,推出微博收视指数等标准化产品,结合电视节目收视数据,为电视媒体业界分析电视节目的社交化传播效果及全媒体传播整合效果提供定量的数据支持,并探讨电视收视率与微博讨论热度之间的深层次的互动关系。[①]

第六节 网络调查组织与实施

网络调查通常通过建立调查问卷,由访问者完成问卷再将数据返回后进行数据的汇总和分析。本节就调查问卷的建立、量表的类型、定义总体和确立抽样框、确定样本容量等步骤进行讨论。

一、调查问卷

(一)调查问卷的结构

调查问卷的基本结构包括标题、前言、答题指导、问题和选项、被调查者的基本情况、问卷编号等六大部分。

---

① 央视-索福瑞.新浪微博强强联手打造国内首个微博收视指数[EB/OL]. http://www.csm.com.cn/index.php/Home/News/show/id/321.html.

1. 标题

简要的说明调查的主题,让被调查者对于所要回答的问题形成一个大致的了解。网络调查的标题更要一目了然,用语严谨,并且要引起被调查者的兴趣。

2. 前言

问卷开头需要包含一封致被调查者的短信,向被调查者介绍调查者的身份,调查的目的、意义,调查结果的应用范围以及个人信息的保密措施等内容。调查者的单位及联系方式等信息也应该包含在内,另外在问卷结尾处还应对受访者表示感谢。在调查中,被调查者对于调查主办方和调查目的都是陌生的,而网络调查的调查者和被调查者更是分出不同的时间和空间,如果没有自我介绍和相关情况的说明,很难争取到被调查者的支持与合作。网络调查前言的措词应精心切磋,做到言简意明,亲切诚恳,使被调查者打消疑虑,乐意合作,认真填好问卷。

3. 答题指导

指导被调查者如何完成问卷的提示语,从整体上说明填答问卷的要求和注意事项。

4. 问题和选项

这是调查问卷的主体部分。调查问卷作为实现调研目的和收集数据的必要手段,在问题和选项设计中要求非常严格。调查项目的不同提问形式、提问方法,甚至题目编排顺序都会影响资料的真实性。网络调查的优势之一即是可以设置题目的跳跃逻辑。

为了避免被调查者在答题时出现疲劳状态、随意作答或不愿合作,问卷篇幅要尽可能短小,问题要尽可能简练准确,题目量最好限定在20~30道,每个问题都必须和调研目标紧密联系,并需要考虑题目之间是否存在同语重复,相互矛盾等问题。

5. 被调查者的基本情况

在后期数据的分析中,需要将被调查者的人口统计学属性作为自变量进行分析,因此一般需要包括被调查者的性别、年龄、单位类型、教育背景、家庭状况等信息。

6. 问卷编号

问卷编号相当于问卷的身份信息,用以记录问卷的类型,问卷的发放时间和地点,是作为后期审核和分析问卷的必要依据,需要在问卷建立之初予以考虑,并认真填写。

(二)专业调查网站的优势

前文已经讲到网络调查在各方面具有纸质调查方式难以企及的优势,而专业调查网站平台的应运而生以及专业化发展使其具备了更多独有的特点。

其一,这些优点首先表现在灵活的题目逻辑。题目之间可设定跳题逻辑,比如当用户选择女性时,无需回答针对男性的部分问题,可直接跳至问卷设置给女性的问题。

其二,可设置关联逻辑。调查者编辑问卷时,可以设置在问卷打开时不显示某些题目,只有在受访者在前题中选中关联的选项后才会显示。例如下面的例子,如果受访者在问题1中选择"苹果""HTC""三星"三个选项,则接下来第2题的三个空格分别关联"三星""苹果"和"HTC",受访者下一步即可针对其使用过的手机进行回答。

问题1: 您目前正在使用或曾经使用过的智能手机品牌有(可多选)
三星　苹果　诺基亚　HTC　小米　联想
问题2-1: 您对　苹果　品牌手机的操作流畅性＿＿＿＿
非常满意　满意　一般　不满意　非常不满意

问题 2-2： 您对　　三星　　品牌手机的操作流畅性＿＿＿＿＿＿
非常满意　满意　一般　不满意　非常不满意
问题 2-3： 您对　　HTC　　品牌手机的操作流畅性＿＿＿＿＿＿
非常满意　满意　一般　不满意　非常不满意

其三，引用逻辑是指将前面多选题的选项答案引入后面题目的选项中或矩阵题的小题题目中，而前题中未被受访者选中的答案不被包括到后面题目的选项中。例如受访者在问题 1 中选择"苹果""HTC""三星"三个选项，则这三个选项同时链接成为第 3 题的备选项，供受访者选择，而其他品牌则自动隐藏。

问题 3：　使用后让您整体上感到最满意的手机品牌是(单选)＿＿＿＿＿＿
三星　苹果　HTC

其四，提供多选互斥的功能，用于设定当选择某个选项时，就不能选择其他选项。

其五，提供短信随机密码的功能，用户在填写问卷之前必须输入手机收到的随机验证码，而且每个验证码只能使用一次。这样的功能除了能够排除重复作答，还能将手机号码和答卷人相对应，以便开展进一步的调查和分析。

其六，可以分析答卷的来源渠道、填写时间段、地理位置。

其七，可以通过电子邮件发送或者通过代码插入网页(如博客)中，供受访者在线填写问卷。

另外，问卷中需要设计一些陷阱题目(比如同样的问题在问卷的不同位置出现两次，使用略微有变化的陈述和选项设置，对比前后两题的回答是否一致)，以便在后期进行问卷录入和数据前期处理的时候，能够排除随意作答的问卷。

二、量表

以量表的方式让调查对象对问题做出反应，并将要测量的对象分派某些数值，以便赋予这些特性具有数字的特点，以便统计分析的完成。

目前调查研究中使用较广泛的量表当属总加量表(summated scale)和李克特量表(Likert scale)。

(一) 总加量表(Summated Scale)

总加量表也被称为总和量表，它由一组反映人们对实物的态度或看法的陈述构成。回答者分别对这些陈述发表意见，根据回答者同意或不同意给予分数，然后将回答者在全部陈述上的得分加和，从而得到回答者对这一事物或现象的态度得分。如表 8-1，对于网络实名制的态度，即是由六个陈述句构成，每个陈述句后有两种答案。凡回答"同意"者计 1 分，"不同意"者计 0 分，将一个回答者对六个陈述的得分加和就是其对于这个问题的总得分。在此例中，总分最高为 6 分(六个问项全选赞成)，代表受访者对于"网络实名制"强烈反对；总分最低为 0 分(六个问项全选反对)，代表受访者并不反对网络实名制。

表 8-1　总加量表

问项	赞成	反对
网络实名制有利于维护公民正当权益		
网络实名制不会影响您在网上表达观点		
网络实名制会增强网民的自律意识		
网络实名制会减少网络犯罪		
网络实名制会减少不良信息的传播		
网络实名制会带来隐私泄露的风险		

(二)李克特量表(Likert Scale)

李克特量表是由美国社会心理学家李克特于1932年在原有的总加量表基础上改进而成的。该量表由一组陈述组成,每一陈述都对应有"非常同意""同意""不一定""不同意""非常不同意"五种回答,分别记为5、4、3、2、1,每个被调查者从五个选项中勾选自己的态度,由研究者将受访者的态度转换为所对应的分值,整理录入软件。总分就是他对各道题的回答所得分数的加总,这一总分可说明态度强弱在这一量表上的不同状态。量表的优势在于,能将受访者的态度固化为具体的数字选项,对应到 SPSS 的变量类型则是定序变量(Ordinal),方便后期的数据分类和统计处理。例如对于上文中关于网络实名制的调查问卷量表,可被扩展为李克特量表,如表8-2所示。

表8-2 李克特量表

问项	极度赞成	赞成	无所谓	反对	极度反对
网络实名制有利于维护公民正当权益					
网络实名制不会影响您在网上表达观点					
网络实名制会增强网民的自律意识					
网络实名制会减少网络犯罪					
网络实名制会减少不良信息的传播					
网络实名制会带来隐私泄露的风险					

三、定义总体和构建抽样框

在建立样本的过程中,最重要的两个问题即为定义总体和构建抽样框。

总体,指我们希望调查的单元的聚合。比如,如果我们准备研究"××地区在校大学生对某个品牌的认可度",那么××地区所有的"在校大学生"即为我们调查的"总体"。

抽样框,指一个(或一些)含有定义的总体单元的清单或信息源,即对可以选作样本的总体单元列出名册或排序编号,以确定总体的抽样范围和结构。

简单随机抽样(Simple Random Sampling),也叫纯随机抽样。指从总体 N 个元素中任意抽取 n 个元素作为样本,使得每一个可能的样本被抽中的概率相等。抽样的样品越多,分散的越随机,越能反应总体的规律,反之,则样本不能很好地代表总体,用样本推断总体也会出现偏差。

方便抽样(Convenience Sampling),指调查人员本着随意性和方便性原则去选择样本的抽样方式。如在街头路口把行人作为调查对象,任选若干位行人进行访问。方便抽样是非概率抽样中最简便、费用和时间最节省的一种方法。但是,如果总体中单位差异较大时,抽样误差也较大。比如在成箱买橘子的时候,为了检查橘子的品质,最容易的做法是打开箱子把最上面的橘子拿出来检查,但这些表层的橘子很可能无法代表整箱的品质。毕竟底层的橘子被压坏的可能性更大,也可能存在有不良商贩故意把品质较差的橘子放在箱子底层。所以如果只从顶层抽样,看到的更可能是"好橘子",而这个抽样过程本身就是"有偏抽样":被抽样的橘子的品质好于它们所代表的总体。因此,一般来说,任意抽样法多用在市场初步调查或对调查情况不甚明了时采用。在网络调查中,一种较方便的抽样方法是利用自己的人际关系网(如腾讯好友或微博、微信的圈子)去散发问卷,这就是一种方便抽样。而我们的朋友很可能和我们具有相似的成长或教育背景,在对某些事的态度上和我们的相似性较大。因此通过自己的关系网进行的方便抽样的结果也可能会偏离整个人群的整体分布情况。方便抽样的调查者要清楚这种抽样方式可能带来的偏差,并且以适当的方法(如前测)加以控制。

滚雪球抽样(Snowball Sampling)是指从总体中的少数成员入手进行调查,然后通过他们的人际关系网再扩大样本范围,最终获得足够数量样本的抽样方法。网络调查过程中,滚雪球抽样首先通过自己的关系网获得第一批样本,再让自己的朋友通过他们的圈子介绍他们的朋友加入调查。这个过程就像滚雪球般由小变大,它解决了总体信息源不足的情况下无法开展正常的概率抽样的难题。

四、样本容量

样本容量即样本规模,指调查的样本总量。样本容量过小,会使调查结果的误差较大,而样本总量过大,则会造成人力、财力和时间的浪费,而一般的调查项目都有预算和时间的双重制约,在这样的制约下,需要平衡调查结果的精确性和预算、时间的制约。因此在调查中往往需要确定出"合适"的样本大小。在一般的社会调查中,调查人员一般根据经验来确定合适的样本容量,通常使用的经验法如表 8-3 所示。

表 8-3 社会调查样本量规模的经验法则[①]

总体规模	样本占总体比重/%
100 以下	50 以上
100～1000	50～20
1000～5000	30～10
5000～10000	15～3
10000～100000	5～1
100000 以上	1 以下

第七节 网络调查数据分析与处理

一、数据分析处理软件

(一) Excel

Excel 作为微软办公软件包 Microsoft Office 的组件之一,是世界范围内普及度最高的数据表格办公软件,在问卷调查、内容分析等定量研究领域应用广泛。网络调查完成数据采集之后,需要调查者将所采集的数据录入或导入 Excel 表格进行数据的规范化预处理。我们可以利用 Excel 的强大数据功能进行一些参数的运算,如均数、极值、方差、求和、百分比、数据比例关系;而且 Excel 带有大量的公式函数可以应用选择,使用 Excel 可以执行复杂计算、分析信息并管理电子表格或网页中的数据信息列表与数据资料图表制作。利用函数可轻松完成数据的查找、数据顺序的重排、行列的转换。另外利用 Excel 的图表功能可以生成清晰美观、一目了然的图表。在 Excel 2010 中使用 SQL 语句,可以灵活地对数据进行整理、计算、汇总、查询、分析等处理,尤其在面对大数据量工作表的时候,SQL 语言能够发挥其更大的威力,快速提高办公效率。无论如何,Excel 被微软定位为具有强大数据处理能力的办公软件,而更专业的数据统计也需要专业的统计软件来完成。目前世界范围内学界和业界较为通用的三大统计分析软件为:SPSS、SAS 和 SPLUS,其中以 SPSS 在传播学和相关社会科学领域中

---

① 袁方.社会研究方法教程[M].北京:北京大学出版社,2004.

的应用最为广泛。

(二) SPSS

SPSS(Statistical Product and Service Solutions)中文名为"统计产品与服务解决方案",它是当今社会科学学科中最为主流和通用的软件,也是世界上最早的统计分析软件,由美国斯坦福大学的三位研究生于1968年研发成功,同时成立了 SPSS 公司,此公司于2009年被 IBM 公司收购。该软件每年更新,现已推出 SPSS2.0 版本。最初软件全称为"社会科学统计软件包"(Solutions Statistical Package for the Social Sciences),但是随着 SPSS 产品服务领域的扩大和服务深度的增加,SPSS 公司已于2000年正式将中文全称更改为"统计产品与服务解决方案",这标志着 SPSS 的战略方向正在做出重大调整。SPSS 成为 IBM 公司推出的一系列用于统计学分析运算、数据挖掘、预测分析和决策支持任务的软件产品及相关服务的总称。

SPSS 包含16个主要的功能模块,涵盖了交叉表、二元统计、相关分析、线性回归分析、非参数检验以及丰富的图表和报告功能。因其数据格式与 Excel 等表格处理软件兼容度高,操作界面友好,输出结果美观,功能统一、规范,已经被国际业界和学术界广泛接纳和采用,在我国的社会科学、自然科学的各个领域也发挥了巨大作用。在国际学术界有条不成文的规定,即在国际学术交流中,凡是用 SPSS 软件完成的计算和统计分析,可以不必说明算法,由此可见其影响之大和信誉之高。

另外,在数据的整理、分析和绘制上还有一些很受欢迎的数据、绘图软件,如 Grapher、Sigmaplot 和 Origin 就是三款上佳的数据绘图软件,可用于绘制准确、高质量的二位图形和曲线。这些软件在统计报告的成文中,均能发挥重要的作用。

二、样本与总体

调查过程的第一步为定义总体和构建抽样框,而数据分析即是从调查中所抽取的一个样本出发,对被抽样的未知总体进行推断,获得总体的分布状况的过程,这叫做归纳法,或叫统计推断——由特殊(样本)去推断一般(总体)。在此对样本与总体的参数以及表示方式进行总结和对比,见表8-4。

表8-4 样本与总体

随机样本	总体
随机变量,样本统计量:样本均值为 X,样本方差为 S^2	固定参数:总体方差为 σ^2,均值为 μ,
可以通过相对概率 f/n 来计算	可以通过概率 $P(X)$ 计算
用英语字母表示	用希腊字母表示

三、数据统计分析方法

当调查者收集到足够的资料和数据之后,首先就要对数据进行统计。定量研究向社会科学领域渗透,越来越多的社会科学领域因为数据的加入而取得了更新更好的方法和研究结果。而统计就是对所取得的数据资料进行定量分析,以揭示事物内在的数量关系、规律和发展趋势,从而达到认识事物本质的一种资料分析方法,主要包括描述统计和推论统计两部分。

(一) 描述统计

描述统计是指用统计量描述数据资料特征的统计分析方法,主要包括数据资料的集中趋势和离散趋势。

集中趋势分析包括平均数、众数、中位数。

离散趋势分析包括极差、四分位差、方差、标准差。

描述统计可通过 Excel 所附带的函数完成,也可通过 SPSS 由以下分析路径完成:

analyze(分析)—descriptive(描述统计)

(二)推论统计

推论统计是在随机抽样的基础上,根据样本资料的结论推断总体的统计分析方法,其目的是用从样本调查中所得到的数据资料来推断总体的特征,主要包括参数估计和假设检验。

参数估计是利用随机抽样资料的计算的样本统计量去估计总体参数值的一种推论统计分析方法,主要包括点估计和区间估计。

点估计,即用样本统计量直接估计总体参数。例如用样本平均数估计总体平均数。比如我们需要估计一个学校 5000 名学生的四级英语成绩,便从学生中抽取 500 名学生计算其四级平均成绩,通过统计,500 名学生的平均成绩为 430 分,那么我们可以认为,全校学生平均成绩在 430 分左右。点估计的方式直观、简单,但是未能表明误差的大小,以及分布的离散度,更未指出抽样推断的准确程度和把握程度。

区间估计,指在一定可信度(即置信度)下,通过样本统计量来推测总体位置参数值的可能范围。要进行的区间统计给出的是一个区间值,而不是一个点值。在社会调查中,一般抽取的样本容量大于 100,这样便可认为样本分布接近正态分布。在正态分布的情况下,有 68%的样本分布在距离平均值一个标准差的范围内,95%的样本分布在距离平均值两个标准差的范围内,99.7%的样本分布在距离平均值三个标准差的范围内;这便是利用正态分布参数估计总体分布情况的经验法则,如图 8-1 所示。比如对于学生的四级成绩,我们除了知道所抽取的 500 个样本的平均分(μ)为 430 分,我们还可计算得知标准差(σ)为 12.1 分。

那么根据正态分布的经验法则,我们可以认为有 68.4%的学生成绩分布在(430−12.1)分到(430+12.1)分,即 418 分到 442 分之间,而 95.4%的学生成绩分布在(430−12.1×2)分到(430+12.1×2)分,即 406 分到 454 之间,99.7%的学生成绩分布在(430−12.1×3)分到(430+12.1×3)分,即 394 分到 466 分之间。

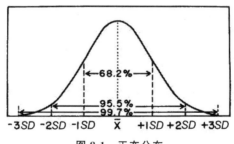

图 8-1 正态分布

四、数据理论分析方法

(一)比较分析法(Comparative Analysis)

比较分析法是指对事物进行比较和分析,从而确定它们之间的相同和相异点的方法。在社会科学调查研究中常常使用的方法有两类:横向比较分析法和纵向比较分析法。

横向比较分析法是指在同样的规则下、同样的时间点,对不同事物进行对比。这种对比较为常见,如在学校中进行的不同班级同一科目的考试成绩对比;在市场调查中,不同地域的消费者对同一品牌的认知度、好感度评价对比,或者不同年龄段受众电视节目收视偏好的对比,都属于横向对比分析的考查范围。横向比较法的作用在于,让我们在同一个时间点下去对比不同的事物,看到它们的差别,并有可能在接下来的环节中,获取更多的资料,去分析差别产生的原因。

纵向比较分析法是指对同一事物在不同时期所表现出来的差异进行对比的方法。比如在过去的十年中,中国网民数量的变动情况;某品牌产品在进入市场后的年销量变动情况,都属于纵向比较分析的考查范围。纵向比较法的作用在于,从时间的轨迹上追寻事物变化的过程,找出事物发展的规律和趋势。

以上两种比较分析方法并非完全分离。有时候还需要将横向分析和纵向分析相结合,以便看出整个行业的变动情况。比如在过去的十年中,中国网民数量大幅增长,那么在这十年中,其他媒体的受众数量的变动情况怎样?于是我们需要对整个媒体行业进行全面解读,分析十年间各类型媒体受众格局的变迁。另外,在市场营销中,一个行业存在多个竞品,那么在过去的几年中,各种产品的销售量变动情况以及未来市场趋势怎样,这也是结合了横向比较和纵向比较的综合分析。而这种分析对于业界具有非常重要的意义。

比较分析法涉及一些比较复杂的统计学知识,此处只针对调查中经常使用到的统计方法做简要说明。

我们常用的分析方法以单自变量的参数分析法为主。单自变量拥有两大类值(如在男性受众和女性受众之间进行品牌认知度对比)的参数分析方法一般会选择独立样本 t 检验,通过 SPSS 进行检验的操作路径如下:

　　analyze(分析)—compare means(均值比较)—independent sample t test(独立样本 t 检验)

单自变量拥有三个或三个以上类值(如在某大学三个专业学生中进行不同专业间的英语四级成绩对比)的参数分析方法,主要有单因素方差分析法(oneway ANOVA),通过 SPSS 软件进行检验的操作路径如下:

　　analyze(分析)—compare means(均值比较)—oneway ANOVA(单因素方差分析)。[①]

如果研究对象的单自变量的三个或三个以上类值为组内变量,而因变量正态分布,则通常采用一般线性模型(General Linear Model)加以分析。通过 SPSS 进行检验的操作路径如下:

　　　　analyze(分析)—general linear model(一般线性模型)

(二)相关分析法(Correlation Analysis)

相关分析主要研究现象之间是否存在某种依存关系,并对具体有依存关系的现象探讨其相关方向以及相关程度。简单来说,一个变量上升,另一个变量是否随其变动,表现出上升/下降的趋势。两个变量之间的相关分析,最常使用的是皮尔逊相关系数法。

例如,某个市场调研需要通过网络调查法收集数据,判断男性、女性以及20~30岁年龄段、30~40岁年龄段、40~50岁年龄段对于某个品牌的喜好程度,并测算出品牌喜好度和收入之间的相关关系。首先设计李克特量表,通过网络发至调查对象,将回收的样本,利用 Excel 软件完成前期的描述性统计分析,如参加调查的性别比例、年龄比例等。然后数据进行标准化转换,将性别和各年龄段分别赋值,利用 SPSS 软件的独立样本 t 检验法分析男性和女性的品牌喜爱度均值是否有统计学意义上的差别;而对不同年龄段的分析需使用的数据分析方法为单因素方差分析法(oneway ANOVA)。如果要测试对这个品牌的喜好度与收入的关系,则使用皮尔逊相关系数法,检测"收入"和"品牌喜好度"之间的相关程度。通过 SPSS 进行检验的操作路径如下:

[①] 本文所采用为 SPSS19.0 版统计分析软件.

analyze(分析)——correlate(相关)——bivariate(双变量)

选入"收入"和"品牌喜好度"的数据,并勾选皮尔逊相关系数(Pearson)。

输出结果中的 R 值就是皮尔逊相关系数(Pearson Correlation),R 值的大小反映了两个变量的相关关系:$R>0$ 代表两变量正相关(一个变量变大,另一个变量随之变大),$R<0$ 代表两变量负相关(一个变量变大,另一个变量随之减小)。

$|R|$ 大于等于 0.8 时,可以认为两变量间高度相关。

$|R|$ 大于等于 0.5 小于 0.8 时,可以认为两变量中度相关。

$|R|$ 大于等于 0.3 小于 0.5 时,可以认为两变量低度相关。

$|R|$ 小于 0.3 说明相关程度弱,两变量基本无相关关系。

网络时代的数据量更加庞大,变动更加剧烈,市场对于数据准确性的要求将越来越高,这些都给调查的速度和准确性提出了更高的要求。基于互联网的调查与分析将成为孕育着越来越多的机遇与挑战的领域。

本章小结

网络与新媒体具有无穷的魅力。它迅猛的发展态势使传统的大众传媒一时黯然失色,传播学研究也遇到了前所未有的挑战。随着定量调查逐渐深入社会科学研究,借助网络平台开展调查、内容分析等方法完成的研究将成为新闻传播学发展的重要发展去向。而业界对于传播效果的追求也将推动数据化调查方式的发展和进步。

特别当我们已经进入由新媒体发展带来的大数据时代,"大数据"(Big Data)有无尽的能量让整个新闻传播领域都随之发生巨大的改变。在这样的背景下,基于互联网平台的数据信息获取和挖掘将受到格外的关注,人们对于大规模数据获取和处理都会提出更高的要求,对于速度以及准确性的追求也将越发凸显。一旦传统的定量研究方法运用在网络平台上,对数据分析能力和数据处理软件的要求都将提升到更高的层次。

但我们也应该清醒地认识到:无论网络技术如何发展,它总是一种为人所掌握的技术手段。因此,传播研究只要从自身出发,对传统的传播理论及研究方法进行改造和变革,依然可以用于指导网络传播的实践。当然这不是一个简单的过程,不过令人欣喜的是已经有许多传播学者逐渐对此事予以关注,并深入这个领域。我们相信,随着网络的进一步普及,以及网络传播研究的进一步深入,传播学研究方法也必将有更多的丰硕成果涌现。

思考与练习

1. 内容分析法和调查法的优点各是什么?
2. 大众传播定量研究的基本步骤是什么?
3. 调查问卷有哪些组成部分?
4. 调查问卷的量表有多少种?请举例说明。
5. 一个学校有 3500 名学生,请使用经验法则确定出"合适"的样本大小。

参 考 文 献

[1] (美)D. K. 维索茨基.社会研究方法读本[M].北京:北京大学出版社,2004.
[2] (美)艾尔·巴比.社会研究方法[M].邱泽奇,译.北京:华夏出版社,2005.
[3] (美)劳伦斯·纽曼.社会研究方法[M].北京:中国人民大学出版社,2007.
[4] (美)基顿.传播研究方法[M].邓建国,张国良,译.上海:复旦大学出版社,2009.

[5] 支庭荣.传播学研究方法[M].广州:暨南大学出版社,2008.
[6] 风笑天.社会学研究方法[M].北京:中国人民大学出版社,2009.
[7] 柯惠新.传播研究方法[M].北京:中国传媒大学出版社,2010.
[8] 邓维斌,等.SPSS 19(中文版)统计分析实用教程[M].北京:电子工业出版社,2012.

第九章 网络播音主持实务

> **学习目标**
>
> 1. 正确认识新的媒体环境下网络播音与主持的内涵。
> 2. 理解网络播音与主持对从业者语言能力的要求,并掌握基本的训练方法。
> 3. 掌握网络节目的内涵及其发展现状。
> 4. 掌握各类网络节目的特色及主持艺术。

每一种新的媒介的产生都开创了人类交往和社会生活的新方式。[①] 互联网自从诞生以来,在短短的几十年里以惊人的速度发展着,现在不仅在世界范围内得到普及,还以其海量信息存储能力、迅捷的信息传输能力、庞大的交互网络和个体性改变了现代人的生活方式,并且同其他媒介一道将我们生活的世界引入了信息时代。可以说,在现代人的生活当中,网络几乎是不可缺少的。

有人称互联网为第四媒体,认为它正对传统的报刊、广播、电视等媒体产生着巨大的冲击力,甚至有可能取而代之。这样的说法的确道出了在现代社会媒介多元化发展格局中,互联网的地位和它对社会生活的巨大影响力。不过,媒介的发展是新媒介不断累积出现而非取代旧媒介的过程。广播的出现并未取代报纸,电视也没能使广播消失,同样,网络也不会成为某种传统媒体的取代者,它们都在传播手段越来越丰富的信息社会中探寻自己的立足之本,在自己的领域内不断向精深化发展,同时更好地服务于整个社会的信息传播过程。现代媒介手段的丰富不仅促使各种媒体在各自领域内发挥所长,充分发展,也使得各媒体在愈加激烈的竞争环境中不得不打破媒介界限,寻求跨领域的合作。因此,自 20 世纪 90 年代以来,"人类的社会信息系统已经超越了高度分化和多元发展阶段,迎来了重新统合的时代"[②]。

"三网融合"工程是媒介统合时代的一项重要举措,它明确表达了在技术和内容层面跨媒体合作的意愿和构想。其实,各媒体传播手段的统合和借鉴早在"三网融合"工程提出之前就已经存在。例如:时下在国内许多电视频道盛行的读报节目就是电视对于报纸资源的再利用;而各传统媒体纷纷设立自己的网站,将在自己媒体本体传播的内容储存在网络中,也是传统媒体对于新兴传播手段的利用;部分广播或电视节目播出的同时在网上进行实时互动则是传统传播手段与网络传播的有效结合。

网络播音与主持正是广播电视媒体传播手段在网络中的实践。播音主持工作是语言传播工作的一种,是播音员、主持人在广播电视媒体中直接面向受众以有声语言、体态语进行传播的工作。[③] 播音主持工作的诞生与发展是与广播电视事业的发展相伴而行的。因此,当广播电视媒体开始在新的媒体领域拓展生存空间时,也自然地将其特有的传播手段带入了网络世界。网络播音主持业务尚属一个新领域。目前,网络播音主持工作多以广播电视播音主持网络版的形式存在,也就是所谓的网络广播节目和网络电视节目,虽然冠以了网络的头衔,但实际上仍是按照广播和电视的规律和要求制作

---

① 郭庆光.传播学教程(第二版)[M].北京:中国人民大学出版社,2011.
② 郭庆光.传播学教程(第二版)[M].北京:中国人民大学出版社,2011.
③ 吴郁.当代广播电视播音主持[M].上海:复旦大学出版社,2005.

的,只不过是将广播和电视的内容置于网络上进行二度传播而已。也有少数网站在尝试建立属于网络自己的有声语言传播渠道,例如:央视网、人民网和新浪网等都已开办了自己的网络节目,节目类型包括消息播报、访谈、直播等,虽然仍难免带有较明显的电视思维模式,但已经开始融入了网络独特的传播特色。正如广播电视经过几十年的发展最终可以走出报纸思维模式的桎梏走上自己的道路一样,网络也必定会探寻到一条符合网络传播特点的有声语言传播途径。

彭兰所著的《网络传播概论》一书对网络传播的特点进行了如下概括:第一,极强的时效性;第二,广泛的传播面;第三,多媒体化的信息;第四,突破线性限制的超链接方式;第五,不断增强的互动性;第六,灵活多变的传播模式。网络传播的这些特点既是网络有声语言传播内容和手段上的巨大优势,同时也对网络有声语言传播工作提出了新的要求。网络有声语言工作者除应具备广播电视播音员主持人的基本素质外,还应该提升网络环境下的语言能力、节目掌控能力、信息能力和直播能力等。此外,网络传播有别于传统媒体传播,其互动性不断增强,而且传播模式灵活多变。网络传播的这一特点决定了网络播音主持工作的工作范畴不仅在节目内,更在节目外。从业人员不仅需要做好节目,还需要有组织节目外的信息互动和应对信息反馈的能力。再者,网络信息产品竞争,内容是核心竞争力,以高质量的信息产品为王。信息传播者需要高度参与信息产品生产过程,也就需要了解网络音、视频节目的制作和发布过程。本章将主要提供基于网络环境下的语言能力、节目掌控能力、信息能力和直播能力的训练思路和材料。

第一节 网络播音与主持业务概述

网络播音与主持是播音与主持工作的一个全新的业务领域。网络在社会大众生活中的普及改变了传统媒体一统天下的媒体格局,同时也改变了传统媒体格局下的竞争模式。在传统媒体格局下,媒体信息传播工作高度分化,各领域间的生存方式以"竞争"为主;而网络和新媒体的普及使各媒体由互斥走向了互助,由完全的竞争模式走向了媒体融合的道路。在媒体融合的背景下,播音与主持工作作为传统媒体的工作手段,自然也随着传统媒体与网络的融合,被引入了网络传播领域。那么如何界定网络播音与主持工作?在网络环境下的播音与主持工作,是否照搬了广电媒体播音与主持工作的方式?传播渠道的改变是否会改变播音与主持工作的某些性质?这些是从事网络播音与主持工作需要了解的基本问题,也是本节的主要内容。

一、网络播音与主持的内涵与外延

自 20 世纪 80 年代中国播音学学科体系初步形成以来,对播音与主持工作内涵与外延的研究主要集中在性质、位置、平台三个层面。

就播音与主持工作的性质而言,研究的角度不同,但观点基本一致。截至目前,在播音与主持业务与基础理论研究领域,以张颂和吴郁两位教授的研究成果最具代表性。其中,关于"播音"工作的性质,张颂教授在《中国播音学》一书中进行了详细论述,他从播音学科的边缘性和播音创作的复杂性出发,论述了播音工作的"多质性",即播音工作具有言语传播的性质、新闻属性和艺术属性等多种属性。

从播音工作的"多质性"出发,张颂教授进一步阐述了各种属性在播音工作中的具体体现,如:

> 从语言学角度看,播音是一项特殊的言语活动。……一般生活中的言语活动,交流对象在场,言语交流,即言语活动的过程,是一个完整和相对封闭的系统。……播音员(除现场主持节目

外)一般是坐在播音间里的,面对话筒和镜头,观众不在场。……是一个相对不完整的、开放的系统。……播音这一言语活动的特殊性还在于:日常生活的言语活动,是言语者自己要说的话;播音这一言语活动必须依据稿件,并且要把文字稿件转化为自己要说的话。……日常生活中的言语活动,言语者是代表自己讲话;播音这一言语活动,播音员是代表电台、电视台以至于代表党和政府讲话。同时,播音这一言语活动,言语者还受到话筒、镜头等传播条件的限制,副语言不能充分运用,……所以说,播音是一项特殊的言语活动。①

而从新闻学的角度看,播音又是一项新闻实践活动。播音是广播电视宣传的最后一环,播音员是电台、电视台的"门面",也是电台、电视台宣传过程中的一个工序,所以,播音创作也必须遵从新闻学的基本规律和原则。②另外,从艺术的角度看,播音创作从感受到表达,从情感引发到表现,具有某些艺术属性,又是一项艺术创造活动。③张颂教授认为,构成播音工作性质的众多属性并不是平均用力的,其中,新闻性在其中占据举足轻重的位置。新闻的真实性原则,使得播音创作中播音员情感的表达与演员表演中情感的表达,有了质的区别。……所以说,新闻性是主调。④

在张颂教授播音学研究的基础上,吴郁教授又提出了"主持"的概念,并在《当代广播电视播音主持》一书中科学系统地阐释了当代"主持"工作的一系列理论与实践问题。关于播音与主持工作的性质,吴郁教授是从其社会属性和工作特点两方面论述的,她认为:

> 第一,我们要看到播音主持工作的社会属性是由其隶属的电台、电视台的性质决定的,我国的广播电视工作是党领导下的有中国特色的社会主义广播电视事业,广播电视是党和政府的喉舌,是重要的思想文化传播领地,播音主持工作当然要坚持正确舆论导向,自觉贯彻"三个代表"的重要思想和科学发展观,为建设社会主义核心价值体系,促进社会和谐营造良好氛围发挥积极作用。第二,……播音员、主持人首先是党的新闻工作者,在任何节目中都要注意把握正确舆论导向、价值导向,坚持先进文化的品位格调,其次才是语言艺术工作者,应具有语言和艺术的魅力。⑤

两者的研究都是以广播电视传播为前提的,视角不同,但观点是基本相同的,都认为播音与主持工作的根本属性是新闻性,并且同时具有艺术性等多种属性。那么对于网络媒体环境下的播音与主持工作而言,其性质又当如何呢?首先,从其社会属性来看,网络媒体仍然是党领导下的社会主义信息传播系统的一部分,其党性原则不会更改。其次,从其工作特点来看,网络音、视频节目仍然以有声语言为主要的传播手段,遵循言语传播的一般规律;仍然以舆论导向和价值导向为传播的主要出发点,因而当然以新闻属性为第一属性;从情感表现和语言表达,以及行为表达等方面来看,仍然不乏艺术的魅力。可见,网络环境下的播音与主持工作,其根本性质并没有发生改变。

然而,正如麦克卢汉所言:"媒介即讯息",媒介本身决定了社会信息传播模式,甚至是社会生活方式,平台的意义是重大的。

广播作为近代社会的一种重要传播媒体,以其"有声"的生动性和真实感超越了报纸的社会影响力。收听便捷,近距离收听,技术和设备要求不高,内容制作成本低、节目录制简便等一直是广播独有的传播优势,使广播媒体更适于直播、突发事件报道、现场报道和热线服务等类型的节目;而广播的劣

---

① 张颂.中国播音学[M].北京:北京广播学院出版社,2003.
② 张颂.中国播音学[M].北京:北京广播学院出版社,2003.
③ 张颂.中国播音学[M].北京:北京广播学院出版社,2003.
④ 张颂.中国播音学[M].北京:北京广播学院出版社,2003.
⑤ 吴郁.当代广播电视播音主持(第二版)[M].上海:复旦大学出版社,2009.

势则在于传播的瞬时性、不可存储性和传播手段的唯一性。这也决定了广播播音与主持工作对从业者语言能力的高要求。

电视图文并茂,社会影响力最大,对播音员、主持人的体态、行为等也有一定要求,但对语言能力,如普通话的规范程度等的要求相对降低了。

张颂教授认为播音主持工作是广播电视传播的"最后一环",即最后一道工序,强调播音工作之于广播电视媒体的"门脸"作用;后来吴郁教授在对广播电视媒体中播音与主持工作的位置进行研究时,又引入了一个重要观点——播音员、主持人在广播电视媒体传播过程中的"把关人"角色。这一观点认为播音与主持工作不是"工具式"的,而是具有创造性、思想性和主动性的工作。传统大众传媒的传播特征可以归纳为几点:一对多的传播方式、单向度传播模式、缺乏反馈机制、组织性强等。广播电视媒体中的播音与主持工作是以媒体立场为背景的,其话语空间和主观能动性的发挥都受到相对较大的限制;播音员、主持人与受众的交流有限,距离远(尽管不少播音员、主持人也试图通过调节工作态度和工作方式来拉近与受众距离,但单向度传播的鸿沟仍难以避免。)。

网络传播,特别是移动互联网,完全不同于广播电视传播,具有海量信息存储能力(受众不必担心信息转瞬即逝),互动性强(传者即是受者,受者也可成为传者),传播手段多元化(文字、图片、音频、视频等各种手段可以同时并用),传播速率高,传播与接收终端多元化(智能手机、平板电脑等移动媒体使信息传输更便捷)等特征;在信息传输上表现为去中心化、去官方化等特点。因此,网络环境下的播音与主持工作是以个体传播为核心的,可充分发挥从业者个人才华;此外,在去官方化的网络环境下,媒体从业者面对的不再是"同行竞争",因为每个人都可能成为信源,传播效率也不是竞争的核心,内容和资源才是手中的"王牌"。因此,网络播音主持工作不能等同于广播电视媒体的播音主持工作。虽然工作的根本性质没有改变,但平台的转换带来的是完全不同的工作方式,因而也就对从业者形成了完全不同的要求。在网络环境下,说好普通话和娴熟地完成既定的节目规程是不足以适应网络传播的竞争的,传播者需要有更丰富的知识积累、更开阔的思维、更长远的眼光和更独到的见解。

最后,我们可以把网络播音与主持工作的内涵归结如下:

第一,网络播音与主持工作的性质:就其社会属性而言,应坚守党性原则;就其工作特点而言,新闻属性仍是第一属性。第二,就网络播音与主持工作的传播特点而言,它是指网络环境下,以个体为传播核心,以内容和资源为核心竞争力,以音、视频节目为内容载体,以互动交流为重要传播方式进行信息传播的有声语言传播工作。

而网络播音与主持工作的外延则包括:在网络媒体中,以一切终端为载体的任何形式的音、视频节目的有声语言传播。

二、网络音、视频内容传播的典型形式

麦克卢汉认为媒介是人体的延伸。的确,人类在接收信息时更倾向于用最方便、最省力,也就是最接近于身体的自然感官的方式。传统媒体几次技术上的更迭实际上是媒体语言的演进过程:报纸以文字为媒体语言,作用于人的视觉,信息接受需要经过一番思考;广播以声音为唯一语言,作用于人的听觉,使信息接受过程相较于报纸更生动、更轻松;电视则是声画并茂的媒体,动感真实的画面给人最直接的视觉冲击,使信息接受变得更简单,无需过多的思考过程。网络技术的发展容纳了传统媒体所有的语言形式,移动互联网和触屏技术的发展又延伸了人的触觉,使媒介信息传播越来越无微不至地服务于人的身体感官。因此,尽管网络传播语言从文字开始,但是音、视频内容却是网络传播必不可少的部分,甚至是重要的内容。

3G技术普及之前,网络传播受带宽的限制,音、视频数据传播不够流畅,以文字和图片为主体语

言。然而,现在随着3G技术的普及和4G技术的发展,网络音、视频数据传输已经畅通无阻,而且随着4G技术的普及,移动网络也必须面对流量资费调整的问题,那时,移动互联网用户将不再受高额的流量资费困扰,网络音、视频内容的黄金时代就到来了。

网络播音与主持工作以网络音、视频传播为前提。因此,研究网络播音与主持工作,首先应对网络音、视频内容有清晰的认识。截至目前,网络音、视频按内容分,大致可以分为:广播电视节目的网络版、音乐、电影、电视剧资源,动漫游戏,网站原创节目(体育、新闻、综艺娱乐、话题、生活服务),自媒体原创节目,网络资讯(新闻、娱乐、科技、生活等),有声读物等。

(一) 广播电视节目的网络版

广播电视节目的网络版是指传统广播电视媒体的节目内容在网络上的存储和二次传播。海量存储和即时互动是网络媒体最典型的特征,也是传统媒体的软肋。在网络媒体的市场竞争力初露端倪时,许多传统媒体便转变思路,由竞争变合作,纷纷开始抢占网络阵地,建立自己的网站:一方面,将已播出的节目放在网上,或通过网络直播正在播出的节目,既可以弥补传统媒体信息转瞬即逝的不足,又可以利用网络进行节目外的多次传播和互动;另一方面,利用传统媒体的资源优势建立网络电台和电视台。例如,CNTV是我国最早的网络电视台,除载有中央电视台的多数节目内容外,还有自己的节目。其中,通过网络存储和直播的那部分由传统媒体制作播出的节目就是广播电视节目的网络版。此外,广播电视节目的网络版还通过网络流媒体视频网站和APP应用软件传播。

(二) 音乐影视剧资源和有声读物

音乐影视剧资源和有声读物同样包括两部分内容:第一,通过网络存储和传播的在其他媒体渠道创作和发布的音乐、影视剧作品和有声读物,如一听音乐网、百度音乐、百度视频、优酷网、土豆网等音、视频网站,包括传统的门户网站(如新浪网)(和媒体网站)(如CNTV)等载有的大部分音乐、影视剧作品和有声读物。第二,网民利用网络技术制作,并通过网络渠道发布的原创网络音乐、影视剧作品和有声读物,如广为流传的网络歌曲《High歌》《狐狸叫》《忐忑》等,还有微电影和视频网站的原创影视作品,以及类似《静雅思听》这样的有声读物网站和应用。

(三) 动漫游戏

动漫游戏是通过网络连接完成的有动漫情节的视频游戏,其形式类似于动漫剧,用户的参与感比普通游戏更强,用户体验更好。

(四) 网站原创节目

网络原创节目由各类网站(包括新浪网、雅虎网、腾讯网、迅雷网、MSN等门户网站,CNTV、新华网、人民网等媒体网站,优酷网、土豆网、百度影音等专题网站)原创的各类音、视频节目,内容涉及体育、新闻、综艺娱乐、话题讨论、社会教育和生活服务等社会信息传播的各个方面。这一类型网络音、视频内容是未来网络传播的主流,也是网络播音与主持工作的主要对象。

(五) 自媒体原创节目

自媒体原创节目是电子微博、微信、知乎等社交软件的兴起,强化了网络传播中个体的力量,引入了个体传播的观念,也为以个体为核心的自媒体的出现提供了条件;智能手机的普及和各种APP应用软件的开发,为自媒体发展提供了市场和多元的推广渠道。《罗辑思维》是最早的一批自媒体节目之一,其创始人罗振宇也是向网络媒体进军的较早的一批传统媒体人之一。《罗辑思维》由罗振宇主创兼主持,是一档脱口秀式的话题节目,以视频网站为传播平台,以微信账户为宣传和互动平台,并衍生出了1分钟的微信每日话题、霸王餐、罗胖书单等媒体服务项目。这一类音、视频节目也是网络播音、与主持工作的主要对象。

(六)网络资讯

网络资讯是指以片断式的新闻信息、娱乐资讯、生活服务为主的网络音、视频内容,主要包括:传统媒体的节目片断,网民上传的原创音、视频内容,各类网站提供的信息服务。网络音、视频资讯的主要特点是形式上的碎片性和内容上的随机性、非连续性和非系统性。

网络音、视频内容按播出形态分,可以分为直播内容、录播内容和实时互动。

网络音、视频直播主要以大型的门户网站和媒体网站为平台,如腾讯网、新浪网等对大型体育赛事、重要活动、新闻事件等的直播。网络直播对技术、人员、设备、资源等各方面的条件要求比较高,个人作坊很难完成,一般都依赖大型媒体机构来组织。大部分的网络音、视频内容都是以录播形式存在的。

实时互动是网络区别于传统媒体的一大特色。以往受网络带宽的限制,实时互动多以文字形式进行,3G 和 4G 技术的发展为音、视频实时互动扫清了道路,如微信可以实现语音互动,而微视则是以 8 秒钟的视频互动为基础的。虽然大规模的音、视频互动方式和活动尚未出现,但这一定是未来网络媒体和移动媒体发展的必然。

综上所述,广播电视节目的网络版本以传统媒体传播为主,仍然遵循传统媒体的传播规律,因而不属于网络播音与主持的工作对象;而音乐、影视剧和动漫游戏属于特定艺术形式的网络资源,与新闻传播工作相去甚远,也不属于网络播音与主持的工作对象;网络资讯是碎片性的、随机的,谈不上系统性的工作规律。因而,网络播音与主持工作的主要对象就是网站专题节目和自媒体原创专题节目,这其中包括了直播和录播形态的节目,以及网络实时互动。

三、网络播音与主持的业务范畴

网络媒体全息化、个性化、匿名性和互动性的传播特点为播音与主持工作提供了完全不同于传统媒体的全新的工作环境。

首先,网络操作平台。网络操作平台容纳了文字、图片、声音、图像、动画等多种语言,网络节目可同时使用多种语言进行信息传播,使各种语言间实现优势互补,使受众的信息接受过程变得更轻松愉快,但同时也对网络影音编辑的工作提出了更高的技术要求,增加了更繁杂的资料搜集工作;网络操作平台为使用者提供了便捷的信息检索和下载功能,为网络节目制作提供了更丰富的资源和市场,但同时也对节目制作者的信息处理能力提出更高的要求;网络信息传播与接受的技术水平要求低,这同时也意味着网络传播的门槛更低,参与者更多,竞争激烈。

其次,相对开放的传播理念和话语空间。网络空间是一个组织性相对薄弱的空间,它的去官方化和匿名性特点为网络信息传播提供了相对宽松的言论空间。网络打破了国家、地域和时间的限制,古今中外,包罗万象。现实生活中难以逾越的距离,在网络世界中却是"弹指一挥间"的事,网络信息传播所受限制相对较小。相对宽松的网络环境成为人们思想、信息和知识交流的重要阵地,同时成就了网络节目相对开放的传播理念。

全新的工作环境为播音主持工作提供了更多可能性,同时也拓宽了播音与主持工作的业务范畴。从事网络播音与主持工作除了要坚守播音主持工作基本的业务能力(如新闻播报能力和节目主持能力)外,还应具备基本的网络平台操作能力,较强的信息处理能力,节目策划能力,互动设计与管理能力,基础的音、视频再制作与发布能力。

(一)基本的网络平台操作能力

基本的网络平台操作能力包括基本的信息检索、上传、下载等技术和简单的界面设计、页面制作和超链接设计技术,还有图文信息的剪辑技术等。

(二) 信息处理能力

信息处理能力指的是对繁杂的网络信息资源的筛选与编辑能力。网络竞争以内容为核心竞争力，信息传播具有个性化特点。因此，节目主持人成为节目的核心，主持人的思想魅力决定了节目核心的市场竞争力。然而，影响深远，富于魅力的个人思想并非唾手可得，主持人首先需要对节目内容的相关背景、社会现状和主流观念等有综合宏观的把握。网络丰富的信息资源为主持人的工作提供了便利，但同时要求主持人具备从浩瀚的信息海洋中高效选择信息，并把它们有效编辑起来的能力。

(三) 节目策划能力

在网络竞争中，内容是核心竞争力，但仍需通过有效的形式载体进行传播。节目风格如何？受众需求如何？节目的结构，以及用什么样的语言方式表达什么内容？都是需要精心安排的。作为节目主创者的主持人需要做到心中有数。只有了解市场，才能赢得市场。

(四) 互动设计与管理能力

互动设计与管理能力包括设计互动形式、开发互动渠道，以及对互动言论的回馈与对互动平台的管理。

(五) 音、视频再制作与发布

音、视频再制作与发布能力包括图片、文字、音频、视频内容的剪辑、合成、发布与维护。

网络传播以个体传播为核心竞争力，并不意味着网络世界的竞争是单打独斗。无论是大型媒体网站，还是自媒体，都需要一个分工明确，功能齐备的创作团队，这个团队至少需要包括网络技术人员、策划人员、信息采集人员、影音编辑、后期维护与管理人员。但作为节目主创的主持人只有深度参与节目制作的整个流程，并在其中起主导作用，才能真正意义上掌控节目的发展方向。

四、网络播音与主持从业人员

由于网络的准入门槛低，使用成本低，网络播音主持工作的参与者背景相对复杂，有来自传统媒体的媒体专业人士，也有专门的网络媒体从业人员，还有其他的社会精英和一些有志于从事网络信息传播事业的普通网民。

虽然网络音、视频节目参与的自由度较高，但到目前为止，能形成一定的社会影响力的仍然是由专业人士或社会精英策划制作的节目，普通网民在竞争中基本处于劣势地位。换言之，网络世界并不能像它被认为的那样赋予每一位参与者同等的地位。传统社会和媒体中的成功人士，在网络媒体中仍然可以成为意见领袖，这是主要由以下原因决定的。

(一) 社会资源的占有程度不同

社会精英和媒体专业人士本身就在现实社会或传统媒体积累了丰富的人脉资源，并且拥有一定的社会认可度和社会号召力。他们进军网络世界后，既不缺乏资金支持，也不缺乏社会关注度和节目资源，如优米网的创始人王利芬女士就是由传统媒体转型的。王利芬女士在创办优米网之前曾在中央电视台《东方时空》《新闻调查》《焦点访谈》《对话》《赢在中国》《我们》等栏目任记者、编导、主持人和制片人，被称为当代中国最具号召力的媒体人和创业者之一，创办了迄今为止中国最具影响力的创业节目当代中国最具号召力的媒体人和创业者之一，创办了迄今为止中国最具影响力的创业节目《赢在中国》。广东卫视利用其人脉资源优势，创办的由王牧笛主持，由郎咸平作固定评论员的视频节目《财经郎眼》，被评为中国网络媒体影响力最大的财经评论节目，在高收入、高学历的中坚人群中颇具影响力。

(二) 专业优势

社会精英和媒体专业人士要么拥有专业的创作团队，能够实现节目由策划到推广整个流程的专业运作,使节目回报率更高;要么自己本身就拥有精深的专业能力和较高的综合素质,因而比普通网民更具竞争力。《罗辑思维》的创始人罗振宇曾是中央电视台《对话》栏目的制片人;《凯子曰》的主持人王凯早已是中央电视台一档知名栏目的主持人;《晓说》的创始人高晓松虽没有供职于任何媒体,却是许多电视节目的常客,而且是文化界的知名人士,拥有一支专业的创作团队。

(三) 对媒体发展的预见性

社会精英和媒体人士处于社会文化的核心位置,信息通达,资源丰富,对媒体和社会发展的走向具有最敏锐的预见力,而普通人则不具备这样的能力。因此,走在媒体革命和信息发展最前端的领袖人物也仍然是这些往日的精英们。

虽然精英们和专业人士在网络竞争中具有先天的优势,但这并不代表普通网民永无出头之日。如果了解网络音、视频节目创作和运营的一般规律,以及它对从业人员素质和能力的要求,从而以相应的方式培养自己,普通网民仍然可以在网络媒体中获得一席之地。

这里以吴郁教授在《当代广播电视播音主持》中提出的主持人综合素质体系为基础,来描述网络播音与主持工作对从业人员的素质要求。身心素质和职业素质(播音主持水平和其他基本的职业素养)仍然是从事网络播音与主持工作的一般素质;文化素质和思想素质是网络播音与主持工作者必须具备的重要素质,是网络音、视频节目的核心竞争点;人格素质仍然是处于金字塔顶端的核心素质。

五、媒介融合中的技术和业务融合

20世纪90年代初期,美国作家麦克尔·沙利文·特雷纳在他的《信息高速公路透视》一书中,虚构了如下一幕家庭生活:早晨7点,一对夫妇——汤姆和安妮醒来,这一天是周六,安妮喜欢卡通片,她打开电视点播动画片《灰姑娘》;汤姆则在自己的房间里观看《尼罗河之旅》,草原上羚羊正在安详地吃草,但是这种平静让人觉得危险,他通过触摸屏放大,发现了羚羊后面有一头狮子;上午10点,他们在网上购物;12点,汤姆进金融网看积蓄和银行利率,然后进入地区体育学习网学习空手道,安妮则进入艺术网学跳舞;下午2点,汤姆进入健康网看病,医生在网上看病,汤姆在网上付费;4点,孩子们开始玩网上游戏;晚上大人们查看天气预报。[①]

何苏六在《网络媒体的策划与编辑》一书中引用的麦克尔·沙利文·特雷纳所勾勒的这幅未来家庭生活图景,让今天的我们看来倍感亲切,因为文章所描述的这一切在20世纪90年代初尚属不可思议的技术,在今天都变得司空见惯了。麦克尔拥有天才般的预见力,虽然他所描绘的全息的家庭生活今天尚未实现,但从当下媒体技术的发展趋势和媒体格局的演变规律来看,全媒体化的信息社会生活迟早会成为现实。

21世纪初,我国正式提出"三网融合"工程计划,也就是通过技术改造,使电信网、广播电视网、互联网三大网络在向宽带通信网、数字电视网、下一代互联网演进过程中,技术功能趋于一致,业务范围趋于相同,网络互联互通、资源共享,能为用户提供语音、数据和广播电视等多种服务。"三网融合"工程构建了当今和未来媒介竞争的格局——媒介融合。传统媒体间的竞争是互斥的,因为它们各自拥有其他媒体不能取代的传播优势,但是当移动互联时代到来之后,一切所谓的传统媒体传播优势都不再成为优势了:广播失去了效率的优势;报纸失去了深度的优势;而电视传播也不再是最生动的了。因而,新的媒体时代,合作共赢,取长补短,才是生存之道。所以,媒介融合是必然的趋势。甚至,有人提出了"四网融合"的设想,也就是将电网与其他三网的融合,并且电力部门已经在积极试点这一

---

① 何苏六.网络媒体的策划与编辑[M].北京:北京广播学院出版社,2001.

构想。

彭兰在《网络传播概论(第二版)》中总结了媒介融合的五个层面:技术融合、业务融合、平台融合、市场融合和机构融合。所谓技术融合是指"各种媒体在信息的采集、制作与发布等各个环节的技术越来越趋同进而统一"。[①] 所谓业务融合是指"各种媒体在信息生产及经营等方面的业务将产生更多的交叉、互动,跨媒体的合作报道、合作栏目、合作经营等逐渐推动各媒体自身的业务改革,最终将基于跨媒体整合形成新的信息生产流程与分工模式。原有的媒体产品形态也将随之发生一些变化,新的媒介产品将出现。"[②]网络具有整合各种媒体传播平台的能力,基于无线通信技术的媒体发布平台也将趋于融合;各种媒体的受众市场在新的媒介格局下将融汇成一个大的受众市场,在融合后的受众市场中,受众的个性化需求将会得到更大程度的满足;最后,"机构融合是媒介融合的最高层次,它是支持媒介融合的体制性条件。它意味着某一个传媒集团的内部机构的重组,也意味着各个传媒集团之间的合作甚至融合。"[③]

技术融合是媒介融合的基础条件,它涉及精深的通信技术问题,为一切信息传播工作提供环境和条件,为网络播音与主持工作各种设想的实现和全方位的信息服务提供了可能性。技术融合从根本上决定了网络播音与主持工作的发展道路。

业务融合和平台融合过程中的跨媒体合作业务拓展了网络播音与主持工作的创作思路和业务范畴。未来的电视机屏幕或电脑屏幕,亦或是手机屏幕和其他接收终端也许将不再专属于某一种媒体,而是一种"全能"的输出终端,也就是说,未来的电视机屏幕将不再专属于电视媒体,而只是一个输出终端。在家里,通过电视机屏幕,既可以看视频节目,也可以进行网络购物、学习、看电影、看病、甚至通过远程操作进行工作,正如麦克尔所描述的那样。到那时,网络播音与主持中"网络"的概念就不只是"互联网"了,而应是综合的社会信息传输平台。在融合的受众市场中,播音与主持工作将必须考虑为受众提供更为个性化、人性化的贴心服务。那时的播音与主持工作对从业者的素质和能力要求将更全面,对从业者素质中思想素质和文化素质,能力中表达和沟通能力、策划能力的要求更高。在激烈的竞争下,节目制作之外的策划和推广显得更为重要。

机构融合是最高层面的融合,涉及组织机构的融合和利益的分配,对播音主持的具体工作并没有直接的影响。不过,这一层面的融合却直接决定媒介发展的未来。目前,"三网融合"最大的障碍也存在于这一层面。对各媒体融合后各业务部门的管理问题,业务交叉部分的利益分配问题都是需要谨慎对待的问题。

第二节 网络播音与主持语言能力训练

一、新闻播报能力

新闻播报,也可以称为消息播报,是被广播电视媒体广泛采用的一种信息传播方式。新闻播报对播音员的语言基本功要求较高,有其鲜明的语言表达特色。一般来说,新闻播报要求做到准确规范、清晰流畅、朴实自然、如珠如流、声音明亮、节奏明快、多连少停、语势常扬。"准确规范、清晰流畅"指的是语音应符合汉语普通话的规范,做到吐字清晰的基础上还应保证语言的流畅性,做到信息传达准

[①] 彭兰.网络传播概论(第二版)[M].北京:中国人民大学出版社,2009.
[②] 彭兰.网络传播概论(第二版)[M].北京:中国人民大学出版社,2009.
[③] 彭兰.网络传播概论(第二版)[M].北京:中国人民大学出版社,2009.

确无误；"朴实自然"是对语言风格的要求，也就是说新闻播报给人的总体感觉应该是亲切自然的，不能脱离生活过于追求艺术效果；"如珠如流"是对美感的要求；最后四句则是对新闻语言的普遍要求。

随着新闻播报内容和形式不断丰富，受众需要不断增长，新闻播报在尊重一般规律的基础上，其语言样态也呈现出了多样化发展趋势，概括说来，目前为止运用于广播电视实践的新闻语言样态有以下几种：规范播报、说新闻、播说结合、侃新闻。

规范播报是目前国内外主流媒体普遍采用的一种方式。在有声语言上要求字正腔圆、气息贯通、自然流畅、稳健大气；主持人形象讲究精神饱满，落落大方，给人以庄重感、权威感。

说新闻是继规范播报之后出现的一种播报样式。主持人陈鲁豫最早在凤凰卫视的早间新闻节目《凤凰早班车》中采用了这一播报样式。与规范播报不同，这种播报方式吸纳了口语传播中亲切自然的交流方式，更贴近受众，对话感、交流感强。目前，这种方式多用于播报社会新闻。

播说结合是介于规范播报和说新闻之间的一种播报方式，既要求"规范播报"镜头前的"精气神"，有声语言的规范度和清晰度，要求权威感，又不失"说新闻"的灵活性和亲切感，是目前采用最多的播报方式。

侃新闻也是部分新闻节目采用的新闻播报方式，它降低了对语言功力的要求，以几乎等同于日常人际交流的方式进行新闻信息传播，在借用人际交流方式的同时，也不加挑选地把日常口语的随意性、个人化等特点挪用了过来，不追求语言的思想性和美感。这种新闻播报方式不但信息量低，传播效率低下，而且不能起到语言示范作用，不利社会价值观宣扬和优秀文化的传承，不是我们提倡的播报方式。

随着广播电视与网络的互动越来越多，有声新闻播报这种信息传播方式也开始被部分网站所采用。网络新闻播报虽与广播电视新闻播报传播媒介不同，但也同样具有新闻播报的共性特征。此外，由于网络的传播特征和网络受众的信息接收习惯有异于广播电视，网络新闻播报在播报方式上也应适应于网络传播。首先，网络传播的时效性大大增强和网络信息的多媒体化意味着网络新闻播报的信息容量和工作强度将大大加强。因此，也对播报者的语言功力提出了更高的要求。具体来说就是，要求吐字发声的基本功更加过硬；要求对稿件的处理能力（包括理解、修改、解释等），尤其是短时间内的处理能力更强；要求能以更高效的方式组织语言对稿件进行表述。其次，网络具有信息无限存储功能和信息分享功能。也就是说，网络信息的影响力更持久，影响范围更广泛，因而也必须更经得起推敲。第三，网络受众的信息接收方式与广播电视媒体的不同。受众在收听或收看广播电视节目时一次只能选择关注一项内容，而网络受众往往是一心多用的，他可以同时打开许多网页，同时运行不同的软件，可以一边听这个，一边看那个，还不忘关注聊天信息。另外，与广播类似，网络受众的接收距离近。这要求网络新闻播报的清晰度要高，此外，在语态的选择上要考虑加强生动性和交流感。

（一）主要的训练要求

1. 全面备稿，深入理解

要求在日常学习中大量阅读，广泛涉猎各学科领域的知识，关注时事，养成勤于思考，善于思考的习惯。具体到稿件的准备过程中，初学者或刚踏入工作岗位的同志应严格按照备稿六步的要求进行备稿，不可偷工减料。在全面把握稿件的大体内容和逻辑思路的基础上深入理解稿件，明确稿件的宣传目的。

2. 理清思路,找到重点

通过备稿,我们明确了稿件的内容、思路和宣传目的。为准确地传达稿件内容,实现宣传目的,还需要厘清稿件的脉络,明确最能体现稿件宣传目的的重点内容,区分重点和非重点。

3. 修改稿件

如果需要,可以对稿件进行适当修改。修改的主要原则是突出重点,书面语体向口语语体的转化,注意贴近性,寻找和受众的结合点。具体做法如下:(1)可根据重要性原则,将体现稿件宣传目的的重点内容放在最前面,其他内容依次按其重要性排序;(2)软着陆,从细节入手,寻找和受众相贴近的切入点,引起受众的兴趣;(3)多用简单句,尽量不用长句,或将长句化解为多个简单句。在遣词造句上避免生涩难懂的书面用语,采用通俗易懂的口语词汇。

4. 新闻播报

网络新闻播报主要采用"播说结合"和"说新闻"的播报方式。在训练时同样应注意镜头前积极的传播状态,注意声音和气息的运用,因为网络信息接收过程的伴随性对网络新闻播报的准确度、清晰度和生动性提出了更高的要求。具体的训练方法:可从较易把握的社会新闻入手按照理解、强记、复述、镜头前播报的步骤进行练习。

(二)重点需要训练两方面的能力

首先,对文字稿件的处理。能够在短时间内实现有效备稿,深化对稿件的理解,厘清思路,提炼重点,必要时可对稿件进行一定的修改。其次,口语表达能力,重点是语言组织方式上的改变。

1. 对文字稿件的处理

网络音、视频新闻与广播电视新闻传播平台不同,但是稿件形式和节目特征大同小异。新闻播报工作分为备稿、练习和播出三步。备稿阶段应遵循备稿六步的要求,认真分析、理解稿件,有必要的话,适当地对稿件进行修改。下面以一则网络视频新闻稿件为范例,来具体了解一下对文字稿件的处理过程。

案例 9-1

> **苹果公司对接班人计划保持缄默**
>
> 对于接班人计划,苹果公司依然保持缄默。
>
> 当地时间2月23日,在加州总部举行的苹果公司年度股东大会上,此前苹果股东提议的公布接班人计划遭到否决,苹果称已有继任计划但不能公布。
>
> 值得注意的是,就在苹果股东大会结束后一天的2月24日,苹果首席执行长乔布斯将迎来其56岁的生日,苹果也已经正式确定将于下月2日发布新一代iPad,外界依然在期待乔布斯是否会在发布会现场露面。
>
> 知情人士此前告诉《华尔街日报》,第二代iPad将更薄、更轻,功能更强大,至少会有一个正面的摄像头,可以实现视频会议等功能。
>
> (2011-2-26,新华视频)

导语部分对于重点内容的提炼简明扼要。按照备稿六步逐步分析稿件:

(1)划分层次。按照文章结构和各部分的主要内容,可将这则新闻大致分为三部分:第一句,也就是新闻的导语,是对新闻主要内容的概括,可划为一层;第二段是新闻的主体内容,道出了新闻事件的详细情况,是第二层;最后两段是背景信息。

(2)概括主题。本文的主题,也就是核心意思,正是导语部分表述的内容:对于接班人计划,苹果公司依然保持缄默。

(3) 联系背景。文章最后两段交代了新闻事件的主要背景：外界对于苹果公司接班人计划的关注度较高；新一代 iPad 发布的契机——乔布斯 56 岁生日过后，使得继任计划更引人注目。此外，还有文章没有表述出来的新闻事件的社会背景：乔布斯任下的苹果公司开发的一系列电子产品，特别是苹果手机，可以说引起了一场信息革命，因而使苹果产品备受瞩目；作为苹果产品研发团队的领袖人物，乔布斯的去与留直接影响着苹果公司的未来，甚至影响世界通讯行业未来的竞争格局。

(4) 明确目的。联系新闻的背景信息，进一步明确新闻播报的目的：明确回应外界关于乔布斯的传闻，以在新一代 iPad 发布前稳定局面。

(5) 找出重点。根据新闻宣传的目的，分清哪些是重点段落，哪些是非重点段落，在重点段落中精选重音。对于这则新闻而言，导语自然是重点段落，而苹果公司的态度自然是重点信息。因此，"缄默"就是要强调的重音。

(6) 确定基调。在综合理解稿件的基础上确定稿件的基本感情色彩。对于本文来说，是对备受注目的苹果公司接任计划最终决策结果的通报，要保证其客观性。因此，播报本文的基调应该是客观的态度。

在训练过程中，可以用下面提供的训练材料进行训练。在进行播报训练之前，要适当修改稿件内容，寻找兴趣点和切入点，注意使用口语句式，转换表达方式。新闻播报的训练要循序渐进，不可急于跨越，盲目追求一蹴而就。可利用以下素材训练对文字稿件的处理能力。

 例稿一

> 新华网新西兰克赖斯特彻奇 2 月 26 日电（记者刘晨 黄兴伟）中国驻新西兰大使徐建国 26 日说，有 25 名中国人在日前克赖斯特彻奇地震中失踪，失踪人员主要是就读于当地一家语言学校的中国留学生。
>
> 徐建国说，失踪者约有 20 人是就读于当地国王教育学院的中国留学生，另几名失踪人员中还包括 1 名来自中国香港的女子。国王教育学院位于此次地震重灾区、克赖斯特彻奇市中心的坎特伯雷电视大楼内。22 日的地震造成电视大楼倒塌，共有约 120 人被埋。
>
> 徐建国说，大使馆通过向新西兰外交部、教育部、当地华侨华人和国内相关人员等多方搜集信息，确定了这 25 人的名单。公众可通过大使馆网站查询详情。他表示，这一名单只是初步认定，仍可能随情况进展发生变化。
>
> 此前，中国驻新西兰大使馆曾表示有 26 名中国留学生在这次地震中失踪。
>
> 中国救援队 26 日上午已进入克赖斯特彻奇市中心地震重灾区，参加对严重垮塌的坎特伯雷电视大楼的废墟清理工作。
>
> 中国驻新西兰大使馆已在克赖斯特彻奇设立了抗震救灾指挥中心。中国教育部和外交部也将联合派出工作组前往克赖斯特彻奇，协助使馆做好抗震救灾工作，预计工作组将于 28 日抵达。
>
> 此外，中国驻奥克兰总领馆也已在奥克兰机场设立临时工作点，以方便为中国公民提供领事服务。
>
> 新西兰南岛最大城市克赖斯特彻奇当地时间 22 日发生里氏 6.3 级地震，迄今已造成至少 145 人遇难，200 余人失踪。
>
> 地震发生后，当地中国留学生社团和个人互帮互助，并积极协助大使馆查找留学人员。徐建国也会晤克赖斯特彻奇市长、新西兰警方负责人，敦促对方尽最大努力及时营救被困中方人员。

以上素材均为新闻网站的文字新闻，信息丰富、详细，但表达以书面语为主，长句子多，不太适合口语表达。建议在播报前先对稿件的文字进行适当的处理。

2. 新闻播报的技巧

网络新闻播报以"播说结合"和"说新闻"的播报方式为主，声音明亮，节奏明快，姿态平和，力求准确规范,清晰流畅,经得起推敲。接下来,仍以案例9-1为例来阐释新闻播报过程中基本技巧的运用。

(1) 重点与非重点的处理。根据备稿阶段的分析结果,导语部分应该是核心内容,第二段重要性次之,第三段再次,第四段的重要性相对较小。因此,在播报时应重点处理第一、二段。

(2) 在重点段落选出最能表现宣传目的的重要词汇或短语,也就是重音。那么对于这则新闻来说,苹果公司对外界关注的"接班人计划"的态度是外界关注的重点,也就是说"缄默"是应强调的重音。而第二段对于整个事件的详细情况的介绍中,"已有继任计划但不能公布"应该是最核心的新闻点。

(3) 强调重音的方法。通过在语气上强化"缄默"和"已有"这样的词汇,并在其前后稍作停顿来强调重音。重音部分重点强调,非重音部分带过,便可做到"重点突出"。

(4) 体现逻辑性和层次感的方法。通过层次之间的停顿来体现层次感,大层次之间大停,小层次之间小停。第一段和后面内容之间的停顿时间稍长;第二段和第三段之间停顿时间稍长;第三段和第四段属于同一层次,其间停顿要比前两段间停顿稍短。

(5) 把握语气态度上的分寸感。在语气态度上应体现出新闻的真实性和客观性。

(6) 在语言特点上:以明亮的实声为主,节奏明快,多连少停,语势常扬。

新闻播报的训练以扎实的语言基本功为前提。所谓的语言基本功是指对稿件的理解能力和感受能力、普通话水平、声音的控制能力和基本的语言表达技巧等。勤加训练,努力探索是提高新闻播报水平的唯一途径。下面提供几则训练素材。

二、口语表达能力

网络播音与主持口语表达能力的训练以播音创作基础理论为基础,针对网络平台的特殊规律进行有针对性的训练。

播音创作的基础理论主要介绍了语言表达的三个内部技巧和四个外部技巧。语言表达,特别是有稿件依据的语言表达,是由理解稿件,感受稿件,从而引发情感,再到表达的过程。

所谓的内部技巧正是引导、帮助我们调动真挚的思想感情,使之处于运动状态的较为有效的方法。三个内部技巧包括:情景再现。通过调动想象力,将文字稿件描述的内容,在脑海中幻化为生动的画面,并设身处地地去感受"此情此景"所带给我们的各种感官刺激,从而引发内心的情感,最后再跳脱出来讲述"那情那景"。内在语。挖掘文字稿件中那些想要表达却没有表达,或没有完全表达出来的内在含义,也就是我们通常所说的弦外之音、话外之意。对象感。即播音员、主持人通过想象看不到的受众的状态、思想、反应等,来调节自身的表达状态,力求做到目中无人但心中有人。

饱满而真挚的情感是完成富有感染力的表达的基础,但不是全部。感情以声音为载体,声音是感情的外化,若没有高超的表达技巧,也就只能空有满腔热情,而无法抒怀了。四个外部技巧正是将情感外化的表达技巧,其内容主要有:停连,也就是停顿和连接。通过适当地运用停连的技巧,可以实现特定的表达效果,如引起注意,突出重点,体现层次感等。重音,即那些最能表现语句内涵,最能表达宣传目的的字、词或短语。强调重音的方法有强弱法、停连法和快慢法。语气,指声音形式的高低起伏所包含的不同分量和色彩的思想感情。节奏,指的是随着思想感情的运动变化而来的,声音形式的高低起伏、抑扬顿挫、轻重缓急的回环往复。

播音创作的基础理论和技巧适用于一切有声语言的创作过程,是有声语言创作的理论基础。网络播音与主持口语表达有其自身的特点:思想性、知识性和互动性。

(一) 思想性和知识性

上海电视台主持人于飞,在获得上海电视台2013年的新秀主持人称号后,通过微信平台发表了

一篇名为《互联网时代主持人的角色》的文章。文中谈到互联网时代主持人职业所面临的危机与机遇:

> 在互联网时代,当信息碎片化之后,其实是已经没有主持人存在的必要性了,大量的内容已经完全脱离了主持人的整合。但反过来说,如果有一天,当传统媒体当中的主持人概念,进入新媒体,将碎片化的信息整合,用整块的时间营销自己的内容,主持人的职业必要性,就依然存在。例如,罗振宇的《罗辑思维》,高晓松的《晓说》,搜狐的《大鹏嘚吧嘚》等,就都是以主持人为核心,来整合内容碎片。这样的内容生产,对主持人的要求更高,更系统,对于目前大部分传统的主持人来说,是很难胜任的。而与此同时,互联网时代的节目营销也是主持人必须参与的一个环节。①

一线主持人的切身体会告诉我们未来主持人职业对个人魅力的需求更突出,内容竞争是互联网时代节目竞争的核心。主持人职业存在的必要性在于营销自己的内容。这不是大胆的预言,而是近在眼前的事实。

既然内容是互联网视频不二的核心竞争力,那么相应的,网络视频节目主持人语言的关键特征就是其思想性和知识性。语言是思维的外化,语言的思想性和知识性直接源于主持人个人的文化积累和思想深度。一个人的文化和思想素质的培养是一个漫长的过程,需要经过长期的学习和思考,但现实情况却是许多主持人入职时普遍年纪较轻,个人积累薄弱,不能达到优秀网络视频节目主持人的要求。那么,这里就存在一个边工作边自我培养的问题。下面介绍一些基本的方法可以用来帮助主持人提高节目质量,同时培养其思想和文化素质。具体的训练方法和要求如下。

训练应循序渐进。可以先进行简单的思维和表达训练,再进行中等篇幅的表达训练,最后进行长篇主持人自述的练习。

1. 简单训练可以以1分钟的简短述评为主

找一个述评作品的成品作为训练材料,既可达到练习的目的,又有对比,学习效果更好。《逻辑思维》的微信平台就是很好的训练素材。

以《罗辑思维》往期话题"贪婪"为例,分析短评的创作要点。

案例9-2

《罗辑思维》往期话题

诗人纪伯伦曾经写过一个寓言,说他在漫游四方的时候,曾经在一个岛上见过一个人头铁足的怪物,在一刻不停地吃着泥土喝着海水。纪伯伦在旁边观察良久,然后走过去问,你从不感到满足吗?你的饥渴永远不会得到消解吗?那个怪物回答说:"不,我已经满足了,我甚至已经吃喝都很疲倦了,但是我总是担心,明天没有泥土可以吃,没有海水可以喝呀!"第一次看到这个故事的时候我心里确实是惊了一下哈!有的时候不管是他人还是我自个儿,当对一个东西表现出贪婪的时候翻开底牌一看并不是贪婪,而是恐惧,是不安全感!这就是为什么一个暴发户往往很吝啬,一个家道中落的没落贵族往往显得反而不贪财,他的家庭也许没给他钱财,但是却给了他与生俱来的安全感。

(1)确定一个中心论点。比如,案例中的中心论点就是:贪婪源于恐惧。

在训练过程中,我们可以通过网络搜索或小组讨论等方式来解题。这个过程中可充分利用各种手段,如通过网络搜索引擎获取资料,在虚拟社区(BBS、微信朋友圈、知乎、微博朋友圈、QQ群组等)提问,利用网络数据库资源查找相关的专业书籍或文章,或在现实生活中组织小组讨论等。如:利用微信群组讨论,请大家谈谈对"贪婪"一词的理解,得到如下回答:

---

① 于飞.互联网时代主持人的角色[OL].于飞于论,2014-3-5.

对已有的东西不满意,还想要更好的;
当你终于得到了想要的东西的时候却想要更多;
永远都不知道满足;
过度热衷于追求对自己有利的东西;
人的贪欲不是一开始就有的,而是一步一步发展的;
贪婪就是抑制不住自己去得到某个东西的冲动,并且无休止,不择手段等。

小组讨论和资料搜集的过程可以激发我们的灵感,同时让我们看到对同一个问题的不同认识,有助于寻求一个更独到的,更深刻的切入点。经常的小组讨论和有目的性的资料积累还可以开阔人的思路,拓宽知识面。假设我们最终确定的中心论点是:贪欲是一步一步发展的,那么下一步的工作就是寻找论据。

(2)寻找论据。论据可以有许多类型:名人名言、寓言故事、文学作品、真人真事等,只要有说服力即可。案例中用了诗人纪伯伦所讲的寓言故事作为论据,生动形象。那么对于"贪欲是一步一步发展的"这一论点,有同学用了宋丹丹讲过的一番话作论据:"一开始只想要一个拥抱,不小心多了一个吻,然后想要一张床,一套房,一张结婚证,离婚的时候才发现原来当初只是想要一个拥抱。"也很贴切。

在日常的学习和阅读过程中,养成记笔记的好习惯,遇到好的例子,有意思的句子或段落等就记下来,并常常温习,积少成多,就可以在用时信手拈来。

(3)搭建框架。素材齐备之后就要搭建表达的框架。表达的框架决定了最后的表达效果:信息表述是否清晰?是否引人入胜?是否有说服力?因为框架背后是逻辑。案例中所使用的结构方式是一个经典的演说模式,即:故事+故事+观点。在这个模式中,论据先行,而且占据了大部分篇幅,只在结尾处以凝练的语言表明观点。使用这一演说模式,往往会取得较好的表达效果。

(4)组织语言。对于初学者来说,建议将所要表达的内容写下来,并反复推敲。写作是提高口语表达能力的又一有效途径。在对遣词造句的反复研究中,可以增长知识,提高语言修养,还可以锻炼思维能力。

2. 中等篇幅的训练可以以5分钟的脱口秀节目为训练目标

同样需要找已有的作品题目作为训练题目,通过对比训练来优化学习效果。作为对比材料的作品既可以是音频、视频,也可以是文字作品。

案例 9-3①

白岩松独家专栏:姚明退役 国家级的退役

之前没有过,不知之后是否还会有,像姚明这级别的退役,至少已经空前。也正是这个海内外都万分关注的退役仪式,似乎让正在举行的上海世界游泳锦标赛都好像暂停了一天,估计很多报道锦标赛的记者都来到了姚明退役的现场。这就是姚明这个大个子的吸引力,而这种吸引力,也恰恰用另一种方式证明了姚明运动生涯的成功。

其实姚明这个退役仪式并没有太多新的东西,没有意外,是真的退役了。将来也清楚,经营上海的篮球俱乐部,继续做公益……一切都没出乎意料,姚明也似乎不想营造感伤的气氛,他想轻松一些甚至放松一点儿,但偶尔说错一句话也透露了他内心的紧张与不舍,只不过,他不想用泪水来告别。必须恭喜他,他做到了。

---
① 罗振宇.罗辑思维[OL].微信订阅号,2014-3-5.

> 也正是在这个告别的时刻,我们似乎可以重新更准确地评估一下姚明的职业生涯。我得承认,在他没退役前,我们一直更多地用运动员的要求和形象来评估他,用成绩和比赛的胜负来表扬或批评他。其实姚明在赛场上并没有取得太多伟大的成绩,国家队没进过奥运前四,火箭也没有进过季后赛的第二轮,带上海队也只拿过一次CBA冠军……在这个告别的时刻必须要重新思考:为什么成绩谈不上伟大的姚明,却几乎得到了最伟大的评价与国家级的告别?
>
> 我们可能要把他的运动员形象与非运动员形象结合在一起,才能得到更准确的答案。他不仅是名运动员,还始终给人们带来希望。不管你是国家队球迷还是火箭队球迷还是上海东方队的球迷,姚明的出现和存在,都让人始终心存希望。要知道,一个能始终给人带来希望的人,大致可以走向伟大了。这就是过去十几年,姚明的一个巨大价值。
>
> 当然,他还是中美两个国家之间的交往大使,青少年的正面偶像,公益事业的积极参加者……这一切,都不是一个运动员的身份能简单做到的。
>
> 告别了,姚明没哭,我们也不哭,甚至感伤都不必。人生就是如此,该祝福了,过去,姚明用自己的身体就可以挣钱,今后,更要靠智慧。姚明不仅属于上海,更属于中国,仅仅管理上海篮球俱乐部和做公益,还不能满足我们对他未来的期待。以他的智商,他还会有更有趣和更有力的选择。当然,一个最重要的期待是:对中国篮球来说,姚明离开,一个时代结束,但下一个或下几个姚明何时出现? 对此,姚明与我们都有责任。有人告别,就该有更多新人诞生。这,也是生活。
>
> (2011-7-20,腾讯体育)

与三言两语的评论不同,短篇评论往往以一个话题为中心展开,其目的不仅仅为了验证观点的正确性,主要在于在评论过程中介绍更多的有价值的信息。以《白岩松独家专栏:姚明退役 国家级的退役》为例,文章以"姚明的退役何以得到国家级的评价?"为中心话题展开评论,谈到了姚明退役仪式所引起的轰动效果及姚明未来的打算,姚明职业生涯的成就和姚明所实现的个人价值等内容。通过这篇评论稿,我们不仅明白了姚明的价值所在,还对姚明的职业与人生有了更深的了解。

在短篇评论的练习过程中同样可以用前面谈到的训练方法,但要特别注重相关资料的积累和写作训练。

3. 长篇主持人自述的练习,可以一档原创网络脱口秀节目为创作对象进行

长篇主持人自述的结构特征与短篇评论相似。不同的是,短篇评论以一个话题为中心,而长篇评论在一个大话题下,可能有很多子话题,每一个话题都有丰富的相关资料作为支撑。

在练习长篇评论时,可以就所讨论的话题列一个谈话提纲,将话题可能涉及的层面列为子话题。然后,就每一个子话题写出短篇评论,再根据话题的逻辑思路将所有的短篇评论串联成篇。

(二) 互动性

对于"交互性",何苏六在《网络媒体的策划与编辑》一书中介绍了两个层面的概念。一方面,它可以指"用户对内容的控制",也就是说用户不仅可以观看内容,还可以跳跃性地浏览、使用,甚至控制内容。另一层面的概念与反馈有关。或者从更广的意义上来说,是创造一种取代传统的单向交流的双向交流方式。[1] 这里我们所谈到的网络音、视频节目的互动性是指"交互性"的第二层概念。网络节目的互动性意味着主持人话语方式的改变,即由独白(一方只说,一方只听的单向交流方式),变为对话(双方互为说者和听者的双向交流)。网络节目的主持人不仅需要完成节目内的主持职责,还要在

---

[1] 何苏六.网络媒体的策划与编辑[M].北京:北京广播学院出版社,2001.

节目内外应对受众的反馈。因为网络信息可存储,可随时被查看和使用,所以这个双向交流的过程有可能在相当长的时间内持续或间断性地进行,甚至某些很久以前的话题还有可能被重新关注,成为讨论的热点。因此,网络节目主持人的语言就需要更严谨,更经得起推敲。同时,网络节目主持人还需要具有高超的语言技巧,以应对双向交流中的信息反馈。

网络节目传播以主持人个人魅力为核心,并不等同于以个人化为核心。无论是普通网民,还是职业的媒体人,其网络信息传播一旦产生一定社会影响力,就必然受到社会观念、法律和政治的约束,就必须以社会责任感为前提。相对开放的网络环境的确赋予主持人更大的言论空间,但没有绝对的自由,自由是以责任为前提的。坚持党性原则、新闻工作者的身份、正义立场、人文关怀、主流价值观和社会责任感,是在网络世界自由翱翔的前提,是自如应对网络互动交流的保障。

第三节　网络节目的主持

在本章第一节中我们讨论了网络音、视频内容传播的典型形式。其中音乐、影视剧和有声读物等网络音、视频资源属于其他艺术门类,不能看做是新闻工作的内容;而网络游戏则是纯粹的娱乐产品,也不属于新闻工作的范畴;网络资讯虽然提供一定的新闻信息,但大多以信息碎片的形式存在,没有完整的结构和固定的设计,不能称之为节目。且大多截取自传统媒体的节目内容,因而也不属于网络音、视频节目研究的范畴;广播电视节目的网络版,实际上就是传统媒体的节目,遵从传统媒体传播规律和创作规律。因此,在纷繁复杂的网络音、视频内容中,网络音、视频节目主要包括网站原创节目和自媒体原创节目两大类。

一、网络音频、视频节目的概念

网络音频、视频节目是指以互联网技术为基础,以各类门户网站和其他网络信息发布平台为第一传播平台,以电脑、手机和其他移动终端为接收终端,以音频、视频为主要传播形式的,由各类传媒机构或个人制作,用以播出、交换或销售的可供人们欣赏,并获取信息的,具有完整的机构和相对固定的设计的试听作品。网络音频、视频节目的根本属性是新闻性,是网络音频、视频信息传播的基本单元。

互联网技术包括移动互联网技术的发展,以及电子信息终端的技术革新,为网络音频、视频节目的传播提供了硬件保障。网络带宽的拓展使多媒体传输更流畅,而各类电子终端的技术革新使多媒体信息传输与接收更便捷、更轻松。

各类应用软件的兴起,则是网络音频、视频节目发展的软件保障。自媒体社交软件在为用户提供更贴心的网络服务的同时,也引起了传播观念的变革。以个体和圈层为核心,以内容为核心竞争力的传播观念,也正是网络音频、视频节目区别于传统广播电视节目的本质特征。但是,就节目的形式而言,目前仍延续了广播电视媒体的基本模式。

二、网络音频、视频节目的典型类型

目前,网络音频、视频节目按照播出平台分,基本可以分为网站原创节目和自媒体原创节目两大类,其内容涉及体育、新闻、综艺娱乐、社会教育和生活服务等社会信息传播的各个方面。

按照节目形态划分,可将网络音频、视频节目分为网络直播节目、网络专题、谈话节目、脱口秀等形态。

网络直播节目,是指相对于录播节目而言的,是对新闻事件的即时报道。网络直播是指以网络为第一传输和发布平台,或网络媒体与传统媒体合并组织的直播节目。与传统媒体直播节目相比,网络

直播中,实时互动是节目的重要组成部分。

网络专题,包括各种类型的专题节目,如社会教育和生活服务、法律、综艺娱乐等,还有专题片。

谈话节目,是指广义的以谈话为节目主要组织方式的节目类型,包括话题讨论和专访两种类型。

脱口秀,是以主持人独白为节目组织方式的节目类型,以展现主持人个人语言魅力和思想魅力为主。

三、各类网络音频、视频节目的主持

(一)网络直播节目的主持

网络直播节目通常分为两种类型:一种是在网上提供电视信号的直播,原理是通过采集电视(模拟)信号,然后将其转换为数字信号输入电脑,并同步上传到网络;另一种则是在现场架设独立的信号采集设备,然后导入导播设备或平台,再通过网络上传至服务器,然后在网上发布。第二种才是真正意义上的"网络直播",因为拥有了播出的自主性。这里我们所讲的正是第二种网络直播节目。与电视直播相比较,网络直播设备简单,易于操作,成本低,互动性强,但是对现场的表现力相对较差。

1. 网络直播节目的节目要素

网络直播节目主要包括以下几方面节目要素:(1)网络平台。网络平台有别于广播电视媒体,它是一种近距离广范围的传播平台,它打破了时空的限制,使交流的范围可以无限扩大,交流时间可以无限延展。(2)网友。在传统媒体当中,受众对节目的参与度极其有限,而在网络节目中,受众同时也是节目的主体,节目展开方式完全改变。访谈的全部提问都是由受众来完成的,形成了受众与嘉宾、与主持人、与其他受众、与其他媒介平台的即时互动。(3)嘉宾。网络交流时空范围的拓展对嘉宾的素质和专业水准也形成了挑战。(4)主持人。在网络直播中,主持人的工作职责除了控制现场,驾驭节目进程外,还增加一项重要内容,那就是组织互动。

2. 网络直播节目互动设计与管理

互动性强是网络直播节目相较于传统媒体直播的一大优势,组织互动也是网络直播中主持人的重要工作。互动可以是专门的聊天室互动,也可以是节目播出过程中,或节目播出后的互动。网络直播节目互动指的是节目播出过程中的互动。网络互动的形式多种多样,有文字互动、语音互动,甚至还有视频互动。各种形式的网络互动在技术要求上有所差异,但其组织规律基本相同,都包括了互动话题的设计、互动过程的组织和互动内容的管理。

(1)互动话题的设计。

网络直播节目的互动平台通常有节目播出页面的实时评论、微博平台和微信平台。随机的互动内容往往信息价值低,有时还会出现偏离主题的情况,使互动过程变得混乱,不利于信息传播的有效进行。因此,在节目直播过程中需要对互动话题进行设计。网络直播节目的互动分为两类,一类是伴随着节目发展进行的辅助性的信息活动;另一类网络直播节目的主要组织形式就是互动。这两类互动对话题设计的要求不太相同。

对于第一类互动,节目发展过程中所传播的重要信息本身就会成为互动的话题,比如:腾讯视频体育赛事直播的页面主要分为两栏,左边为直播视频,右边是即时互动内容的滚动公告栏,如图9-1所示。公告栏的上方是讨论的话题,下方是网友针对话题展开的讨论。直播页面的设计在视觉感受和栏目设计方面都是比较合理的。随着赛事的发展讨论也会由公告栏所提供的话题转移到比赛的其他方面。

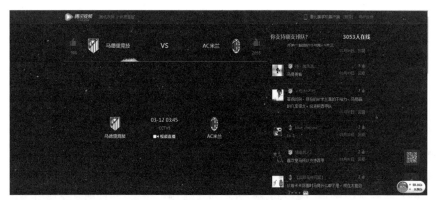

图 9-1 腾讯视频体育赛事直播页面

然而,节目发展过程中传达的信息点很多,受众的兴趣点又各不相同,如果不集中设计每个节点的话题,互动讨论就会变得散漫无序,社会影响力也就会相应降低。因此,需要根据节目内容的发展,在每个节点抛出一到两个话题供受众讨论。

对于第二类互动,节目本身就是互动的过程。因此,更应该注重话题的设计,包括节目的主题和用以挖掘主题的子话题。2011 年 2 月 27 日,由中国政府网和新华网联合录制的以在线直播的形式进行的,对时任中共中央政治局常委、国务院总理温家宝的人物专访,就是一档典型的互动直播节目。节目由主持人刘燕全程把控,主持人对温总理的访问和网友与总理的在线交流同时并进。

互动话题设计的主要依据是其新闻价值,换言之,就是其与公众利益的关联度和其社会效应。仍然以新华网对温总理的直播访问为例,直播互动中的几个主要话题都是当年社会上讨论比较热烈,关乎人民群众切身利益的热点话题。

2010 年我国居民消费指数节节攀高,物价急剧上涨,甚至出现了菜价直逼肉价的现象。物价的急剧上涨不仅增加了居民生活压力,同时也影响了社会经济效率。显然,第一个话题,物价上涨的问题,是当年社会生活的一大热点。

案例 9-4

2011 年中国政府网和新华网联合直播的"两会"前夕温家宝总理访问实录

[主持人]您曾经跟我们解释过什么是"快乐",今天又跟我们阐述什么是"幸福"。谢谢总理。广大网友在渴望幸福的同时也有一些烦心的事。比如说物价的压力很多网友都是非常关心,也提出了很多的问题。众多这样的问题中我先选了一个比较有代表性的,我先给您念一下。[02-27 09:08]

[网友 逻辑帝]总理,去年物价上涨很快,几乎什么东西都涨,就是工资不涨,给人感觉是钱越来越不经花了,老百姓压力真的很大。政府一直在控制,可总是觉得效果不明显。新年前后,您连续多次谈物价问题,说"今年我们经济工作的头等大事,是稳定物价"。政府如何做好这件"头等大事"?[02-27 09:08]

[温家宝]物价上涨快了影响群众的生活,甚至影响社会的稳定。党和政府一直把保持物价总水平的稳定作为经济生活发展的一件大事。我是个每天要看物价指标的人,我熟悉粮食、油料、肉类、禽蛋、蔬菜的价格。[02-27 09:10]

[温家宝]从去年 12 月份开始,我们采取了有力的措施,使物价上涨的势头得到遏制,11 月份 CPI 还是 5.1%,12 月份就降低到 4.6%,今年 1 月份,我以为物价会超过 5%,因为翘尾因素大约占到 2%。[02-27 09:11]

［温家宝］但是超出我的预料,物价控制在4.9%。也许这些数字是枯燥的,有些人甚至是不相信的。但是我确实知道粮油的价格基本稳定,猪肉的价格一直维持在十三块钱左右一斤,鸡蛋的价格从上涨到五块钱降到四块七毛钱,19种蔬菜的平均价格有18种都有所回落。[02-27 09:12]

［温家宝］我也到市场去,市场的情况也确实如同我看到的情况一样。更重要的就是我掌握宏观的情况。我们国家连续七年粮食丰收,有充足的储备,我们有雄厚的物质基础,我们有充足的外汇储备。这些都是我们应对物价上涨的有利条件。[02-27 09:13]

［温家宝］应该把真实情况告诉老百姓,这次物价上涨不是中国一个国家的事情,在国际上带有普遍性。[02-27 09:13]

［温家宝］就拿从11月份到1月份不到三个月的时间,国际粮价上涨15%,因为中东局势的影响,国际油价每桶一度超过100美元,一些新兴国家的CPI指数都超过7%、8%,甚至达到10%。[02-27 09:13]

［温家宝］我知道物价对一个国家的影响,也深知它的极端重要性。但是请大家相信,一个每天关注物价、每天了解行情的人,是不会允许物价上涨过快而得不到遏制的。[02-27 09:14]

［温家宝］有一句话就是说:通胀预期比通胀本身还要可怕。我希望全体人民和政府配合,我们共同努力,采取切实有效的措施,解决物价这个重大问题。[02-27 09:14]

［温家宝］现在看来,我们最重要的措施是四个方面。一是控制货币流动性,也就是管好物价上涨的货币因素。[02-27 09:15]

［温家宝］第二就是要努力发展生产,特别是农业生产,要落实粮食省长负责制,菜篮子市长负责制。也就是说我们政府的每个工作人员都要把米袋子和菜篮子记在心里,作为自己头等的大事,加以管理。[02-27 09:16]

［温家宝］只有农业搞好了,农业丰收了,我们整个物价的稳定才有坚实的基础。因为中国还有相当数量的老百姓,食品占他们整个收入的大部分。[02-27 09:16]

［温家宝］今年我们遇到了北方的特大干旱,而且旱区主要是在小麦产区。我心里非常着急。我们连续召开了两次国务院常务会议,出台了若干促进农业生产的措施,中央花了129亿来支持农民抗旱浇水。现在看来,我们还是有信心抗旱保丰收。[02-27 09:17]

［温家宝］第三,要搞好流通。农产品流通环节是整个流通环节最薄弱的,我原来只以为流通环节搞得不好会使物价上涨,现在我又知道了,流通环节过多还会造成农产品的浪费。比如蔬菜,因为农产品流通环节过多,损失量高达1/3。[02-27 09:18]

［温家宝］我曾经举过一个例子,我说就离北京不远,150公里,那地方农民卖出的黄瓜是一块多钱,而到北京的超市要六块多钱,中间经过许多流通环节。[02-27 09:18]

［温家宝］第四,我们要管好市场。管理市场当然主要是采取经济和法律的手段,但也必须采取必要的行政手段。要打击囤积居奇、哄抬物价,使整个市场有序地发展。[02-27 09:19]

［温家宝］我相信,只要我们坚定不移地采取这些措施,我们一定能够管好通胀。谢谢。[02-27 09:19]

---

① 新华网.中国人民政府网联合专访[OL].新华网,2011-2-27. http://news.xinhuanet.com/2011-02/27/c_121126330.htm.

2011年4月公布的第六次人口普查数据显示,2010年中国居住城镇的人口接近6.66亿人,城镇化率达到49.68%,全国已有近一半的人口居住在城镇,这意味着中国将进入城市圈。快速城镇化的进程是伴随着住房问题、教育问题、环境问题等一系列社会问题发生的,特别是进城务工人员子女的教育问题越来越突出。

案例9-5①

2011年中国政府网和新华网联合直播的"两会"前夕温家宝总理访问实录

[网友 月下听风]总理,您好。我和老婆都是"80后"农民工,每天工作很辛苦,不过我们还能承受,最担心的是孩子。孩子今年3岁,放在家里由老人带,我们也想让他跟着我们,可一想到在城里孩子入园、上学都是个大难题,就犯愁。真希望政府能帮我们想想办法。[02-27 09:21]

[温家宝]看到这位网友的问题,我就想起20多年前我曾经在甘肃的一个偏僻山区,到一户农民家里,妈妈是一个盲人,但是家里收拾得整整齐齐。我问她有什么困难,她跟我说,我只要求一条,让我孩子能够上希望小学。[02-27 09:21]

[温家宝]这位网友提的问题应该说有代表性,作为父母,最关心的是孩子的成长,是孩子的上学。[02-27 09:21]

[温家宝]去年我在浙江考察的时候,我随意到一家超市,我想看看群众的生活。那里有一间小吃店,我看到一个妈妈和一个孩子在吃饭,他们买了一份饭,孩子在吃,妈妈在看。[02-27 09:22]

[温家宝]我心比较细,因此我就问她,我说你有几个孩子?她突然哭了起来,她说她在城里打工,丈夫刚刚因癌症去世,现在就这一个孩子,希望他在身边能够上学。[02-27 09:23]

[温家宝]随同我去的地方干部很快解决了她孩子上学的问题。[02-27 09:23]

[温家宝]其实,大批农民工进城以后,他们在生活上存在许多困难,诸如社会保障问题、子女入学问题,但是他们最为关心的还是孩子上学。[02-27 09:23]

[温家宝]我们确实存在这样一个矛盾,现在进城的农民工多达2.4亿,如果这些农民工都把孩子带出来,那么城市的学校负担就很重。如果他们不把孩子带出来,那么在农村就存在着一老一小的问题,孩子得不到父母直接的关爱。这是我们中国存在的一个独特问题,我们必须采取"两手"。[02-27 09:24]

[温家宝]一手就是大力发展农村教育,把农村的学校建好,使优质教育资源不要都留在城市,让好的教师到农村去支教。另一方面,我们对农民工进城、孩子上学不因户口而受到影响,特别是义务教育。[02-27 09:25]

[温家宝]现在比如像北京这样的大城市,应该说在社会承载能力上已经很重了。但北京市委市政府还是花很多钱、用很大的精力解决农民工子女入学的问题,千方百计保证他们能够享受义务教育。[02-27 09:26]

[温家宝]我相信你的孩子不管是留在家里还是随你出来,都能够接受良好的教育。谢谢。[02-27 09:26]

此外,访问还涉及了就业问题、能源问题、环境问题、房价等一系列关系国计民生的重要问题。

(2)互动过程的组织。

互动过程的组织是针对网络互动直播节目而言的,因为其过程更像是一场大规模、广范围的话题讨论,需要主持人的综合把控。因此,互动过程的组织就类似于谈话节目的主持过程,包括引出话题、激发讨论、控制场面、引导进程等过程。

首先,主持人在节目中要以生动浅显的方式介绍节目的主题,进而引入讨论的话题。例如,在中国政府网和新闻华网对温家宝总理的这次访问中,主持人以网友的一个问题引出对于反腐问题的讨论。

---

① 新华网.中国人民政府网联合专访[OL].新华网,2011-2-27. http://news.xinhuanet.com/2011-02/27/c_121126330.htm.

案例9-6①

2011年中国政府网和新华网联合直播的"两会"前夕温家宝总理访问实录

[网友 坚决到底]总理,最近刘志军被免去铁道部部长职务;原广东省茂名市委书记罗荫国被立案侦查。网民无不拍手称快,这体现了中央坚定反腐败的决心。但又一想,一个是现任部长,一个是现任地级市"一把手",他们的权力太大了,胆子也太大了,靠什么来管住"一把手"滥用权力呢?[02-27 10:06]

问题以当年社会关注度较高的两起反腐案件为引子,引出反腐过程中对"一把手"的反腐问题,既引人注目,又切中要害。

同样的,2014年"两会"期间新浪新闻中心视频谈话节目《建言时间:反腐进行时》中,主持人蒋昌建以中国社会生活中一个很普遍的社会现象为例,提出了反腐的根本性问题,生动明了。

其次,主持人在讨论过程中扮演的角色,更像是"催化剂":在讨论不够积极,无法碰撞出火花时,通过一定的方式激发受众参与讨论的欲望;在讨论过于激烈时,及时控制场面。在中国政府网和新华网对温总理的访问中,主持人问到的房价问题,可以说制造了谈话的一个小高潮。2008年以后房价不降反升,给居民生活带来了更大的压力,对于总理和普通居民而言,这都是一个较为敏感的话题。对于这个话题老百姓有强烈的表达欲望,而总理想说的也很多。因此,抛出这个话题无疑是一剂"推波助澜"的"催化剂"。

案例9-7①

2011年中国政府网和新华网联合直播的"两会"前夕温家宝总理访问实录

[主持人]总理,我想请您回答一个网友非常关注,但是可能不太好回答的问题。[02-27 09:39]

[温家宝]没关系。[02-27 09:39]

[网友 想不到的多]总理好。政府为了降房价出台了一系列调控措施,但是,老百姓感觉房价一直坚挺。记得去年2月,您在回答网友关于如何平抑房价的问题时说:"我有决心,本届政府任期内能把这件事情管好。"面对居高不下的房价,我想问,抑制房价,总理,您还有信心吗?[02-27 09:40]

[温家宝]我还有信心。如果我没有信心,不去努力,那就是失职,就是对人民的不负责。我不仅要做这样的表态,而且要付诸实际行动。[02-27 09:40]

[温家宝]从去年到今年,我们先后出台了三次调控措施。应该说这三次调控措施总体上越来越有力,针对性越来越强。房价过快上涨的势头有所遏制住,我们要使房价能够保持在一个合理的水平。[02-27 09:41]

[温家宝]第一,必须增加有效供给。大家知道,去年我们投资兴建了保障性住房590万套,竣工370万套。今年,我们将要计划建设保障性住房和棚户区改造住房1000万套。[02-27 09:42]

[温家宝]当然,我知道许多网民提出了资金如何落实、土地如何落实,保障性住房建设以后管理、监督和退出机制如何建立?这些都是我们应该现在就加以研究并且做好准备的。[02-27 09:42]

[温家宝]前不久,国务院主持各地与中央签订了保障性住房的责任书。关键不在一张纸,而在于决心。有了决心就会有资金,就会有土地,就会有办法。[02-27 09:43]

---

① 新华网.中国人民政府网联合专访[OL].新华网,2011-2-27. http://news.xinhuanet.com/2011-02/27/c_121126330.htm.
② 新华网.中国人民政府网联合专访[OL].新华网,2011-2-27. http://news.xinhuanet.com/2011-02/27/c_121126330.htm.

> [温家宝]没有决心,眼前到处都是困难。我想中央已经下了这个决心,我们计划在今后五年,新建保障性住房3600万套。保障性住房应当以公租房和廉租房为主,再加上棚户区改造,不要走偏方向。[02-27 09:44]
>
> [温家宝]保障性住房达到3600万套以后,在住房的覆盖率可以达到20%,这将有力地缓解住房的压力,特别是解决中低收入和新参加工作的大学生住房的要求。[02-27 09:44]
>
> [温家宝]第二,还是要下决心毫不动摇地抑制投资和投机性住房需求。我们采取经济和法律手段,以及必要的行政手段,主要是用差别化贷款利率、税率以及土地供应政策。我相信,经过一段时间的努力,我们会在抑制投机、投资用房上见到效果。[02-27 09:45]
>
> [温家宝]第三,要管好市场。政府管好市场主要是用法律和经济的手段防止捂盘惜售,圈地不用。[02-27 09:46]
>
> [温家宝]在这里我也想对房地产商说一点话,我没有调查你们每一个房地产商的利润,但是我认为房地产商作为社会的一个成员,你们应该对社会尽到应有的责任。你们的身上也应该流着道德的血液。[02-27 09:46]
>
> [温家宝]我知道处理房价问题要分清政府应该管的事和市场应该管的事情。对于政府应该管的事情,我们毫不含糊;对于市场应该管的事情,我们也要密切加以关注,充分利用市场对资源配置的合理作用。同时,抑制那些不合理的房价。[02-27 09:47]
>
> [温家宝]这件事情真难啊。有人说我"灰心"了,其实我没有"灰心"。我相信,只要我们把群众放在心上,我们一定会实现调控目标。[02-27 09:47]
>
> [温家宝]这里我还想讲一点国情。这是事物的另一个方面,也是很少有人提到的一个方面。那就是我们国家是一个人口众多、土地稀缺的国家,住有所居并不意味每人都有自己的住房。[02-27 09:49]
>
> [温家宝]据调查,1998年,当时人均住房只有17平方米,去年人均住房达到33平方米,不能不说人们的住房多数得到了改善。[02-27 09:49]
>
> [温家宝]第二,中国家庭拥有自己的住房率是比较高的,家庭自有住房率高达80%。据北京统计,拥有住房最低的平均年龄仅有27岁,这在世界上连发达国家都是比较少的。[02-27 09:51]
>
> [温家宝]房屋是一个刚性的需求,这一代人解决了下一代人还要。不断地有参加工作的人,不断有大学毕业生,不断有结婚的人。[02-27 09:51]
>
> [温家宝]因此,我讲这些就是希望我们群众理解,中国要有适合自己国情的住房政策。我提倡小户型,但功能要齐全。而且从现在建设就应该注意节能环保,不要贻误这个时机,这不仅对住房,而且对中国建筑业的发展都会起重要作用。谢谢。[02-27 09:51]

最后,在互动的全过程中,主持人始终引导着话题的进程:产生、发展、升华等。主持人就像"放风筝的人",以一"收"一"纵"的艺术掌控着话题的进程:当讨论偏离主题时,将话题拉回到讨论的主线上来;当讨论进入死角,在一个层面上盘旋,而不能上升时,适当引导话题前进。

(3) 互动内容的管理。

网络互动的过程类似于讨论谈话节目的过程,但内容更丰富繁杂。无论是在辅助性的互动中,还是在互动节目中,主持人都需要有"眼观六路,耳听八方"的本领,特是以互动为辅的直播节目中,除了主持节目进程外,主持人还需要持续关注互动讨论的进展情况,并能够迅速地从纷繁芜杂的信息中找到有价值的信息,使其服务于节目本身。所谓的互动内容管理,就是对互动过程中的言论的筛选过程,放大有价值的、积极的言论,淡化价值低的、无意义的言论,去除负面的、消极的言论。

互动内容的管理要求主持人有较高的思想政治水平和新闻职业素养。

(二)网络专题的主持

网络专题的内容广泛,节目形式大多效仿广播电视节目的已有形态。对于网络专题而言,网络平台的优势体现在其可存储性和手段的多元化。传播平台的特色决定了节目的特色和主持人的主持特色。

1. 网络专题的节目特色

这里指的是区别于广播电视媒体的节目特色,主要包括两点:思想性和知识性;节目内外的多元联动。

之于传统音频、视频媒体最大的困扰就是内容的深度与广度;因为广播电视节目转瞬即逝,不能重复观看,又受节目时长和表现手法的限制,所以在节目制作时将信息传达的准确性和清晰度放在了第一位,不能进一步顾及节目内容的深广度。网络平台的可存储性为受众提供了重复观看、仔细品味节目的机会,从根本上解决了传播的准确性和清晰度的问题,因而为强化节目内容的知识性和思想性提供了客观条件。

节目内外的多元联动是指文字、图片声音、图像等多种表现手段在节目内外的综合运用。通过综合运用各种表现手段,可以更全面、更深入地表现主题,增加节目的知识含量和艺术美感。腾讯视频录制的《大师》栏目以丰厚的节目内容和深刻的思考见长,是新生的网络音、视频节目的优秀代表。《大师》栏目制作的《夫妻翻译家:杨宪益和戴乃迭》这期节目,综合运用了文字图片、视频多种表现手段,以视频采访为信息传播的主体,辅之以文字内容——编导手记的深刻思考,使节目更立体丰满,令人深思,回味悠长。

案例 9-8①

《夫妻翻译家:杨宪益和戴乃迭》
杨宪益走了,去陪上帝读红楼。
编导手记:周越峰

念大师,叹红楼
——腾讯网友悼杨宪益先生

几十年来著春秋,挑灯寒夜画红楼。
名士才女两相伴,异国情缘几世修。
殚精竭虑译名著,几经沧桑情难收。
梦断红楼君离去,更添红楼几多愁!

2009 年,多位文化老人离我们而去,临近岁末,这份名单里又添上杨宪益。当下的北京,萧索寒冷,而初秋时节前登门拜访杨老的那一天,在记忆里依然清爽甘醇,一如先生生前钟爱的白兰地。

气质安然的真名士

杨老一生颠沛,即使在北京也搬过多次家,他晚年的最后居所在后海。杨家小院坐落在小金丝胡同,褐色的老木门,青砖灰瓦,绿藤黄花,屋内陈设素朴,盈墙满壁挂着古字古画,房厅北墙之上有一对手书条幅,上面是文物专家王世襄先生的亲笔题书:"从来圣贤皆寂寞,是真名士自风流。"这里里外外静谧的氛围跟后海这片"旅游旺区"有点格格不入,也由此提醒着有心人:这低调是有来历的。杨老衣衫整洁,头发花白,相貌明朗,自有风骨。初次蒙面,感觉他比照片上要瘦小得多,当年那个意气风发的贵公子,如今依然气质端然。他的右手戴了一枚镶有黑宝石的戒指,因了那黑,越发衬出皮肤的白。他陷坐于一张红色的沙发,很绅

---

① 大师.腾讯网[OL].2009-11-10. http://news.qq.com/a/20091110/000988.htm.

士地对着我们微笑,"我腿脚不方便,就不站起来欢迎你们了"。杨老面前的长凳上摆着一个烟灰缸,据说老爷子自从去年一次脑血栓发作后,不能再喝酒,但是烟却还没戒掉。

我们跟他说,采访中您要是想抽烟尽可以随意,无需顾忌。他依然微笑着,说好。但在之后一个多小时的交谈中,杨老却滴水未进,一根烟未抽。他的谦和以及对旁人的尊重,给我们留下深刻印象。

自从去年脑血栓发作后,杨老行走不便,最近快一年没再怎么出门。一些老朋友,比如黄苗子等也都身体欠佳,很长时间都没再见。每周一、三会有按摩师傅到家里为杨老按摩,中午杨老会午睡片刻,有朋友来的时候聊聊天,其他的时候就坐在这张红沙发上,看着儿女进进出出,与家中的一只老猫做伴,安宁平静地恰似院中那棵古木。

在交谈过程中,杨老不时用手抚摩自己的下巴,陷入对往事的回忆。毕竟年事已高,有些事情记不太清楚了。但是当提到和爱妻戴乃迭的故事时,眼瞳总是黑黑亮亮的,看不到暮年光景的黄浊。那双眼里,更多的时候是平和,那种历尽世事沧桑我独然的平和。实在是惊讶,是什么力量让一位如此高龄的老人,在经受那么多坎坷之后,依然保持着如同孩童般单纯的眼神。

娶了真人版林黛玉的士大夫

杨宪益与戴乃迭,被誉为中国现代文化史上一对特殊伉俪。

戴乃迭是英国人,1919年出生于北京,父亲是位传教士,中国留给童年戴乃迭许多美好记忆,以致多年以后因为"爱上了中国文化,所以嫁给了杨宪益"。

戴乃迭就像是现实生活中的林黛玉,她有才,是英国牛津大学的高材生,她多情,因为爱而远离了父母,但冥冥中似又背负悲剧性的宿命,因为爱而坐牢、丧子,杨老娶了这样一个神似林黛玉的妻子,他们的故事,注定充满强烈的传奇色彩。

据杨老讲述,他与戴乃迭结缘于牛津,他在攻读荣誉学位第一年时认识了一些英国年轻人,他们经常一起出去划船,其中一位后来把戴乃迭介绍与他认识,后来两人就好上了。没有什么浪漫离奇的经历,仿佛一切都顺理成章、命中注定。相恋后,戴乃迭毅然放弃了法国文学专业,改学中国文学,杨宪益也放弃了法国文学专业,转攻英国文学,这种互补为他们日后在翻译界创造辉煌奠定了基石。

毕业后,杨宪益回到当时正处于战乱中的祖国。问及原因,杨宪益毫不犹豫地说道:"因为我是中国人,我根本就没有想离开中国。"当时美国哈佛大学一直力邀他前去任教,但他归意已决。回国一事甚至无需与戴乃迭商量,因为"我们已经订婚,订婚以后她自然要跟我一块回中国,这不奇怪,她的父母亲都在天津,而且她本身对中国也是非常感兴趣、非常热爱"。

这对堪称中英合璧的夫妻,克服了贫穷流离,经受住政治迫害,在半个世纪的时间里,联袂将中国文学作品译成英文,从先秦散文到中国古典小说,从《魏晋南北朝小说选》《唐代传奇选》到全本《儒林外史》《红楼梦》,丰富程度可谓罕见。杨老澄清,《楚辞》不是他们的合作成果,但他已经记不得和妻子一共合作翻译了多少作品,也不记得最后是哪一部,但他谈及一点,语气中隐隐有点遗憾,"我们想多介绍一点沈从文的作品,后来没有做到"。

杨老和戴乃迭几乎携手走过了一个甲子,他们是如何维持这么长久的一段感情,有什么秘诀?"我们俩一直很好,我认识她以后跟她订婚,再后来跟她结婚,其间也碰到过别的一些女朋友,跟她们有的也很熟,但都没有太过分的,我始终是忠心于戴乃迭,而戴乃迭也是和我一样。"

杨宪益和戴乃迭的名字这么多年来从未分开过,即使当天接受我们采访的只有杨老一个人。二十世纪八十年代时杨老"觉得不想做了",选择退休,到了1999年11月戴乃迭去世,则完全停止了翻译工作。杨老对妻子的愧疚与思念,在他那首令无数人潸然泪下的悼亡诗里穷形尽相:

早期比翼赴幽冥,不料中途失健翎。
结发糟糠贫贱惯,陷身囹圄死生轻。
青春作伴多成鬼,白首同归我负卿。
天若有情天亦老,从来银汉隔双星。

杨老现在或许终于可以亲自把这首诗念给戴乃迭听。

《红楼梦》最好的英译本作者。

翻译界慨叹，杨宪益几乎"翻译了整个中国"。据说在欧美各大图书馆，他的译著整齐地排列，蔚为大观。但他最为人所津津乐道的成就，当属他与妻子合作翻译三卷本《红楼梦》，这也是唯一一部中国人翻译的全译本，同时也是西方世界最认可的《红楼梦》译本。

杨老中学上的是天津一所英国教会中学，家里怕他英文不够好就给他请了一位女英文老师。那个老师教了他三、四年英文，算是打下了基础。也是从那时起他就开始饱览欧洲文学名著的英译本，包括哲学、历史、人类等多个方面，积累下广泛的文化知识，为日后的翻译工作驾起了桥梁。毛主席曾表示像《离骚》这样的作品恐怕难以翻译，但杨老觉得任何文学作品都可以翻译。对于翻译《资治通鉴》这样一部巨著，杨老自信地坦言"一个月翻一万多字是很简单的事情"。

翻译《红楼梦》则是另外一个故事，二十世纪六十年代初，外文出版社计划翻译一批中国重量级书籍，选了具有代表性的四大名著，找美国人沙博理翻译《水浒传》未果，同时还有一个美国人翻译《三国》也没成功，《西游记》没找到合适翻译人选，《红楼梦》则决定让杨老来翻译。杨老和戴乃迭花费两年时间一起翻译了前八十回，当时正值"文革"期间，他们一度以为手稿丢失，后来得知，稿子幸运地被出版社里一个同事善意留存。但当问到若真丢了会否失落，杨老却是十分洒脱，"丢了也没有什么，那就重新再翻译"。追问其原因，他娓娓道来："关于中国的古文，有的比较困难，像《楚辞》《离骚》就是，后来的《唐代传奇》虽然是小说，也比较困难。

翻译白话文，像《红楼梦》这样的则不同，我以前翻过半白话的书，像《老残游记》《儒林外史》等，这些都是很简单地拿过来就翻。《红楼梦》也很简单，我口述戴乃迭拿打字机打出一个初稿，然后再把文字改一改，就这样。"

《红楼梦》里人物众多，翻译起来会是什么情况呢？"没有什么困难，我后来想人名字太多了，刚开始像丫鬟的名字我想也把意思翻出来，后来想人太多了也记不住，后来就决定选重要的人翻译。"《红楼梦》里还有很多伏笔、暗示和隐喻，又该如何解决？"也可以解决，在英语里找到相对应的，能翻的就翻，翻不了的就加注解。"在杨老的话里行间，仿佛别人想象中的困难于他而言，仅仅是一个又一个迎刃而解的小问题。翻译《红楼梦》是如此，面对人生起伏，又何尝不是。

几乎很难想象，因为翻译出全本《红楼梦》而声名大噪的他竟然其实对它不太感兴趣。"我小时候对《西游记》《三国演义》兴趣更大一些，《红楼梦》一直没有看全。《红楼梦》太像我的老家，有很多东西我觉得很讨厌，我对《儒林外史》的兴趣比《红楼梦》大一些。"

今年9月，中国翻译协会授予杨宪益翻译文化终身成就奖，这个奖是翻译家个人的最高荣誉奖项。杨老也是继季羡林先生之后，第二位获此奖的翻译家。

杨老的逝去，对文化界来说是损失，对我们而言是伤痛，也令人不禁仰头慨问，送别了这一批旧时代培养出来的大家，我们还需多年才来等来下一个名字，一个能够撑起我们民族信仰的名字？

就在10月中旬，我们给杨家去电话，就节目的后期制作问题想与杨老沟通，得知老先生已经住院，其时的他，口不能言，手不能书，本计划要补拍一些镜头，因为不忍打扰杨老静养，就跟杨老的大女儿杨荧老师约定待到杨老恢复后我们再登门拜访。11月初，再次跟杨老的小女儿杨炽女士通电话，得知杨老淋巴癌手术后身体不适仍在住院，但是手术成功，恢复很好，过几日便可返家。当时还跟杨炽女士约定，希望能有再次登门拜访的机会，没成想，数日后便惊闻杨老仙逝的消息。

上帝是西方人的神，他肯定也和杨老一样精通英语，英文版的《红楼梦》完全可以是上帝不错的读物，杨老说不定正和上帝一道诵读、一块研讨，继续着传播东方文化的伟业，就像当初和戴乃迭一起做的那样。怀揣这样一个美好的念想，心中那份伤感顿时消散了些许。转头望向窗外，北京的天空已经放晴了。

《大师》这样一档栏目与网络留给我们的高效、迅捷等印象截然不同。在当今这样一个高速运转的信息化社会，腾讯视频能沉下心来关注文化，制作这样一档思想深刻、内涵丰富的节目不仅展现了其作为现代媒体传播者的长远眼光和大局观念,也让我们发现了网络传播的又一种可能性。视频节目本身对一代翻译大师杨老的生平进行了完整的呈现,而附在节目之后的编者手记字字真情,动人心弦,同时透过采访者的亲身体验也让人对杨老有了更多的了解,恢宏人生之外的杨老。可以看出采访是建立在扎实的资料搜集和整理工作基础上的。采访者对于杨老的理解也不仅仅是停留在资料的堆砌上,而是深入心灵的。以多媒体形式制作的深度文化访谈类节目不仅在时下可以通过网络平台被更广泛的受众群体分享,还可以被长久保存,被长久讨论,成为珍贵的纪念和史料。制作有价值又有吸引力的深度节目需要制作者能静下心来潜心研究。信息不等于资料本身。只有对资料、人物、事件、背景进行一番深入研究才能提炼出有用的信息,才能得出呈现信息的方式。

2. 网络专题的主持特色

网络专题的节目特色决定了节目对主持人能力的新要求:多种媒体手段的综合运用和思想的深度与广度。

(1)多种媒体手段的综合运用。

图片编辑。网络专题节目的图片编辑工作主要包括:①图片资料的采集与筛选,即通过拍摄、搜索、征集等方式寻找适合表现节目主题,或可以对节目内容起补充或解释作用的图片资料。②图片的处理,指运用图片编辑软件对拟采用的图片进行适当的修饰、剪切、拼接等处理。③图片排版,即对图片在视频或网页上的位置、大小、方向、形状等,以及与文字内容或其他图像的配比进行综合设计。

文字写作。①在节目播出页面适当地搭配醒目的标题可以起到突显节目内容、引起注意的作用。文字标题的写作应简洁凝练,措辞准确且引人注目。腾讯视频原创节目《锦麟夜夜谈》的视频播出页面上,视频栏目旁边的播放列表中就用简洁凝练的语言列出了一期完整节目的每一个子话题,并附有视频剪辑,一目了然,便于观看,如图9-2所示。以《探秘第三性:为生存自愿成"妖"》这期节目为例,旁边的播放列表中就列出了节目的所有子话题。

泰国异域风情:60万人妖"争奇斗艳";娱乐圈旅游业女性吃香 不少男性自愿成"妖";几百人妖围堵英拉总理 人妖也可参与政治;清朝人妖记载:40岁寡妇养5岁"假女";女孩不够男生来凑 人妖不怀孕投美军所好;收入微薄代价大 一入"妖"门成不归路;喜爱人妖有前鉴:男风兴起源自航海。

图9-2 《锦麟夜夜谈》节目播出页面

② 引言一般包括了节目的主要信息,可以起到介绍节目内容的作用,方便受众观看节目。

③ 编后语是对节目内容的补充、总结和评价,使节目内容更丰富。

音频制作。使用音频编辑软件对音频资料进行简单的剪辑和制作,使其符合节目播出的需要。

视频制作。使用视频编辑软件对视频资料进行编辑,并配合使用音乐、音响和其他声音、文字素材制作视频节目。

(2) 思想的深度与广度。

思想素质,是人的意识形态、思维能力、行为作风、道德修养、认知能力等的总和。主持人的思想素质决定了他的价值观念、道德水平和思想深度。在传统媒体,主持人的思想素质是决定影响职业生命的核心素质。对于网络节目而言,思想素质对主持人的意义同样重要。

文化素质,是人在长期的学习过程中积累的社会、哲学、文学和科学知识,以及在这些人文社科知识的熏陶下所形成的行为方式,在言谈举止、举手投足间展现出来的气质和思想魅力。文化素质是影响主持人职业生命的重要素质。

主持人所具备的思想素质和文化素质共同决定了其思想的深度和广度,塑造了主持人的人格魅力。

(三) 网络谈话节目的主持

谈话节目是目前网络原创节目中除体育赛事直播外,较为主流的一类节目,腾讯视频的《锦麟夜夜谈》、新浪视频的两会特别节目《建言时间》等都是网络原创谈话节目。

网络谈话节目与广播电视媒体谈话节目相比,在节目要素、话语空间和主持特色上都有一定差别。

1. 节目要素

网络谈话节目的构成要素主要有:(1) 主持人。主持人是节目的核心要素,主要职责在于组织谈话,并且在节目进程中引导话题的发展,平衡各方观点,把握方向。(2) 嘉宾。嘉宾是构成节目的关键要素。嘉宾的言论构成了节目的主体内容,表达了主要的思想内涵。因此,在谈话节目的准备过程中,嘉宾的选择很关键。选择嘉宾时,往往需要考虑到嘉宾的身份、社会地位、性格特点、表达能力等方面的要素。选择嘉宾应注意嘉宾的身份、社会地位和知识积累与节目主题的契合度要高;另外,多个嘉宾之间在可能的观点和知识积累方面要有差异性,互为补充。选择嘉宾,还应注重嘉宾的表达能力,因为音、视频节目还要考虑到欣赏效果和受众感受的问题。(3) 话题。话题是构成节目的重要内容。谈话节目是围绕特定话题展开的。谈话节目的话题需要具备一定的新闻价值,通常是时下社会上广受关注,或可能引起广泛关注的热点问题。(4) 受众。网络谈话节目与传统媒体的谈话节目不同,其信息接收存在着较大的随意性。受众有可能是在节目播出的同时听到或看到节目的,也可能是在节目播出后的任何时间段欣赏节目的。受众欣赏节目的过程不一定全是由始至终的,还有可能是跳跃式的,有选择性地欣赏节目的片段。因此,网络音、视频节目的传播影响力是逐渐产生的,而不是像传统广播电视媒体那样,瞬间产生大规模的影响力。这也为网络音、视频解码赢得了相对宽松的言论空间。此外,相对于传统广播电视媒体谈话节目而言,受众的参与度更高。而且,这种参与更彻底,因为任何同步欣赏节目的人都可以直接参与讨论。当然,这也给主持人的综合掌控带来了更大的挑战。(5) 灯光、音响、布景、摄像等现场的硬件设施。这些设施主要是针对视频节目而言的。目前,由于网络带宽的限制,网络视频节目的制式标准普遍不高。因此,对现场硬件设施的条件要求并不高。但这并不意味着,随着网络带宽的发展,网络节目的制作标准不会越来越高。

2. 主持特色

在相对平和的谈话氛围中,主持人主要是话题的引导者,他需要处理好与嘉宾、节目和受众三者之间的关系。采访是记者搜集信息的手段,也是谈话节目主持人的主要主持手段。

采访以丰富的资料准备为前提,以提问的方式进行,以倾听的方式展开。"提问"和"倾听"是两个重要的采访技巧。

(1) 在谈话过程中主持人通过提问引导节目进程,使话题层层深入。

(2) 在谈话过程中,通过问题的分配,实现话语权的分配,以平衡观点。
(3) 在谈话过程中,通过倾听和追问,挖掘更多有价值的信息。

(四) 网络脱口秀的主持

脱口秀是英文"Talk show"的音译名。在英语中"Tonight show"是指以谈话、话题讨论、访问等为主要节目展开方式的所有节目,如美国的名牌电视节目 *Tonight show*《今夜秀》就是以名人访问为主要节目形式的。由英文音译过来的"脱口秀"一词,在我国却更多地用来标识以个人语言展示为主的一小类节目,如近年来比较有影响力的电视节目《今晚80后》《一周立波秀》等。

网络脱口秀是近几年兴起的一类网络原创节目,除了以网络为主要的传播平台外,这一类节目中的相当一部分是由无官方媒体背景的个体团队创作的,节目特色鲜明,以主持人个人魅力为标识,如以曾任中央电视台《对话》栏目制片人的罗振宇为核心创作的《罗辑思维》,著名音乐人高晓松主持的《晓说》和著名主持人王凯主持的《凯子曰》等。

网络脱口秀以主持人个人魅力为核心竞争力,因此,这类节目的主持重在塑造主持人的个人形象,形成独特的主持风格。

1. 准确把握节目定位

主持风格的形成是主持人个人兴趣取向、知识积累、性格特点、人生经历、语言风格等和节目特色完美融合的结果,而这种融合的前提则是对节目定位的准确把握和深入认识。如《罗辑思维》定位为国产知识性脱口秀栏目,主要服务于"80后、90后"有"读书求知"需求的群体,打造互联网知识型社群。"我们在知识中寻找独立的见识,您在把玩知识中寻找思维的乐趣。我们的口号是,死磕自己,愉悦大家。"是罗振宇的口号。而罗振宇本科毕业于华中科技大学新闻系,是94级北京广播学院电视系硕士和04级中国传媒大学博士生。曾在中央电视台多个栏目担任主持人和制片人,对企业营销、公关、品牌等领域有独到的理解和系统的理论,喜欢读书,见解独到。可见,以知识性为定位的《罗辑思维》正是为罗振宇量身定做的。

2. 独特的语言风格

现代汉语词典对"风格"一词的释义有两层含义:其一,"气度;作风"[①];其二,"一个时代、一个民族、一个流派或一个人的文艺作品所表现的主要的思想特点和艺术特点"[②]。那么,主持人语言风格中的"风格"显然包含了第二层含义,也就是主持人在运用有声语言进行创作时,其有声语言作品(主持人节目)所表现的主要的思想特点和艺术特点。由此可见,构成主持人语言风格的两大要素是其作品的思想特点和艺术特点,而这两大要素正是主持人思想水平、文化水平、艺术修养、思维习惯、表达习惯等的表现。

主持人语言风格是影响其主持风格形成的重要因素。语言风格的形成受主持人个人素质、媒体要求和受众期待的三重制约。所谓主持人的个人素质就是主持人的思想素质、文化素质、语言素质、艺术修养、性格特点、人生经历等的综合;所谓媒体要求是指节目的总体定位、风格特点等对主持人语言特点的要求;所谓受众期待是指受众的口味偏好,以及受众由于对主持人个人或节目播出平台的既有认识而产生的对主持人语言特点上的期待。只有这三种制约要素基本达成一致时才有可能形成稳定的主持人语言风格。

从另外一个角度看,主持人语言风格的培养也应该从这三方面出发。

3. 主持人形象的塑造

吴郁教授在《当代广播电视播音主持(第二版)》一书中,详细剖析了主持人形象:主持人形象包括

---

① 中国社会科学院语言研究所词典编辑室.现代汉语词典[M].北京:商务印书馆,1996.
② 中国社会科学院语言研究所词典编辑室.现代汉语词典[M].北京:商务印书馆,1996.

公众形象和栏目形象。公众形象具有公信力和亲和力两个特点:主持人的公信力是指受众对他们的认可、信赖和美誉①;亲和力是主持人在节目传播过程中散发出的不使人感到紧张和距离、令人愿意亲近、易于产生信赖感的特殊品质,而不是用"面带微笑""有人缘""观众缘"就能够简单概括的②。也就是说主持人通过长期在节目内外和观众交流,性格其修养、品质等会在受众心中形成相对稳定的印象。

而栏目形象是指具体的主持人在其主持的栏目中呈现的稳定的声音形象和屏幕形象。主持人栏目形象是与节目紧紧联系在一起的,它是在相对固定的栏目中、相对稳定及较长的时间里表现出来的,是成为栏目品牌的、具有符号意义的鲜明形象。换句话说,主持人栏目形象是主持人在栏目、受众、自我三者相互关系中的一种控制。主持人的栏目形象不等于生活中的"自我",不是主持人自然状态的照搬和翻版,更不是对特定形象的扮演,而必须融入栏目的特色,融入栏目目标受众对主持人的"角色期待"③。

可见,主持人形象的塑造是主持人在和栏目风格相互融合的过程中的自我培养。主持人形象在栏目中和生活中应该是一致的,而不应该是虚伪的两层皮,否则,就会失去公信力;主持人形象应该是亲切的、平和的,而不是居高临下的,否则,就会失去受众的心;主持人形象应该是和栏目气质相融合的,才有利于打造稳定的栏目品牌。

网络脱口秀节目成本低、门槛低,为更多的人提供了实现传播理想的途径,同时,也使网络节目竞争更加激烈。在这样的环境下,稳定良好的主持人形象是栏目最好的代言,有利于稳定拓展节目受众市场。以《罗辑思维》的主持人罗振宇为例。罗振宇自称为罗胖子,喜欢读书,喜欢思考,对公关、营销、策划等多个领域都有深入研究,为人谦和,思想前卫。这种个人特质表现在节目中就是幽默、谦和、知识渊博、思想独到,与《罗辑思维》的栏目定位和自媒体策略相吻合。同时,也形成了受众对《罗辑思维》的印象——知识性节目,正如罗振宇自己所说,《罗辑思维》聚集的是价值观相同的人,"大家都是想网罗一帮爱读书、爱智求真、人格健全、追求进步的好青年"④。

4. 每期节目文稿的写作

网络脱口秀节目以个人语言展示为主,有的幽默风趣,有的深刻隽永,有的朴实自然,主持人在节目中挥洒自如,出口成章,信手拈来,让人着实佩服。事实上,看似随意的表达背后往往是精心的准备。电视脱口秀主持人周立波就曾在一次专访中谈到《壹周立波秀》的准备过程,他说看似脱口而出的笑话其实都是在节目开始前写好的文稿,并且字句和内容都经过了反复修改和斟酌。可见,脱口秀并不是真的张口就来,而是建立在认真准备的基础上的。由此,网络脱口秀节目的文稿写作工作就显得特别关键。

网络脱口秀文稿写作有这样一些基本要求:主题突出、逻辑清晰、内容丰富、语言风格独特、表达生动巧妙。

看似轻松随意、信手拈来的聊天,其实逻辑清晰缜密。同时,以点带面,以大量的案例作为观点的支撑,既有说服力,又让人听来兴味盎然。

此外,在语言表达方面,罗振宇用一种类似于"白话知识"的方式来讲解较为专业化和深奥的理论或哲学观点,使枯燥的内容变得浅显,幽默的表达方式让人听起来感到轻松有趣。不知不觉间,一期节目就过去了,节目内容,甚至节目中的一些有趣的例子,或只言片语还给人留下了深刻印象。

---

① 吴郁.当代广播电视播音主持(第二版)[M].上海:复旦大学出版社,2009.
② 吴郁.当代广播电视播音主持(第二版)[M].上海:复旦大学出版社,2009.
③ 吴郁.当代广播电视播音主持(第二版)[M].上海:复旦大学出版社,2009.
④ 躺倒也能当英雄.罗辑思维[OL].2013-8.

本章小结

本章主要阐释了网络播音与主持的内涵与外延,并分析了网络播音与主持工作对从业人员能力和素质的要求。在第二节中讲解了播音与主持工作相应的语言能力的特点和训练思路、训练方法等,并提供了部分训练材料。需要注意的是,语言能力的训练是一个长期积累的过程,需要长期坚持,不可一蹴而就。第三节是关于各类网络节目的节目特色和主持特色的详细讲解。在讲解各类节目的主持特色时,采用了一些案例,对它们进行分析。需要注意的是,对于节目主持能力的培养,除了具体实践外,观察和分析案例是一条有效的途径。网络播音与主持工作尚属新生事物,但网络和新媒体迅猛发展的态势告诉我们,在未来,网络音、视频传播在媒体信息传播领域必将占有一席之地。

思考与练习:

1. 网络播音与主持的内涵是什么?
2. 网络播音与主持工作的业务范畴是什么?
3. 网络播音与主持从业人员的特点是什么?
4. 网络播音与主持工作对语言能力有什么特殊要求?
5. 网络播音与主持工作口语表达能力训练的内涵和方法分别是什么?
6. 网络节目的类型有哪些?
7. 网络直播节目的节目特色是什么?
8. 网络谈话节目的节目要素有哪些,与传统媒体谈话节目相比,有什么特殊性?
9. 网络脱口秀节目发展现状如何?网络脱口秀节目的核心竞争力是什么?为什么?
10. 网络脱口秀节目文稿写作的基本要求有哪些?

参 考 文 献

[1] 郭庆光.传播学教程(第二版)[M].北京:中国人民大学出版社,2011.
[2] 吴郁.当代广播电视播音主持(第二版)[M].上海:复旦大学出版社,2009.
[3] 张颂.中国播音学[M].北京:北京广播学院出版社,2003.
[4] 何苏六.网络媒体的策划与编辑[M].北京:北京广播学院出版社,2001.
[5] 彭兰.网络传播概论(第二版)[M].北京:中国人民大学出版社,2009.
[6] 苏珊·泰勒·伊斯特曼,道格拉斯·A.弗格森.电子媒介节目设计与运营:战略与实践[M].北京:北京大学出版社,2004.